KB126237

역주

흠흠신서

2

역주

흠흠신서

2

정약용 저
박석무 · 이강욱 역

한국인문고전연구소

| 차례

擬律差例

의율차례 1

의옥차례 ✧ 2

의옥차례 3

의율차례 ✣ 4

祥刑追議

상형추의 1

상형추의 2

상형추의 ❀ 3

상형추의 ❀ 4

상형추의 ◈ 5

상형추의 ◈ 6

일러두기

1. 이 번역은 신조선사본 《여유당전서》를 저본으로 하였으며, 《정본 여유당전서》와 규장각본 등 여러 판본을 참조하였다.
2. 내용이 간단한 역자 주는 간주(間註)로, 긴 역자 주는 각주(脚註)로 처리하였다.
3. 읽는 이의 편의를 위하여 편집 과정에서 제목마다 번호를 매겼다.
4. 번역문에서 사용한 부호는 다음과 같다.

( )	번역문과 음이 같은 한자를 묶는다.
〔 〕	번역문과 뜻은 같으나 음이 다른 한자를 묶는다.
" "	대화 등의 인용문을 묶는다.
' '	" " 안의 재인용 또는 강조 부분을 묶는다.
「 」	' ' 안의 재인용을 묶는다.
『 』	「 」안의 재인용을 묶는다.
《 》	책명을 묶는다.
〈 〉	책의 편명 및 운문·산문의 제목을 묶는다.

역주

흠흠신서 2

欽欽新書

擬律差例

의율차례

1

○ '살인한 사람은 죽인다.' 법률은 이와 같이 정해 놓으면 충분하다. 그러나 《대명률大明律》의 규례에 의하면, 죽이는 처벌에도 다섯 등급을 두었다.[1] 첫째는 능지처사凌遲處死, 둘째는 참결斬決,【입결立決은 가을까지 기다리지 않고 즉시 처형하는 것이다.】 셋째는 참후斬候,【감후監候는 가을까지 기다렸다가 처형하는 것이다.】 넷째는 교결絞決, 다섯째는 교후絞候이다.【또 효시梟示라는 형벌은 참결보다 무거운 것이다.】

살려 주는 처벌에도 다섯 등급을 두었다.[2] 첫째는 충군充軍,【지금 흑룡黑龍이나 이리伊犁 등의 지역으로 보내는 것과 같은 것이다.】 둘째는 장류杖流,【3000리의 유형流刑이다.】 셋째는 장도杖徒,【1년에서 3년까지의 도형徒刑이다.】 넷째는 장책杖責,【60대에서 100대까지의 장형杖刑이다.】 다섯째는 징은徵銀【이른바 장례 비용[埋葬銀]이다. ○ 또 종으로 삼는 형벌은 충군보다 무거운 것이다.】이다.

독무督撫가 살인 사건에 대해 황제에게 제본題本을 올려 보고하면, 형부刑部가 그 사건을 재차 심리하여 보고한다. 그처럼 사건의 정황을 조사하고 법률을 적용할 때 상세히 분석하는 것은 오류가 있을까 우려하기 때문이다.

반면 우리나라의 법에 의하면, 죽이는 처벌은 구타하여 죽인 데 대한 법 한 가지만 있고, 살려 주는 처벌에도 정배定配하는 법 한 가지만 있으

---

1 대명률大明律의……두었다: 《대명률》의 〈명례율名例律〉에서는 사형을 참형과 교형 두 등급으로 구분하고 있다. 〈형률刑律〉에서는 능지처사의 규정이 보이고, 참형과 교형을 각각 가을까지 기다렸다가 처형하는 대시待時와 가을까지 기다리지 않고 즉시 처형하는 부대시不待時로 나누었다. 그에 따라 사형에 다섯 등급이 있다고 한 것이다. 대시는 사형수를 가두어 둔 채 가을까지 기다린다는 의미에서 감후라고도 불렀고, 부대시는 가을까지 기다리지 않고 즉시 처결한다는 의미에서 입결立決이라고도 불렀다.

2 살려……두었다: 《대명률》의 〈오형지도五刑之圖〉에서는 죄인에 대한 형벌을 모두 5가지로 분류하였다. 5가지란 태형笞刑, 장형杖刑, 도형徒刑, 유형流刑, 사형死刑을 말하는데, 그중 사형을 제외하면 모두 살려 주는 처벌이라고 할 수 있다. 다만 여기에서는 사형과 태형을 제외하고 대신 충군充軍과 징은徵銀을 추가하여 5가지의 살려 주는 처벌이라고 하였다.

니, 몹시 소략하다. 또 살인 사건에 적용하는 죄도 모두 여섯 가지로 구분한다. 첫째는 모살謀殺,【공동으로 모의하고 공동으로 죽이는 것이다.】 둘째는 고살故殺,【고의적으로 사람의 목숨을 해치는 것이다.】 셋째는 투살鬪殺,【홧김에 범행을 저질렀으나 기어이 죽이려는 의도는 없었던 것이다.】 넷째는 희살戲殺,【장난을 치다가 상처를 입혔으나 죽이려는 마음은 없었던 것이다.】 다섯째는 오살誤殺,【예를 들어 도둑인 줄 알고서 양민을 잘못 죽이거나 짐승인 줄 알고 사람을 잘못 죽인 경우와 같은 것들이다.】 여섯째는 과살過殺【과실이란 손에서 도구를 놓치거나 두 사람이 서로 부딪치거나 발을 헛디뎌 넘어져서 상대에게 상처를 입힌 것이다.】이다.

이를 요약하면 3등급이 될 수가 있다. 상위의 등급은 고살이라 하고, 하위의 등급은 오살이라 하며, 상위의 등급이 될 수도 있고 하위의 등급이 될 수도 있는데 의문점이 있어서 판결하기 어려운 경우에는 중간 등급인 투살이라 할 수 있다.

요즈음 《대청률례大淸律例》의 조례條例[3]를 보고, 독무가 황제에게 올린 제본과 형부가 재차 심리하여 보고한 문서를 곁들여서 보니, 대부분 분석적이고 합리적이었다. 그중에서도 정밀한 것만을 골라서 수록하여 법률의 적용에 서로 차이가 있을 때 참고하게 하였으니, 살인 사건을 심리하여 적용할 법률 조문을 정하는 사람들에게 참고자료가 될 수도 있을 것이다.

그러나 중국은 법률만을 전적으로 숭상하다 보니, 간통 사건과 윗사람을 죽이는 사건이 우리나라보다 10배나 많다. 우리나라의 경우에는

---

3 대청률례大淸律例의 조례條例: 《대청률례》에는 본문이라 할 수 있는 율문律文이 실려 있고, 해당 율문의 뒤에는 그 율문의 해설 및 지침이라 할 수 있는 조례가 각각 실려 있다. 옹정雍正 2년(1724)에 간행된 《대청률집해大淸律集解》에는 824조항, 건륭乾隆 5년(1740)에 간행된 《대청률례》에는 1412조항의 조례가 실렸으며, 그 뒤로 점차 증가하여 동치同治 9년(1870)에는 1992조항까지 늘어났다.

형사 사건을 처리하는 법률이 매우 소략한 데다 유순하고 삼가는 풍속이 있기 때문에 대체로 흉악한 사건이 없다. 범죄를 저지른다고 해도 주먹으로 때리거나 발로 차서 상처를 입히는 것에 불과할 뿐이다. 그렇다면 풍속을 따르고 옛 규례를 따르더라도 백성이 사악한 짓을 행하는 것은 충분히 금지할 수 있을 것이다. 따라서 사형을 다섯 등급으로 나누어서 세상을 통제하는 좋은 법으로 삼을 필요는 없겠다. 후일 나라의 형률을 관장하는 사람들도 중국의 그러한 제도를 도입하지 않는 것이 좋겠다.

1. 주범인지 종범인지를 구분하다

【많은 사람이 함께 구타하여 사람을 죽인 사건에서는 구타할 때 중대한 상처를 입힌 사람을 주범으로 삼는다. ○ 가경嘉慶 2년(1797)의 일이다.】

○ 직례성直隸省의 백성 심정현沈庭賢 등 많은 사람이 함께 등팔아鄧八牙를 구타하여 죽게 한 사건이다. 이 사건에서는 심정현이 범행을 저지를 때 특히 중대한 상처를 입힌 범인이다. 그런데 만약 사면령을 내리는 때가 되어 그에게 살려 주는 은혜를 베풀게 된다면, 목숨을 잃은 사람에게는 목숨으로 보상할 사람이 없어져서, 경계를 보여 주기에 충분하지 못하게 된다. 따라서 심정현에 대해서는 가을까지 기다렸다가 교형에 처하도록 바꾸어 정하고 영원히 감금해 두게 하였다.

2. 주범인지 종범인지를 구분하다

【두 사람이 함께 구타하여 사람을 죽인 사건에서는 구타할 때 중대한 상처를 입힌 사람을 주범으로 삼는다. ○ 가경 8년(1803)의 일이다.】

○ 운남성雲南省 건수현建水縣의 평민 보상문普尙文이, 친여동생이 이소도李小道와 간통하자 같은 친족 조카인 보기흥普其興과 함께 간통 현장에서 이소도를 붙잡아 구타하여 죽였다. 구타할 때 중대한 상처를 입힌 보기흥에 대해서는 '싸우다가 사람을 죽인 경우에 적용하는 법률 조문'에 따라 교형에 처하도록 정하였다. 형부刑部의 심리를 거쳐 '죄인이 체포를 거부하지도 않았는데 신고하지 않고 마음대로 죽인 경우에 적용하는 법률 조문'으로 바꾸어 적용하여 교형에 처하도록 정하였다.

3. 자의인지 타의인지를 구분하다

【구타를 당한 뒤 우물에 몸을 던져 죽었다. ○ 건륭乾隆(1736~1795) 연간의 일이다.】

○ 직례성 풍윤현豊潤縣의 혁생革生 정명원鄭明遠이 병 때문에 미치광이 증세가 나타나 몽둥이를 가지고 정전鄭典을 거듭 구타하였다. 그러자 정전이 몽둥이로 정명원을 쳐서 상처를 입히고서는 피해 달아났는데, 정명원이 우물에 몸을 던져 목숨을 잃었다. 정전에 대해서는 '어떤 일 때문에 강하게 사람을 구타하고 협박하여 죽게 하였을 경우에 실제로 목숨을 잃게 할 정도의 중대한 상처가 있으면, 피해자가 스스로 목숨을 끊은 실제 행적이 있더라도 충군充軍하도록 한 조례'에 따라 충군하도록 정하였다.

○ 형부刑部가 다음과 같이 논박하였다.

"조사해 보니 이러하였습니다. 정전이, 정명원이 몽둥이를 가지고 쫓아와 구타하려고 하자 피하였다가 다시 추격을 당하였는데, 추격해 오는 기세가 흉악한 것을 보고서는 순순히 나무 몽둥이로 방어하다가 구타하여 상처를 입혔습니다. 이것은 구타당하는 것이 두려워서 몽둥이를 들어 방어한 것이지, 강하게 구타하여 죽게 한 것은 결코 아니었습니다. 정명원이 땅에 주저앉자 해당 범인이 즉시 그 틈을 타서 도망쳤으니, 위협한 상황도 없었습니다. 게다가 정명원은 미친병을 앓아 정신이 오락가락하던 사람이었으니, 구타를 당하지 않았더라도 그가 우물에 몸을 던져 죽지 않았을 것이라고 꼭 보장하기도 어렵습니다."

형부의 논박에 따라, 정전에 대해서는 충군하는 죄에서 1등급을 낮추어 100대의 형장을 치고 3년의 도형에 처하도록 바꾸어 정하였다.

4. 자의인지 타의인지를 구분하다

【뾰족한 흉기에 찔리고 나서 또 다른 사람에게 구타를 당해 죽었다. ○ 건륭 연간의 일이다.】

○ 복건성福建省의 백성 낙진駱秦이 2월 20일에 뾰족한 흉기로 양과楊科의 오른쪽 팔꿈치를 찔러 상처를 입혔는데, 상처가 덧나 22일간을 끌다가 죽었다. 조사해 보니 이러하였다. 철쇠鐵鑲는 끝이 뾰족하여 원래 칼과 비교할 것이 아니니【철쇠鐵鑲는 무엇인지 자세히 알지 못하겠으나, 쇠鑲 자는 쇠갈고리[鐵鑲]의 양鑲 자인 것 같다.】 보고기한保辜期限은 다른 물건을 사용하였을 때와 동일하게 적용해야 한다.[4] 따라서 양과는 정식 보고기한 20일

4 보고기한保辜期限은……한다: 보고기한은 남을 구타하여 상처를 입힌 사람에게 의무적으

과 여유 보고기한 10일 이내에 죽은 셈이다.

낙군駱羣이 나무 몽둥이로 양과의 오른쪽 팔을 구타하여 뼈를 부러뜨렸다. 이를 적용하면 오히려 뼈를 부러뜨렸을 때의 보고기한인 50일 안에 목숨을 잃은 것이기는 하지만, 양과의 부러진 팔의 상처가 붉은 빛은 다 사라지고 점차 호전되고 있었다. 이것은 양과의 죽음이 실제로는 오른쪽 팔꿈치의 찔린 상처가 원인이었음을 말해 주는 것이다. 따라서 각각 구타하여 상처를 입힌 본래의 죄에 따라 처벌해야 한다.[5] 낙진에게는 '다른 물건으로 사람을 구타하여 상처를 입힌 경우에 적용하는 법률 조문'에 따라 40대의 태笞를 치고, 낙군에게는 '사람의 사지와 몸뚱이를 부러뜨린 경우에 적용하는 법률 조문'에 따라 형장刑杖을 치고 도형에 처하였다.

○ 다산의 견해: 형부가 의논한 결과를 아뢴 문서에서는 '양과의 죽음은 팔꿈치에 찔린 상처가 원인이었다.'라고 하였으나, 그 상처를 입힌 낙진의 죄는 태를 치는 것만으로 끝냈고, 또 '부러진 팔의 상처는 점차 호전되고 있었다.'라고 하였으나, 그 상처를 입힌 낙군의 죄는 도형에 처하도록 정하기까지 하였다. 이러한 판결이 옳은지 모르겠다. 모두 보고기한을 기준으로 판결하였기 때문에 그런 것이다.

로 피해자의 상처를 치료해 주도록 정한 기간이다. 이 보고기한은 범행에 사용한 흉기에 따라 각각 기간을 다르게 정하였다. 즉 손발이나 다른 물건을 사용한 경우에는 정식 기간 20일과 여유 기간 10일, 칼 및 끓는 물이나 불을 사용한 경우에는 정식 기간 30일과 여유 기간 10일, 사지와 몸뚱이를 구타하여 상처를 입히거나 뼈를 부러뜨리거나 낙태시킨 경우에는 정식 기간 50일과 여유 기간 20일을 적용하였다. 정식 기간이나 여유 기간 안에 해당 상처로 인해 사망하면 사형죄로 처벌하였다._《황조통지皇朝通志》〈형법략刑法略·형제刑制〉

5 각각……한다: 《대청률례》〈형률刑律·투구상鬪毆上〉의 보고기한에 의하면, 보고기한을 지나서 사망한 경우 및 보고기한 안에 사망하였더라도 상처가 나았는데 다른 이유로 사망한 경우에는, 각각 구타하여 상처를 입힌 본래의 죄에 따라서 처벌하고 사형죄로 처벌하지 못하도록 하였다.

5. 자의인지 타의인지를 구분하다

【아우에게 구타를 당하여 상처를 입고 또 다른 사람에게 흉기에 찔려서 죽었다. ○ 건륭 연간의 일이다.】

○ 강소성江蘇省 백성 진유장陳裕章의 형 진승장陳勝章은 본래 분수를 지키지 않았고, 원래 사건에 연루되었다가 풀려나서 보호 관찰을 받고 있던 사람이었는데 또다시 말썽을 일으켜 흉악한 짓을 저질렀다. 진유장이 형을 붙잡아 관아로 호송하려다가 손가락으로 목구멍을 긁어 상처를 입혔고, 아울러 삼끈으로 진승장의 목을 끌어당겼다. 마침 진팔陳八이 지나가다가 도둑이라 손가락질하며 서로 욕지거리하다가, 진팔이 나무자로 진승장의 명치를 찔러 상처를 입혀 죽게 하였다.

이 사건은 진승장이 진팔의 나무자에 찔려 상처를 입어서 죽은 사건이지, 진유장이 삼끈으로 목을 끌어당겨서 죽은 사건은 결코 아니었다. 그런데 해당 독무督撫가 진팔에 대해서는 교형에 처하도록 정하고, 또 진유장에 대해서는 대번에 즉시 참형에 처하도록 정하여, 사건의 처리가 두 갈래로 나뉘었다. 해당 독무의 판결에 대해 형부가 논박하여, 진유장에 대해서는 '아우가 형을 구타하여 상처를 입힌 경우에 적용하는 법률 조문'으로 바꾸어 적용하여 100대의 형장을 치고 3년의 도형에 처하도록 정하였다.

6. 자의인지 타의인지를 구분하다

【어떤 사람에게 칼로 베여 죽었는데 또 다른 사람에게 칼로 긋는 상처를 입었다. ○ 건륭 연간의 일이다.】

○ 강소성江蘇省의 백성 예첨芮添이 장금莊金을 죽이려고 계획하여 칼로 목을 그어 두 군데 상처를 입혔으니, 그 정도면 목숨을 잃기에 충분하였다. 추총鄒葱이 사전에는 살해 계획에 동참하지 않았다가, 예첨이 범행을 저지른 뒤에, 그것도 장금의 식도와 기도가 모두 끊어진 뒤에서야 예첨의 협박을 받고 칼로 그어 상처를 입혔다. 예첨에 대해서는 법률 조문에 따라 참형에 처하도록 정하였다. 또 살해 계획의 정황도 모른 채 칼을 가지고 그어 상처를 입힌 추총에 대해서는 '범행을 저지를 때 실제로 행한 사람에게 적용하는 법률 조문'에 따라 교형에 처하도록 정하였다. 이것은 법률의 취지와 부합하지 않으므로 추총에게는 '나머지 가담한 죄인에게 적용하는 법률 조문'[6]으로 바꾸어 적용하였다.

○ 다산의 견해: 이 판결에서 추총이 협박을 받았다는 것은 예첨이 살인죄를 추총에게 떠넘기려고 협박하여 장금의 숨이 끊어진 뒤에 칼로 그어 상처를 입히게 하였다는 것이다.

7. 자의인지 타의인지를 구분하다

【싸우던 사람이 달아나는 상대를 추격하다가 따라잡지 못하자 돌아섰는데, 달아나던 자가 오히려 더 달아나다가 밀물을 만나 빠져 죽었다. ○ 건륭 연간의 일이다.】

---

6 나머지……조문: 범죄를 저지를 때 주도적인 역할을 한 주범 및 범행을 실행한 종범을 제외한 나머지의 가담한 죄인을 여인餘人이라고 하는데, 이 여인에게 적용하는 법률 조문을 가리킨다. 여인은 범죄에 따라 각각 다르게 구분하였다. 예를 들어 갑·을·병이 함께 모의하여 정을 구타하였는데, 갑은 모의를 주도하였으나 정에게 치명상을 입히지는 않았고, 을은 정에게 치명상을 입혀 죽게 하였다면, 을은 교형에 처하고, 갑에게는 100대의 형장을 치고 3000리의 유형流刑에 처하며, 병은 여인으로 분류하여 100대의 형장을 쳤다._《대청률례》〈형률刑律·인명人命·투구급고살인鬪毆及故殺人〉, 《대명률강해大明律講解》〈형률·인명〉

○ 해당 독무가 다음과 같이 아뢰었다.

"복건성福建省의 백성 장행莊倖 등이 양약楊躍과 양용楊踊을 구타하며 위협하자, 두 사람이 물을 건너 달아나다가 빠져 죽은 사건입니다. 조사해 보니 이러하였습니다. 양약 등의 집은 항구의 남쪽에 있고 밭은 항구의 북쪽에 있었습니다. 따라서 당일 급히 집으로 돌아가려고 하였을 때에는 반드시 물을 건너서 가야만 하는 상황이었으니, 원래 물을 건넌 이유가 전적으로 장행 등에게 추격을 당했기 때문만은 아니었던 것입니다. 더구나 장행이 추격할 때 30여 걸음이나 간격이 벌어져 있었던 데다가 양약 등이 재빨리 멀리까지 달아났기 때문에 쫓아가서 잡기가 어렵다는 것을 알고서는 즉시 장성莊成 등과 함께 발걸음을 돌렸습니다.

이때 장행으로서는 감당할 수 없는 흉기를 들이댄 일도 실제로 없었고, 양약 등으로서도 부득이한 사정이 없었으므로, 쫓아가서 구타하고 협박하여 물에 빠져 죽게 한 죄로 처벌하기가 어렵습니다. 그러나 양약 등이 물에 빠져 죽은 원인을 따져 보면, 장행 등이 앞서거니 뒤서거니 뒤에서 쫓아와 얼이 빠지게 하였으므로 미처 돌아볼 겨를이 없었고, 장행 등이 이미 발걸음을 돌린 사실도 모른 채 물을 건너 급히 돌아가려다가 밀물을 만나 빠져 죽었던 것입니다. 따라서 '백인伯仁이 나 때문에 죽었다.'[7]라고 한 말에 합치되니, 장행도 허물을 피하기 어렵습니다. 그러나 조례에는 적용할 수 있는 조문이 없었으므로, '싸우다가 사람을 죽인 경우에 적용하는 법률 조문'에 따르되 유형으로 감해 주소서."

---

7 백인伯仁이……죽었다: 백인은 중국 동진東晉 주의周顗의 자이다. 원제元帝의 외척外戚인 왕돈王敦이 반역을 일으켰을 때 주의가 왕돈의 종제이자 자신과 교분이 깊은 왕도王導를 변호하여 위기에서 벗어나게 해 주었다. 왕돈이 도성에 들어온 뒤에 왕도에게 주의에 대해 물었으나, 왕도가 아무 말도 하지 않자 주의를 죽였다. 왕도가 나중에서야 주의의 변호로 자신이 살아날 수 있었다는 사실을 알고서는 "내가 백인을 죽이지는 않았지만 나 때문에 죽었다."라고 하였다._《진서晉書》〈주의열전周顗列傳〉

형부가 의논한 결과를 다음과 같이 아뢰었다.

"장행이 양약 등이 멀리 달아난 것을 보고 바로 추격하지 않았으니, 원래 흉악한 짓을 행하여 위협해서 죽게 하려는 마음이 없었던 것입니다. 유형을 적용하는 것은 지나치게 무겁게 처벌하는 듯하니, 원래 적용했던 대로 두 사람을 위협한 죄에서 도형으로 감해야 합니다."

8. 자의인지 타의인지를 구분하다

【구타하려고 한 사람은 바다에 들어가서 바라보다가 돌아 나왔으나, 새우를 잡는 사람은 오히려 새우를 잡다가 밀물을 만나 빠져 죽었다. ○ 건륭 연간의 일이다.】

○ 광동성廣東省의 백성 정복진鄭復進이 바다에서 새우를 잡고 있었다. 진아오陳亞五가 진아이陳亞二와 함께 정복진을 구타하여 분풀이할 것을 모의하였다. 진아이가 물에 들어가 정복진을 붙잡아서 끌어내려고 하였는데, 이때 갑자기 밀물이 닥치자 달려서 되돌아 나왔다. 그러나 정복진은 물에 빠져 죽었다.

조사해 보니 이러하였다. 진아이는 오히려 가까이 다가가서 다투며 구타하기 전이었고, 정복진은 원래 물속에 있던 상태였다. 진아오가 추격하여 바다까지 들어간 것이 아니었으니, 쫓아가서 구타하려고 하자 달아나다가 물에 빠져 죽은 사건과는 차이가 있다. 진아오에게는 '위력으로 계획을 주도하여 타인을 시켜 구타하여 죽게 한 경우에 적용하는 법률 조문'에 따르되 1등급을 감하여 3000리의 유형에 처하고, 진아이에게는 '직접 범행을 저지른 사람을 종범으로 삼도록 한 법률 조문'에 따르되 1등급을 감하여 3년의 도형에 처하였다.

9. 자의인지 타의인지를 구분하다

【싸우던 사람은 배에 올라탔으나, 그를 상대로 싸우던 한 사람은 배를 붙잡으려다가 붙잡지 못하고 발을 헛디뎌 물에 빠져 죽었다. ○ 건륭 연간의 일이다.】

○ 호남성湖南省의 백성 오승생吳升生이 처음에는 나상순羅上順과 서로 붙들고 싸웠으나, 소개원蘇開元이 뜯어말리고 난 뒤에는 오승생이 이미 나룻배에 올라탔으므로 그 사건은 해결되었다. 그러나 나상순은 오히려 다시 쫓아와서 배를 붙잡으려다가 붙잡지 못하고 발을 헛디뎌 넘어져서 물에 빠져 죽었다.

이 나상순의 죽음은 그가 물에 빠진 것이 원인이지 구타를 당한 것이 원인은 아니다. 그러므로 해당 독무도 '배를 붙잡으려다가 발을 헛디뎌 헛손질을 하면서 넘어져 물에 빠져 죽었다.' 하였다. 그런데 오승생이 처음에 나상순과 싸우며 구타했다는 이유로 마침내 오승생에 대해 '싸우다가 사람을 죽인 경우에 적용하는 법률 조문'에 따라 사형에 처하도록 정하였으니, 전혀 타당하지 않았다.

해당 독무의 판결에 대해 형부가 논박하여, 오승생에 대해 '원래 구타하여 입힌 상처는 가벼웠으나 바람을 쐬어 죽게 되었을 경우에 적용하는 조례'에 따라 유형에 처하도록 바꾸어 정하였다. 그 뒤 형부가 다시 논박하여, 오승생에 대해 '사리로 보아 당연히 해서는 안 되는 행위를 하되 사안이 중대한 경우에 적용하는 법률 조문'에 따라 장형에 처하도록 바꾸어 정하였다.

10. 자의인지 타의인지를 구분하다

【아우가 목재를 훔쳐 달아나자 만형이 쫓아갔으나 따라잡지 못하고 발을 헛디뎌 넘어져서 죽게 되었다. ○ 건륭 연간의 일이다.】

○ 직례성直隷省 여현蠡縣의 백성 이신월李新月이 만형 이항李恒과 함께 흙집 3칸을 지었다. 곧이어 이신월이 도리로 사용하는 재목 6개를 나누어 받았는데, 이항이 헐값에 억지로 사려고 운반하는 것을 허용하지 않았다. 이신월이 목재가 떨어지자 밤 2경更에 집안으로 몰래 넘어가 도리로 사용하는 재목 1개를 지고 달아났다. 그러나 이항이 자신을 뒤쫓다가 발을 헛디뎌 넘어져서 죽은 사실은 몰랐다. 이신월에게 '1년 상복을 입는 친족 어른을 위협하여 죽게 한 경우 교형에 처하도록 한 법률 조문'에 따르되 1등급을 낮추어 유형에 처하도록 정하고, 황제에게 재가해 주기를 요청하였다.

형부가 적용할 법률을 바꾸어 다음과 같이 아뢰었다.

"사건의 정황을 상세히 조사해 보니 이러하였습니다. 이항의 죽음은 이신월이 도리로 사용하는 재목을 몰래 훔쳐 가자 그를 뒤쫓다가 발을 헛디뎌 넘어진 것이 원인이기는 하지만, 이신월이 자기 물건을 팔려고 하자 이항이 먼저 헐값에 억지로 사려고 하다가 발생한 사건입니다. 해당 범인인 이신월로서는 재목을 가져가겠다고 통지하면 허락하지 않을 것이 두려워서 밤을 틈타 몰래 가져갔던 것뿐이니, 이것은 친족 어른을 두려워하는 마음이 있음을 보여 주는 것이고, 친족 어른에게 행패를 부려 위협한 정황은 전혀 없었습니다. 따라서 이 사건에 '1년 상복을 입는 친족 어른을 위협하여 죽게 한 경우에 적용하는 법률 조문'을 적용하는 것은 몹시 부합하지 않습니다. 지금 해당 독무가 이 조문에 따라 1등급을 낮추어 유형에 처하도록 정하였으니, 정황에 대해서는 잘 참작하여 처리한 것 같으나 적용할 법률 조문은 제대로 찾아 인용하지 못하였습니다.

조사해 보니 이러하였습니다. 해당 범인이 재목을 지고 달아나 이미 문을 나온 상태였으므로, 이항이 소리를 질러 막았으나 해당 범인은 듣지 못하였습니다. 해당 범인이 눈과 귀로 보고 들을 수도 없는 상황이었으니, 이항이 스스로 뒤쫓아 가다가 발을 헛디뎌 넘어져서 죽게 된 것은 더욱 해당 범인이 생각할 수도 없는 일이었습니다. 따라서 이 사건은 '과실로 사람을 죽인 사건이란 눈과 귀로 보고 들을 수도 없고 생각할 수도 없는 상황에서 벌어진 것을 말한다.'[8]라고 한 《대청률례》의 주註와도 서로 부합합니다. 이신월에게는 '조카가 큰아버지나 작은아버지를 구타하여 죽게 한 경우에는 참형에 처하되 과실로 죽게 하였으면 2등급을 낮추어 적용하도록 한 법률 조문'에 의거하여 100대의 형장을 치고 3년의 도형에 처하도록 바꾸어 정해야 합니다. 이 사건이 사면령을 내리기 이전에 발생한 것이기는 하지만 친족 사이에 발생한 사건과도 관계가 있으므로 장형으로 낮추는 것을 적용해서는 안 됩니다."

○ 다산의 견해: 이신월은 형을 구타한 적이 없으므로 이처럼 법률을 적용하는 것은 오류가 있는 듯하다. 다만 형제가 재물을 다툰 죄로 처리하여 다스리는 것이 옳다.

---

8 과실로……말한다: 《대청률례》〈형률 · 인명〉의 '장난치다가 사람을 죽이거나 다치게 한 경우, 잘못하여 사람을 죽이거나 다치게 한 경우, 과실로 사람을 죽이거나 다치게 한 경우〔戲殺誤殺過失殺傷人〕'의 주註에 나온다. 《대청회전칙례大清會典則例》〈형부刑部 · 청단聽斷〉에는 "눈과 귀로 보고 들을 수도 없고 생각할 수도 없는 상황에서 애당초 사람을 해치려는 생각이 없었는데 우연히 사람을 죽이거나 상처를 입힌 경우에는 과실에 의한 살인에 해당하므로 법률에 따라 속전을 거둔다."라고 하였다.

11. 자의인지 타의인지를 구분하다

【빚 때문에 싸움을 시작하였다가 발을 헛디뎌 넘어지면서 부딪쳐 내부의 장기를 다쳐 죽었다. ○ 가경嘉慶(1796~1820) 연간의 일이다.】

○ 성경盛京의 장군將軍이 다음과 같이 아뢰었다.

"'수암청岫巖廳의 백성 송대한宋大漢이 이폭李幅과 말다툼을 벌이다가 이폭이 스스로 넘어져 사망한 사건입니다. 조사해 보니 이러하였습니다. 《대청률례》의 조례 안에는 말다툼을 벌이고 난 뒤에 스스로 주먹으로 치다가 발을 헛디뎌 넘어져서 죽은 경우에 어떻게 죄를 다스려야 하는지에 대한 조문이 없습니다. 이제 사망한 이폭이 술에 취한 뒤에 송대한에게 빚을 갚으라고 다그치며 말다툼을 벌이자 송대한이 집을 나가려고 하였습니다. 그러자 이폭이 주먹으로 쳤는데 송대한이 반사적으로 피했고, 이폭은 발을 헛디뎌 넘어지면서 부딪쳐 내부의 장기를 다쳐 죽었습니다.

송대한이 이폭을 결코 구타하지 않았다는 것은 유족과 범인들이 진술한 증언에도 확실하게 나옵니다. 이폭은 송대한을 구타하려다가 발을 헛디뎌 스스로 자기 목숨을 해쳤고, 송대한은 오랫동안 빚을 갚지 않아 말다툼을 벌이다가 사람의 목숨을 잃게 한 빌미를 만들었습니다. 따라서 송대한에게는 「사리로 보아 당연히 해서는 안 되는 행위를 하되 사안이 중대한 경우에 적용하는 법률 조문」에 따라 80대의 형장을 쳐야 합니다.' 하였습니다. 해당 부윤府尹이 적용한 대로 완결하겠습니다."

12. 자의인지 타의인지를 구분하다

【이웃집의 담장이 통행에 방해가 된다는 이유로 담장의 돌을 허물다가 옆집 주인을 돌에 깔려 죽게 하였다. ○ 건륭乾隆(1736~1795) 연간의 일이다.】

○ 절강성浙江省의 백성 장육희張六喜가, 장모운張慕雲이 집을 짓고 담장을 쌓아 자연히 통행에 방해가 되자, 밤을 틈타 담장을 허물려고 담장이 있는 곳으로 갔다. 장용림張瑢林이 인기척을 듣고 밖으로 나와서 상황을 엿보았는데, 마침 장육희가 자기 집의 안쪽에서 담장을 밀고 있던 때라서 미처 피하지 못하고 갑자기 담장의 돌에 깔려 상처를 입고 목숨을 잃었다.

장육희에게는 '아무런 이유 없이 사람이 거주하고 있는 집에 벽돌이나 돌을 던져 그로 인해 사람을 죽게 한 경우에 적용하는 법률 조문'에 따라 형장을 치고 유형에 처하도록 정하였다.

13. 자의인지 타의인지를 구분하다

【이웃과 싸우다가 울타리 벽을 쳐서 무너뜨려 이웃집 어린 딸을 돌에 깔려 죽게 하였다. ○ 건륭 연간의 일이다.】

○ 절강성의 백성 임문표林文標가 임성의林成義의 집에 가서 공전公田에 관한 문제를 따지려고 하였으나, 임성의가 문을 닫은 채 맞아들이지 않았다. 임문표의 아들 임학삼林學三이 그의 무례한 행동에 성을 내어 울타리 벽을 쳐서 무너뜨렸는데, 임성의의 어린 딸 임길저林吉姐가 돌에 깔려 상처를 입고 죽었다.

임성의가 사건의 빌미를 제공하였으니, 얼굴을 전혀 보지 못했다는 이유로 갑자기 속전贖錢을 거두도록 판결하는 것은 온당하지 못하다. 따라서 '아무런 이유 없이 성시城市나 사람이 거주하고 있는 집에 벽돌이나 돌을 던져 사람을 죽게 한 경우에 적용하는 법률 조문'에 따라 형장을 치고 유배에 처하도록 하였다. 다만 5개월의 상복을 입는 조카딸을 다치게 한 사건이므로 형장을 치고 도배徒配하는 것으로 형량을 낮추고, 이어서 장례 비용 10냥을 추징하였다.

14. 상처로 인한 죽음인지 질병으로 인한 죽음인지를 분별하다

【석회로 눈을 문지르는 상처를 입은 뒤 바람에 의한 손상을 입고 죽었다. ○ 건륭乾隆 11년(1746)의 일이다.】

○ 직례성의 백성 조종미趙從美가 사곤史昆의 두 눈을 석회石灰로 문질렀다. 사곤이 11일이 지난 뒤 상처를 입은 눈에 바람을 쐬었고 그로부터 4일이 지난 뒤에 목숨을 잃었다. 조사해 보니 이러하였다. 사곤의 두 눈은 붉은 종기가 생겨 썩어 문드러지기는 하였지만 목숨을 잃게 할 정도의 중대한 상처는 아니었다. 만약 바람을 쐬지 않았다면 반달이나 지난 시점에서 그대로 목숨을 잃게 되지는 않았을 것이다. 더구나 원래 시체의 상처를 검안하였을 때 바람에 의해 손상을 입은 것이 사망 원인이라는 것은 의심할 것 없이 확실하게 밝혀졌다. 따라서 '바람에 의해 손상을 입어 사망하였을 경우에 적용하는 조례'에 따라 유형에 처하도록 정하였다.

15. 상처로 인한 죽음인지 질병으로 인한 죽음인지를 분별하다

【상처를 입은 뒤 불의 독기로 죽었다. ○ 건륭 연간의 일이다.】

○ 산서성山西省의 백성 고작왕高作旺이 가래로 설전薛典의 왼쪽 팔을 그어 상처를 입혔다. 설전이 뜨거운 구들방에 누워 자다가 상처에 불의 독기가 들어가는 바람에 종기가 썩어 문드러져 목숨을 잃었다. 바람에 의해 손상을 입어 죽은 경우와 사정이 서로 같았기 때문에 '원래 구타를 당했던 상처는 가벼웠으나 바람 때문에 죽은 경우에 적용하는 조례'에 따라 고작왕을 형장을 치고 유배에 처하도록 정하였다.

16. 고의로 죽인 것인지 잘못하여 죽인 것인지를 판별하다

【두 사람이 함께 밭을 갈다가 돌로 소를 때렸는데 뜻밖에 돌이 튕겨 나와서 한 사람을 잘못 맞혀 죽게 하였다. ○ 건륭 연간의 일이다.】

○ 직례성 적봉현赤峯縣의 백성 이진李珍이 같은 주인 밑에서 머슴으로 있던 이옥근李玉根과 함께 소를 부려 땅을 갈고 있었다. 귀퉁이에 이르렀을 때 이옥근이 두 손으로 쟁기질을 멈추려고 하였으나 소가 말을 듣지 않아 쫓아갈 수가 없었다. 그러자 이진이 돌을 주워서 소를 때렸는데, 생각지도 않게 소의 등을 맞히고 튕겨 나온 돌덩이가 이옥근의 눈썹 끝부분을 맞혔고 이후 바람을 쐬어 손상을 입고서는 죽었다.

조사해 본 결과에 의하면, 이진이 돌을 주워서 이옥근에게 던져서 상처를 입혔는데 죽지는 않았다가 며칠이 지나고 나서 바람을 쐬어 손상을 입고 죽었다고 할 경우에는 으레 사형을 면해 주고 적용할 형률을 낮추어 100대의 형장을 치고 3000리의 유형에 처한다. 이번에 이진의 경우에는 돌을 주워서 소에게 던졌는데 생각지도 않게 돌덩이가 소의 등을 맞히고 튕겨 나와서 이옥근의 오른쪽 눈썹 부분에 상처를 입혔고 이후 바람을 쐬어 손상을 입고 죽었으며, 두 사람이 싸우면서 구타한 정황은 전혀 없었다. 따라서 '과실로 사람을 죽였을 경우에 적용하는 법률 조문'의 주註[9]와 서로 부합된다. 이진에게는 '과실로 사람을 죽인 경우에 적용하는 법률 조문'에 따라 유형에 처하되 속전을 거두고, 장례 비용을 추징해서 유족에게 지급하였다.

17. 고의로 죽인 것인지 잘못하여 죽인 것인지를 판별하다

【두 사람이 함께 톱질을 하여 나무를 쪼개 장작을 만들다가 뜻하지 않게 나무에 맞고 넘어지면서 잘못하여 다른 사람과 부딪혀 죽게 하였다. ○ 건륭 연간의 일이다.】

○ 직례성의 백성 왕개각王開閣이 교십喬十과 함께 나무를 톱질하고 있었다. 교십이 우연히 배가 아파 측간에 가게 되었는데, 왕개각에게 신경을 써서 나무를 보호하도록 전혀 부탁하지 않았다. 그리하여 톱으로 자른 나무가 마른 강물로 빠져 들어갔는데, 그 과정에서 교십이 나무에 맞

9 과실로……주註: 《대청률례》 〈형률·인명〉의 '장난치다가 사람을 죽이거나 다치게 한 경우, 잘못하여 사람을 죽이거나 다치게 한 경우, 과실로 사람을 죽이거나 다치게 한 경우〔戱殺誤殺過失殺傷人〕'의 주註에서 "과실이란 눈과 귀로 보고 들을 수도 없고 생각할 수도 없는 상황에서 저지른 것을 말한다.〔過失謂耳目所不及思慮所不到.〕"라고 한 것을 가리킨다. 《대청회전칙례》 〈형부·청단〉에는 "눈과 귀로 보고 들을 수도 없고 생각할 수도 없는 상황에서 애당초 사람을 해치려는 생각이 없었는데 우연히 사람을 죽이거나 상처를 입힌 경우에는 과실에 의한 살인에 해당하므로 법률에 따라 속전을 거둔다."라고 하였다.

아 넘어지면서 다른 사람과 부딪혀 그 사람을 죽게 하였다.

이 사건은 왕개각과 교십이 똑같이 과실로 사람을 죽인 것이므로 그에 대한 죄도 똑같으니 본래 사형으로 처리해야 했다. 지금 해당 독무가 왕개각에게는 규례에 따라 속전을 추징하고 교십에게는 겨우 태형만 가하는 가벼운 처벌을 적용하였으니, 정황으로 보나 법률로 보나 모두 공정하지 않다. 왕개각과 교십에게 똑같이 '과실로 사람을 죽인 경우에 적용하는 법률 조문'에 따라 속전 12냥 4전 2푼을 공동으로 추징하여 유족에게 수령하게 하였다.

18. 고의로 죽인 것인지 잘못하여 죽인 것인지를 판별하다

【두 사람이 힘을 겨루다가 힘껏 뿌리치고 벗어나려고 하였는데, 뜻하지 않게 한 사람이 넘어지면서 장작에 부딪혀 죽었다. ○ 건륭 연간의 일이다.】

○ 직례성의 백성 황중저黃中著는 술에 취한 정명세程明世가 그의 손을 붙잡고 힘을 겨루려고 하자 힘껏 뿌리치고 벗어나려 하였다. 그러다가 뜻하지 않게 불편한 자세로 서 있던 정명세가 장작 위로 쓸려 넘어지면서【우리나라에서는 섶을 장작이라고 한다.】 상처를 입고 목숨을 잃었다. 황중저로서는 결코 정명세와 서로 장난을 치지도 않았는데 그가 불편한 자세로 서 있다가 넘어지면서 죽게 되었던 것이니, 정명세의 죽음은 애당초 생각하지도 못했던 것이다. 따라서 '과실로 사람을 죽인 경우에 적용하는 법률 조문'과 서로 부합된다.【만약 힘을 써서 승부를 겨루다가 상대를 넘어져 죽게 한 경우에는 장난치다가 사람을 죽인 것이라고 해야지 과실로 사람을 죽인 것이 아니다.】

19. 고의로 죽인 것인지 잘못하여 죽인 것인지를 판별하다

【두 사람이 땔나무를 차지하려고 다투었는데 비탈을 내려가다가 넘어지면서 뜻하지 않게 지게뿔에 한 사람이 찔려 죽었다. ○ 건륭 연간의 일이다.】

○ 호남성湖南省의 백성 왕명요王明堯가 사지빈謝之彬 등이 몰래 베어 놓은 땔나무를 주워서 짊어지고 비탈을 내려갔다. 사소영謝紹榮이 땔나무를 빼앗으려고 왕명요에게 달려들었는데, 산길이 경사지고 좁은 탓에 왕명요가 불편한 자세로 서 있다가 나무 지게를 짊어진 채로 아래로 곤두박질쳤다. 그러면서 땔나무가 왕명요의 두 눈을 가렸고 지게뿔이 사소영을 찔러 상처를 입혀 죽게 되었다.

이 사건은 왕명요가 사소영과 서로 구타하다가 발생한 것도 아니고, 결코 서로 빼앗으려고 다투던 상황에서 발생한 것도 아니었으며, 사소영이 스스로 와서 땔나무를 빼앗으려다가 지게뿔에 찔려 죽은 사건이다. 왕명요로서는 실로 전혀 생각하지도 못했던 일이니, 싸우다가 사람을 죽인 죄로 처벌해서는 안 된다.【향기向其는 그 사람을 향해서라는 의미이다. 담첨擔尖은 지게의 뿔이다.】

20. 고의로 죽인 것인지 잘못하여 죽인 것인지를 판별하다

【두 사람이 같이 사냥을 하다가 달빛이 어두워 사람을 멧돼지로 알고서는 총을 잘못 쏘아 죽였다. ○ 건륭 연간의 일이다.】

○ 복건성福建省의 백성 왕영조王永朝와 장한운張漢雲이 같이 밭에서 멧돼지를 사냥하기로 약속하고, 장한운은 위쪽 일곱 번째 무덤의 동쪽

에 있고 왕영조는 아래쪽 아홉 번째 무덤의 서쪽에 있기로 하였다. 그런데 장한운이 위쪽 일곱 번째 무덤으로부터 아래쪽 아홉 번째 무덤으로 몰래 내려왔다. 당시는 달이 구름에 가려 있고 밭가의 풀이 무성하였는데, 장한운이 전혀 인기척도 내지 않았다. 왕영조가 맞은편에 검은 그림자가 나타난 것을 엉겁결에 보고서는 멧돼지라고 생각하고 곧바로 조총鳥銃을 발사하니, 장한운이 상처를 입고 죽었다.

왕영조가 검은 그림자를 본 뒤에 명백하게 소리를 쳐서 묻지 않고 곧바로 조총을 쏘아 죽게 하였으니, 과실로 사람을 죽인 사건과는 비교할 수 있는 것이 아니다. 따라서 '아무런 이유 없이 사람이 거주하고 있는 집에 총을 쏘거나 화살을 쏘아 그로 인해 사람을 죽게 하였을 경우에 적용하는 법률 조문'에 따라 형장을 치고 유배하도록 정하였다.

21. 고의로 죽인 것인지 잘못하여 죽인 것인지를 판별하다

【두 사람이 같이 서 있다가 홧김에 사람을 밀어 개를 피하게 하였는데, 잘못하여 어린 아이와 부딪쳐 죽게 하였다. ○ 건륭 연간의 일이다.】

○ 절강성浙江省 동부東部 가선현嘉善縣의 백성 주씨周氏의 아내 장씨張氏가 아들 주육보周六寶를 안고서 사기전史其傳에게 모자라는 방값을 채워 달라고 요구하였다.【과找의 음은 과戈로, 부족한 것을 보충한다는 의미이다.】 주육보가 개가 달려들며 짖는 것이 두려워서 장씨의 등 뒤로 피해 서 있었다. 사기전이 장씨의 등 뒤에 주육보가 있다는 것을 모르고 개가 달려들어 물을까 두려워서 주씨를 빨리 돌아가게 하려고 손으로 밀었다. 장씨가 순식간에 넘어지면서 주육보와 부딪쳐 넘어뜨려 주육보를 죽게 하였다. 사기전에 대해 '과실로 사람을 죽인 경우에 적용하는 법률 조문'에

따라 속전을 거두도록 하였다.

이에 대해 형부가 논박하였으나, 최종 심리 단계에서 원래 적용했던 법률을 그대로 적용하도록 하였다. 그러자 형부가 또 다음과 같이 논박하였다.

"조사해 보니 이러하였습니다. 사기전이, 장씨가 모자라는 방값을 채워 달라고 요구한 일로 인해 묵은 원한이 있었는데 장씨가 문 앞에 찾아와서 소리를 지르게 되었으니, 두 사람 사이에 싸움의 단서가 마련되었던 셈입니다. 그러므로 장씨는 사기전을 보자마자 즉시 그녀가 회피하는 것을 꾸짖었고, 사기전은 장씨의 말을 듣자마자 즉시 손을 들어 떠밀었으니, 분명히 싸우다가 구타한 정황이 있었고 생각 없이 저지른 과실은 결코 아니었습니다. 그리하여 장씨가 떠밀려 넘어지면서 자기 아들 주육보와 부딪쳐 상처를 입혀 죽게 하였으니, 주육보가 부딪혀서 목숨을 잃게 된 것은 사기전이 장씨를 떠밀어 넘어뜨렸기 때문이 아니라고 말할 수 없습니다.

이제 해당 독무가 자문咨文에서 말하기를 '개가 달려들며 짖어대자 물리게 될까 두려워서 밀쳐서 넘어지게 하였습니다.'라고 하였으나, 짖는 개를 꾸짖지 않고 도리어 개에게 몰려 있던 사람을 밀친다는 것은 정황과 이치에 맞지 않습니다. 게다가 장씨가 여러 차례 문 앞에 찾아가서 모자라는 방값을 채워 달라고 한 사실에 대해서는 사기전이 인정하는 진술을 하였습니다. '원래 사기전이 회피하려는 의도에서 나오지 않았습니다.'라는 등의 말은 이 사건이 일어나게 된 근본 원인으로, 모두 확실한 증거가 있습니다. 그런데도 어찌 '전혀 증거가 없습니다.'라는 말에만 근거하여 억지로 죄를 용서해 줄 수 있겠습니까! '주육보가 장씨의 등 뒤에 서 있어서 결코 보지 못했습니다.'라는 말만 가지고서 '눈과 귀로 볼 수도 들을 수도 없는 경우에 적용하는 법률 조문'과 합치된다고 대변에 억지를 부리니, 싸우며 구타하다가 잘못하여 옆에 있던 사람을 죽인 사람은 어찌 알고서 고의로 죽였겠습니까!"

형부의 논박이 있고 나서, 해당 독무가 사기전에 대해 '다른 사람과 싸우며 구타하다가 잘못하여 그 아들을 죽였으면, 싸우다가 사람을 죽였을 경우에 적용하는 법률 조문에 따라 처벌하도록 한 조례'로 바꾸어 적용하여 교형에 처하도록 정하되, 가을까지 기다렸다가 처형하도록 하였다.

○ 다산의 견해: 이 사건은 과실로 죽인 것도 아니지만 싸우다가 잘못하여 옆에 있는 사람을 죽인 것도 아니니, 교형을 적용한 것은 오류인 듯하다.

22. 고의로 죽인 것인지 잘못하여 죽인 것인지를 판별하다

【아들은 우물 위에 있고 아버지는 우물 바닥에 있었는데, 뜻하지 않게 두레박이 도르래에서 떨어져 나가면서 아버지가 죽었다. ○ 가경嘉慶(1796~1820) 연간의 일이다.】

○ 화령和寧의 주병정奏兵丁 서장귀徐張貴가 우물을 치다가 두레박이 떨어져서 과실로 자기 아버지 서국위徐國威에게 상처를 입혀 죽게 한 사건이다. 이 사건에 대해서는 판례를 살펴서 처벌하는 것이 옳은지 명확히 밝혀, 서장귀에게 가을까지 기다렸다가 교형에 처하는 것으로 바꾸어 적용하되, 황제에게 결정해 주기를 청하는 주접奏摺을 올렸다.

황제의 유지諭旨는 다음과 같다.

"이 사건을 살펴보니 이러하였다. 서장귀가 아버지를 따라 우물을 칠 때, 그의 아버지는 우물 바닥에서 진흙을 파 올리고 있었고, 해당 범인은 우물 위에서 도르래를 돌려 두레박을 당기고 있었다. 마침 두레박을 끌어 당겨 우물가의 절반쯤에 도달하였을 때 두레박이 도르래에서 떨어져 나가면서 두레박 안에 있던 진흙이 우물로 떨어져 서국위에게 상처를 입혔고 시간이 지난 뒤에 서국위가 목숨을 잃었다. 두레박이 도르래에서 떨어져 나갈 때 서장귀가 두레박의 끈을 여전히 손에 쥐고 있었으니, 결코 그가 손에서 두레박을 놓친 것은 아니었다. 따라서 두레박을 우물에 떨어뜨려 그의 아버지에게 상처를 입힌 정황은 오히려 다소나마 정상을 참작해 줄 만하다. 서장귀에 대해서는 가을까지 기다렸다가 교형에 처하는 것으로 바꾸어 적용하라." 위와 같은 유지를 받았다.

○ 다산의 견해: 이와 같은 사건은 그의 도리로 보아서는 지체 없이 죽여야 하지만, 나라의 법으로 보아서는 과오로 지은 죄로 판결하여 용서해 주는 법을 적용해야만 한다. 순舜 임금의 형벌[10]은 반드시 이와 같이 판결하지 않았을 것이다.

23. 고의로 죽인 것인지 잘못하여 죽인 것인지를 판별하다

【형이 아버지에게 찔리자 아우가 아버지를 만류하였는데, 뜻하지 않게 아버지가 발길질을 잘못하여 넘어져서 죽었다. ○ 건륭 연간의 일이다.】

○ 사천성四川省의 백성 유장보劉長保가 아버지에게 쫓겨 찔리자, 그의 아우가 만류하려고 하였는데 도리어 그의 아버지가 발길질을 잘못하여 넘어져서 죽었다. 이 사건은 갑자기 발생한 것이고 생각할 수도 없었던

10 순舜 임금의 형벌: 《서경書經》〈우서虞書·순전舜典〉에 "과오로 저지른 범죄와 불행으로 저지른 범죄는 풀어 주어 용서해 준다.[眚災肆赦]"라고 하였다.

일이기 때문에 '과실로 사람을 죽인 경우에 적용하는 법률 조문'에 따라 즉시 교형에 처하도록 정하였다. 유장롱劉長隴이 말을 내뱉어 아버지의 화를 돋운 것은 아버지에게 욕을 퍼부은 것과는 차이가 있지만, 유장롱이 강경한 말로 대든 것 때문에 아버지가 발길질을 하다가 넘어져서 목숨을 잃게 되었고, 자기의 형까지도 무거운 죄에 빠지게 하였다. 그 정황과 죄상은 욕을 한 것보다 비교적 무거우니 '부모에게 욕을 한 경우에 적용하는 법률 조문'에 따라 즉시 교형에 처하였다.

24. 고의로 죽인 것인지 잘못하여 죽인 것인지를 판별하다

【어머니가 간통하는 것을 모르고 남자를 도둑으로 여겨 잡으려고 하였는데 벗어나려고 안간힘을 쓰다가 어머니와 잘못 부딪쳐서 죽게 하였다. ○ 건륭 연간의 일이다.】

○ 직례성直隸省의 백성 이홍고李紅牯가 그의 어머니 광씨鄺氏가 양고화梁告化와 간통하는 사실을 모르고 캄캄한 밤중에 도둑이라고 생각하여 양고화를 잡으려고 하였는데, 양고화가 벗어나려고 맹렬하게 저항하였다. 이홍고가 손으로 머리털을 붙잡은 채 뒤로 밀리다가 뜻하지 않게 등 뒤까지 달려온 어머니 광씨와 잘못 부딪쳐서 광씨가 넘어져 죽었다.

이홍고는 '과실로 사람을 죽인 경우에 적용하는 법률 조문'에 따라 즉시 교형에 처하도록 정하였다. 양고화는 '사람과 싸우며 구타하다가 잘못하여 싸우던 사람의 어머니를 죽인 경우에 적용하는 법률 조문'으로 바꾸어 적용하여 '싸우다가 사람을 죽인 죄'로 교형에 처하도록 정하였다. 해당 범인은 간음을 즐기다가 재앙을 빚어 어머니 광씨와 그 아들 등 두 사람의 목숨을 잃게 하였으니, 죄가 무거운 쪽으로 즉시 처형하게 하였다.

○ 다산의 견해: 양고화에게는 두 가지의 죄가 있으니, 하나는 과부와 합의하여 간통한 것이고, 또 하나는 체포를 강력하게 거부한 것이다. 살인죄로 처벌하여야지 교형에 처하도록 정한 것은 오류인 듯하다.

25. 고의로 죽인 것인지 잘못하여 죽인 것인지를 판별하다

【아내가 순종하지 않자 아내에게 칼을 던졌는데 잘못하여 계모를 맞혔으나 죽지는 않았다. ○ 가경 연간의 일이다.】

○ 형부刑部가 다음과 같이 아뢰었다.

"직례성 남피현南皮縣의 백성 주국周菊이 모임에 참석하려고 그의 아내 왕씨王氏에게 버선을 지어 달라고 부탁하였으나, 왕씨가 시간이 촉박하다는 이유로 승낙하지 않았습니다. 주국이 아내의 게으름을 나무랐는데 왕씨가 강경한 말로 대들자, 칼로 아내의 오른쪽 어깨, 장딴지, 뒤통수 등을 찔러 상처를 입혔습니다. 왕씨가 고함을 지르면서 몸을 피하여 집에서 달려 나가자, 주국이 왕씨를 향해 칼을 던졌습니다. 이때 주국의 계모 장씨張氏가 옆방에서 나오다가 보고서는 꾸짖으며 막았는데, 뜻하지 않게 장씨를 잘못 맞혀서 목을 다치게 하였습니다.

사건이 우발적으로 발생하였고 범행을 저지르려는 의도를 가지고 있었던 것은 결코 아니었으나, 싸우다가 잘못하여 옆에 있던 사람에게 상처를 입혔으니, 해당 독무가 적용한 대로 '아들이 부모를 구타한 경우에 적용하는 법률 조문'에 따라 즉시 참형에 처하도록 정해야 합니다. 주국의 아내 왕씨는 자기 남편에게 순종하지 않아 남편이 무거운 죄를 짓게 만들었으니, 본가本家에 그대로 두는 것은 합당하지 않습니다. 그러나 이미 칼에 찔리는 상처를 입었으니 죄를 논의하는 것을 면해 주어야 합니다."

이에 대해 태학사太學士가 다음과 같이 아뢰었다.

"옆에 있는 사람을 잘못 맞혀서 상처를 입힌 죄는 아들이 부모를 구타한 죄와 비교해 볼 때 다소 차이가 있다고 봅니다. 주국에 대해서는 가을까지 기다렸다가 참형에 처하도록 바꾸어 정하고, 가을에 사형수를 심리할 때로 넘겨서 처리하게 해야 합니다."

○ 다산의 견해: 형률을 적용한 것이 지나친 듯하다.

26. 고의로 죽인 것인지 잘못하여 죽인 것인지를 판별하다

【의붓아버지가 의붓아들을 머리로 들이받았다가 잘못하여 칼날에 부딪쳐서 죽었다. ○ 건륭 연간의 일이다.】

○ 강소성江蘇省의 백성 양공사楊孔士는 5살 때 배무수裵茂秀의 의붓아들이 되었고, 14살 때 각각 따로 살게 되어 28년이 지났다. 양공사는 대나무 용기를 만드는 장인【대나무 껍질로 통의 테를 두르는 사람이다.】으로서 한창 대나무 껍질을 쪼개고 있었는데, 배무수가 자신의 생일을 언급하면서 양공사에게 오래 살기를 축원해 달라고 하였다. 양공사가 돈이 없다고 대답하자, 배무수가 화를 내며 꾸짖었다. 양공사가 갑자기 '친아버지가 결코 아니다.'라는 말로 비위를 거스르자, 배무수가 더욱 화를 내면서 머리로 양공사의 가슴을 들이받았다. 양공사가 미처 막을 사이도 없이 배무수가 머리로 대나무 쪼개는 칼을 들이받아 상처를 입고 죽었다.

배무수의 상처는 스스로 들이받아서 생긴 것이니 참으로 생각하지도 못한 상황에서 발생한 것이다. 다만 양공사가 의붓아버지의 비위를 거스르자 배무수가 머리로 들이받았다가 상처를 입고 죽었으니, 과실로 사람을 죽인 경우와 동일한 죄로 처벌하는 것은 온당치 못하다. 따라서 양공사에 대해 '품팔이꾼이 집주인을 구타하여 죽게 한 경우 참형에 처하도록 한 법률 조문'을 적용하되, 처벌 등급을 낮추어 유형에 처하도록 정하였다.

27. 고의로 죽인 것인지 잘못하여 죽인 것인지를 판별하다

【남편이 사람을 칼로 베려고 하자, 아내가 걱정하여 그 칼을 뺏으려다가 잘못하여 남편에게 상처를 입혀 죽게 하였다. ○ 건륭 연간의 일이다.】

○ 광동성廣東省의 백성 관경림關經林이 칼로 공인工人을 찌르려고 하였다. 그러자 그의 아내 이씨李氏가 남편의 손을 끌어당겨 칼을 빼앗아 싸움을 말리려고 했을 뿐이고 싸운 사실은 결코 없었는데, 그의 남편이 칼을 빼앗기지 않으려고 스스로 손을 오므리다가 자신에게 상처를 입혀 죽게 되었다. 이것은 이씨가 생각했던 일이 아니었으니, '과실로 사람을 죽인 경우에 적용하는 법률 조문'과 서로 부합된다. 해당 독무가 이씨에 대해 '아내가 남편을 구타하여 죽게 한 경우에 적용하는 법률 조문'에 따라 참형에 처하도록 정하였으나, 매우 타당하지 않다.

28. 고의로 죽인 것인지 잘못하여 죽인 것인지를 판별하다

【쥐약으로 쥐를 잡으려는 생각에서 아내가 밥에 비상을 섞어 놓았는데 남편이 잘못 먹고 죽었다. ○ 가경 연간의 일이다.】

○ 구경九卿이 의논한 결과를 다음과 같이 아뢰었다.

"형부가 다음과 같이 아뢰었습니다. '직례성 보지현寶坻縣의 부녀자 주씨周氏가 비상砒礵【신信은 비상이다.】을 밥에 섞어서 쥐를 잡으려다가 그의 남편 장하張荷가 잘못 먹고 죽게 하였습니다. 이 사건에 대해 해당 독무가 재차 심리해 주기를 요청하였습니다.

조사해 보니 이러하였습니다. 장하의 아내 주씨가 비상을 밥에 버무려 부뚜막에 놓아 쥐를 잡으려고 생각하였습니다. 주씨가 그의 남편에게 말해 주는 것을 잊어버리고 물을 길러 우물에 가느라 미처 단속하지 못한 탓에 장하가 스스로 잘못 먹고 독으로 죽게 되었습니다.

이 사건은 「과실로 사람을 죽인 경우에 적용하는 법률 조문」 안의 「과실이란 생각할 수도 없는 상황에서 저지른 것」이라고 한 주註[11]11와 서로 부합하므로, 본래 법률 조문을 살펴서 적용할 법률을 정해야 합니다. 장하의 아내 주씨에 대해서는 법률에 의거하여 즉시 교형에 처하도록 정하고, 해당 독무가 주씨의 정황이 몹시 불쌍하다고 한 내용에 근거하여 협첨夾簽[12]을 작성하여 올려 그러한 사실을 밝히니, 결정해 주시기를 청합니다.' 하였습니다.

제본題本을 갖춘 형부의 문서가 이곳에 도착하였습니다. 법률 조문을

---

11 과실로……주註: 《대청률례》 〈형률·인명〉의 '장난치다가 사람을 죽이거나 다치게 한 경우, 잘못하여 사람을 죽이거나 다치게 한 경우, 과실로 사람을 죽이거나 다치게 한 경우〔戱殺誤殺過失殺傷人〕'의 주註에서 "과실이란 눈과 귀로 보고 들을 수도 없고 생각할 수도 없는 상황에서 저지른 것을 말한다.〔過失謂耳目所不及思慮所不到.〕"라고 한 것을 가리킨다. 《대청회전칙례》 〈형부·청단〉에는 "눈과 귀로 보고 들을 수도 없고 생각할 수도 없는 상황에서 애당초 사람을 해치려는 생각이 없었는데 우연히 사람을 죽이거나 상처를 입힌 경우에는 과실에 의한 살인에 해당하므로 법률에 따라 속전을 거둔다."라고 하였다.

12 협첨夾簽: 중국 청나라 때 형부刑部나 내각內閣이 사형죄에 해당하는 사안에 관하여 별도의 의견을 황제에게 아뢸 때 제본題本과 함께 올리던 문서의 하나이다. 친족 사이의 살인 사건 중 정상을 참작해 줄 만한 사안, 보고기한이 지나 사망하여 처벌 수위를 낮추어 줄 필요가 있는 사안 등이 있을 때 그러한 사유를 밝히고 황제에게 재가해 주기를 청하는 내용으로 작성하였다.

조사해 보니, '자손이 과실로 조부모와 부모를 죽이면 100대의 형장을 치고 3000리의 유형에 처한다.'라고 기록되어 있고, 또 건륭 28년(1763)에 '자손이 과실로 조부모와 부모를 죽인 경우에 적용하는 법률 조문을 즉시 교형에 처하도록 바꾸어 적용하라.'라고 한 사실이 문서에 실려 있습니다.

신들이 조사해 보니 이러하였습니다. 남편은 아내의 모범이니, 아내와 남편의 명분은 둘 다 중요합니다. 만약 아내가 범행을 저지르려는 마음을 가지고서 남편을 해쳤다면, 본래 분별하여 즉시 중형에 처해야 합니다. 그러나 과실로 사람을 죽인 사건의 경우에는 '생각할 수도 없고 눈과 귀로 보고 들을 수도 없는 상황에서 애당초 사람을 해치려는 생각이 없었는데 우연히 사람을 죽인 경우에 적용하는 법률 조문'이 적용됩니다. 따라서 일반 사람의 경우에도 으레 속전을 거두기만 하고 결코 죄를 처벌하지 않습니다. 그러나 아내가 과실로 남편을 죽인 경우, 자손이 과실로 조부모와 부모를 죽인 경우, 첩이나 노비가 과실로 가장家長을 죽인 경우에는 본래 일반 사람이 과실로 사람을 죽인 경우와 동일하게 논의하기가 곤란합니다. 한때의 생각하지 못한 과실에서 발생한 사건일 경우에는 정상을 따져 보아도 참작할 만한 점이 있고 법률을 따져 보아도 용서해 줄 만한 점이 있습니다.

아내나 첩이 남편을 협박하여 죽게 한 사건의 조례를 조사해 보니, 즉시 교형에 처해야 합니다. 그러나 이제 생각하지 못한 과실로 남편을 죽인 사건에 대해 의도적으로 남편을 핍박하여 죽게 한 사건과 동일한 법률로 죄를 처벌하는 것은 두 사건의 차이를 구별하지 않은 것으로 느껴집니다. 자손이 가르침을 어겨 친족이 자결하게 된 사건의 조례를 재차 조사해 보니, 가을까지 기다렸다가 교형에 처하는 것에 그쳤습니다. 그런데 과실로 죽인 경우에는 즉시 교형에 처하도록 정한다면, 이것도 지나치게 무거운 벌로 차등이 없다고 느껴집니다.

지금 황제 폐하의 유지諭旨를 삼가 받아 보니 '일체의 범죄에 대해서는 모두 본래의 법률 조문을 살펴서 적용할 법률을 정해야지, 법률을 벗어나서 무거운 쪽으로 적용할 수 없다.' 하셨습니다."

황제의 유지는 다음과 같다. "의논하여 아뢴 대로 시행하라."

29. 고의로 죽인 것인지 잘못하여 죽인 것인지를 판별하다

【아내가 잠자리를 요구하였으나 남편이 따르지 않았는데, 아내가 실수하여 비녀로 남편에게 상처를 입혀 죽게 하였다. ○ 건륭 연간의 일이다.】

○ 강서성江西省의 부녀자 모씨某氏가 남편에게 잠자리를 요구하였으나 따르지 않았는데, 실수하여 비녀로 남편에게 상처를 입혀 죽게 하였다. 첫 번째 심문할 때에는 모씨가 부끄러워서 고의로 목을 졸라 죽였다고 허위로 자백하였다가, 재차 신문할 때가 되어서야 사실대로 진술하였다. 모씨에 대해서는 '과실로 사람을 죽인 경우에 적용하는 법률 조문'에 따라 형률을 정하였다.

30. 고의로 죽인 것인지 잘못하여 죽인 것인지를 판별하다

【유모乳母가 곤히 자면서 조심하지 않았다가 뜻하지 않게 젖먹이를 짓눌러 죽게 하였다. ○ 건륭 연간의 일이다.[13]】

---

13 건륭 연간의 일이다: 이 사례가 중국 청나라의 《고종순황제실록高宗純皇帝實錄》에는 건륭 59년(1794) 7월 27일에 수록되어 있다.

○ 황제의 유지는 다음과 같다.

"형부刑部가 서씨徐氏의 아내이자 유모인 허씨許氏가 어린아이를 짓눌러 죽게 한 사건에 대해 가을까지 기다렸다가 교형에 처하도록 정하였다. 따라서 이 사건은 참으로 규례에 따라 처리해야 할 일이다. 다만 짓눌려 죽은 이 어린아이 외에 따로 대를 이을 아들이 있고 더욱이 짓눌려 죽게 한 행위도 실제로 마음먹고 한 짓이 아니라면, 당연히 옛 규례에 따라 적용할 법률을 정할 때에 오히려 교형을 면할 수 있을 것이다.【여기에서 구절이 끊어진다.】

만약 짓눌려 죽은 이 어린아이 한 명만 있고 따로 다른 아들이 없는데 이처럼 어리석은 유모가 조심해서 양육할 줄을 모르다가 결국 짓눌려 죽게 하고, 심지어 원한을 품고 있다가 마음먹고 아이를 죽게 하여 그 집안의 대를 끊어지게 하였다면, 조사해서 분별해야 할 것이다."

위와 같은 유지를 받았다.

○ 다산의 견해: 마음먹고 한 짓인지 마음먹고 한 짓이 아닌지는 본래 조사해서 분별해야 하지만, 아들이 한 명인지 아들이 여러 명인지는 또 어찌 물을 것이 있겠는가! 오류인 듯하다.

31. 고의로 죽인 것인지 잘못하여 죽인 것인지를 판별하다

【삽을 가지고 땅에 난 풀을 뒤엎다가 잘못하여 어린아이에게 상처를 입혀 죽게 하였다. ○ 건륭 연간의 일이다.】

○ 강소성江蘇省의 백성 주림朱林이 삽을 가지고 땅에 난 풀을 뒤엎고 있었는데, 마침 어린아이인 주천생周天生이 풀을 주우러 달려왔다. 해당

범인이 소리쳐서 비키게 하였으나, 주천생이 도리어 주림의 삽 아래로 통과하자, 해당 범인이 미처 손을 거두지 못하여 삽날로 주천생의 정수리에 상처를 입혀 죽게 하였다.

주림이 삽을 들었을 때 주천생이 땅에서 풀을 줍고 있는 것을 보고서는 소리쳐서 비키게 하였는데, 어찌하여 미처 손을 거두지 못하고 상처를 입혀 목숨을 잃게 하였는가! 이 사건은 '과실로 사람을 죽인 경우에 적용하는 법률 조문'에 '눈과 귀로 보고 들을 수도 없고 생각할 수도 없는 상황에서 저지른 것'이라는 주註[14]와 부합하지 않는다. 따라서 형부가 논박하여 '싸우다가 사람을 죽였을 경우에 적용하는 법률 조문'으로 고쳐 적용하되, 헤아려서 1등급을 낮추어 100대의 형장을 치고 3000리의 유형에 처하도록 판결하였다.【자전字典인 《정자통正字通》에 이르기를 '철탑鐵鎝은 흙을 파는 연장으로, 대가리의 너비가 1자이고 성능은 보습보다 낫다.' 하였다.】

32. 고의로 죽인 것인지 잘못하여 죽인 것인지를 판별하다

【돌을 주워 아이에게 겁을 주려다가 다른 사람을 잘못 맞혀 죽게 하였다. ○ 건륭 연간의 일이다.】

○ 귀주성貴州省의 부녀자 반씨潘氏가 아들 주아삼周阿三이 대들자【어

14 과실로……주註: 《대청률례》〈형률·인명〉의 '장난치다가 사람을 죽이거나 다치게 한 경우, 잘못하여 사람을 죽이거나 다치게 한 경우, 과실로 사람을 죽이거나 다치게 한 경우〔戲殺誤殺過失殺傷人〕'의 주註에서 "과실이란 눈과 귀로 보고 들을 수도 없고 생각할 수도 없는 상황에서 저지른 것을 말한다.〔過失謂耳目所不及思慮所不到.〕"라고 한 것을 가리킨다. 《대청회전칙례》〈형부·청단〉에는 "눈과 귀로 보고 들을 수도 없고 생각할 수도 없는 상황에서 애당초 사람을 해치려는 생각이 없었는데 우연히 사람을 죽이거나 상처를 입힌 경우에는 과실에 의한 살인에 해당하므로 법률에 따라 속전을 거둔다."라고 하였다.

떤 일로 그 어머니의 뜻을 거스른 것이다.】 돌을 주워서 치려고 하였다.【자기 아들을 때리려고 한 것이다.】 결코 다른 사람과 싸운 것이 아니었고 문 안에서 만문수萬文秀가 갑자기 뛰어나올 줄도 몰랐는데, 공교롭게도 만문수를 맞혀 죽게 하였다. 이러한 경우는 '애당초 사람을 해치려는 생각이 없었는데 우연히 사람을 죽이거나 상처를 입힌 경우'와 서로 똑같으므로 '과실로 사람을 죽인 경우에 적용하는 법률 조문'에 따라 속전을 거두었다.

33. 고의로 죽인 것인지 잘못하여 죽인 것인지를 판별하다

【쇠고삐를 끊어 소를 뺏으려다가 뜻하지 않게 손이 빗나가 밭주인의 아내에게 잘못 상처를 입혀 죽게 하였다. ○ 건륭 연간의 일이다.】

○ 호광성湖廣省의 백성 진문화陳文華의 소가 진의선陳宜先의 보리 싹을 짓밟고 뜯어 먹다가 진의선에게 잡혀 끌려갔다. 진문화가 힘껏 달려가서 빼앗으려고 쇠고삐를 당겨 잡고 끊었는데, 뜻하지 않게 휘두른 손에 등 뒤에 서 있던 진의선의 아내 소씨蕭氏가 맞아 상처를 입고 죽었다. 이 사건은 진문화가 결코 그녀를 구타한 것이 아니므로 '잘못하여 사람을 죽인 경우에 적용하는 법률 조문'과는 부합하지 않는다. 따라서 '과실로 사람을 죽인 경우에 적용하는 법률 조문'에 따라 속전을 거두었다.

34. 고의로 죽인 것인지 잘못하여 죽인 것인지를 판별하다

【통을 집어 개에게 던졌다가 뜻하지 않게 손잡이가 빠지면서 원한이 있는 집의 아내를 맞혀 상처를 입혀 죽게 하였다. ○ 가경 연간의 일이다.】

○ 운남성雲南省의 백성 단조段朝가 왕씨王氏에게 잘못 상처를 입혀 죽게 한 사건이다. 이 사건에 대해 형부가 논박하였다.

"조례를 조사해 보니 '다른 사람과 싸우며 구타하다가 그 사람의 아내를 죽인 경우에는 싸우다가 사람을 죽인 죄로 처벌하되, 싸우다가 사람을 죽인 사람은 가을까지 기다렸다가 교형에 처한다.' 하고, 또 '백성이 사냥하기 위해서 조총이나 화살을 쏘아 새나 짐승을 잡다가 뜻하지 않게 사람을 죽인 경우에는 「사냥꾼이 깊은 산골짜기나 넓은 들판에 활을 보이지 않게 설치해 놓고 경계 표시를 세우지 않았다가 그로 인해 사람에게 상처를 입혀 죽게 한 경우에 적용하는 법률 조문」에 따라 100대의 형장을 치고 3년의 도형에 처하며, 이어서 장례 비용 20냥을 추징해서 죽은 사람의 집에 지급한다.'라는 내용이 실려 있었습니다. 이 조례에서 과오로 사람을 죽인 죄에 대해 '싸우다가 사람을 죽인 경우에 적용하는 법률 조문'을 적용한다고 한 이유는 사람을 죽인 것은 과오에 의한 것이지만, 그 계기는 구타에서 시작되었기 때문입니다. 그러므로 '싸우다가 사람을 죽인 경우에 적용하는 법률 조문'에 따라 교형에 처하도록 정한 것입니다.

이 사건의 경위를 살펴보니 이러하였습니다. 단조가 우선 왕씨의 남편 장홍지張洪志에게 끌려 옷이 찢기는 일을 당하였고, 장홍지가 달아나서 집으로 돌아가자 단조가 그의 집까지 달려가서 찢어진 옷의 배상을 요구하였습니다. 단조가 또다시 장홍지에게 구타를 당하여 등에 상처를 입었는데, 이중李仲이 만류하였습니다. 해당 범인도 곧바로 문을 나섰으나, 개가 그의 바짓가랑이를 물어뜯었으므로 단조가 통을 주워서 개에게 던졌는데, 통의 손잡이가 빠졌습니다. 마침 왕씨가 곁에서 달려 나오다가 오른쪽 뒤의 늑골에 통을 맞아 상처를 입고 땅에 넘어지면서 또 목에 상처를 입고서는 목숨을 잃었습니다.

사건의 정황을 자세히 조사해 보니 이러하였습니다. 해당 범인이 장홍지의 집까지 쫓아갔던 것은 찢어진 옷에 대해 배상해 주기를 요구하려는 생각이었을 뿐이며, 결코 찾아가서 구타하려는 생각은 아니었습니다. 다시 장홍지에게 구타를 당하여 상처를 입었으나 해당 범인은 보복하지도 않았고, 이중의 만류를 받고서는 즉시 돌아섰으니 결코 왕씨와는 대면하지도 않았습니다. 만일 개에게 바짓가랑이를 물어뜯기는 일만 아니었더라면 해당 범인은 당연히 집으로 돌아갔을 것이니, 어찌 목숨을 잃게 되는 일이 있었겠습니까! 개에게 물리자 통을 주워서 던졌는데, 뜻하지 않게 왕씨가 곁에서 달려 나오다가 손잡이가 빠진 통에 얻어맞고 넘어져서 죽게 되었습니다.

이 사건은 해당 범인이 잘못하여 왕씨를 죽게 한 것으로, 싸우면서 구타한 일이 없었을 뿐만 아니라 생각하지도 못했던 일이었습니다. 다만 왕씨가 죽기에 앞서 단조와 장홍지가 싸우며 구타한 일이 있었는데, 과실로 사람을 죽인 경우에 따라 속전을 거두기만 한다면 또 가볍게 풀어준다는 생각이 듭니다. '백성이 새나 짐승을 사냥하다가 뜻하지 않게 사람을 죽이면 형장을 치고 도형에 처하도록 한 조례'를 적용하는 것만이 정황으로 보나 법률로 보나 공평성을 실현할 수 있을 듯합니다. 이제 해당 독무가 대번에 해당 범인에게 교형에 처하도록 정한 것은 몹시 타당하지 않습니다. 이 사건은 사람의 생사가 관계되는 것이므로 저희 형부가 경솔하게 재심하기가 곤란합니다. 해당 독무에게 특별히 심리해서 타당하게 법률을 적용하도록 하고, 안건이 도착하는 날에 저희 형부가 재차 심의하는 것이 합당하겠습니다."

황제의 유지는 다음과 같다. "형부에서 논의하여 아뢴 대로 시행하라."

위와 같은 유지를 받았다.

35. 고의로 죽인 것인지 잘못하여 죽인 것인지를 판별하다

【도둑을 쫓아갔다가 먼저 돌아오는 이웃 사람을 도둑으로 의심하여 호미로 쳐서 상처를 입혀 죽게 하였다. ○ 건륭 연간의 일이다.】

○ 직례성直隸省의 백성 서수녕徐受寧이 호미를 가지고 도둑을 쫓아갔는데, 이웃 사람 왕걸王傑이 자기보다 먼저 도둑을 쫓아간 줄을 몰랐다. 왕걸이 도둑을 쫓아갔다가 돌아오는데, 서수녕이 어두운 밤에 사람의 그림자가 어른거리는 것을 보고 도둑으로 잘못 알고서는 도둑이 체포를 거부할까 염려하여 그를 호미로 쳤다. 공교롭게도 왕걸에게 상처를 입혀 죽게 하였다.

이 사건은 실제로 눈과 귀로 보고 들을 수도 없고 생각할 수도 없는 상황에서 나온 것이었다. 따라서 '포교捕校가 도둑을 붙잡으려고 격투하다가 관계도 없는 사람을 잘못 죽인 경우의 조례'를 적용하여 '과실로 사람을 죽인 경우에 적용하는 법률 조문'에 따라 속전을 거두었다.

36. 고의로 죽인 것인지 잘못하여 죽인 것인지를 판별하다

【많은 사람을 규합하여 사람을 붙잡으려다가 본인이 도둑으로 의심받아 구타를 당하여 상처를 입고 죽었다. ○ 건륭 연간의 일이다.】

○ 복건성福建省의 백성 공거임龔居任이 승려 갑생甲生을 부추겨서, 사광복謝光福이 사전寺田의 도지를 떼어먹고 항거한다고 허위로 고소하게 하였다. 차인差人 만계萬啓가 뇌물을 받고 공거임의 머슴 공관복龔觀福 등을 거느리고 사광복의 집으로 가서 문을 부수고 안으로 들어가 사람을

붙잡으려고 하였다. 사광복으로서는 다급한 상황에서 그들을 막아 내느라 공관복의 명치를 구타하여 상처를 입혀 목숨을 잃게 하였다.

사광복은 자신이 잘못을 저지른 일이 없고 게다가 공관복과는 평소 안면도 모르고 지냈다. 그런데도 공관복이 차인이라는 신분을 내세워 사람을 붙잡으려고 하였으니, 그 행위가 도둑질은 아니지만 상황은 강도질을 행하는 것과 같았기 때문에 사광복이 도둑이라고 생각하여 저항하다가 죽게 하였던 것이다. 따라서 싸우다가 사람을 죽인 경우에 따라 적용할 법률을 정해서는 안 된다.

조사해 보니 이러하였다. 공관복이 방으로 들어가 사람을 붙잡으려고 할 때는 이미 날이 밝을 무렵이었다. 그러므로 '대낮에 남의 집 안으로 들어가서 도둑질하다가 주인에게 구타를 당하여 죽게 되었을 경우의 조례'로 바꾸어 적용하여 100대의 형장을 치고 3년의 도형에 처하도록 정하였다.

37. 고의로 죽인 것인지 잘못하여 죽인 것인지를 판별하다

【캄캄한 밤중에 도둑인 줄로 잘못 알고 5개월 상복을 입는 친족 할아버지를 찔러 죽였다. ○ 가경 연간의 일이다.】

○ 사천성四川省의 백성 진봉례陳俸禮가 진정영陳廷榮의 집에 가서 진정영을 만나 보고 나서 방안에 머무르다가 밤중에 집 뒤에 있는 측간에 갔다. 진정영이 개 짖는 소리를 듣고 밤에 도적을 지키기 위해 마련해 둔 뾰족한 칼을 잡히는 대로 가지고서 나가 보았다. 어둠속에서 나무 밑에 한 사람이 엎드려 있는 것을 보고서는 도둑【비匪는 도둑이다.】이라고 의심하여 곧바로 칼로 진봉례의 정수리를 찌르고, 다시 칼자루로 그의 왼팔

을 쳐서 상처를 입혔다. 진봉례가 소리를 지르며 땅에 고꾸라지자, 진정영이 그의 목소리를 듣고서야 손을 멈추었다. 진정영이 이웃 사람과 같이 부축하여 집 안으로 데려왔으나 이미 말을 하지 못했으며, 결국 상처가 심해서 목숨을 잃었다.

○ 형부가 진정영은 범행을 저지르려는 마음을 가지고 있던 것이 결코 아니었다는 이유로 즉시 참형에 처하도록 처분을 정하는 문제에 대해 협첨을 작성하여 올려 황제에게 재가해 주기를 청하였다.

황제의 유지는 다음과 같다.

"내가 사건의 내용을 자세히 살펴보니 이러하였다. 진정영이 진봉례를 도둑인 줄로 잘못 알고 곧바로 칼로 그의 정수리를 찌르고 다시 뼈를 부러뜨렸으니, 진봉례가 목숨을 잃은 원인은 참으로 여기에 있다고 하겠다. 진봉례가 이처럼 심한 상처를 입고도 어찌하여 즉시 비명을 지르지 않다가 해당 범인이 다시 칼자루로 왼팔을 쳐서 상처를 입혔을 때에야 소리를 지르고 넘어졌단 말인가! 해당 범인도 그때서야 손을 멈추었다고 하였으니, 이는 정황과 사리로 보아 있을 수 있는 일이 아니다.

이 사건은 캄캄한 밤중에 일어난 것이라서 주변에 증인이 없고, 진봉례를 부축해서 집 안으로 들어간 뒤에는 그가 이미 말을 하지 못하여 산 사람의 진술을 받아 내지 못하였으니, 더욱 신뢰하기가 어렵다. 진정영이 진봉례를 다시 쳐서 상처를 입힌 뒤에도 그의 아들이 어떻게 된 일인지를 물어볼 때까지 기다렸다가 말을 하였고, 더욱이 사실대로 알리지 않고 '진봉례가 중풍中風 때문에 넘어지면서 부딪쳐 다쳤다.'라는 말 등을 날조하였다. 가령 해당 범인이 과연 도둑이라고 의심하여 잘못 찔렀을 뿐이고 범행을 저지르려는 마음을 가지고 있던 것이 결코 아니었다면, 어찌 이러한 말을 날조할 필요가 있단 말인가! 겁을 먹고 죄를 벗어나 보려는 마음에서 나온 처신이었던 듯하다.

친족과 관련된 사건은 즉시 처형하는 경우와 가을까지 기다렸다가 처형하는 경우의 구분이 있으니, 사건의 내막을 철저히 조사하여 밝혀서 신뢰할 수 있는 판결이 되게 해야만 한다. 해당 독무는 즉시 해당 범인을 잡아다가 다시 상세히 심문하여 가능한 한 확실한 정황을 파악하고 법률을 살펴서 그에게 적용할 조문을 정한 뒤에 서류를 갖추어 아뢰라. 형부에서는 그리 알라." 위와 같은 유지를 받았다.

38. 고의로 죽인 것인지 잘못하여 죽인 것인지를 판별하다

【캄캄한 밤중에 도둑인 줄로 잘못 의심하여 1년 상복을 입는 친족인 큰어머니를 베어 죽였다. ○ 건륭 연간의 일이다.】

○ 복건성의 백성 진록陳祿이 캄캄한 밤중에 도둑인 줄로 잘못 의심하여 1년 상복을 입는 친척인 큰어머니 반씨潘氏를 찔러 죽였다. '과실로 큰아버지·큰어머니나 작은아버지·작은어머니를 죽이면 100대의 형장을 치고 3년의 도형에 처하도록 한 법률 조문'을 적용하되, 1등급을 올려서 3000리의 유형에 처하도록 정하였다.

39. 고의로 죽인 것인지 잘못하여 죽인 것인지를 판별하다

【이웃 사람이 캄캄한 밤중에 담장을 뚫다가 집주인이 쏜 총알에 맞아 죽었다. ○ 건륭 연간의 일이다.】

○ 광서성廣西省의 백성 번대조樊大潮가 도둑에게 총을 쏘아 상처를 입

혀 죽게 한 사건은 번필광樊畢匡이 번대조의 집 뒷담을 뚫은 것이 원인이었다. 번대조는 원래 지방을 지키는 군병으로 훈련을 마치고 집에 돌아와 있었으며, 조총鳥銃을 갖추어 두고서 들짐승의 습격에 대비하였다. 집에 도착한 뒤 3경쯤에 개 짖는 소리를 듣고서는 자신을 방어하기 위해 총을 가지고 나가서 살펴보다가 개가 달려가는 쪽을 향하여 총을 쏘았다. 이는 도둑을 위협하여 물러가게 하려는 생각이었는데, 뜻하지 않게 번필광에게 상처를 입혀 목숨을 잃게 하였다.

사건이 일어난 정황은 도둑질 때문이었고 사건이 일어난 시각은 깊은 밤중이었다. 도둑을 구타하여 죽게 한 경우에는 본래 적용할 수 있는 법률 조문이 있으므로 '신고하지 않고 제멋대로 죽인 죄인에게 적용하는 법률 조문'에 따라 정해서는 안 된다. '밤에 아무런 이유 없이 남의 집에 들어갔다가 붙잡혔는데 신고하지 않고 멋대로 죽였을 때 적용하는 법률 조문'으로 바꾸어 적용하여 형장을 치고 도형에 처하도록 정하였다.

40. 고의로 죽인 것인지 잘못하여 죽인 것인지를 판별하다

【부둣가를 지나가던 사람이 캄캄한 밤중에 배를 부여잡고 있다가 뱃사람이 던진 상앗대에 맞아 죽었다. ○ 건륭 연간의 일이다.】

○ 강소성江蘇省의 백성 호계팔胡桂八이 비바람이 불어닥친 뒤에 호제륙胡梯六의 배로 달려 들어갔다. 호제륙이 놀라 소리치며 붙잡으려고 하자, 호계팔이 또 유환오劉煥五의 배로 달아났다가 다시 유환오 형제에게 붙잡혔다. 호계팔이 만약 배에서 구타를 당해 죽었다고 한다면, 뱃사람은 배를 집으로 삼는 사람이므로 즉시 '밤에 아무런 이유 없이 남의 집에 들어갔다가 붙잡혔는데 신고하지 않고 제멋대로 죽인 법률 조문'에

따라 도형에 처하도록 정하더라도 가볍게 풀어 주는 것은 아니다.

이제 호계팔은 유환오가 끈을 찾아 묶으려고 할 때 즉시 벗어나려고 용을 쓰다가 여울로 뛰어들었으니, 결코 배에 있다가 죽지는 않았다. 그 당시에 유환오 형제와 호제래胡梯來 등 세 사람이 있었으므로 충분히 그를 사로잡아서 관아로 보낼 수가 있었다. 그런데 유환오가 대번에 상앗대로 찍어 호계팔이 상처를 입고 물에 빠져 죽게 하였다. 사건의 내막을 깊이 조사해 보면 '싸우다가 사람을 죽인 경우에 적용하는 법률 조문'에 따라 교형에 처하도록 정해야지 유형에 처하도록 감해 주기는 어려울 듯하다.

최종 심리기관에서 재차 심리를 하여 조사한 결과는 다음과 같다. 호계팔이 깊은 밤중에 남의 배에 갑자기 뛰어들어가 비를 피한 것은 몹시 해괴한 일이다. 그가 도둑은 아니었다고 하더라도, 유환오 등이 갑작스럽게 붙잡으려고 할 때에는 그를 도둑으로 의심할 수밖에 없었다. 가령 배에서 구타를 당해 죽었다고 한다면, 참으로 형부의 논박과 같이 즉시 도형에 처하도록 정하더라도 가볍게 풀어 주는 것은 아니다.

이제 호계팔이 여울로 뛰어들기는 하였으나 결코 배를 버리고 곧바로 달아나지는 않았고, 오히려 다시 돌을 주워서 유환오에게 던져 오른쪽 허벅지에 상처를 입혔다. 비바람이 불어닥치고 캄캄한 때인 데다 강여울은 평지와 비교할 수 있는 곳이 아니다. 따라서 유환오로서는 여울에 뛰어내려 붙잡기는 어려웠을 것이고, 상처의 고통을 안고서 허둥지둥하던 중에 재차 돌을 던질까 두려웠기 때문에 상앗대로 저지하여 찔렀던 것인데, 뜻하지 않게 호계팔이 넘어지면서 깊은 여울물에 빠져 죽은 것이다.

정황을 살펴보면 정상을 참작해 줄 여지가 있고, 싸우다가 구타하여 사람을 죽인 죄와 비교해 보아도 차별이 있는 것 같다. 유환오에게는 원래 적용했던 대로 '싸우다가 사람을 죽인 경우에 적용하는 법률 조문'을 적용하되, 정상을 참작하여 1등급을 감해서 100대의 형장을 치고 3000리의 유형에 처하도록 정하였다. 이어서 조례에 따라 장례 비용 20냥을 추징하여 유족에게 지급하게 하였다.

41. 고의로 죽인 것인지 잘못하여 죽인 것인지를 판별하다

【미친 사람이 밤에 남의 집에 들어갔다가 붙잡혔는데, 구타를 당하여 상처를 입고 죽었다. ○ 가경 연간의 일이다.】

○ 산서성山西省의 백성 정여계鄭汝桂가 정신병이 발작하여 뇌학민雷學敏의 집 안으로 불쑥 들어갔다. 뇌학민이 붙잡으려고 뒤를 쫓으며 소리를 지르자, 마침 곽기륙郭紀六 등이 도와서 같이 붙잡았다. 뇌학민이 도둑이라고 의심하여 끈을 가져다가 목을 묶어 사묘社廟까지 끌고 가서 고문하고 번갈아가며 구타하여 많은 상처를 입혔다. 곽왜아郭娃兒가 다시 곽기륙에게 정여계를 문밖으로 끌어내서 관아에 넘겨 심문하게 해 달라고 부탁하였다. 정여계가 상처가 심하여 땅에 고꾸라져 목숨을 잃었다.

조사해 보니 이러하였다. 정여계가 아무런 이유 없이 밤에 남의 집에 들어간 것은 정신병 때문에 일어난 일이기는 하지만, 곽기륙 등은 뇌학민의 '도둑이야!'라는 고함 소리를 듣고 도와서 같이 붙잡아 구타하였다가 공교롭게 상처를 입고 죽게 되었던 것이다. 이는 정여계가 죄가 있는 사람인 줄로만 알고 저지른 일이었지, 결코 그 사람이 본래 정신병을 앓고 있었다는 사실은 생각하지도 못했다. 게다가 이웃 사람은 본래 도둑을 같이 붙잡을 책임이 있는 것이다.

따라서 곽기륙에 대해서는 당연히 '죄인을 붙잡았는데 신고하지 않고 제멋대로 죽이면 싸우다가 사람을 죽인 죄로 처벌하되, 여러 사람이 함께 사람을 구타하여 죽게 한 경우에는 범행을 저지를 때 목숨을 잃게 할 정도로 중대한 상처를 입힌 사람을 살인죄로 처벌하도록 한 법률 조문'에 따라 가을까지 기다렸다가 교형에 처하도록 정하였다. 곽왜아 등에게는 '나머지 가담한 사람에게 적용하는 법률 조문'에 따라 100대의 형장을 치게 하였다.

42. 고의로 죽인 것인지 잘못하여 죽인 것인지를 판별하다

【미친 사람이 소를 끌고 달아났다가 붙잡혔는데, 구타하고 칼로 베어서 죽였다. ○ 건륭 연간의 일이다.】

○ 형부刑部가 다음과 같이 아뢰었다.

"호남성湖南省의 백성 임여재林如材가 정신병이 발작하여 밖으로 뛰쳐나가 장회원蔣懷遠의 소를 마음대로 몰고 갔습니다. 장회원이 소리를 지르고 욕을 하였으나 말을 듣지 않았으므로 장승덕蔣勝德 등과 같이 쫓아가 구타하여 상처를 입혀 임여재가 죽었습니다. 임여재가 소를 끌고 간 것은 도둑질하려는 마음이 있었던 것은 아니었으나, 이미 소를 몰고 간 이상 도둑질한 정황은 있었던 셈입니다.

장회원이 임여재와는 평소 서로 아는 처지도 아니었으니, 원래 그가 정신병이 있는지도 몰랐습니다. 소를 몰고 가는 임여재를 보고 장회원이 도둑이라 생각하고 곧바로 앞으로 쫓아가 붙잡았던 것이니, 그들로서는 결코 부당한 일이 없었습니다. 다만 힘껏 사로잡아서 관아로 보내지 않고 갑자기 여러 사람의 힘을 빌려 함께 구타하고 다시 칼로 베어 죽게 하였으니, 참으로 신고하지 않고 제멋대로 죽인 죄인이라고 할 수 있습니다. 따라서 '함께 구타하다가 사람을 죽게 한 경우에 적용하는 법률 조문'에 따라 교형에 처하도록 정해서는 안 됩니다."

이상과 같은 형부의 논박을 받고 '신고하지 않고 제멋대로 죽인 경우에 적용하는 법률 조문'으로 바꾸어 적용하여 사건을 종결하였다.

43. 정신병인지를 살피다

【미친 사람이 아무런 이유 없이 사람을 구타하여 죽였다. ○ 정신병이 있는 사람에 대한 조례條例이다. ○ 가경 연간의 일이다.】

○ 형부가 다음과 같이 아뢰었다.

"직례성直隸省 풍순현豐順縣의 백성 유옥劉玉이 갑자기 정신병을 앓아 평소 알고 지내던 유성폭劉成幅을 구타하여 상처를 입혀 죽게 하였는데, 진술이 분명하였으므로 새로운 조례에 따라 '싸우다가 사람을 죽인 경우에 적용하는 법률 조문'에 따라 처벌한 사건입니다. 예전의 조례를 재차 조사해 보니 '정신병으로 사람을 죽인 자는 영원히 자물쇠를 채워 감금하고, 병이 낫더라도 일률적으로 석방하지 못한다.'[15]라고 하였습니다.

그 이유는 사건의 발단이 정신병 때문이고 결코 다른 까닭은 없기 때문에 사형죄로 처벌하는 것에 대해서는 용서해 주지만, 살인 사건은 매우 중대하기 때문에 원수라는 이유로 사람을 죽이고도 정신병이 있는 것처럼 가장하거나 정신병을 빙자하여 죄를 벗어나는 빌미를 열어 줄까 염려하였습니다. 그러므로 정신병이 낫더라도 일률적으로 석방하지 못하게 하였던 것이니, 조례의 취지가 심오하다고 하겠습니다.

---

15 정신병으로……못한다: 《대청률례》〈형률·인명〉'장난치다가 사람을 죽이거나 다치게 한 경우, 잘못하여 사람을 죽이거나 다치게 경우, 과오로 사람을 죽이거나 다치게 한 경우〔戲殺誤殺過失殺傷人〕'의 조례에 나온다.

근래 지방의 각 성省에서 정신병 때문에 사람을 죽인 사건을 심문하여 판결할 일이 있을 때마다 진술이 분명하고 이미 정신병이 나은 경우에는 각 성이 통일적으로 법률을 적용하지 못하고 있습니다. 그래서 저희 형부가 참작하여 의논한 뒤에 즉시 이러한 사건은 '싸우다가 사람을 죽인 경우에 적용하는 법률 조문'에 따라 처벌하도록 황제께 아뢰어 윤허를 받아 통용하도록 한 사실이 문서 안에 기록되어 있습니다. 다만 정신병 때문에 사람을 죽인 사건을 조사할 때, 관아에 도착했을 때에는 곧바로 정신병이 나았으면 정신병이 거짓인지 진실인지를 진찰한 것만으로는 신뢰하기가 어려우니, 허위로 조작하여 흉악한 범인을 풀어 주는 폐단이 불어날까 두렵습니다."

○ 정신병이 있는 사람의 범죄와 관련된 조례에 다음과 같이 말하였다.

"정신병으로 사람을 죽인 사건은 다음과 같이 처리한다. 정신병이 있는 사람에 대해서는 모두 관아에 먼저 보고하게 하고, 보고한 문서가 있는 경우에만 정신병이 있다는 근거로 삼는다. 해당 범인을 진찰한 결과 처음부터 끝까지 정신병을 앓고 말에 조리가 없는 자는 정해진 조례를 그대로 적용하여 영원히 자물쇠를 채워 감금한다.

만약 일시적으로 갑자기 정신병을 앓아서 미처 관아에 보고하지 못한 상태에서 사람을 죽였는데 곧바로 정신병이 나은 자나, 관아에 사건이 접수된 때에는 정신병을 앓고 있는 것이 증명되었으나 2차 심리할 때가 되어서는 진술이 명확한 자에 대해서는 해당 주현州縣의 관원이 명확히 조사하여 즉시 유족으로부터 확실한 보증서를 받아야 '싸우다가 사람을 죽인 경우에 적용하는 법률 조문'을 적용한다.

만일 정신병이 있다고 관아에 보고한 문서가 없고 더욱이 유족의 확실한 보증서도 없을 경우에는 즉시 범죄의 실상을 확실히 조사하고 이어서 계획적인 살인과 고의적인 살인에 적용하는 각 법률 조문을 살펴서 처벌 수위를 결정한다."

44. 정신병인지를 살피다

【미친 사람이 자기 아버지를 구타하여 상처를 입히고 또 세 사람을 칼로 베어 죽였다. ○ 건륭 연간의 일이다.】

○ 형부가 의논한 결과를 다음과 같이 아뢰었다.

"직례성 정정현正定縣의 백성 동쌍전董雙全이 정신병이 발작하여 그의 아버지 동충董忠을 구타하여 상처를 입히고, 제수弟嫂 임씨任氏와 친조카 동소董小 및 이웃 사람 최홍기崔紅奇 등 세 사람까지 아울러 칼로 베어 죽인 사건입니다. 동쌍전이 정신병 때문에 사람을 죽이기는 하였지만, 한 집안의 사형죄를 짓지도 않은 세 사람을 죽였을 뿐만 아니라 그의 아버지까지 구타하여 상처를 입혔습니다. 두 가지 사안이 똑같이 즉시 참형에 처해야 하고 각각의 죄가 서로 동등하니, '자손이 부모를 구타하면 참형에 처하도록 한 법률 조문'에 따라 즉시 참형에 처하도록 정해야 합니다.

조사해 보니 이러하였습니다. 동쌍전이 정신병을 앓은 것은 사실이지만, 그의 아버지를 흉악하게 구타하여 거의 죽을 정도로 심한 상처를 입혔고, 다시 연이어 세 사람을 죽였습니다. 이처럼 인륜을 무시한 흉악한 범인에게는 당연히 정당한 형벌을 집행해야 하니, 왕명으로 법에 따라 처형하게 하소서."

45. 정신병인지를 살피다

【미친 아내가 자기 남편을 구타하여 죽였다. ○ 가경 연간의 일이다.】

○ 황제의 유지는 다음과 같다.

"봉천성奉天省의 백성 단씨段氏의 아내 이씨李氏가 정신병 때문에 자기 남편 단정유段廷儒를 구타하여 상처를 입혀 죽게 한 사건에 대해 해당 이씨를 즉시 참형에 처하도록 정하였다. 아내가 남편을 위해서는 3년이 넘는 기간 동안 상복을 입으니 본래 법률을 살펴서 죄에 합당한 조문을 적용해야 한다. 그러나 그 아내가 평소에는 결코 남편을 깔본 일이 없었으니, 사실은 일시적으로 정신병이 발작하여 남편을 구타하여 죽게 한 것이다. 이런 점을 따져 보면 정상을 참작해 줄 만한 일이고, 정황과 법률을 헤아려 보아도 참작해서 가볍게 처벌하지 않을 수가 없다.

이후로는 이처럼 부인이 정신병 때문에 본 남편을 구타하여 죽인 사건이 발생하면, 의심할 것 없이 정신병이 확실한 경우에는 형부가 그대로 본래의 법률을 살펴서 죄에 합당한 조문을 결정한 뒤에 제본題本을 갖추어 올리라. 그러면 내각內閣이 형부에서 제본과 함께 올리는 협첨의 내용을 명확히 조사한 뒤에 표의票擬[16]를 작성하여 첨부하되, 구경九卿이 적용할 법률에 대해 의논하여 아뢰는 별도의 의견 및 '의논하여 아뢴 대로 즉시 참형에 처해야 한다.'라고 아뢰는 의견을 두 장의 표첨票簽[17]으로

16 표의票擬: 중국 청나라 때 내각內閣이 육부六部 등에서 올린 문서를 황제에게 바칠 때 황제가 재가할 내용을 미리 문서로 작성하여 함께 올리던 것 또는 그 문서를 가리킨다.

17 표첨票簽: 중국 청나라 때 내각이 육부 등에서 올린 문서를 황제에게 바칠 때 황제가 재가할 내용을 미리 작성한 문서를 가리킨다. 이 문서를 육부 등에서 올린 원래의 문서와 함께 올려 황제의 재가를 받았다. 동일한 사안에 대한 신하들의 의견이 서로 다를 경우에는 각각의

작성하여 올려서 내가 결정해 주기를 기다리라."

위와 같은 유지를 받았다.

46. 계획적으로 살해하려다가 잘못하여 다른 사람을 죽이다

【원한이 있는 사람을 독살하려고 계획하였으나 잘못하여 이웃 사람 두 명을 독살하였다. ○건륭 연간의 일이다.】

○ 절강성浙江省의 백성 정조원鄭朝元이 정세귀鄭世貴의 밥 안에 독약을 넣었다. 정세귀가 독이 들어 있는 사실을 모르고 남는 밥을 이웃 사람인 주아봉朱阿鳳에게 주어 주아봉과 그의 아내 주씨周氏가 똑같이 각각 중독되어 목숨을 잃었다. 정조원에게 계획적으로 사람을 죽이려다가 잘못하여 옆에 있던 사람을 죽이면 고의적인 살인으로 보아 고의적으로 살인한 사람에게 참형을 적용하도록 한 법률에 따라 가을까지 기다렸다가 참형에 처하도록 정하였다.

형부가 다음과 같이 논박하였다.

"법률 안에서 고의적인 살인으로 처벌해야 한다고 하였으니, 두 사람을 잘못 죽인 죄에 대해서는 즉시 두 사람을 고의적으로 살해한 죄로 처벌해야 합니다.【정조원의 마음을 추구해 보면 고의적인 살인이라는 것이다.】 따라서 '한 집안의 사형죄를 짓지도 않은 두 사람을 죽였을 때 적용하는 조례條例'에 따라 즉시 참형에 처하도록 바꾸어 정해야 합니다."

이상의 내용으로 황제에게 아뢰어 결정해 주기를 청하였다.

의견에 대해 황제가 재가할 내용을 두 장의 표첨으로 작성하여 올려 황제가 그 중 하나를 선택하게 하였는데, 이 두 장의 문서를 '두 장의 표첨'이라는 의미에서 쌍첨雙簽이라고 불렀다.

47. 계획적으로 살해하려다가 잘못하여 다른 사람을 죽이다

【계획적으로 독살하려는 정황을 알면서도 독약을 사 주어 잘못하여 다른 여러 사람을 중독되어 죽게 하였다. ○ 가경 연간의 일이다.】

○ 하진현河津縣의 백성 이씨李氏의 아내 정씨鄭氏가 남편의 첩 왕씨王氏를 독살하려고 계획하였으나 잘못하여 위십일로衛十一老 등을 독살한 사건이다. 우호걸牛豪傑은 이씨의 아내 정씨가 비상砒礵을 사서 남편의 첩 왕씨를 독살하려는 계획을 듣고서는 그녀의 말에 따라 비상을 건네주기만 하였고 결코 해당하는 범행을 저지른 것은 아니었으니, 정황을 알면서도 독약을 사다 준 사람일 뿐이다. 우호걸에게는 '계획적으로 사람을 죽일 때 종범從犯으로 참여하였으나 범행에는 가담하지 않은 사람에게 적용하는 법률 조문'으로 바꾸어 적용하여 100대의 형장을 치고 3000리의 유형에 처하도록 정해야 한다.

이후로는 독약으로 사람을 계획적으로 죽이려다가 잘못하여 옆에 있던 사람을 죽인 사건이 있으면, 정황을 알면서도 독약을 사다 준 사람에게는 즉시 이 조례를 적용하여 처리하도록 하였다.

48. 계획적으로 살해하려다가 잘못하여 다른 사람을 죽이다

【당숙이 당질을 독살하려고 계획하였으나 잘못하여 다른 두 남자를 독살하였다. ○ 건륭 연간의 일이다.】

○ 직례성 탁주涿州의 백성 손사孫四가 술집을 낸 5개월 상복을 입는 친족 조카인 손국림孫國林을 독살하려는 계획을 세우고, 나이 어린 우할

광자于瞎眶子를 만났을 때 독약을 꺼내다 주면서 배 아픈 데 먹는 약이라 거짓말을 하고서는 우할광자에게 부탁하여 손국림의 찻물을 담는 병에 넣게 하였고, 돈 100문文까지 주었다. 우할광자가 이익을 탐내어 이를 승낙하고 틈을 엿보다가 독약을 찻물을 담는 병에 넣어 잘못하여 범사중范士重과 범조룡范朝龍이 중독되어 죽게 하였다.

조사해 보니 이러하였다. 손사가 독약을 배 아픈 데 먹는 약이라고 거짓말을 하였고, 손국림을 살해하려고 계획한 사실을 우할광자에게는 결코 알리지 않았다. 우할광자도 손사가 준 것이 사람을 죽이는 약이라는 것을 몰랐다. 마침내 이익을 탐내는 마음에서 승낙하고 찻물을 담는 병에 독약을 넣었다. 그리하여 범사중 등이 잘못 중독되어 죽었으니, 이 사건은 손사 자신이 잘못하여 다른 사람을 독살한 것과 다름이 없는 일이다.

독살하려고 계획한 손사는 중죄重罪로 처벌해야 하지만, 범사중과 범조룡은 결코 한 집안 사람은 아니므로 한 사람을 계획적으로 죽인 죄에 따라 처단해야 한다. 따라서 손사는 '사람을 계획적으로 죽이려다가 잘못하여 옆에 있던 사람을 죽인 경우에 고의적으로 살인한 죄에 적용하는 법률 조문'에 따라 가을까지 기다렸다가 참형에 처하도록 정하였다. 우할광자는 돈을 받고 부탁을 받아들여 독약을 넣었으나, 손사가 독약 봉지를 넘겨줄 때 배 아픈 데 먹는 약이라고 거짓말을 하였으니, 해당 범인으로서는 손사와 함께 모의하여 죽게 한 사실이 결코 없다. 그런데도 결국 '다른 사람과 함께 모의하여 범행에 가담한 경우에 적용하는 법률 조문'에 따라 교형에 처하도록 정한다면, 정황과 죄상으로 볼 때 모두 타당하지 않은 듯하다. 따라서 우할광자에 대해서는 '계획적으로 사람을 죽일 때 종범從犯으로 참여하였으나 범행에는 가담하지 않은 사람에게 교형에 처하도록 한 법률 조문'에 따르되, 참작하여 1등급을 낮추어 유형에 처하도록 정하였다.

49. 계획적으로 살해하려다가 잘못하여 다른 사람을 죽이다

【간통한 사내가 본남편을 독살하려고 계획하였으나 잘못하여 다른 부인 두 사람이 중독되어 죽게 하였다. ○ 건륭 연간의 일이다.】

○ 직례성 위현威縣의 백성 목본현穆本現이 목회본穆懷本의 아내 가씨賈氏와 간통한 일 때문에 가씨의 본남편을 독살하려다가 죽이지 못하고, 잘못하여 가대저賈大姐와 가이저賈二姐가 중독되어 죽었다. 목본현에게는 한 집안의 두 사람을 죽인 경우에 적용하는 법률 조문에 따라 즉시 참형에 처하도록 정하고, 가씨에게는 '간통한 사내가 스스로 본남편을 죽였을 경우에 간통한 부인이 그러한 사실을 몰랐더라도 교형에 처하도록 한 조례'를 적용하였다. 이상의 내용으로 해당 독무가 제본題本을 갖추어 올렸다.

형부가 의논한 결과를 다음과 같이 아뢰었다.

"목본현에게 즉시 참형에 처하도록 정한 것 이외에 대해 조사한 결과는 다음과 같습니다. '간통한 사내가 스스로 본남편을 죽인 경우에 간통한 부인이 그러한 사실을 몰랐더라도 교형에 처하도록 한 법률 조문'은 본남편이 살해당한 원인이 실제로 간통한 아내에서 시작되었기 때문에 정해진 것입니다. 그래서 그러한 사실을 알지 못했거나 간통한 사내와 함께 모의하지 않았다고 하더라도 그 죄를 조금도 용서해 줄 수가 없었던 것입니다. 본남편을 계획적으로 죽이려다가 상처만 입히고 죽이지 못하였으니, 본래 이미 살해를 당한 경우와는 다릅니다. 따라서 일괄적으로 교형에 처하도록 정한 것은 이미 살해를 당한 자에게 적용하는 형벌과 구별이 없어지게 됩니다."

형부의 논박이 있고 난 뒤에 가씨에게는 적용할 법률을 바꾸어 정하였다.

○ 다산의 견해: 계획적으로 살해하려다가 잘못하여 다른 사람을 죽인 경우 3건이 또 다음 편에 나온다.【집안의 윗사람을 대상으로 범죄를 저지른 경우도 3건이 있다.】

의율차례

2

1. 장난을 치다가 사람을 죽인 죄를 용서하다

【어깨에 목말을 태우고 장난치다가 달려 보라는 말을 듣고 달리다가 잘못 넘어지면서 땅에 고꾸라져 죽게 하였다. ○ 가경嘉慶(1796~1820) 연간의 일이다.】

○ 사천성四川省의 백성 왕학부王學溥가 사잠수謝潛修와 장난을 치다가 사잠수가 넘어지면서 상처를 입고 죽은 사건이다. 법률을 조사해 보니 '장난을 치되, 사람을 죽일 수도 있는 일로 장난을 치다가 사람을 죽인 경우에는 싸우다가 사람을 죽인 죄로 처벌한다. 과실로 사람을 죽인 경우에는 싸우다가 사람을 죽인 죄로 처벌하되 법률에 따라 속전贖錢을 거둔다.' 하고, 그에 대한 주註에는 '과실로 사람을 죽인 경우란 눈과 귀로 보고 들을 수도 없고 생각할 수도 없는 상황에서 발생한 것으로, 애당초 사람을 해치려는 생각이 없었는데도 우연히 사람을 죽게 한 경우를 말한다. 이런 경우는 모두 싸우다가 사람을 죽인 죄로 처벌하여 속전을 거둔다.'라고 실려 있다.[18]

이 사건은 사잠수가 왕학부의 어깨 위에 목말을 타고서 왕학부에게 달리면서 놀아 보자고 말을 하자, 해당 범인인 왕학부가 그의 말대로 일어나서 달렸는데, 사잠수가 서 있던 자세가 불안하여 넘어져 땅에 고꾸라지면서 뒤통수 등을 부딪쳐 죽은 것이다. 왕학부에게는 '장난을 치다가 사람을 죽인 경우에 적용하는 법률 조문'에 따라 가을까지 기다렸다가 교형에 처하도록 정하였다. 이상의 내용으로 제본題本을 갖추어 올렸다.

---

18 법률을……있다: 《대청률례》 〈형률·인명〉의 '장난치다가 사람을 죽이거나 다치게 한 경우, 잘못하여 사람을 죽이거나 다치게 한 경우, 과실로 사람을 죽이거나 다치게 한 경우〔戲殺誤殺過失殺傷人〕' 및 그에 대한 주註《흠정대청회전칙례欽定大清會典則例》〈형부刑部·청단聽斷·단옥斷獄〉에 나오는 내용이다.

○ 형부刑部가 다음과 같이 논박하였다.

"사건의 내막을 자세히 조사해 보니 이러하였습니다. 사잠수가 왕학보의 어깨 위에 서서 달리면서 놀아 보자고 말을 하였으니, 사람을 죽일 수도 있는 일로 장난을 친 것은 결코 아니었습니다. 게다가 왕학부가 일어나서 걷기도 하고 달리기도 한 것은 사잠수의 부탁을 따른 것이었으니, 해당 범인이 마음을 먹고 시작했던 것도 결코 아니었습니다. 따라서 그가 애당초 사람을 해치려는 마음이 없었다는 것은 더욱 분명한 사실이니, 과실로 사람을 죽인 경우에 적용하는 법률 조문의 주에 '생각할 수도 없는 상황에서 발생한 사건'이라고 한 의미와 서로 딱 들어맞습니다. 왕학보에게는 '과실로 사람을 죽인 경우에 적용하는 법률 조문'으로 바꾸어 적용하여 싸우다가 사람을 죽인 죄에 따라 속전을 거두어야 합니다."

황제의 유지諭旨는 다음과 같다. "의논하여 아뢴 대로 시행하라."

위와 같은 유지를 받았다.

2. 장난을 치다가 사람을 죽인 죄를 용서하다

【칼을 가지고 장난을 하다가 던진 칼이 옆에 있던 사람을 잘못 맞혀 죽게 하였다. ○ 건륭乾隆(1736~1795) 연간의 일이다.】

○ 절강성浙江省의 사건은 조사해 보니 이러하였다. 어린아이들이 땅에 몽둥이를 꽂아 놓고 칼을 던지는 것은 놀이에 가깝다고 할 수 있지만, 칼을 몽둥이에 던지는 놀이는 오히려 사람을 죽일 수도 있는 일로 장난을 친 것이 아니다. 이것을 가지고서 직접 비교해 보면, 장난을 치다가 사람을 죽인 것과는 몹시 다르다.

축흥발祝興發이 칼을 가지고서 던졌던 것은 칼을 던져서 맞히려는 데

의도가 있었던 것으로, 칼을 시험하느라 주위를 돌아볼 겨를이 없었다. 그런데 뜻하지 않게 칼을 던졌을 때 공교롭게도 요원보姚元寶가 채소를 주워 가지고 일어서던 차여서 칼끝이 요원보의 뒤통수에 부딪쳐서 상처를 입혀 죽게 하였다. 이 사건은 실제로 무의식 중에 일어난 것이므로, '과실로 사람을 죽인 경우에 적용하는 법률 조문'과 서로 부합한다.

3. 협박에 의한 살인을 징계하다

【힘으로 억압하여 사람을 묶어 두었다가 마침내 추위와 굶주림으로 죽게 하였다. ○ 건륭 연간의 일이다.】

○ 강소성江蘇省의 백성 김승장金勝章이 왕무경王武京이 밀린 도지를 미루며 내지 않자, 집안사람을 시켜 붙잡아 묶어 놓게 하고서는 갚으라고 독촉을 하다가 추위에 얼어 갑자기 죽게 하였다. 강제로 구타하고 협박하여 사람이 자살하였을 경우에 적용하는 조례條例에 따라 군병으로 충원하도록 정하였다.【변경 지역에 군병으로 충원하는 것이다.】

○ 형부刑部가 다음과 같이 논박하였다.

"김승장이 도지를 내지 않은 사소한 일로 소작인인 왕무경을 대번에 묶어서 가두어 둔 정황은 몹시 포악한 일로, '힘으로 억압하여 속박하였을 경우에 적용하는 법률 조문'과 서로 부합됩니다. 게다가 왕무경이 배[船]에 묶여 있을 때 한겨울의 추위와 굶주림에 시달리다가 목숨을 잃게 되었습니다. 원래 시체를 검안하고 결과를 보고한 문서에는 '살아 있을 때 얼어서 죽었다.'라고 하였으니, 자살한 실제 행적은 결코 없습니다. 그러니 어찌 '힘으로 억압하여 속박하고 그로 인해 죽게 되었을 경우에 적용하는 법률 조문'을 놓아두고, '힘으로 억압하여 속박한 탓에 그로 인해 자살하였을 경우에 적용하는 조례'를 끌어다가 적용하겠습니까!"

4. 협박에 의한 살인을 징계하다

【힘으로 억압하여 사람을 묶어 두었다가 마침내 목이 졸려 죽었다. ○ 건륭 연간의 일이다.】

○ 절강성浙江省의 심문승沈文昇은 본래 양민良民 신분인데, 심기생沈其生이 그를 도둑으로 의심하여 묶어 매달았으니 '힘으로 억압하여 속박해서 죽인 경우에 적용하는 법률 조문'을 또 어찌 피하겠는가! 심문승은 머리와 목이 묶였고 또 양손마저 가슴에 붙인 채 기둥 위에 묶였다. 이때 심문승의 몸과 손발은 이미 스스로 벗어날 수가 없었는데, 그 몸이 아래쪽으로 떨어지면서 목이 졸려서 죽게 되었다. 그의 사망은 실제로 묶여 있어서 버틸 힘이 없었기 때문이니, 어찌 자살이라고 말할 수 있겠는가! 심문승이 구타를 당해 죽은 것은 아니었으나 실제로는 묶여 있어서 죽었으니, '힘으로 억압하여 사람을 속박해서 죽게 하였을 경우에 적용하는 법률 조문'과 서로 딱 들어맞는다.

해당 독무督撫가 심기생에게 '일 때문에 강제로 구타하였을 경우에 적용하는 조례'에 따라 군병으로 충원하도록 정한 것은 실제로 가볍게 풀어 주는 처벌에 속한다. 게다가 조례 안에 '그 사람이 자살한 경우에는 죽게 한 죄로 처벌해서는 안 되고, 상처를 입힌 죄에 대해서만 처벌한다.'라고 한 조문에만 구애되어, 마침내 '힘으로 억압한 탓에 죽게 되었을 경우에 적용하는 법률 조문'은 놓아둔 채 따져 보지도 않고 도리어 '주범이 구타하여 죽게 한 경우에 적용하는 조례'를 인용하였으니, 이것도 잘못 이해한 것에 해당한다. 심기생에게는 '힘으로 억압하여 속박한 탓에 그로 인해 죽게 한 경우에 적용하는 법률 조문'으로 바꾸어 적용하여 교형에 처하도록 정하였다.

○ 다산의 견해: 심문승을 도둑이라고 의심하여 묶어 두었다면, 사사로운 일로 묶어 놓은 경우와는 다른 것 같다.

5. 협박에 의한 살인을 징계하다

【어린아이가 이웃집에서 꽃을 훔쳤는데, 간악한 사람이 사기를 쳐서 재물을 받아 내려 하다가 어린아이의 아버지가 자신의 아들을 스스로 찔러 죽게 하였다. ○ 건륭 연간의 일이다.】

○ 강소성의 백성 소월蕭月이 집안에서 도둑을 맞았다. 곽문원郭文元이란 사람이 진륙陳六의 아들 진절랑陳節郎이 예전에 소월의 집 모란꽃을 뽑아 간 사실이 있었다는 것을 알고서는, 마침내 어리숙한 진륙을 속여 그에게 진절랑이 도둑질을 하였다고 거짓말을 하여 미끼로 삼았다. 진륙이 그의 아들을 불러 대질하였으나, 진절랑은 결코 도둑질을 행하지 않았다고 하였다. 곽문원이 큰소리로 말하기를 '반드시 은 10냥을 내게로 보내라. 그렇지 않으면 관아에 신고하겠다.' 하였다. 진륙이 거짓 공갈을 당한 것이 모두 진절랑이 모란꽃을 훔친 일 때문이라고 생각하고 술에 취해 홧김에 안으로 들어가 아들을 찔러 상처를 입혀 죽게 하였다.

조사해 보니 이러하였다. 진절랑은 결코 도둑질을 행하지 않았는데, 곽문원이 기회를 틈타서 사기를 치려다가 진륙이 자신의 아들을 찔러 죽이게 하였으니, 심보가 몹시 악랄하다. 다만 사건의 빌미는 곽문원에게서 시작되었지만, 진절랑의 죽음은 아버지의 살해 때문이었다. 따라서 '허위로 남을 고발하여 죽게 하였을 경우에 적용하는 법률 조문'에 따라 사형에 처하도록 정하는 것은 온당치 못하니, 흉악한 죄인에게 '형장을 치고 도형에 처하도록 한 조례'에 따라 군병으로 충원하도록 정하는 것이 합당하다.

6. 협박에 의한 살인을 징계하다

【정신병을 앓는 아우가 쇠사슬에 묶인 채 들판에서 죽었는데, 간악한 사람들이 사기를 쳐서 재물을 내놓으라고 협박하자 그 형이 스스로 목을 찔러 죽었다. ○ 가경 연간의 일이다.】

○ 광동성廣東省의 백성 담취현譚聚顯의 아우 담아순譚亞笋이 본래 정신병을 앓고 있어서 쇠사슬로 묶어 놓았는데, 달아났다가 갑자기 중풍을 앓아 양의梁懿의 공전公田 가에서 죽었다. 하아현何亞顯이 장아순張阿順과 한통속이 되어 차인差人이라 둘러대고【관아의 차인이라고 거짓말을 한 것이다.】 사기를 쳤으며, 담취현이 준 은의 액수가 적다고 불평하면서 강제로 협박하며 더 내놓으라고 요구하였다. 그러자 담취현이 홧김에 스스로 목을 찔러 죽었다.

주범 하아현에게는 '아문衙門의 간악한 관리【간악한 관리이다.】가 사기를 치다가 사람을 죽게 하였을 경우에 적용하는 조례'에 따라 가을까지 기다렸다가 교형에 처하도록 정하였다. 장아순은 종범이므로 처벌 등급을 낮추어 형장을 치고 유형에 처하도록 하였다.

7. 협박에 의한 살인을 징계하다

【거지가 다른 거지를 꽁꽁 묶어 두었는데 상처 때문에 죽게 되었다. ○ 건륭 연간의 일이다.】

○ 직례성直隸省 개주開州의 백성 손초득孫超得이 함께 다니는 거지인

장구張九에게 사기와 모욕을 당하자, 함께 다니는 또 다른 거지 왕삼王三과 한통속이 되어 장구를 꽁꽁 묶어 놓고 그의 두 눈을 파내어 장구가 그 상처로 인해 죽었다.

해당 범인으로서는 두려워할 만한 위협을 가한 적은 없었으나 왕삼과 한통속이 되어 장구를 꽁꽁 묶었으니, 속박하여 고문한 사건과 다름이 없다. 따라서 '힘으로 억압하여 사람을 속박하고 고문해서 죽게 하였을 경우에 가을까지 기다렸다가 교형에 처하도록 한 법률 조문'을 적용하도록 하였다.

8. 원수를 갚기 위해 살인한 정상을 참작하다

【아버지를 위해 원수를 갚고 원수의 어머니와 아들까지 아울러 한집안의 세 사람을 죽였다. ○ 가경 연간의 일이다.】

○ 황제의 유지諭旨는 다음과 같다.

"섬서성陝西省의 백성 조득화曹得華 등이 진동해陳東海의 한집안 세 사람을 계획적으로 죽인 일로, 조득화를 능지처사에 처하도록 정한 사건이다. 이 사건의 내막을 상세히 조사해 보니 이러하였다. 조득화의 아버지 조금릉曹金陵이 진동해와 싸우다가 구타를 당해 살해되었는데, 진동해가 사형죄에서 처벌 등급을 낮추어 주는 판결을 받았다가 사면령赦免令이 내리자 석방되어 집으로 돌아왔다. 이 때문에 이후로 조득화가 원수를 갚으려는 마음을 품고 있다가, 소양룡蘇良龍 등과 함께 모의하여 진동해를 연이어 찔러 목숨을 잃게 하였다.

진동해의 어머니 오씨吳氏가 손자인 진흑자陳黑子를 이끌고 진동해의 행방을 찾아내려고 조득화의 문앞을 지나갔다. 조득화가 언뜻 보고서는 오씨가 밝혀내어 관아에 신고할 것이 걱정되자, 다시 소양룡과 함께 모의하여 진동해의 어머니 오씨와 진흑자를 찌르고 구타하여 도랑에 처넣으니 동시에 목숨을 잃었다.

이 사건은 조득화가 아버지의 원수를 갚기 위해 벌인 것이다. 조득화가 만약 진동해만을 죽이고 말았다면 적용할 법률을 살펴서 정할 때 오히려 처형 시기를 늦추어 영원히 감금해 두는 대상에 포함시킬 수도 있었을 것이다. 그러나 이제 원수의 어머니와 자식을 포함하여 한집안 세 사람을 살해하였기 때문에 능지처사에 처하도록 정한 것은 본래 조례를 살펴서 처리하는 정당한 절차에 해당한다.

다만 이 사건은 조득화가 아버지의 원수를 갚기 위해 저지른 것이라는 사실을 참작해 볼 때 마침내 능지처사로 처형하게 하는 것도 지나치게 무거운 면이 있다. 조득화는 관용을 베풀어 즉시 참형을 집행하고, 그 가족에게는 모두 다른 지역으로 이주시키는 벌을 면해 주라. 이미 병들어 죽은 소양룡을 제외하고, 조자전曹子全은 원래 법률을 적용한 대로 교형에 처하되 가을까지 기다렸다가 처형하며, 나머지는 의논하여 아뢴 대로 하라."

9. 원수를 갚기 위해 살인한 정상을 참작하다

【어머니가 간통한 사실을 부끄럽게 여겨서 스스로 목을 매어 죽었는데, 그의 아들이 마침내 간통한 사내를 죽였다. ○ 건륭 연간의 일이다.】

○ 하남성河南省의 백성 항만전亢萬全의 어머니 여씨余氏가 양파楊派와 간통하여 임신을 하자, 부끄럽게 여겨 스스로 목을 매어 죽었다. 이 사건은 관아에 신고되지는 않았으나, 양파는 조례에 따라 도형에 처하도록

정해야 하는 죄인이었다. 항만전이 10년 동안 원한을 품고 있다가 하루 아침에 양파를 죽였다.

이 사건은 정의를 위한 분노에서 나온 것이므로 다른 계획적인 살인과는 다르다. 따라서 '친족이 간통한 사내를 그 자리에서 붙잡지 않고 이미 간통 현장을 떠난 뒤에 붙잡은 경우 및 체포를 거부하지도 않은 간통한 사내를 죽인 경우에 적용하는 조례'를 적용하여 가을까지 기다렸다가 교형에 처하였다.

○ 다산의 견해: 《주례》〈추관秋官·조사朝士〉에 이르기를 '원수를 갚으려는 자는 법관에 의해 원수의 범죄 사실이 장부에 기록되어 있으므로 원수를 죽이더라도 죄가 없다.' 하였다. 이 사건에서 '관아에 신고하지 않았다.'라고 한 것은 법관에 의해 원수의 범죄 사실이 장부에 기록되어 있지 않았다는 말이다. 게다가 그의 어머니가 양파와 합의 아래 간통을 하였으니, 그 뒤에 뉘우치고 자살까지 하였다고 하더라도 어머니를 죽인 원수에게 복수한 경우에 적용하는 법률 조문을 똑같이 적용할 수는 없다.

10. 원수를 갚기 위해 살인한 정상을 참작하다

【의붓아버지가 남에게 베여 살해를 당하자 의붓아들이 그 사람을 찔러 죽여 두 사람 모두 죽게 되었다. ○ 건륭 연간의 일이다.】

○ 산동성山東省 창락현昌樂縣의 백성 유효선劉孝先이 유공劉恭에게 베여 상처를 입고 죽었다. 유효선의 의붓아들 유소용劉小用이 의붓아버지가 다친 것을 보고 유공을 찔러 상처를 입혀 죽게 하였다.

조사해 보니 이러하였다. 유공이 유효선을 베어 상처를 입혀 죽게 하였으니, 법률에 따라 사형에 처해야 한다. 유소용은 유효선의 의붓아들이나, 오복도五服圖 안에는 의붓아들과 의붓아버지·의붓어머니에 대한 내용이 전혀 기재되어 있지 않으므로, 상복을 입는 친족으로 거론할 수가 없다. 다만 유소용은 유효선이 어려서부터 계약에 의해 의붓아들로 삼았고 아내를 얻어 양육하여 여러 해가 지났으므로, 전혀 친족이 아니라고 말하기도 어렵다.

유소용에게는 '두 집안사람이 서로 구타하여 두 사람의 목숨을 잃게 한 경우에 적용하는 법률 조문'을 적용하여야 한다. 그 법률 조문에 의하면, '사형에 처해야 하는 주범이 죽은 사람의 상복을 입지 않는 친족에게 구타를 당하여 죽은 경우에는 구타하여 죽인 사람에게 100대의 형장을 치고 3000리의 유형에 처한다.' 하였고, 조례에는 장례 비용 20냥을 추징하도록 하였다.

○ 다산의 견해: 자기 의붓아버지를 위해 원수를 베어 죽여 보복하여 결국에는 두 사람이 죽게 되었으나, 그 죄가 유형에까지 이르지는 않을 것 같다.

11. 집안의 아랫사람을 죽이다

【아버지가 딸의 간통 현장을 포착하고 곧장 간통 현장에서 딸을 구타하여 죽였다. ○ 가경 연간의 일이다.】

○ 사천성四川省 관현灌縣의 백성 주륭周瀧이 이이자李二姊를 속여 간통하되, 소작인의 집으로 두 사람이 같이 달아나서 간통하고 잤으니 이곳이 간통 현장인 셈이다. 이이자의 아버지 이세해李世楷가 간통 현장에

서 이들을 붙잡아 그 자리에서 이이자를 구타하여 죽였다. 조례에는 이런 경우 아버지를 본 남편과 동일하게 처벌하도록 하였다. 주륙은 가을까지 기다렸다가 교형에 처하도록 정하고, 이세해는 형장을 치도록 정하였다.

그 뒤 형부가 이세해는 아버지로서 간통한 딸을 잡은 것이므로 형장을 치도록 정하지 말아야 한다고 수정 의견을 제시하였다.

그에 대한 황제의 유지는 다음과 같다.

"이이자가 이미 간통을 저질렀으니 죄가 있는 사람이다. 이세해가 그의 딸을 구타하여 죽인 것은 정의의 분노에서 나온 행위인데, 오히려 무슨 죄가 있단 말인가! 형장을 치는 죄로 판결해서는 안 된다."

12. 집안의 아랫사람을 죽이다

【오라버니가 누이동생의 간통 현장을 포착하고 곧장 방안에서 누이동생의 목을 졸라 죽였다. ○ 건륭 연간의 일이다.】

○ 형부가 다음과 같이 죄상을 심리하여 적용할 법률 조문을 정하였다.

"달융아達隆阿가 그의 누이동생 달팔뉴達八妞【아직 혼인하지 않은 여자이다.】가 춘격春格과 간통하자 달팔뉴를 목 졸라 죽였고, 달팔뉴가 실제로 순결을 잃은 사실까지도 검안을 통해 분명히 확인한 사건입니다.

조사해 본 결과는 이렇습니다. 달팔뉴는 달융아의 친누이동생으로서 1년 상복을 입는 친족에 해당합니다. 그의 부모가 모두 죽은 뒤에는 달융아가 거느리고서 같이 살았으니, 신랑감을 골라 혼인할 때까지는 본래 누이를 단속할 책임이 있는 것입니다.

이제 달융아가 간통한 사실을 알고 누이동생을 죽였습니다. 조례 안에는 친오라버니가 간통한 일로 누이동생을 죽인 경우에 죄를 다스리는 데 대한 명확한 조문이 전혀 없습니다. 그러나 누이동생이 간통을 저질러 오라버니의 가문을 더럽혔으니, 아내가 간통을 저질러 본남편의 체면을 손상시킨 경우와 마찬가지로 절실한 고통이라고 하겠습니다. 그렇다면 정의의 분노에 의해서 누이동생을 죽인 것이므로 당연히 '본남편이 간통한 아내를 죽인 경우에 적용하는 조례'에 따라 적용할 법률 조문을 정해야 합니다."

13. 집안의 아랫사람을 죽이다

【당질녀堂姪女가 음란한 짓을 하다가 당숙堂叔에게 목이 졸려 죽었다. ○ 건륭 연간의 일이다.】

○ 직례성直隷省의 백성 사방준史邦俊의 육촌 동생인 사탁史鐸의 딸이 초오焦五에게 시집가서 아내가 되었다. 초오가 죽자 사씨가 남편의 형 초문과焦文科와 사사로이 간통하고 혼인하였다. 그러자 사탁이 마침내 그의 딸과 왕래를 끊어 버렸다.

초문과가 관동關東으로 양식을 구하러 간 때에 사씨가 병이 들고 의지할 곳이 없자, 온상溫祥의 집에 가서 더부살이로 살았다. 온상이 사방준에게 그러한 사실을 알려 주었다. 사방준이 사씨를 부축하여 데리고 돌아와서 도리로 사씨를 책망하자, 사씨가 도리어 방자하게 강경한 말로 대들었다. 저물녘이 되었을 때, 사방준이 윤리를 무시하고 교화를 손상시킨 사씨의 행위를 생각하자 대번에 죽여 버리고 싶은 마음이 싹터서 끈을 가지고 사씨의 방안으로 들어가 목에 감아서 졸라매어 목숨을 끊었다.

사방준에게는 법률 조문에 따라 참형에 처하도록 정하고, 윤리를 무시하고 교화를 손상시킨 사씨는 원래 죽여야 할 사람이므로 집안의 아랫사람을 아무런 이유 없이 죽게 한 것과는 다르다는 점을 밝혀 처벌 등급을 유형으로 낮추어 줄 것을 덧붙여 청하였다. 그러자 황제가 제본題本의 요청에 따라 사형을 면해 주도록 재가하여 사건을 종결하였다.

14. 집안의 아랫사람을 죽이다

【친족이 자기 아내와 간통하자 홧김에 세 사람을 아울러 죽였다. ○ 건륭 연간의 일이다.】

○ 직례성 신락현新樂縣의 백성 소득부蘇得富가 소등아蘇騰兒·소진재蘇進才·소사아蘇四兒를 죽인 사건이다. 이 사건을 조사해 보니 이러하였다. 소득부의 상복을 입지 않는 친족으로서 형뻘인 소등아가 소득부의 아내 이씨李氏와 간통하였고, 소등아의 사촌 아우 소진재까지도 소득부의 아내를 희롱하여 모욕하자, 해당 범인인 소득부가 그러한 사실을 조사하여 알아내고서는 살해할 마음을 가지게 되었다.

그 뒤에 소사아와 소진재가 소득부의 대문 맞은편에서 벌거벗고 똑바로 누워 있는 때를 틈타 소득부가 찾아가서 도리로 나무랐는데, 소진재가 막된 욕지거리를 퍼부었고 소사아도 덩달아서 같이 조롱하고 꾸짖었다. 해당 범인이 분노를 참지 못하고 소등아가 깊이 잠든 틈을 타서 칼을 가지고 소등아·소사아·소진재를 앞서거니 뒤서거니 베어 죽였다.

이 세 사람은 한집안 사람이기는 하지만, 소등아는 간통한 사내에 해당하는 사람이고 소진재는 간통을 조롱한 죄인이다. 해당 범인이 정의의 분노 때문에 저지른 살인이니, 본래 '한집안의 세 사람을 죽인 경우에 적용하는 법률 조문'에 따라 적용할 법률을 정하는 것은 온당치 못하고,

'신고하지 않고 제멋대로 죽인 죄인에게 적용하는 법률 조문'에 따라 가을까지 기다렸다가 교형에 처하면 되는 사안이다. 그가 간통을 조롱하지도 않은 소사아까지도 함께 죽인 죄에 대해서는 당연히 법률 조문에 따라 죄 없는 사람을 계획적으로 죽인 죄로 처벌하되 무거운 쪽으로 적용해야 한다. 따라서 소득부에 대해서는 가을까지 기다렸다가 참형에 처하는 것으로 바꾸어 정해야 한다. 다만 해당 범인이 그의 아내로부터 간통한 사실을 캐묻고서는 대번에 감히 분풀이를 하여 일시에 세 사람을 연이어 죽여 죄 없는 사람에게까지 해를 끼쳤으니, 사건의 정황이 비교적 중대하다. 따라서 황제의 재가를 청하여 법에 따라 처형해야 한다.

소득부의 아내 이씨는 신문해 보니 소득부와 함께 모의한 사실이 없었다. 그리고 사건이 일어나기에 앞서 소등아와 간통하고 난 뒤에 그의 남편이 알게 될까 두려워서 즉시 간통을 거절하였으며, 소진재가 간통을 희롱한 내용까지도 아울러 남편에게 알려 주었으니, 오히려 두려워하고 허물을 뉘우치는 마음이 있었던 것이다. 이씨에게는 간통한 죄를 그대로 적용하도록 하였다.

15. 집안의 아랫사람을 죽이다

【5촌 조카가 자기 아내를 강간하려다가 미수에 그치자, 아내를 시켜서 5촌 조카를 독살하게 하였다. ○ 건륭 연간의 일이다.】

○ 직례성 자주磁州의 백성 장국안張國安이, 3개월 상복을 입는 조카 장삼림자張三林子가 그의 아내 인씨藺氏를 강간하려다가 미수에 그치자, 계획적으로 살해할 마음을 품고서는 인씨를 위협하여 장삼림자가 먹을 밀가루 안에 독약을 넣게 하여 장삼림자 및 그의 어린 딸까지 그 밀가

루 음식을 같이 먹고 독살된 사건이다.

조사해 보니 이러하였다. 장삼림자는 인씨를 강간하려고 하였으니, 본래 죄가 있는 사람에 해당한다. 장국안이 살해하려고 마음을 품었던 대상은 장삼림자 한 사람뿐이었고, 어린 딸은 잘못 중독되어 죽게 되었던 것인 데다 해당 범인과는 상복을 입는 친족 관계가 전혀 없다.

장국안이 장삼림자를 독살한 것은 죄인을 신고하지 않고 제멋대로 죽인 죄에 해당하므로 이것을 제외하고, 장국안에 대해서는 '사람을 계획적으로 죽이려고 하였으나 잘못하여 옆에 있던 사람을 죽인 경우에 고의적인 살인으로 처벌하도록 한 법률 조문'에 따라 참형에 처하도록 정하였다.

인씨는 그의 남편이 시키는 대로 두 사람을 독살하였다. 이는 장국안이 여러 차례 구타하며 요구하고 칼을 가지고서 협박까지 하였기 때문에 한 일로, 그 정상에 대해서는 본래 참작해 줄 만한 여지가 있다. 인씨에게는 장국안에게 적용한 참형의 죄에서 한 등급을 낮추어 100대의 형장을 치고 3000리의 유형에 처하는 것으로 정하되, 속전을 거두도록 하였다.

16. 집안의 아랫사람을 죽이다

【친족 아우뻘인 사람의 아내를 강간하려다가 승낙하지 않자 찔러 상처를 입혀 죽게 하였다. ○ 가경 연간의 일이다.】

○ 황제의 유지는 다음과 같다.

"사천성 장수현長壽縣의 백성 양문중楊文仲이 3개월 상복을 입는 아우 양문방楊文榜의 아내 황씨黃氏를 강간하려다가 따르지 않자, 황씨를 찔러 상처를 입혀 죽게 하였다. 형부가 조례에는 이러한 사례에 대한 명확한 조문이 없기 때문에 '친족이 아닌 일반 사람이 본 부인을 강간하려다가 그 자리에서 죽였을 경우에 적용하는 조례'에 따라 즉시 참형에 처하도록 정하였다.

다만 내 생각은 이러하다. 해당 범인 양문방과는 3개월 상복을 입는 형제인데, 만약 일반 사람과 동일한 법률 조문을 적용하는 것으로 정한다면 친족과 일반 사람의 구별이 없어지고 만다. 따라서 양문중은 즉시 참형에 처하고 효시梟示하여 경계할 점을 환히 밝히도록 하라. 아울러 이를 형부의 칙례則例에 기재하도록 하라. 나머지는 의논하여 아뢴 대로 시행하라." 위와 같은 유지를 받았다.

17. 집안의 아랫사람을 죽이다

【친아우의 아내를 간통하려다가 승낙하지 않자 찔러서 상처를 입혀 죽였다. ○ 건륭 연간의 일이다.】

○ 섬서성陝西省의 백성 여덕법余德法이 어려서부터 데려다 기른 아우의 아내인 왕씨王氏를 두 차례나 간통하려고 한 것만도 내란內亂[19]에 관한 조문을 범한 것이다. 이어서 그의 아우 여명왜余明娃를 구타하고 꾸짖자, 왕씨가 앞으로 나서서 남편을 구하려다가 다시 구타를 당하였다. 이는 그가 간통하려다가 뜻을 이루지 못한 것 때문에 앙심을 품었던 사실이 뚜렷이 드러난 것이었다.

왕씨가 그녀의 친정아버지에게 돌아가서 이야기해 처리할 방도를 강

19 내란內亂: 《대명률》과 《대청률례》에서 모두 '열 가지 악랄한 범죄(十惡)' 중의 하나로 거론한 것으로, 5개월 이상의 상복을 입는 친족이나 아버지·할아버지의 첩을 강간한 범죄 및 서로 합의하에 간통한 범죄를 가리킨다.

구하려고 하자, 해당 범인이 극도로 화가 나서 죽여 버릴 생각을 품고서는 칼을 가지고 왕씨의 귀뿌리를 연이어 찔러 그 자리에서 목숨을 잃게 하였다. 그 범죄의 내막을 조사해 보면, 윤리를 어지럽히고 계획적으로 사람을 살해하였으니 너무도 음탕하고 흉악하다. 따라서 '강간하려다가 따르지 않자 본 부인을 그 자리에서 죽인 경우에 적용하는 법률 조문'에 따라 즉시 참형에 처하도록 정하였다. 왕씨는 정문旌門을 세워 표창하도록 하였다.

18. 집안의 아랫사람을 죽이다

【사사로운 분노 때문에 아우를 죽이고 그 아우의 아내와 아들까지 아울러 죽였으며, 또 고함 소리를 듣고서 구하러 온 사람마저 죽였다. ○ 가경 연간의 일이다.】

○ 황제의 유지는 다음과 같다.

"'직례성의 백성 우신牛新이 사사로운 원한을 품고서 친동생 우화牛華, 동생의 아내 영씨榮氏, 조카 우삼아牛三兒 등 한집안의 세 사람을 계획적으로 죽였고, 다시 고함 소리를 듣고서 달려온 이웃 양이자楊妮子를 베어 죽였으며, 또 양기륭楊起隆을 베어 상처를 입혔습니다. 우신은 「한집안의 사형죄를 짓지도 않은 세 사람을 죽였을 경우에 적용하는 법률 조문」에 따라 능지처사에 처하되, 먼저 신체에 글자를 새기는 형벌을 시행하소서. 그리고 그의 아내와 아들은 그대로 연좌緣坐하는 벌을 면제해 주도록 재가하여 결정해 주소서.' 하였다.

이 사건을 조사해 보니 이러하였다. 우신이 친동생 우화를 계획적으로 죽인 원인은, 우화가 아내 영씨의 종용하는 말을 듣고 각자 따로 사는 문제로 싸움을 벌이고 아울러 우신을 밤마다 집에서 내쫓으려고 하였기 때문이다. 이로 인하여 사건의 빌미가 생기기 시작하였던 것이다. 이는 우화가 본래 형제간에 우애가 없는 사람이었음을 말해 주는 것이다.

우신이 원한을 품고 화풀이할 계획을 세우고서는 먼저 그의 친동생 우화를 베어 죽였고, 다음으로 친아우의 아내 영씨를 베어 죽게 하였으며, 이어서 또 그의 친조카 우삼아를 베어 죽게 하였다. 다시 이웃 사람 양이자가 고함 소리를 듣고 달려오자, 범죄 혐의를 벗어나기 어렵겠다는 생각에서 함께 베어 죽였다.

우신이 여러 사람을 베어 죽였으니 너무나도 흉악한 범죄이다. 따라서 능지처사로 처벌하더라도 오히려 애석할 것이 무엇이 있겠는가! 다만 그가 죽인 한집안의 세 사람은 모두 우신보다 집안의 아랫사람들이다. 그러니 우신을 능지처사하게 되면, 가령 우신이 죽인 세 사람 안에 우신보다 집안의 웃어른이 포함되어 있을 경우에는 그 죄를 더 높여서 처벌할 수도 없게 된다. 게다가 실제로 친족이 아닌 일반인의 한집안 세 사람을 죽였을 경우의 처벌과 구별이 없어지게 된다.

따라서 우신에 대해서는 즉시 참형에 처하여 효시하는 것으로 고쳐야 한다. 우신을 능지처사로 처벌하지 못하게 한 이상 그의 아내도 자연히 연좌시켜서는 안 된다. 앞으로 한집안의 세 사람을 죽인 사건이 있으면, 살해당한 세 사람 중에 집안의 아랫사람이 포함되어 있을 경우에는 즉시 이 판례에 따라 처리해야 한다."

○ 다산의 견해: 법률과 조례에서 친족을 죽인 죄가 일반 사람을 죽인 죄보다 가볍다고 한 것은 아랫사람이 죽어 마땅한 죄를 짓자 집안의 웃어른이 멋대로 죽인 경우를 말한 것이다. 이 사건의 경우에는 그 죄에 대해 일반 사람이 서로 죽인 경우에 적용하는 법률 조문에 따르되, 한 등급을 더 올려서 적용해야 한다. 그런데 언제나 가볍게 처벌하는 쪽으로

법률 조문을 인용하니, 선왕先王의 매우 합당한 도리는 아닌 듯하다.

19. 집안의 아랫사람을 죽이다

【9개월의 상복을 입는 사촌동생을 구타하여 죽이고 다른 사람에게 죄를 뒤집어씌워 그의 재물을 차지하려고 하였다. ○ 건륭 연간의 일이다.】

○ 광동성廣東省의 백성 황첨송黃添松이 진금문陳錦文을 속여서 돈을 차지하려는 마음을 먹고는 9개월의 상복을 입는 사촌동생인 황아장黃亞長을 후미진 곳까지 유인해서 구타하여 죽이고, 그 시체를 옮겨 놓아 진금문에게 죄를 뒤집어씌우고 돈을 차지하려고 하였다.

그의 범죄를 조사해 보면, 다른 사람을 속여서 재물을 차지하려는 계획에서 집안의 아랫사람을 죽인 것이지, 집안의 아랫사람의 재물을 차지하려고 아랫사람의 목숨을 해친 것은 결코 아니며, 도둑질이나 강간 때문에 죽인 것도 아니다.

따라서 범죄의 정황에 따라 사형죄로 결정하되, 당연히 친족을 죽인 경우에 적용하는 법률에 따라 죄를 다스려야 한다. 설사 범죄의 정황이 흉악하고 잔인하다고 하더라도, 해당 범인을 가을에 심리할 때까지 기다렸다가 처형하되 범죄 사실을 인정하여 사형에 처할 부류에 포함시키도록 한다면 그의 죄를 처벌하기에 충분하니, 죄 없는 사람을 죽인 경우와 동일한 예에 따라 처리하는 것은 온당하지가 않다. 황첨송에 대해서는 '9개월의 상복을 입는 사촌아우를 고의적으로 죽인 경우에 적용하는 법률 조문'에 따라 가을까지 기다렸다가 교형에 처하도록 바꾸어 정하였다.

○ 다산의 견해: 재물을 차지할 셈으로 남의 목숨을 해치면, 다른 사

람을 죽인 경우에는 오히려 가벼운 쪽으로 처벌할 수 있겠으나 친족을 죽인 경우에는 더욱 흉악하고 잔인하게 느껴진다. 따라서 죄 없는 사람을 죽인 경우에 적용하는 법률 조문에 따르되 등급을 올려서 적용해야지, 어찌 죄 없는 사람을 죽인 경우보다 등급을 낮추어서 적용할 수 있겠는가! 집안의 웃어른이 집안의 아랫사람을 죽인 경우에 가벼운 쪽으로 처벌하는 것은 참작할 만한 정상이 있는 경우를 말한 것이다. 나의 친족을 죽여서 다른 사람에게 죄를 뒤집어씌우고 그의 재물을 차지하려고 한 사람에게 어찌 본래의 법률 조문만 적용하고 말 것인가! 위에서처럼 법률을 적용한 것은 잘못이다.

20. 집안의 아랫사람을 죽이다

【9개월의 상복을 입는 사촌동생을 찔러 죽이고 그 집의 재물을 차지하려고 꾀하였다.
○ 가경 연간의 일이다.】

○ 사천성 미주眉州의 백성 소윤중邵允仲이 재물을 차지할 셈으로 9개월의 상복을 입는 사촌동생 소윤곡邵允谷을 계획적으로 죽였다. 법률 조문을 조사해 보니 '상복을 입는 집안 어른이 집안의 아랫사람을 죽인 경우에 만일 재산을 차지하려는 계획에서 나온 것이라면, 모두 「죄 없는 사람을 죽인 경우에 적용하는 법률 조문」에 따라 처리해야지, 친족 사이의 살인 사건에 따라 관대하게 등급을 낮추어 처리할 수가 없다.' 하였다.

이 사건은 소윤중이 재물을 차지할 셈으로 사람을 칼로 찔러 죽인 것이니, '재물을 차지할 셈으로 목숨을 해친 경우 중 재물도 차지하고 사람도 죽인 경우에 적용하는 조례'에 따라 즉시 참형에 처하도록 정하였다.

21. 집안의 아랫사람을 죽이다

【시어머니가 조그마한 죄 때문에 며느리를 죽였다. ○ 건륭 연간의 일이다.】

○ 호남성湖南省의 백성 왕씨王氏의 아내 여씨黎氏가 며느리 자씨資氏가 찬밥을 훔쳐 먹자 대번에 끈으로 두 손을 묶고 하룻밤을 꿇어앉아 있게 하였다. 자씨가 꿇어앉아 있느라 두 무릎을 다쳐 곧바로 일어서지를 못 하자 여씨가 화가 나서 주먹을 내질렀으니, 고통을 주려는 마음을 벌써 가지고 있었던 것이다. 자씨가 울부짖으며 소리를 지르자 다시 불에 달군 쇠 부지깽이로 눈썹을 지지고 때려 그 목숨을 잃게 하였으니, 더욱 불법적이고도 잔인하였다.

여씨에게 적용된 유배의 형벌에 대해서는 속전으로 대신 바치게 하는 것을 허용하지 않고 적용한 법률에 따라 유배지로 떠나보내도록 하였다.

22. 집안의 아랫사람을 죽이다

【시어머니가 부당하게 며느리를 죽였다. ○ 건륭 연간의 일이다.】

○ 안휘성安徽省의 백성 공씨龔氏의 아내 왕씨汪氏가 시어머니로서 며느리를 죽였으니, 일반 사람이 싸우다가 사람을 죽인 경우와는 다르다. 그가 작대기를 쥐고 달려가서 왕병옥汪炳玉【시어머니의 친족이다.】을 때린 것도 오히려 며느리를 보호하려고 생각하였기 때문이었지, 며느리와의 관계를 끊으려는 마음은 결코 없었다. 평소에 부당하게 구타한 것도 시체를 검안한 결과에 의하면 모두 옛날 상처였으므로, 이 사건과는 관계가 없는 것이다. 따라서 공씨의 아내 왕씨에게는 당연히 본래의 법률 조문

에 따라 적용할 형률을 정해야 한다.

그러나 공씨의 아내 왕씨가 평소에도 석씨石氏를 훈계하고 나무랐고, 시체를 검안한 결과 보고서에도 손톱으로 할퀴고 불로 지진 흉터가 있다고 하였으니, 시어머니와 며느리로서의 인정과 의리는 끊어진 것이라고 할 수 있다. 그렇다고 대번에 공씨의 아내 왕씨에게 일반 사람을 죽인 경우에 적용하는 법률 조문에 따라 가을까지 기다렸다가 교형에 처하도록 정하는 것도 인정으로나 죄상으로나 부합하지 않는다. 형부의 논박에 따라, '부당하게 자손의 아내를 구타하여 죽게 한 경우에 적용하는 법률 조문'에 따라 100대의 형장을 치고 3년의 도형에 처하되 속전을 거두도록 바꾸어 정하였다.

23. 집안의 아랫사람을 죽이다

【시어머니가 며느리에게 매춘을 강요하였으나 따르지 않자 밥을 주지 않고 구타하였으므로 며느리가 스스로 목을 매어 죽었다. ○ 건륭 연간의 일이다.】

○ 황제의 유지는 다음과 같다.

"장씨張氏의 아내 주씨周氏가 그의 며느리 풍씨馮氏를 협박하여 매춘을 시켜 이익을 보려고 계획하였다. 그러나 풍씨가 굳게 고집을 부리고 따르지 않자, 수시로 고통을 주고 좌우의 팔꿈치까지 구타하여 상처를 입혔다. 그리하여 풍씨가 협박을 당하여 사정이 다급해지자 목을 매어 스스로 목숨을 끊게 되었으니, 범죄의 정황이 몹시 악랄하다고 할 수 있다.

시어머니란 자는 자기 며느리를 교육하여 스스로 맹세하여 정절을 지키도록 힘쓰게 해야 집안 웃어른의 도리에 부끄럽지 않다고 할 것이다. 그런데 이제 장씨의 아내 주씨가 자기 며느리에게 매춘을 하도록 강요한 것은 너무도 부끄러움이 없는 짓이다. 더욱이 며느리가 정절을 지키고 따르지 않자, 대번에 다락방에 가둔 채 음식을 주지 않고 고통을 주고 구타하여 목숨을 잃게 하였으니, 몹시 인정과 의리에 벗어난 행동이다.

이것은 시어머니와 며느리로서의 은혜와 도리가 끊어진 것이므로, 즉시 '일반 사람을 죽인 경우에 적용하는 법률 조문'에 따라 처벌해야지, 집안의 웃어른이 집안의 아랫사람을 죽게 한 경우의 예사로운 사건과는 다르다. 이러한 자를 엄중히 징계하여 다스리지 않는다면, 어떻게 정절을 장려할 수 있겠으며 음란하고 흉악한 자를 경계할 수 있겠는가!

풍씨에 대해서는 정문旌門을 세워 표창하라. 장씨의 아내 주씨에 대해서는 가을까지 기다렸다가 교형에 처하도록 즉시 바꾸어 정하라. 그리하여 음란하고 포악하며 염치가 없는 자들이 경계하고 두려워할 줄을 알게 하여 형벌을 밝혀서 교화를 보완하려는 나의 뜻을 보이라." 위와 같은 유지를 받았다.

24. 집안의 아랫사람을 죽이다

【재혼한 시어머니가 같이 살던 전남편의 며느리를 구타하여 죽였다. ○ 건륭 연간의 일이다.】

○ 강서성江西省 회창현會昌縣 백성의 아내 증씨曾氏가 재혼한 뒤에 전남편의 아들 팽목도彭沐度를 위해 추씨鄒氏를 맞아 아내로 삼게 하였는데, 그 뒤에 추씨가 게으름을 피우자 증씨가 추씨를 구타하여 상처를 입혀 죽게 한 사건이다.

조사해 보니 이러하였다. 증씨가 이미 재혼한 뒤이므로 그의 아들로서는 3년간 상복을 입는 관계에서 1년간만 상복을 입는 관계로 강등이 되었고, 추씨로서는 증씨가 결혼시켜서 같이 살고는 있었으나 똑같이 며느리라고 하기에는 온당하지가 않다.【며느리가 재혼한 시어머니를 위해 상복을 입는 제도에 대해서는 오복도五服圖에 기록되어 있지 않다.】 다만 '아내나 첩이 죽은 남편의 부모에게 욕을 한 경우에 적용하는 법률 조문'의 주註에 '자손의 아내가 재혼한 시어머니에게 욕을 한 경우에는 남편의 1년 상복을 입는 친족에게 욕을 한 경우와 똑같이 적용한다.'라고 기록되어 있다.[20]

따라서 이제 증씨는 1년 상복을 입는 친족에게 욕을 한 죄로 처벌해야 한다. 1년 상복을 입는 집안의 웃어른이 집안의 아랫사람을 구타하여 죽게 한 경우에는 고의적인 살인이더라도 교형에 처하므로, 증씨에게도 가을까지 기다렸다가 교형에 처하도록 정하였다.

25. 집안의 웃어른을 대상으로 범죄를 저지르다

【작은아버지를 독살할 계획을 세우고 독약을 넣었다가 친고모와 친누이동생까지 잘못하여 죽게 하였다. ○ 가경 연간의 일이다.】

○ 형부가 의논한 결과를 다음과 같이 아뢰었다.

"산동성山東省의 백성 양옥태梁玉太가 원한을 품고서 점원店員 우봉래于鳳來와 함께 모의하여 작은아버지 양문규梁文奎를 독살하고, 친고모인 마씨馬氏의 아내 양씨梁氏와 양씨의 친여동생인 양거저梁擧姐까지도 잘못하여 죽게 한 사건입니다. 법률 조문을 조사해 보니 '한집안의 사형죄를 짓지도 않은 세 사람을 죽인 경우에는 능지처사한다.'라고 실려 있습니다.

양옥태가 작은아버지 양문규 한 사람만을 독살하려고 마음을 먹었으나, 독약을 잘못 써서 1년 상복을 입는 누이동생까지 죽게 하였으니, '고의적인 살인을 저지른 경우에 적용하는 법률 조문'에 따라 그 죄에 대해

---

20 아내나……있다: 《대청률례》〈형률·매리罵詈〉에 나오는 법률 조문과 그에 대한 주註이다.

서는 가을까지 기다렸다가 교형에 처하면 됩니다. 또 출가한 고모에게 독약을 잘못 써서 죽게 하였으니, 그 죄에 대해서는 참형에 처하면 됩니다. 그러나 작은아버지를 독살한 죄는 '1년 상복을 입는 친족 어른을 살해할 계획을 세워 이미 죽인 경우에는 능지처사하도록 한 조문'을 적용해야 합니다.

따라서 황제께서 명령해 주시기를 삼가 청합니다. 해당 범인 양옥태는 결박해서 저잣거리로 끌고 나가서 능지처사하겠습니다. 우봉래는 죽은 사람들과의 관계가 똑같이 집안사람이 아닌 외부 사람들입니다. 다만 해당 범인 우봉래가 양옥태의 지시를 따라 양문규 한 사람만을 독살하려고 하였으나, 마씨의 아내 양씨와 양거저가 독약을 잘못 먹고 죽었으니, 해당 범인이 생각하지 못했던 일이었습니다. 따라서 마음을 먹고 세 사람을 죽게 한 경우와는 다소 다르니, '계획적으로 살인할 때 범행을 실행한 사람에게 적용하는 본래 법률 조문'에 따라 정해야 합니다."

○ 황제의 유지諭旨는 다음과 같다.

"양옥태가 원한을 품고서 점원 우봉래와 함께 모의하여 독약을 써서 작은아버지 양문규를 독살하였다. 우봉래도 양문규에게 여러 차례 야단을 맞은 일로 원한을 품고 있다가, 양옥태가 지시하자마자 곧바로 승낙하고서는 대신 독약을 사서 밀가루떡에 섞어 양문규를 중독되어 죽게 하였고, 두 사람까지도 잘못 독살하였다. 그 정황과 죄상이 비교적 무거우니, 법률 조문에 따라 교형에 처하도록 정하라."

26. 집안의 웃어른을 대상으로 범죄를 저지르다

【죽은 작은아버지를 생각하여 칼로 자신을 베고 재혼하려는 작은어머니를 죽였다. ○ 건륭 연간의 일이다.】

○ 섬서성陝西省의 백성 이진李振이 어려서부터 부모를 모두 잃고 그의 작은아버지 이견재李見才에게 양육되어 장성하였다. 이견재가 병이 들어 위독해지자 이진에게 송씨宋氏【이견재의 아내이다.】를 봉양하고 재혼하지 못하게 하라고 부탁하였다. 이견재가 죽은 뒤에 송씨가 서둘러 재혼하려고 하였다. 이진이 재혼하지 말라고 간절하게 권했으나 듣지 않았다. 마침 부천창傅天倉이 중매쟁이를 보내 결혼할 의사가 있는지를 묻자 송씨가 승낙하였다.

이진이 송씨에게 작은아버지의 당부를 저버리는 것이라고 하면서 시끄럽게 다투었다. 그러자 송씨가 '재혼하지 못하게 하려면 나를 죽이는 수밖에 없다.'【재혼하지 못하게 하려면 나를 죽이라는 말이다.】라고 소리를 질렀다. 이진은 송씨가 재혼하면 작은아버지의 체면을 손상시키는 것이므로 뒷날 작은아버지를 볼 면목이 없다고 여겼다. 따라서 차라리 두 사람이 같이 죽는 것이 낫다고 생각하고서는 마침내 탁상의 작은 칼을 가져다가 송씨의 명치 등을 연이어 찌르고, 다시 칼로 자신의 배를 찔러 땅에 쓰러졌다. 송씨는 상처가 심하여 목숨을 잃었다.

○ 구경九卿이 회의한 결과는 다음과 같다.

"조사해 보니 이러하였습니다. 송씨는 이견재의 아내이고, 이진과는 원래 친족의 도리로 맺어진 사이입니다. 이제 송씨가 중매쟁이의 말을 승낙하여 부천창과 재혼하기로 하였으니, 송씨는 그의 남편 이견재와의 은혜와 의리가 끊어진 셈입니다. 그러나 이진이 숙부의 부탁을 지키지 못하는 것을 애통하게 여겨 송씨의 재혼을 저지하려고 하였으나 송씨가 따르지 않았습니다. 그러자 화가 나서 살고 싶지 않다는 생각을 하고서는 기어이 두 사람이 함께 죽어서 지하에 있는 그의 숙부에게 보답하려고 하였습니다.

이진이 송씨를 찔러 상처를 입히고 곧바로 자신을 찔렀으니, 이것은 정의의 분노에 따라 저지른 일입니다. 1년 상복을 입는 집안 어른을 계획적으로 죽인 예사로운 사건과는 다릅니다. 따라서 법률 조문에 따라 이진에 대해 능지처사하도록 정하면 가련한 정황이 있으니, 이진에게는 정상을 참작하여 가벼운 쪽으로 처벌하여 즉시 참형에 처하는 것으로 바꾸어 정해야 합니다."

그에 대한 황제의 유지는 다음과 같다.

"이진에 대해서는 가을까지 기다렸다가 참형에 처하는 것으로 수정하고 가을이 된 뒤에 처결하라."

27. 집안의 웃어른을 대상으로 범죄를 저지르다

【원한을 품고 재물을 차지할 셈으로 3개월의 상복을 입는 당숙을 칼로 베어 상처를 입혀 죽였다. ○ 가경 연간의 일이다.】

○ 황제의 유지는 다음과 같다.

"바닷가 지역에 사는 백성 소광거蘇光居는 소정옥蘇廷玉의 3개월 상복을 입는 조카로, 소정옥과 말다툼을 벌인 사소한 원한으로 인하여 대번에 분풀이할 계획을 세웠다. 게다가 감히 소정옥을 죽여서 큰아들의 대를 끊어지게 한 뒤에 그의 재산을 차지할 생각까지 하였다. 그리하여 캄캄한 밤중에 황량하고 외진 곳으로 소정옥을 유인한 뒤에 칼로 연이어 베어 심각한 상처를 다섯 군데나 입혀 즉시 목숨을 잃게 하였으니, 너무도 흉악하다.

해당 범인에 대해서는 '상복을 입는 친족의 아랫사람이 재물을 차지할 셈으로 집안의 웃어른을 계획적으로 살인하였을 경우에 적용하는 조례'

에 따라 당연히 즉시 참형에 처하여 효시하여야 한다. 더구나 바닷가의 중요한 지역에서 이와 같이 불법적인 사건이 있었으니, 더욱 빨리 형벌에 따라 처형하여 법과 기강을 엄격하게 다잡아야 한다. 그러니 어찌 나에게 결정해 주기를 요청하는 절차에 구애되어 흉악한 범인의 처형을 오래도록 지체할 필요가 있겠는가! 소광거는 즉시 참형에 처하여 조례에 따라 효시하라."

28. 집안의 웃어른을 대상으로 범죄를 저지르다

【간통하는 사내가 있다는 추잡한 말로 당숙모에게 욕을 하자, 당숙모가 부끄럽고 분하여 자살하였다. ○ 건륭 연간의 일이다.】

○ 광동성廣東省 보창현保昌縣의 백성 이성고李成高가 '여인에게 간통하는 사내가 있다.'라는 말로 5개월 상복을 입는 당숙모 마씨馬氏에게 욕을 하자, 마씨가 부끄럽고 분하여 자살한 사건이다. 이성고에게 '5개월 상복을 입는 집안 어른을 협박하여 죽게 한 경우에 적용하는 법률 조문'에 따라 100대의 형장을 치고 3년의 도형에 처하도록 판결하였다.

형부의 논박을 거쳐 이성고에게는 '시골의 어리석은 백성이 업신여기는 말을 내뱉었는데 부녀자가 그 더러운 말을 듣자마자 곧바로 가볍게 목숨을 버린 경우에 적용하는 조례'에 따라 100대의 형장을 치고 3000리의 유형流刑에 처하도록 정하되, 해당 범인이 말을 내뱉어 집안의 어른을 범한 것은 일반 사람에게 한 행위와는 다르므로 등급을 높여서 먼 변경 지역에 보내 군병으로 충원하도록 하였다.

29. 집안의 웃어른을 대상으로 범죄를 저지르다

【형이 아우에게 구타를 당하였으나 집안의 어른이 아우의 죄를 다스리지 않자, 부끄럽고 분하여 스스로 목을 매어 죽었다. ○ 건륭 연간의 일이다.】

○ 강소성의 백성 진정상陳廷祥이 친형 진정정陳廷正과 한집에서 같이 살았다. 진정상이 형에게 빌려주었던 바지를 돌려달라고 요구하였으나, 진정정이 돌려주지 않고 바지를 찢어 버렸다. 진정상이 마침내 장작 조각을 주워서 진정정의 정수리를 구타하여 상처를 입혔다.

진정정이 집안의 어른인 진태송陳台松을 찾아가서 호소하자, 진태송이 '상처가 가볍고 예의로 보아 잘못한 점이 있는 데다 정월 대보름이기도 하다.'라는 이유로 다음 날 아침에 죄를 다스리겠다고 하였다. 진정정이 그대로 서서 위협하고 돌아가지 않자, 진태송이 경우에 어긋난 짓이라고 나무라면서 진정정을 문밖으로 밀어내었다. 그런데 진정정이 화를 품고 집으로 돌아가서는 대번에 짧은 생각에서 스스로 목을 매어 목숨을 끊었다.

조사해 보니 이러하였다. 진정정은 집안 어른이 나무라는 말 때문에 화가 치밀어서 자살한 것이지, 진정상이 협박했기 때문에 죽은 것은 결코 아니었다. 다만 집안의 어른에게 쫓겨난 원인을 따져 보면, 그의 아우가 구타하여 상처를 입혔기 때문이다. 적용할 법률 조문과 조례를 조사해 보니, 아우가 친형을 구타하여 목을 매어 죽게 한 경우에 적용하는 조문이 전혀 없고, 위협이 없었는데도 자살한 사건의 경우에는 어떻게 죄를 다스려야 하는지에 대한 명확한 조문도 없다. 따라서 '아우가 친형을 구타하여 상처를 입혔을 경우에 적용하는 법률 조문'에 따르되, 한 등급을 올려서 100대의 형장을 치고 3000리의 유형에 처하도록 정하였다.

○ 다산의 견해: 아우가 형을 구타하여 형을 자살하게 하였으니, 위의 법률 적용은 가벼운 듯하다.

30. 집안의 웃어른을 대상으로 범죄를 저지르다

【형이 아우에게 할퀴는 상처를 입자 옆 사람이 뜯어말렸는데, 옛 병이 다시 도져서 죽었다. ○ 건륭 연간의 일이다.】

○ 직례성直隸省 기주祁州의 백성 주삼구周三狗가 맏형 주귀신周貴臣에게 어깨뼈를 짓눌리자 손으로 방어하다가 주귀신의 목을 손톱으로 잘못 할퀴어 상처를 입혔다. 옆 사람이 뜯어말린 뒤에 주귀신이 싸우느라 숨이 막히자 옛 병이 다시 도져 즉시 목숨을 잃었다.

조사해 보니 이러하였다. 주삼구가 손톱으로 주귀신의 목을 할퀴어 상처를 입힌 것은 사실 주삼구가 고통을 참다가 손으로 방어하면서 생긴 것이었으니, 마음을 먹고 범행을 저지른 것과는 다르다. 그리고 주귀신이 숨이 막혀서 목숨을 잃은 것은 스스로 화가 치밀어서 옛 병이 다시 도졌기 때문이니, 주삼구가 협박했던 정황이 있었던 것도 결코 아니었다.

만약 '1년 상복을 입는 친족을 위협하여 죽게 한 경우에 적용하는 법률 조문'에 따라 교형에 처하도록 정한다면 사실은 정황 및 죄상과는 서로 부합하지 않는 일이다. 당연히 본래의 법률 조문에 따라 적용해야 하므로, 주삼구에게는 '조카가 1년 상복을 입는 친족인 백부나 숙부를 구타하여 상처를 입힌 경우에 적용하는 법률 조문'에 따라 100대의 형장을 치고 3000리의 유형에 처하도록 판결하였다.

31. 집안의 웃어른을 대상으로 범죄를 저지르다

【질병의 고통에 시달리던 형이 죽고 싶다고 하자, 형이 시키는 대로 비상砒礵을 사다 주어 그 형이 독약을 먹고 죽게 하였다. ○ 가경 연간의 일이다.】

○ 직례성의 백성 양문만楊文萬이, 그의 형 양문채楊文采가 질병의 고통을 감당하기 어려워하자, 형이 시키는 대로 비상을 사다 주어 그 형이 스스로 독약을 먹고 죽게 하였다.

형부가 법률 조문을 살펴 양문만에 대해서는 능지처사에 처하도록 정하고, 이어서 해당 범인은 흉악한 짓을 벌여 죽기를 꾀한 사람과는 다르므로 황제가 결정해 주기를 청하였다.

그에 대한 황제의 유지는 다음과 같다.

"내가 이 사건의 내막을 자세히 살펴보니 이러하였다. 양문채가 질병의 고통 때문에 죽기를 바라고 그의 아우 양문만에게 비상을 사다 달라고 재촉하였으나 말을 듣지 않자, 스스로 목을 움켜쥐어 죽으려고 하였다. 양문채가 자신의 짧은 생각대로 쇠칼로 자살하려고 하였다면, 아우 양문만으로서는 당연히 형이 목숨을 잃게 될까 걱정하였을 것이다. 그러나 이제 형이 겨우 손으로 목을 움켜쥐기만 하였을 뿐이니, 이것은 일시적으로 협박한 것에 불과한 것으로 어찌 목숨을 잃기까지야 하겠는가! 그리고 그가 협박을 받고서는 어쩔 수 없이 다른 방법으로 그 형의 마음을 안심시키려고 하였다면, 다른 약을 비상이라고 거짓말을 하더라도 무방하였을 것이다. 그렇게 하였으면 그의 형이 그 약을 먹었더라도 경솔하게 목숨을 잃게 되지는 않았을 것이다. 그런데 형이 시키는 대로 비상을 사다가 베개 밑에 간직하였다가, 그의 형이 틈을 타서 그 독약을 가져다가 먹어 결국 죽게 만들었다.

양문만 형제는 재산도 없고 아내도 없어서 계획적으로 살해할 별다른 동기가 없었다. 다만 양문만은 본래 외지로 나가서 생활을 영위하던 사람이었는데, 자기 형을 모시고 살다가 병이 오래도록 낫지 않자 형이 죽고 싶어 하는 마음을 가지고 있다는 것을 알고서는 곧바로 자기의 생각을 접고 형이 시키는 대로 따랐을 수도 있으나, 그렇게 확정할 수도 없다. 이 사건에는 확실한 증인도 없고, 원래의 진술도 겨우 해당 범인 한 사람의 말에만 의거하였을 뿐이다.

결국 종전에 진씨陳氏가 그의 시어머니이자 장씨張氏의 아내인 나씨羅氏의 거짓 명령을 받고서는 비상을 가져다가 먹은 사건에 따라 처리한다면, 가을까지 기다렸다가 참형에 처하도록 바꾸어 정해야 한다. 그러나 두 사건은 내막이 서로 다르다. 죄가 의심스러우면 가볍게 처벌해야 하니, 양문만에게는 즉시 교형에 처하도록 바꾸어 정하고, 나머지는 의논하여 아뢴 대로 시행하라." 위와 같은 유지를 받았다.

32. 집안의 웃어른을 대상으로 범죄를 저지르다

【형수를 계획적으로 독살하려다가 뜻밖에 친형도 같이 먹게 되어 형만 죽었다. ○ 가경 연간의 일이다.】

○ 귀주성貴州省 미담현湄潭縣의 외지 백성 오무문敖茂文이 그의 형수 이씨李氏를 독살하려다가 잘못하여 친형 오무순敖茂順을 독약으로 죽게 하였다.

형부가 의논한 결과를 다음과 같이 아뢰었다.

"해당 독무督撫의 원래 판결을 살펴보면 능지처사에 처하도록 정하였습니다. 그러나 사건의 내막을 자세히 조사해 보니 이러하였습니다. 해당 범인은 그의 형수 이씨가 평소 그의 형을 부추겨서 느닷없이 그를 훈계하고 꾸짖게 한 것 때문에 마음속으로 원한을 품고 있었습니다. 그러다가 이씨가 병을 앓아 혼자 죽을 먹게 된 틈을 타서 때맞추어 죽에 독약을 넣었습니다. 오무순이 집에 돌아와서 이씨와 같이 죽을 먹었는데, 그때 해당 범인은 이미 밖에 나간 뒤였습니다. 해당 범인이 집에 돌아와서야 잘못되어 그의 형이 독살되었다는 것을 알았으나, 원통해도 어떻게 할 수가 없었습니다.

해당 범인이 둘째 형인 오무태敖茂泰에게 무릎을 꿇고서 통곡하며 사실을 털어놓았는데, 사실대로 범행을 인정하고 속이지 않았습니다. 오무태가 오무문과 함께 이씨 등을 구원하여 건강을 회복시켰습니다. 이는 해당 범인이 잘못하여 그의 형을 독살한 뒤에는 오히려 후회할 줄을 알고 스스로 범행을 인정하였던 것이니, 정상을 참작해 줄 수 있는 길이 조금이나마 있다고 하겠습니다. 오무문에게는 관용을 베풀어 즉시 참형에 처하도록 바꾸어 정해야 합니다."

33. 집안의 웃어른을 대상으로 범죄를 저지르다

【형수를 계획적으로 독살하려고 하였는데 뜻하지 않게 조카며느리도 같이 독이 든 죽을 먹었으나 두 사람 모두 죽지 않았다. ○ 가경 연간의 일이다.】

○ 산동성山東省 제령주濟寧州의 백성 한문림韓文林이 조씨趙氏 한 사람만을 죽이려고 계획을 세웠는데, 뜻하지 않게 장씨張氏도 같이 독이 든 죽을 먹고 두 사람 모두 중독되기는 하였지만, 집안의 모든 사람을 독살한 일은 확실히 없었다. 한문림이 그의 형수가 억지로 나가서 따로 살게 한 데다 그의 아내에게 도둑질한 혐의까지 허위로 뒤집어씌우자, 대번에

계획적으로 살해할 마음을 먹고서는 죽에 독약을 넣었다가 조씨와 며느리가 중독되어 구토하게 하였다. 이 사건은 1년 상복을 입는 친족을 죽이려다가 상처를 입힌 경우와 차이가 없으니, 당연히 법률 조문에 따라 형벌을 정해야 한다.

한씨의 아내 조씨는 해당 범인 친형의 아내로, 중독은 되었으나 죽지는 않았다. 법률 조문에 의하면 등급을 올려서 처벌해야 하지만, 해당 범인의 죄가 교형에 처해야 할 죄이기 때문에 더 이상 등급을 올릴 수가 없다. 한문림이 또 1년 상복을 입는 친족인 조카며느리 장씨도 계획적으로 독살하려고 하였으나 죽지는 않았으니[21], 그 죄에 대해서는 유형에 처하면 된다. 따라서 한문림에게는 '사람을 계획적으로 죽이려다가 상처만 입히고 죽지는 않은 경우에 해당 범죄를 주도한 사람에게 교형을 적용하는 법률 조문'에 따라 가을까지 기다렸다가 교형에 처하도록 정해야 한다.

34. 집안의 웃어른을 대상으로 범죄를 저지르다

【사사로운 분노 때문에 형수와 친조카 및 머슴 등 네 사람을 죽였다. ○ 가경 연간의 일이다.】

○ 형부刑部가 의논한 결과를 다음과 같이 아뢰었다.

"산동성 제양현濟陽縣의 백성 안성거安成擧가 친형 안성연安成燕의 아내 유씨劉氏와 화목하지 못하자 살해할 마음을 먹었습니다. 3월 19일 밤에 칼을 가지고 몰래 유씨의 방 안으로 들어가서 유씨를 베어 상처를 입혀 침상에 고꾸라지자 등불을 껐습니다. 유씨가 죽지 않았을까 우려하

---

21 한문림이……않았으니: 이 사건의 전후 내용으로 볼 때 한문림이 조카며느리 장씨까지 계획적으로 죽이려고 하였던 것은 아니다. 다만 한문림이 형수를 계획적으로 죽이려고 한 일과 하나로 묶어서 이야기를 하다 보니 이렇게 표현한 것으로 보인다.

여 손이 가는 대로 마구 베다가 잘못하여 친조카 안노자安路子에게 상처를 입혔습니다. 달아나려고 하는데 다시 친조카딸 안윤저安允姐가 붙잡고 소리를 치자 안성거가 다시 칼로 그의 왼쪽 이마를 베었습니다. 이때 머슴 풍장식馮長寔과 안성연이 고함 소리를 듣고서는 앞서거니 뒤서거니 달려와 붙잡으려고 하자, 안성거가 칼로 풍장식의 이마 등을 베어 상처를 입혔습니다. 이처럼 칼에 찔려 상처를 입은 사람들이 모두 각각 앞서거니 뒤서거니 사망한 사건입니다.

조사해 보니 이러하였습니다. 안성거가 친형수 및 형수의 아들과 딸 및 머슴을 죽였는데, 한집안의 죽은 네 사람 중 유씨의 아들과 딸은 해당 범인의 1년 상복을 입는 친족 아랫사람에 해당합니다. 다만 유씨와 머슴도 똑같이 죽게 되었으므로, 일반 사람을 죽였을 경우와 마찬가지로 법률 조문을 적용해야 합니다. 판결 사례를 조사해 보니, 1년 상복을 입는 친족 아랫사람을 죽인 경우에 한집안의 네 사람 중 두 사람은 친족이 아닌 일반 사람이면, 당연히 '한집안의 사형죄를 짓지도 않은 일반인 네 사람을 죽였을 경우에 적용하는 조례'를 똑같이 적용하여 능지처사에 처해야 합니다. 황제의 명으로 즉시 법에 따라 처형하고, 해당 범인의 아내 왕씨王氏와 어린 딸은 모두 이리伊犁로 보내 거주하게 하며, 재산은 나누어서 그의 형에게 넘겨주어 관리하게 하소서."

황제의 친필 비답批答은 다음과 같다. "형부에서는 그리 알라."

위와 같은 비답을 받았다.

35. 집안의 웃어른을 대상으로 범죄를 저지르다

【과부인 누나가 사생아인 쌍생아 중의 한 아이를 낳고 남동생에게 떠밀리면서 또 한 아이를 낳고서 죽었다. ○ 건륭 연간의 일이다.】

○ 사천성四川省의 백성 이개갑李開甲이 과부 누나이자 황씨黃氏의 아내인 이씨李氏의 집에 갔다가 이씨의 시동생 황재중黃在仲과 같이 잤다. 그날 밤에 이씨가 사생아인 딸 하나를 낳았는데, 스스로 호미를 가져다가 때려서 죽였다. 이개갑 등이 소리를 듣고 나아가 보니, 이씨가 침상 곁에 엉거주춤 서 있었고 아랫도리는 벌거벗은 모습이었다. 이개갑이 누나에게 침상으로 나아가기를 재촉하였으나, 이씨가 말을 듣지 않았다.

이개갑으로서는 황재중이 당시 문밖에 와 있고 사람들이 몰려들어 입장이 난처하였고 부끄럽기도 하고 분하기도 하여 어쩔 줄을 몰랐다. 그의 누나가 벌거벗고 있어서 앞으로 다가가기가 더욱 불편하였다. 이개갑이 누나를 부축하면서 호미를 빼앗고 이씨를 침상으로 떠밀었는데, 뜻하지 않게 실수로 허리의 급소를 다치게 하였다. 이씨가 넘어지면서 상처를 입었고 또 딸 하나를 낳은 뒤에 곧바로 목숨을 잃었다. 이씨의 시어머니 여씨呂氏가 달려와서 보려다가 다리를 헛디뎌 갓난아이를 밟아 죽였다. 시체를 사사로이 묻고 사건을 덮었다.

현縣에서 이 사실을 조사하여 알아내고, 이개갑에 대해서는 '친누나를 구타하여 죽게 한 경우에 적용하는 법률 조문'에 따라 즉시 사형에 처하도록 정하였고, 여씨에 대해서는 과실로 사람을 죽인 죄에 따라 속전을 거두도록 정하였으며, 사적으로 합의하여 사건을 덮으려고 한 황운저黃雲著 등은 분별하여 각각 태형과 장형에 처하도록 정하였다.

○ 형부가 의논한 결과를 다음과 같이 아뢰었다.

"이개갑이, 누나가 사생아를 낳은 것을 보고서는 부끄럽고 분한 데다 입장이 난처하였으므로 누나를 떠밀어서 침상으로 나아가게 하였던 것이지, 누나를 구타한 일은 결코 없었습니다. 그 당시에는 태아 하나를 아직 출산하지 않은 상태였는데, 누나가 허리에 입은 상처 때문에 몹시 떨다가 죽었던 것이니, 이개갑이 생각할 수 있었던 일도 아니었습니다. 현에서 즉시 참형에 처하도록 정하고 가볍게 처벌할 것을 청한 것은 합당하지가 않은 일입니다. 여씨는 며느리가 간통하여 낳은 딸을 잘못하여 밟아 죽였고, 황운저는 추잡한 소문이 드러날까 두려워서 시체를 사사로이 묻고 사건을 덮었는데, 속전을 거두도록 정한 것 및 장형이나 태형에 처하도록 정한 것은 모두 합당하지 않습니다."

형부의 논박에 따라 이개갑에 대해서는 '과실로 친누나를 죽인 경우에 적용하는 법률 조문'에 따라 도형에 처하도록 바꾸어 정하였고, 여씨는 죄를 묻지 말도록 하였으며, 황운저 등은 앞서 이미 질책하였으므로 더 이상 의논하지 말도록 하였다.

36. 집안의 웃어른을 대상으로 범죄를 저지르다

【친족 형의 집에서 도둑질을 하다가 그 형의 갈비뼈를 찔러 상처를 입혀 죽게 하였다. ○ 건륭 연간의 일이다.】

○ 황제의 유지는 다음과 같다.

"하남성河南省 섭현葉縣의 백성 두노조杜老刁가 같이 어울리는 사람에게 바치려는 생각에서 3개월 상복을 입는 친족 형인 두경화杜景華의 집에서 도둑질을 했으니, 이것만도 불법을 저지른 것이다. 그런데 두경화가 쫓아와서 붙잡으려고 할 때 해당 범인은 대번에 칼로 위협하면서 찔러 많은 상처를 입혔고, 또 두경화가 붙잡고서 놓아주지 않자 범인이 벗어나기에 급급한 마음에서 두경화의 왼쪽 갈비뼈를 찔러 상처를 입혀 땅에 고꾸라져서 목숨을 잃게 하였으니, 이것은 더욱 흉악한 짓이다.

형부가 가을까지 기다렸다가 참형에 처하도록 정한 것은 본래 법률 조문을 살펴서 제대로 처리한 일이라고 하겠다. 다만 해당 범인이 처음에는 도둑질을 하였고, 또다시 3개월의 상복을 입는 친족 형을 밀쳐내면서 상처를 입혀 죽게 하였으니, 상복을 입는 친족을 죽인 경우에 적용하는 법률 조문에 따라 앞으로 가을까지 기다렸다가 심리할 때가 되더라도 반드시 사형으로 판결할 것이다.【여구予句는 사형으로 판결하도록 처리한다는 말이다.】 그러니 감옥에 오래도록 가두어 둘 필요 없이 두노조는 즉시 참형에 처하라. 나머지는 의논하여 아뢴 대로 시행하라."

37. 집안의 웃어른을 대상으로 범죄를 저지르다

【친족 아우의 아내와 간통하여 화가 치민 그 아우의 어머니가 넘어져서 죽었다. ○ 건륭 연간의 일이다.】

○ 호남성湖南省의 백성 양빈楊濱이 3개월 상복을 입는 친족 아우 양택楊澤의 아내 왕씨王氏와 간통하였다가, 전에 양택과 맞닥뜨려 알아챈 뒤로 왕래하는 것을 금지당하였다. 그 뒤에 양빈과 왕씨가 밭둑에서 서로 만나 또 간통을 하려고 하였는데, 양택이 가서 붙잡으려고 하자 양빈이 붙잡히지 않으려고 양택을 구타하여 상처를 입혀 땅에 고꾸라지게 하였다. 양택의 아버지 양계화楊啓和와 어머니 노씨魯氏가 가서 양빈을 붙잡으려고 하자, 또다시 흉악한 성질을 부려 붙잡히지 않으려고 구타하여 많은 상처를 입혔다.

노씨가 극도로 화가 나서 삭이지를 못하고 어두운 밤에 친족을 찾아 나섰다가 발을 헛디뎌 넘어지면서 물에 빠져 죽었다. 노씨의 죽음은 실제로 양빈이 간통하고서는 붙잡히지 않으려고 세 사람을 연이어 구타하며 협박하고 모욕하였기 때문에 벌어진 것이었다. 양빈에게는 '간통한 사실 때문에 사람을 협박하여 죽게 한 경우에 적용하는 법률 조문'에 따라 가을까지 기다렸다가 참형에 처하도록 정하였다.

38. 집안의 웃어른을 대상으로 범죄를 저지르다

【여러 첩 중의 한 아들이 여러 서모 중의 한 사람을 구타하여 상처를 입히자, 그 서모가 스스로 목을 매어 죽었다. ○ 건륭 연간의 일이다.】

○ 정백기正白旗의 만주 경거도위滿洲輕車都尉인 객영아喀寧阿가 서모庶母 임씨任氏를 구타하여 상처를 입혀 임씨가 스스로 목을 매어 죽게 하였는데, 객영아를 흑룡강黑龍江으로 보내 차인差人으로 삼도록 처리한 것은 매우 잘못 판결한 것이다. 객영아는 그의 아버지 사십일四十一의 첫 번째 첩인 왕씨王氏의 소생이니, 그도 첩의 소생이고 적자嫡子는 아니다. 가령 그가 적자일지라도 이와 같이 인륜을 범하는 짓을 행해서는 안 되는 것이다.

임씨는 사십일의 두 번째 첩으로서 예전에 딸 이뉴二妞를 낳아 그 딸이 이미 장성하였으니, 이뉴는 객영아와 같은 부류인 것이다. 그런데 객영아가 서모 중의 한 사람인 임씨에게 솜저고리를 지어 달라고 요구하였다가 지어 주지 않자, 대번에 감히 주먹으로 때리고 발로 차서 임씨에게 상처를 입혔고, 그 뒤에 마침내 임씨가 홧김에 스스로 목을 매어 죽었다.

객영아가 끝내 서모를 모욕하여 목숨을 가볍게 버리게 한 것이니, 당연히 사형에 처하도록 정해야 한다. 그런데 어찌하여 아버지의 첩을 구타하여 상처를 입힌 경우에 적용하는 조례를 인용하여 겨우 흑룡강으로 보내는 형벌로만 정할 수 있단 말인가! 이러한 판결은 너그럽게 풀어 주는 것이다. 그러므로 객영아에 대해서는 가을까지 기다렸다가 교형에 처하도록 바꾸어 정하고, 범죄 사실을 인정하여 사형에 처할 부류에 포함시키도록 정하였다.

39. 윗사람을 보호하려다가 범죄를 저지르다

【아버지가 형에게 눌리자, 아들이 곤경에 빠진 아버지를 구하려다가 불효한 형을 구타하여 상처를 입혀 죽게 하였다. ○ 가경 연간의 일이다.】

○ 황제의 유지는 다음과 같다.

"직례성直隷省의 백성 왕중귀王仲貴가 친형 왕중향王仲香을 구타하여 상처를 입혀 죽게 한 사건이다. 이 사건은 윤리와 기강에 관계되는 일이므로 왕중귀를 법률 조문에 따라 즉시 참형에 처해야 한다고 밝혔다. 이 사건의 내막을 자세히 살펴보니 이러하였다. 왕중향이 아우의 아내 장씨張氏를 희롱하고 강간하려 시도하였으니, 그것만도 윤리를 어지럽히고 교화를 해친 것이다. 그런데 그의 아버지 왕상재王尙才가 꾸중하고 욕을 하자 복종하지 않고, 그의 아버지를 넘어뜨려 누르고 구타하려고 하였으니, 더욱 법과 기강을 무시한 것이다.

그의 아우 왕중귀가 소리를 듣고 달려와서 아버지를 구하려고 하였으나, 왕중향이 끝내 아버지와 함께 목숨을 버리려고 하였으니 너무나도 흉악하였다. 그의 아버지 왕상재가 극도로 화가 나서 왕중귀에게 형을 구타하라고 시켰다. 왕중귀가 간절히 호소하며 따르지 않자, '만약 나를 대신해서 너의 형을 구타하지 않으면 즉시 죽어 버리겠다.'라고까지 소리를 질렀다. 왕중귀가 어쩔 수 없이 아버지의 명에 따라 돌로 왕중향의 이마를 구타하여 상처를 입혀 목숨을 잃게 하였다.

이 사건은 왕중향이 음란하고 잔인하여 인륜을 무시하는 가지가지의 범죄를 저지른 것으로, 사형시켜야 할 죄가 한둘이 아니다. 왕상재가 왕중귀에게 호통을 쳐서 그의 형을 구타하게 하자 다시 왕중귀가 대신 간절히 호소하였으니, 왕중귀는 오히려 그의 형을 차마 죽게 하려는 마음은 없었던 것이다. 왕상재가 받아들이지 않자 왕상귀가 그때서야 돌로 형을 구타하여 상처를 입혀 죽게 하였으니, 흉악한 범죄를 저지른 사건과는 전혀 비교할 수가 없다.

그런데 형부가 해당 독무의 원래 판결에 따라 아버지의 명령을 받고서 인륜을 무시한 친형을 구타하여 죽게 한 왕중귀에 대해 그대로 '아우가 형을 구타하여 죽게 한 경우에 적용하는 본래의 법률 조문'에 의거하여 즉시 참형에 처하도록 정하였다. 이는 정황과 이치로 보아 몹시 공평하지 못한 판결인 데다 교화를 유지한다는 취지와도 맞지 않는다. 이상의 해당 범인 왕중귀에게는 100대의 형장을 치고 3000리의 유형에 처하도록 즉시 바꾸어 정하되, 구경九卿에게 넘겨 재차 상세히 심리할 필요는 없다. 앞으로 이와 같이 사망한 사람이 스스로 인륜을 무시한 범죄를 저지른 사건이 있으면, 형부가 즉시 자세히 조사해서 적용할 법률 조문을 정한 뒤에 나에게 아뢰어 결정해 주기를 청하여 처벌 등급을 감해 주게 하라. 그리고 이것을 법령으로 삼게 하라." 위와 같은 유지를 받았다.

○ 다산의 견해: "아버지의 명령을 받든 것은 옳은 일이지만 돌로 형의 이마를 구타한 것은 옳지 않다. 만약 몽둥이로 형의 아랫도리를 때려서 죽게 하였다면 무슨 죄가 있겠는가! 이 사건에서는 이러한 정황을 분별해야 한다.

40. 윗사람을 보호하려다가 범죄를 저지르다

【아버지가 묶이자 아들이 곤경에 처한 아버지를 구하려다가 3개월 상복을 입는 형에게 총을 쏘아 상처를 입혀 죽게 하였다. ○ 가경 연간의 일이다.】

○ 황제의 유지는 다음과 같다.

"사천성四川省 파현巴縣의 백성 유각劉恪의 아들 유인패劉仁沛가 아우 유인호劉仁浩와 함께 유대모劉大模의 밭 경계와 서로 붙어 있는 밭에서 수확을 하였다. 유대모가 술을 마신 뒤에 길에서 이들을 만나자, 자기네 곡식까지 훔쳐 수확한 것으로 의심하고 서로 싸우며 구타하였다.

유인패 등이 이 사람【유대모이다.】을 묶어 놓고 구타하려고 하였다. 유인원劉仁源【유대모의 아들이다.】이 자기 아버지가 묶여 있는 급박한 상황을 언뜻 보고서는 자기가 가지고 있던 총을 쏘았다. 유인원으로서는 위협을 하여 물러서게 하려는 의도였으나 유인패에게 상처를 입혀 목숨을 잃게 하였다. 유인패는 유인원의 3개월 상복을 입는 친족 형이므로, 유인원에 대해서는 법률 조문에 따라 즉시 참형에 처하도록 정하였다.

형부가 이 사건에 대해 재차 심리하여 논의한 결과를 바쳤으므로, 이미 다음과 같은 유지를 내렸다. '유인원이 아버지를 절박한 심정으로 구하려다가 공교롭게도 유인패에게 상처를 입혀 죽게 하였던 것이지, 기어이 죽게 하려던 마음은 결코 없었다. 너그러운 쪽으로 판결하여 가을까지 기다렸다가 참형에 처하는 것으로 바꾸어 정하라.'

이제 유각이 그의 아들 유인패가 상처를 입고 목숨을 잃게 된 연유에 대해 호소한 말에 의하면 '이 사건은 유대모 등이 재산을 차지하려다가 뜻을 이루지 못하자, 조총鳥銃과 몽둥이를 가지고서 유인패와 싸우며 구타하다가 총을 쏘아 목숨을 잃게 한 사건입니다.'라고 하였고, 게다가 '총상을 입힌 32개의 총알 파편이 내장을 관통하였고, 오른쪽 귓문에 몽둥이로 맞은 상처가 났으며, 두 눈이 다쳐 툭 튀어나왔습니다.'라고 하였으며, 또 '면임面任 오정간伍廷簡이 도둑과 내통한 사실이 있습니다.'라고 하였다.

이러한 진술 내용은 해당 독무의 원래 판결에서 '잘못 상처를 입혀 죽게 되었습니다.'라고 한 것과는 사건이 일어나게 된 근본 원인에 있어서 현격하게 차이가 있는 것이다. 유각이 아들을 잃은 애통한 심정 때문에 거짓말로 날조하여 호소한 것인지, 아니면 억울한 사정을 풀 수가 없어서 이처럼 호소한 것인지는 반드시 공정한 태도로 확실하게 심리해야 그의 마음을 승복시킬 수 있을 것이다.

현재 늑보勒保【사천성의 독무이다.】가 수정부綏定府에 머무르고 있고 아직 성도成都로 돌아가지 않았다. 위의 유각이 호소한 사건을 특청액特淸額【관원의 이름이다.】에게 맡겨, 특청액이 사건과 관련된 증인들을 직접 데려다가 엄밀히 조사하고 적용할 법률 조문을 정한 뒤에 서류를 갖추어서 아뢰게 하라. 늑보가 원래 이 사건을 심리했던 사람이라는 이유로, 현재의 동료 관원이 그의 눈치를 보려는 마음을 가져서는 안 된다.

만약 호소한 내용이 전부 허위라면, 거짓말로 날조하여 호소한 유각에 대해서는 반드시 형량을 배로 높여서 처벌하여 허위로 남에게 죄를 뒤집어씌우는 풍속을 징계해야 한다. 만일 이번에 심리하여 밝힐 때에도 오히려 조사가 부실하여 결과가 뒤집히는 일이 생길 경우 특청액은 그 허물을 피할 수 없을 것이다." 위와 같은 유지를 받았다.

○ 다산의 견해: 유각이 서울에 있는 황제에게 직접 호소한 것은 우리나라의 격쟁擊錚 및 상언上言과 같은 것이다.

41. 윗사람을 보호하려다가 범죄를 저지르다

【어머니가 짓눌리자 아들이 곤경에 처한 어머니를 구하려다가 불효한 형을 구타하여 상처를 입혀 죽게 하였다. ○ 가경 연간의 일이다.】

○ 황제의 유지諭旨는 다음과 같다.

"절강성浙江省의 백성 왕응봉汪應鳳이 친형 왕응룡汪應龍을 구타하여 상처를 입혀 죽게 한 사건으로, 어머니를 구하기 위한 정황에서 발생하였다는 것까지도 아울러 밝혔다. 이 사건에 대해 내각內閣이 표의票擬[22]를 첨부하되, 즉시 참형에 처해야 한다는 의견과 가을까지 기다렸다가 참형에 처해야 한다는 의견을 두 장의 표첨票簽[23]으로 작성하여 올려서 재가해 주기를 청하였다.

이제 내가 사건의 내막을 자세히 살펴보니 이러하였다. 왕응룡이 그의 어머니 주씨朱氏가 어린 아들만 두둔하자 봉양하기 위해 내주어야 할 양식을 그의 어머니에게 지급하지 않았고, 강경한 말로 대들기까지 하였다. 주씨가 소리를 지르며 욕을 퍼붓고 끈으로 졸라매자, 왕응룡이 대번에 감히 자기 어머니를 밀어서 넘어뜨린 뒤 깔고 앉아 손으로 가슴을 짓눌렀다. 아우 왕응봉이 끌어당겨 말렸으나, 왕응룡이 계속 짓누른 채 손을 놓지 않았다. 왕응봉이 어머니가 얼굴이 벌게지고 숨이 막혀 고함도 지를 수 없는 다급한 상황을 보고서는 주먹으로 왕응룡을 구타하였는데, 얼마간의 시간이 지난 뒤에 왕응룡이 목숨을 잃었다.

인륜을 무시하고 도리를 거역한 왕응룡은 몹시도 흉악하고 악랄하다. 왕응봉이 끌어당겨 말렸으나 계속 짓누른 채 손을 놓지 않자, 어머니가 얼굴이 벌게지고 숨이 막힌 것을 보고서는 위급한 상황에서 주먹으로

---

22 표의票擬: 중국 청淸나라 때 내각內閣이 육부六部 등에서 올린 문서를 황제에게 바칠 때 황제가 재가할 내용을 미리 문서로 작성하여 함께 올리던 것, 또는 그 문서를 가리킨다.

23 표첨票簽: 중국 청나라 때 내각이 육부 등에서 올린 문서를 황제에게 바칠 때 황제가 재가할 내용을 미리 작성한 문서를 가리킨다. 이 문서를 육부 등에서 올린 원래의 문서와 함께 올려 황제의 재가를 받았다. 동일한 사안에 대한 신하들의 의견이 서로 다를 경우에는 각각의 의견에 대해 황제가 재가할 내용을 두 장의 표첨으로 작성하여 올려 황제가 그중 하나를 선택하게 하였는데, 이 두 장의 문서를 '두 장의 표첨'이라는 의미에서 쌍첨雙簽이라고 불렀다.

형을 구타하였으니, 이것은 절박한 상황에서 나온 것이었다. 다급한 상황에서 어머니를 구하던 사람이 인륜을 거스르고 불효한 흉악범을 죽였으니, 본래 친형을 구타하여 죽게 한 일반적인 사건과 똑같은 죄로 처벌할 수가 없는 것이다. 가을까지 기다렸다가 참형에 처하도록 바꾸어 정하더라도 오히려 다급한 상황에서 발생한 사건이라는 점을 생각할 때 가련한 면이 있다.

왕응봉에 대해서는 사형을 면해 주고, 100대의 형장을 치고 3000리의 유형에 처하도록 바꾸어 정하고, 유배할 지역을 정해서 그곳으로 보내라. 그리고 이 사건을 살펴보면 그의 어머니 주씨에게는 아직도 현재 두 아들이 있으니, 모시고 봉양할 자식이 없는 상황이 되지도 않았다. 그러니 이처럼 정상을 참작하여 처리한다면, 아마도 공평한 법률 적용을 밝히고 가엾이 여기는 마음을 보여 주기에 충분할 것이다." 위와 같은 유지를 받았다.

○ 다산의 견해: 이 사건은 본래 참형에 처하는 것으로 정해서는 안 되는 것이었다. 형부의 신하와 내각의 신하가 언제나 황제가 은혜를 베푸는 것으로 귀결하려고 하였기 때문에 본래의 법률 조문만을 인용하여 적용하였던 것이다.

42. 윗사람을 보호하려다가 범죄를 저지르다

【어머니가 칼에 베여 살해되자, 아들이 곤경에 빠진 어머니를 구하려다가 9개월 상복을 입는 친족 형을 낫으로 쳐서 죽였다. ○ 건륭 연간의 일이다.】

○ 안휘성安徽省의 백성 우무于茂가 어머니 장씨張氏를 모시고 사촌형

우혜于惠와 같이 살았다. 우혜가 여러 차례 소를 끌고 가서 사기를 쳤고 구실을 찾아 흉악한 짓을 행하였으며, 심지어 기어이 베어 죽여 버리겠다고 떠들어 대기까지 하였다. 우무가 따지려는 마음을 먹었으나 실제로는 따질 수가 없었다.

우무가 도피하였을 때 우혜가 다시 쫓아와서 치겠다고 을러대니, 장씨가 이치를 따져 나무랐다. 그러자 우혜가 마침내 인륜을 무시하고 칼로 베는 흉악한 짓을 행하여 1년 상복을 입는 숙모를 그 자리에서 죽였으니, 즉시 참형에 처해야 하는 범죄를 저지른 것이다. 우무가 낫을 가지고 달려와서 구하다가 사태가 급박하자 우혜를 쳐서 죽였다.

만일 친족 관계를 따져서 우무에 대해 즉시 참형에 처하도록 정한다면, 우무가 천륜으로 맺어진 어머니를 구하기 위해 절박한 상황에서 저지른 범죄를 상황이 절박하지 않은 상태에서 저지른 예사로운 범죄와 비교해 볼 때 몹시 가련한 생각이 든다. 만일 '부모가 남에게 살해되자 아들이 흉악한 범행을 저지른 자를 즉시 죽인 경우에는 죄를 묻지 말도록 한 법률 조문'을 적용한다면, 우무는 우혜의 9개월 상복을 입는 친족 동생이라는 점을 감안해 볼 때 일반 사람이 범죄를 저지른 경우와 전혀 구별이 없어지게 되어 온당하지가 않다.

우무에 대해서는 '집안의 아랫사람이 9개월 상복을 입는 친족 형을 구타하여 죽인 경우에 참형에 처하도록 한 법률 조문'을 적용하되, 본래의 법률 조문보다 2등급을 참작하여 낮추어서 100대의 형장을 치고 3년의 도형에 처하도록 정하였다.

○ 다산의 견해: 2등급만 낮추어 준 것도 잘못인 듯하다.

43. 윗사람을 보호하려다가 범죄를 저지르다

【어머니의 관이 묻힌 무덤이 파헤쳐지자, 아들이 그 원한을 갚으려다가 친족 형을 구타하여 상처를 입혀 죽였다. ○ 건륭 연간의 일이다.】

○ 광동성廣東省의 백성 임지林智가 어머니의 관이 묻힌 무덤이 파헤쳐지자, 3개월 상복을 입는 친족 형을 구타하여 죽게 한 사건이다.

형부가 의논한 결과를 다음과 같이 아뢰었다.

"사람이 죽고 사는 것은 서로 다르지만, 자식이 어버이를 사랑하는 마음은 살았을 때나 죽었을 때나 똑같은 법입니다. 자식이 장례를 치른 부모의 무덤이 파헤쳐진 것을 애통하게 여기는 마음은 부모가 생존해 있을 때 구타를 당한 것보다 더욱 심합니다. '부모를 구하려는 절박한 상황에서 살인을 저지른 경우에 적용하는 조례'에 따라 처리해야 합니다."

○ 다산의 견해: 부모가 구타를 당하였으나 죽지는 않았는데 자식이 구타한 사람을 죽인 경우에는 사형을 면할 수가 없다. 더구나 무덤을 파헤친 것은 구타를 당하였으나 살아 있는 경우와는 다르니, 임지는 사형을 면할 수가 없을 듯하다.

44. 윗사람을 보호하려다가 범죄를 저지르다

【어머니가 형을 묶으라고 명령하자 아들이 자기 형을 묶어 두었는데, 그 형이 어머니에게 목이 졸려 죽었다. ○ 건륭 연간의 일이다.】

○ 강소성江蘇省의 백성 황대붕黃大朋이 도둑질을 하다가 붙잡혔다. 그의 어머니 대씨戴氏가 황대붕을 묶어서 가두어 두려고 아들 황대본黃大

本에게 소리쳐 함께 도와서 묶게 하였다. 대씨가 황대본에게 먼저 잠을 자게 하고서는 황대붕을 훈계하였으나, 황대붕이 도리어 욕을 하며 대들었다. 그러자 대씨가 화가 나서 목을 졸라 죽였다.

황대본이 어머니를 도와서 형을 묶고 난 뒤에 바로 먼저 잠을 잠으로써, 황대붕을 구해 줄 사람이 없어 어머니에게 목이 졸려 죽게 하였다. 친형을 구타하여 상처를 입혔을 경우에 적용하는 법률 조문에 따라 장형과 도형에 처하기만 하는 것은 범죄의 정황이 법률 조문보다 심하다고 생각된다. 황대본에 대해서는 당연히 적용해야 하는 형벌인 도형보다 1등급을 높여서 100대의 형장을 치고 3000리의 유형에 처하도록 하였다.

45. 윗사람을 보호하려다가 범죄를 저지르다

【큰형이 아우에게 구타를 당하자, 어린 동생이 큰형의 명령을 받고 도리어 둘째 형을 때려 죽였다. ○ 건륭 연간의 일이다.】

○ 광동성의 백성 유기서劉起瑞가 친형 유기주劉起珠를 구타하였다. 유기주가 늙어 대항할 수 없자, 가장 어린 친동생 유기경劉起瓊에게 구해 달라고 하였으며, 유기경에게 호령하여 유기서를 거듭 구타하게 하여 죽였다.

감옥에서 죽은 유기경을 제외하고, 조사해 보니 이러하였다. 유기서가 술기운을 빌려 행패를 부리고 나이 많은 맏형을 마구 구타하였으니, 인륜과 도리를 거스른 사람이다. 유기주가 사정이 급박하여 구해 달라고 소리를 질렀고, 달려오는 유기경을 보고서는 유기서를 구타하라고 지시하였다. 따라서 이 사건은 자신의 생각으로 도구를 가지고 구타하여 죽인 경우와는 차이가 있다.

이제 유기경은 이미 감옥에서 사망하였다. 그런데도 만약 다시 유기주에 대해 '범죄를 주도한 사람에게 적용하는 본래의 법률 조문'에 따라 유형에 처하도록 정한다면, 정황으로 보아 불쌍한 듯하다. 유기주에 대해서는 등급을 낮추어 장형과 도형에 처하도록 하였다.

46. 윗사람을 보호하려다가 범죄를 저지르다

【형이 불효하고 순종하지 않자 할머니의 명령에 따라 도리에 어긋난 짓을 한 형을 구타하여 죽였다. ○ 건륭 연간의 일이다.】

○ 광동성의 백성 하씨何氏의 아내 범씨范氏가 손자 하술순何述舜이 도리를 거스르고 구타하며 욕을 하자, 하술순의 친동생 하술문何述文 등을 시켜 하술순을 죽인 사건이다. 하술순은 죽어야 할 죄를 저질렀고, 하술문은 범씨의 명령을 거스르지 못하고 억지로 돕다가 하술순을 죽였다. 허옥사許玉四 사건의 판결을 원용하여 하술문에게는 2개월간 목에 칼을 씌워 두고 40판板을 쳐서 사건을 종결하게 하였다.

의율차례 3

1. 윗사람을 살해하는 변고를 일으키다

【아버지가 관을 사려고 간직하던 돈을 아들이 가져다가 곡식을 사들이자, 아버지가 화가 나서 자살하였다. ○ 가경嘉慶(1796~1820) 연간의 일이다.】

황제의 유지諭旨는 다음과 같다.

"호북성湖北省의 백성 좌중의左中義가 그의 아버지 좌사조左士潮가 간직하던 돈으로 곡식을 사들이자, 그의 아버지가 화가 나서 자살한 사건이다. 형부刑部에서는 해당 독무가 정한 것처럼 '윗사람의 명령을 위반하였을 경우에 적용하는 조례'에 따라 가을까지 기다렸다가 교형에 처하도록 정하였다. 이 사건의 내막을 자세히 살펴보니 이러하였다. 좌사조가 소를 판 돈으로 관을 만들 나무를 사려고 간직하고 있었다. 그의 아들 좌중의가 그 돈으로 추수하기 전에 곡식을 미리 사 놓았다가 굶주림에 대비하려고 하였는데 좌사조가 거절하고 따르지 않자, 예전부터 간직해 왔던 돈까지 모조리 가져다가 곡식을 사 버렸다. 그러자 좌사조가 화를 삭이지 못하고 목을 매어 목숨을 버렸다.

한번 생각해 보라. 관을 만들 나무를 미리 사서 준비하는 것은 원래 자식의 도리상 마음을 다해서 준비해야 할 일이다. 그런데 이번에 해당 범인은 그의 아버지를 위해 일찌감치 마련해 두지 않았을 뿐만 아니라, 그의 아버지가 관을 만들 나무를 사기 위해 마련해 두었던 돈까지도 나쁜 마음을 먹고 전용하여 양식으로 쓸 곡식을 추수하기 전에 미리 사들였다가, 그의 아버지가 한을 품고 자결하게 하였다. 이는 그가 평소에 자기 어버이에게 효도하지 못하고 순종하지 못했기 때문에 저지른 일일 것이니, 일시적으로 윗사람의 명령을 위반한 사람과는 비교할 수 없다. 앞으로 세밀히 조사하여 가을에 심리할 때까지 기다리더라도 반드시 사형으로 판결할 것이니, 좌중의는 즉시 처형하라. 나머지는 의논하여 아뢴 대로 시행하라."

2. 윗사람을 살해하는 변고를 일으키다

【이미 장사 지낸 어머니의 무덤을 파서 시체를 꺼내어 의복을 벗겨 가고, 또 시체를 옮겨 놓아 남에게 죄를 뒤집어씌웠다. ○ 가경 연간의 일이다.】

황제의 유지는 다음과 같다.

"사천성 숭녕현崇寧縣의 백성 황만운黃萬熉이 자기 어머니의 관을 열어 의복을 벗겨 간 죄로 즉시 참형에 처하도록 정한 사건이다. 그 사건의 내막을 살펴보니 흉악하기 짝이 없는 사건이었다. 황만운이 그의 어머니 나씨羅氏가 살아 있을 때에는 모시고서 봉양하지도 못하여 어머니가 둘째 아들 황만원黃萬垣에게 의지하여 살게 하였다. 그러다가 나씨가 죽고 난 뒤에는 황만운이 잔인하게도 관을 열고 시체에 입힌 옷을 벗겨 가고, 그 과정에서 어머니의 오른쪽 팔오금을 비틀어 떨어지게 하였다. 더욱이 전부터 원한이 있던 왕문채王文彩를 허위로 고소하려는 생각에서, 그의 어머니 시신을 왕문채의 밭 안에 버려두어 죄를 씌우고 분을 풀려고 도모하였으니, 너무나도 마음이 잔인하고 도리에 어긋났다.

해당 독무 등이 '노비나 머슴이 집주인의 시신을 훼손해서 버린 경우에 주범主犯과 종범從犯을 구분하지 않고 모두 즉시 참형에 처하도록 한 조례'를 적용하였는데, 이는 몹시 잘못 판결한 것이다. 자식과 부모 사이는 그 은혜로운 정을 노비나 머슴과 집주인 사이의 은혜로운 정과는 결코 비교할 수 있는 것이 아니다. 이를테면 해당 범인이 그의 어머니가 살아 있을 때에 사지나 신체를 훼손하였다고 하더라도 얼마나 무거운 죄로 처벌해야 할지 알 수가 없다. 그런데 어찌 이처럼 악랄하기 그지없는 흉악범을 겨우 즉시 참형에 처하는 정도로만 처벌할 리가 있겠는가! 황만운에 대해서는 즉시 능지처사를 집행하고, 아울러 형부에서 이 판례를 《대청률례》에 기재하게 하라."

3. 윗사람을 살해하는 변고를 일으키다

【계모가 음란하자, 작은아버지의 명령에 따라 계모를 꼼짝 못 하게 눌러 범행을 도와주어 계모가 숙부의 칼에 찔려 죽게 하였다. ○ 가경 연간의 일이다.】

황제의 유지는 다음과 같다.

"왜십포倭什布가 다음과 같이 아뢰었다. '감숙성甘肅省의 백성 마정어馬廷御가, 형수 만씨萬氏가 친조카 마찬馬瓚과 간통을 하자 만씨를 붙잡아 두고서, 형의 아들 마향馬香을 시켜 누르고 있게 하였습니다. 마향이 땅에 꿇어앉아 용서해 달라고 빌었으나, 마정어가 들어주지 않고 소리를 질러 꾸짖었으므로 마향이 어쩔 수 없이 만씨의 두 손을 누르고 있었습니다. 마정어가 칼로 만씨의 목구멍 아래를 쳐서 즉시 사망하게 하였습니다.'

해당 독무가 마향에 대해 '자손이 부모를 죽이려고 계획하여 이미 살해한 경우에는 능지처사하도록 한 법률 조문'에 따라 처벌하도록 정한 것은 본래 법률에 따라 제대로 처리한 것이라고 할 수 있다. 그래서 삼법사三法司에 비답을 내려 주어 속히 의논하여 서류를 갖추어 아뢰게 하였다.

다만 이 사건의 내막을 자세히 조사해 보니 이러하였다. 마씨의 아내 만씨는 자신이 간통하는 죄를 저질러 윤리를 망각하였으니, 본래 죄인인 셈이다. 마향이 창문을 사이에 두고 어머니와 형이 간통하는 것을 귀로 듣고 눈으로 목격하고서는 분한 마음을 어떻게 할 수가 없어 마정어에게 달려가서 알렸으니, 이는 정의로운 분노에서 나온 것이었다. 마정어가 호령하여 만씨를 누르고 있게 하였을 때가 되어서야 마향이 땅에 꿇어앉아 용서해 달라고 빌었으나, 마정어가 들어주지 않았다. 마향이 어쩔 수 없게 되자 마씨의 아내 만씨의 두 손을 누르고 있었다.

이 점은 마향이 '종범으로서 범행을 실행한 경우'와는 다소 차이가 있다고 본다. 그의 죄명을 어떻게 참작하여 정할 것인지에 대해 형부가 조사하여 밝혀서 속히 의논한 결과를 아뢰라." 위와 같은 유지를 받았다.

○ 황제의 유지는 다음과 같다.

"삼법사에서 의논한 결과를 보내 '마향을 가볍게 처벌해도 되는지 결정해 주소서.'라고 하였다. 내가 더욱 자세히 조사해 보니 이러하였다. 마향은 작은아버지 마정어가 그의 계모를 죽게 할 때에 작은아버지의 호령에 따라 만씨의 두 손을 누르고 있었을 뿐이고, 직접 손을 대어 상처를 입히지는 않았다. 마씨의 아내 만씨는 그의 남편 전처의 아들 마찬과 간음하는 죄를 저질러 윤리를 망각하였으니, 사형에 처해야 할 죄를 저질렀다. 따라서 마향에 대해서는 오히려 가볍게 처벌해도 되니, 가을까지 기다렸다가 참형에 처하도록 바꾸고 가을 이후에 처결하라.

또 주접奏摺 안에서 '이미 즉시 참형에 처한 마찬은 시체를 토막 내게 하소서.'라고 한 사안으로 말하면, 마찬이 저지른 범죄는 심지어 법률 조문에도 없는 것으로, 참으로 몹시 음란하고 악랄하다. 다만 정해진 조례에 의하면 '능지처사에 처하는 죄로 정하였으나 처형하여 시체를 공개하는 벌을 요행히 피한 자라야 시체를 토막 내어 효시梟示한다.'라고 되어 있다. 이제 마찬은 즉시 참형에 처하여 이미 법을 바로잡아 밝혔으므로 시체를 토막 내는 벌을 재차 시행할 필요가 없다. 나머지는 똑같이 의논하여 정한 대로 시행하여 종결하라.

정수현正守縣의 지현知縣 서진붕徐振鵬과 환현環縣의 지현 나정장羅廷章의 경우에는 이처럼 윤리에 어긋나고 교화를 손상시킨 중대한 사건을 감히 뇌물과 청탁을 받고서는 사건의 내막을 날조하였으니, 몹시 악랄하다. 서진붕과 나정장은 모두 파직하고 잡아다가 심문하라."

○ 조례에 다음과 같이 말하였다.

"계모가 아버지를 죽이자 아들이 다시 계모를 죽인 경우에는 '신고하지 않고 제멋대로 죽인 흉악범에게 적용하는 법률 조문'에 따라 처벌한다. 만약 친어머니를 죽인 경우에는 그대로 '어머니를 죽인 경우에 적용하는 법률 조문'에 따르되, 황제에게 결정해 주기를 청한다."

4. 윗사람을 살해하는 변고를 일으키다

【며느리가 시아버지에게 대들다가 끝내 시아버지를 구타하여 죽게 하였다. ○ 가경 연간의 일이다.】

황제의 유지는 다음과 같다.

"고씨高氏의 아내 부씨傅氏가 시아버지를 구타하여 죽게 하였으니, 즉시 능지처사하라. 그녀의 남편 고기산高奇山이 평소에 자기 아내를 참으로 잘 가르치고 인도하였더라면, 이렇게까지 흉악한 짓을 하지 않았을 것이다. 게다가 여러 차례 책망했는데도 고치지 않았다면 또한 일찌감치 내쫓았어야 했다. 이는 해당 범인이 평소에 아내 부씨를 그대로 내버려 두었다가 이러한 사건이 일어나게 한 것이다. 따라서 고기산에게 40판板만 치게 하는 것으로는 징계하는 의미를 보여 주기에 부족하다.

고씨의 아내 부씨를 능지처사한 장소에서 고기산에게 40판을 거듭 치라. 그리고 그의 아내가 처형을 당하는 것을 살펴보게 한 뒤에 범행을 저지른 지역에서 고기산에게 1개월 동안 칼을 씌워 대중에게 죄상을 공개하고 기간이 만료되면 다시 40판을 쳐서, 아내를 내버려 두어 시부모에게 불효하게 한 사람들의 경계가 되도록 하라." 위와 같은 유지를 받았다.

5. 윗사람을 살해하는 변고를 일으키다

【첩이 본처를 구타하자 본처가 스스로 우물에 몸을 던져 사망하였다. ○ 가경 연간의 일이다.】

성경盛京의 좌령佐領 부색극의富色克依가 창기娼妓인 삼원三園을 거두어 첩으로 삼고서는 삼원과 함께 본처인 여씨呂氏를 구타하여 상처를 입혀, 여씨가 스스로 우물에 몸을 던져 사망한 사건이다. 삼원은 앞서의 신분이 창기였던 자로서, 부색극의가 간통하고 좋아하는 마음이 두터워지자 그를 거두어 첩으로 삼았으니, 본래 양민과 천민의 구분이 있었던 데다가 주인과 종의 구분도 있었다. 그런데 삼원이 배짱 좋게 감히 본처인 여씨를 마음대로 업신여기고 협박하여 여씨가 스스로 우물에 몸을 던져 목숨을 끊게 하였으니, 실제로 의도적으로 저지른 범행인 셈이다.

해당 성경의 장군將軍이 겨우 '집안의 아랫사람이 어떤 일 때문에 1년 상복을 입는 친족 어른을 협박하여 죽게 한 경우에 적용하는 법률 조문'만을 적용하여 가을까지 기다렸다가 교형絞刑에 처하도록 정한 것은 몹시 타당하지 않았다. 형부에서 상세히 조사하여 적용할 법률 조문을 정하게 하였다.

○ 다산의 견해: 첩이 본처를 죽인 것도 아랫사람이 윗사람을 살해한 것이다. 다만 본처가 우물에 몸을 던져 죽었기 때문에 교형에 처하는 것으로만 정한 듯하다.

6. 윗사람을 살해하는 변고를 일으키다

【종의 아내가 약을 밥에 섞어서 올려 집주인의 어머니를 죽게 하였다. ○ 건륭乾隆(1736~1795) 연간의 일이다.】

광동성廣東省의 백성 이사란李士蘭의 종의 아내 상두上頭가 담승리譚昇利와 간통하였다. 담승리가 그 주인의 재물을 훔치려고 계획을 세우고서는 약으로 사람을 기절시키려고 마음을 먹었다. 상두가 부탁을 받아들여 약이 든 찐 경단을 가져다가 밥에 넣어 한 집안 사람 모두를 기절시켰다. 그중 이사란의 어머니 왕씨王氏는 중독이 심하여 목숨을 잃었다.

상두가 경단 안에 기절시키는 약이 들어 있는 줄 몰랐다고는 하지만, 왕씨의 죽음은 상두가 경단을 가지고 돌아가서 쪄서 올렸기 때문에 생긴 일이다. 따라서 '과실로 집주인을 죽인 경우에 적용하는 법률 조문'에 따라 형률을 정해야 한다.

○ 다산의 견해: 경단에 독을 넣어 밥 위에 놓고 쪄서 올렸으나, 상두는 그 밥을 먹지 않아 집안사람들과 같이 까무러치지 않았으니, 사실을 알고 있었던 것이 분명하다. 그런데 '과실로 사람을 죽였을 경우에 적용하는 법률 조문'을 적용하는 것이 과연 옳은 것인가!

7. 윗사람을 살해하는 변고를 일으키다

【부모에게 불효하다가 아내에게 방망이로 맞아 죽었다. ○ 건륭 연간의 일이다.】

광동성의 백성 범일청范日清이 마른 두부를 사다가【부건腐乾은 마른 두부이다.】 집에다 두고 이웃집에 가서 술을 마셨다. 마침 그의 아버지 밥상에 올릴 반찬이 부족하자, 그의 아내 요씨姚氏가 시아버지를 위해 그 마른 두부를 삶아 드렸다. 범일청이 집에 돌아와서는 요씨의 처사에 대해 화를 내고 마침내 지게를 주워들고 구타하였다.【편담扁擔은 우리나라의 지게와 같다.】 범일청이 아버지를 봉양해야 하는 자식의 도리를 생각하지 않고 도리어 자기 아내를 꾸짖었으니, 이것만으로도 벌써 불효의 죄를 저지른 것이다.

요씨로서는 본래 잘못이 없었으나 거듭 구타를 당하는 급박한 상황을 맞아 나무 방망이로 한 차례 쳤을 뿐인데, 범일청이 고꾸라지면서 상처를 입고 목숨을 잃게 되었다. 따라서 이 사건은 아무런 이유 없이 저지른 범죄와는 다르다. 요씨에 대해서는 너그러운 쪽으로 판결하여 가을까지 기다렸다가 참형에 처하도록 바꾸어 정하였다.

8. 윗사람을 살해하는 변고를 일으키다

【며느리를 강간하려다가 아내에게 목이 졸려 죽었다. ○ 가경 연간의 일이다.】

황제의 유지는 다음과 같다.

"섬서성陝西省 합양현郃陽縣의 부녀자 뇌씨雷氏가 그의 남편 유세민劉世敏을 목을 졸라 죽인 사건에 대해, 법률 조문에 따라 뇌씨를 능지처사하도록 하였다. 내각이 협첨을 올려【별도의 의견이 적힌 문서를 동봉하는 것이다.】 죽은 유세민이 음란하고 악랄한 짓을 행하여 인륜을 무시하였음을 명백히 서술하고 결정해 주기를 청하였다.【뇌씨에 대한 처벌 등급을 낮추려고 한 것이다.】

이 사건에 대한 처리는 잘못된 것이다. 유세민이 며느리를 강간하려고 도모하였으니, 본래 음란하고 악랄한 죄를 범한 셈이다. 다만 며느리가 강간을 당하지는 않았으며, 유세민이 '온 집안 식구를 죽여 버리겠다.'라고 한 말도 술에 취한 뒤에 내뱉은 망령된 말에 불과할 뿐이고, 실제로 흉악한 짓을 한 일도 결코 없었다. 게다가 그의 며느리가 자결하려 하였다고는 하지만, 사망하지도 않았다.

그런데도 뇌씨가 감당하기 어려울 정도로 격렬하게 분노할 것이 무엇이 있다고 남편이 술에 취해 누워 있는 때를 틈타서 대번에 목을 졸라 죽일 마음을 먹었단 말인가! 남편이 저항하거나 뇌씨가 실수한 일이 결코 없는데, 어떻게 조금이나마 가벼운 쪽으로 처벌할 수 있겠는가! 남편은 아내의 모범이 되어야 하니, 어찌 남편의 행실이 단정하지 못하다는 이유로 갑자기 차마 죽게 할 수 있겠는가! 뇌씨를 가볍게 처벌하면 잘못된 폐단이 이어지도록 열어 주기가 쉽다. 앞으로 이와 같은 사건이 있을 경우에는 협첨을 올려 죄상을 밝히고 나에게 결정해 주기를 요청할 필요가 없다." 위와 같은 유지를 받았다.

9. 윗사람을 살해하는 변고를 일으키다

【후처가 전처의 아들을 학대하자, 남편이 화가 나서 스스로 목을 매어 죽었다. ○ 건륭 연간의 일이다.】

강소성江蘇省의 백성 예옥倪玉의 아내 고씨顧氏가 전처의 아들을 업신여기고 천대하다가 남편 예옥과 싸웠는데, 남편이 화가 나서 스스로 목을 매어 죽었다. 고씨에 대해서는 가을까지 기다렸다가 교형에 처하도록 정하였으나, 형부刑部가 즉시 교형에 처하도록 바꾸어 정하였다.

○ 다산의 견해: 업신여기고 천대하는 것에도 차등이 있다. 만일 일시

적으로 꾸중하였을 뿐이고 몹시 흉악한 짓을 행한 것이 아니었다면, 스스로 목을 매어 죽은 것은 목숨을 가볍게 여겨 부질없이 죽은 것이다. 형부가 적용한 것은 잘못인 듯하다.

10. 윗사람을 살해하는 변고를 일으키다

【딸이 도둑질하였다가 시댁에서 쫓겨나 돌아오자, 그 딸의 어머니가 남편을 죽이고 남에게 죄를 뒤집어씌웠다. ○ 가경 연간의 일이다.】

광동성 신의현信宜縣의 백성 나서강羅瑞康이, 딸 나씨羅氏가 시댁에서 쌀을 훔친 일로 시어머니에게 쫓겨나 돌아왔는데, 생활비를 대 줄 돈이 없다는 생각이 들자 화가 나서 스스로 혀끝을 깨물어 떨어져 나갔다. 그러자 그의 아내 오씨吳氏가 남편의 사촌동생 나서헌羅瑞憲의 말에 따라 나서강을 죽여 사기를 치려고 한 사건이다.

나서강의 아내 오씨와 나서헌에 대해서는 해당 독무가 정한 것처럼 능지처사에 처하거나 즉시 참형에 처하는 것으로 분별하여 정해야 한다. 그 외에는 해당 독무가 상소에서 아뢰기를 '나씨가 시댁의 쌀을 훔친 것은 재물을 제멋대로 사용한 일이기는 하지만, 훔쳤다는 사실에 있어서는 다름이 없습니다. 그 결과 시댁에서 쫓겨나 친정으로 돌아와, 그의 아버지가 걱정과 분노 때문에 혀끝을 깨물어 떨어져 나가게 하였을 뿐만 아니라 아내에게 계획적으로 살해를 당하게 하였습니다. 그녀의 아버지가 계획적으로 살해당하여 목숨을 잃은 일과 그녀의 어머니가 끔찍하게 능지처사를 당하게 된 것은 모두 딸 나씨 한 사람이 쌀을 훔친 일 때문에 벌어졌습니다. 따라서 나씨에 대해서는 「자손이 도둑질을 하자 부모가 걱정과 분노 때문에 목숨을 해친 경우에 적용하는 조례」에 따라 즉시 교형에 처해야 합니다.' 하였다.

이 사건을 조사해 보니 이러하였다. 나씨가 며느리로서 자기 시어머니의 쌀을 사사로이 팔았으니, 도둑질이라고 말할 수는 없다. 그의 아버지 나서강이 걱정과 분노 때문에 죽어 버리려고 혀끝을 깨물어 떨어져 나가게 한 것은 이 집이 가난하여 딸의 생활을 도와줄 수 없었기 때문에 벌어진 일이라고 할 수 있다. 이 일로 목숨을 해친 것이 나씨의 도둑질 때문이라고 하더라도, 그녀의 죄는 가을까지 기다렸다가 교형에 처하면 그만이다. 더구나 나서강은 그의 아내 오씨가 칼로 목구멍을 벤 상처 때문에 죽은 것이지, 자기 스스로 혀끝을 깨물어 떨어져 나간 상처 때문에 죽은 것은 결코 아니다. 사건의 내막을 살펴서 적용할 법률 조문을 정할 때에 당연히 이러한 점을 참작해야 한다.

재차 조사해 보니 이러하였다. 나서강의 아내 오씨가 그의 남편을 계획적으로 죽인 것은 사기를 쳐서 돈을 받아 내려는 것이 실제 원인이었다. 따라서 오씨를 능지처사에 처하도록 정한 것은 그녀가 스스로 불러들인 죄이고 나씨와는 관계가 없는 일이기도 하다. 가령 신문하여 밝힌 것에 의거해 보더라도, 나씨는 살해하려고 계획한 정황을 처음부터 끝까지 모르고 있었다. 그런데 어떻게 그녀의 아버지가 계획적으로 살해당하여 목숨을 잃은 일과 그녀의 어머니가 끔찍하게 능지처사를 당하게 된 것을 모두 나씨 한 사람에게 전가하여 대번에 즉시 교형에 처하도록 정할 수 있겠는가!

○ 다산의 견해: 오씨가 남편의 사촌동생과 함께 자기 남편을 계획적으로 살해하여 딸의 시댁에 죄를 뒤집어씌우려고 하였다. 그러므로 남편을 살해한 오씨는 능지처사에 처하고 사촌동생은 즉시 참형에 처하도록 정하였던 것이다. 또 이 사건은 본래 딸에게서 비롯되었기 때문에 교형

에 처하는 법률 조문을 적용하도록 하였다. 그러므로 이처럼 형부가 재차 심리 의견을 황제에게 아뢰어서 딸에게 관용을 베풀려고 하였던 것이다.

11. 윗사람을 살해하는 변고를 일으키다

【남편이 독약을 먹고서 그 죄를 남에게 뒤집어씌우려 한다는 사실을 아내가 알면서도 비상을 주어 죽게 하였다. ○ 가경 연간의 일이다.】

왕계선王繼先이, 장인 마경규麻景奎가 지붕 이는 것을 도와주지 않자【지붕 이는 것을 도와주지 않은 것이다.】 독약을 먹은 뒤에 장인에게 죄를 뒤집어씌우려고 아내 마씨麻氏에게 집에 있던 비상을 찧어 가루로 만들어 달라고 하였다. 그러자 아내 마씨가 만류하였다. 왕계선이 이 비상을 핑계로 겁을 주려는 것이지 진짜 먹으려는 것은 결코 아니라고 말하자, 아내 마씨가 그제야 비상을 넘겨주었다. 그러자 왕계선이 틈을 타서 독약을 먹었는데, 왕씨의 아내 마씨가 먼저 집으로 돌아갔으므로 남편이 독약을 먹는 것을 저지할 수가 없었다.

다음 날 아침에 마씨가 친정에 가서 왕계선이 독이 퍼져 구토하는 것을 직접 보고서는 현장에서 사람들과 함께 물을 먹여 구해 내려고 애썼다. 이는 왕계선이 화를 품고 목숨을 가볍게 버리려고 해서 벌인 일이지, 그의 아내 마씨는 실제로 자기 남편을 죽게 하려는 마음이 없었던 것이다. 따라서 마씨에게 '남편을 죽게 한 경우에 적용하는 법률 조문'을 적용해서는 안 된다.

형부가 왕씨의 아내 마씨에 대해 '아내가 남편을 구타하여 죽게 한 경우에 적용하는 법률 조문'에 따라 즉시 참형에 처하도록 정하여 황제에게 결정해 주기를 요청하였다. 황제가 가을까지 기다렸다가 참형에 처하도록 바꾸어 정하고 가을 이후에 처결하라고 하였다.

○ 다산의 견해: 마씨가 남편에게 속았던 것이지 남편을 죽이려고 하였던 것은 아니었으므로, 참형에 처하도록 정한 것은 옳지 않다.

12. 윗사람을 살해하는 변고를 일으키다

【간통한 남녀가 본남편과 시아버지를 계획적으로 살해하였다. ○ 가경 연간의 일이다.】

황제의 유지는 다음과 같다.

"육씨陸氏의 아내 풍씨馮氏가 이수림李秀林과 간통하고 함께 모의하여 본남편 육충진陸忠進과 시아버지 육지현陸之賢을 독살하였다. 해당 관서의 독무가 심리하여 밝힌 뒤에 왕명王命으로 결정해 주기를 요청하였다.

해당 범인 풍씨는 능지처사하라. 이수림은 간통한 일 때문에 본남편과 본남편의 아버지를 계획적으로 죽이려고 마음을 먹었으니, 정황과 죄상이 모두 중대하다. 가을까지 기다리지 않고 즉시 처형해야 하는 범죄이기도 하니, 즉시 참형에 처하라." 위와 같은 유지를 받았다.

13. 윗사람을 살해하는 변고를 일으키다

【간통한 남녀가 본남편을 계획적으로 독살하였다. ○ 가경 연간의 일이다.】

황제의 유지는 다음과 같다.

"추전괴鄒殿魁가 풍씨馮氏의 아내 전씨田氏와 간통하고 함께 모의하여 전씨의 남편 풍상馮祥을 독살하였다. 추전괴가 비상을 대신 사다 주기까지 하였으며, 독살한 뒤에는 풍씨의 아내 전씨에게 뇌물을 주고 부탁하여 그 죄를 단독으로 저질렀다고 시인하게 하였으니, 심보가 몹시 악랄하다.

만일 내가 유지를 내려 재차 심리하게 하지 않았더라면, 거의 법의 그물에서 빠져나갈 뻔하였다. 풍씨의 아내 전씨는 감옥에서 자살했으므로 이미 조례에 따라 시체를 대중에게 공개하도록 하였다. 추전괴는 참형에 처하라."

14. 윗사람을 살해하는 변고를 일으키다

【간통한 중과 여자가 함께 본남편을 목 졸라 죽게 하였다. ○ 가경 연간의 일이다.】

황제의 유지는 다음과 같다.

"호남성湖南省의 백성 고씨顧氏의 아내 장씨張氏가 본남편 고대언顧大彦을 계획적으로 죽인 사건이다. 간통한 사내 선천先泉은 승려의 신분으로 승려가 지켜야 하는 계율戒律을 지키지 않고 고씨의 아내 장씨와 간통하였다. 선천이 고대언과 마주치자 그를 붙잡아 휙 돌렸고, 고씨의 아내 장씨가 고대언을 짓눌러 땅에 쓰러뜨렸다. 해당 범인이 다시 고대언의 몸뚱이 위에 타고 앉아 누르면서 고대언의 머리채를 침상 다리에 묶어 놓고, 수건으로 그 입을 틀어막았다. 그리고 고씨의 아내 장씨를 도와 고대언을 목 졸라 죽이고, 다시 마음을 먹고 사사로이 매장하여 흔적을 없애 버렸다. 그의 음란하고 흉악한 범행은 참으로 악랄하다고 할 수 있으니, 가을까지 기다렸다가 참형에 처하도록 정하여 처형을 지체시키는 것은 온당하지 못하다. 고씨의 아내 장씨는 즉시 능지처사하고, 해당 범인인 중 선천은 즉시 참형에 처하라. 나머지는 의논하여 아뢴 대로 시행하라." 위와 같은 유지를 받았다.

15. 윗사람을 살해하는 변고를 일으키다

【처녀가 간통한 사내와 함께 혼인하기 전에 약혼한 남자를 계획적으로 살해하였다. ○ 건륭 연간의 일이다.】

호북성湖北省 보강현保康縣 백성의 딸 망난대望蘭大가 간통한 사내 허종거許宗擧와 함께 약혼한 남자 조금보趙金保를 계획적으로 죽인 사건이다. 망난대에 대해서는 정상을 참작하여 즉시 참형에 처하도록 바꾸었다. 그러나 형부가 '망난대와 조금보가 아직 혼인하지는 않았으나 부부라는 명분은 이미 정해졌으므로, 혼인한 부부에게 적용하는 법률 조문에 따라 형률을 정해야 합니다.'라고 하여, 능지처사하도록 바꾸어 정하였다.

16. 윗사람을 살해하는 변고를 일으키다

【처녀와 간통한 사내가 처녀가 혼인한 뒤에 찾아와서 새 남편을 죽였다. ○ 건륭 연간의 일이다.】

광동성 백성의 딸인 소씨小氏의 아내 장씨張氏가 아직 시집을 가기 전에 전지륭錢至隆과 간통하다가, 시집갈 날짜가 정해졌다는 말을 듣고서는 즉시 문을 막고 관계를 끊었다. 그러나 전지륭이 장씨와 다시 만날 수 없게 되자, 장씨가 혼인한 다음 날에 그녀의 남편을 살해하였다. 이 사건은 부부가 된 뒤에도 계속 간통하여 간통한 사내가 본남편을 죽이게 한 경우와는 참으로 차이가 있으므로, 소씨의 아내 장씨는 간통죄만으로 처벌하였다.

○ 다산의 견해: 중국 노魯나라의 환공桓公이 사망하였는데, 환공의 부인 문강文姜이 살해하는 데 참여한 것이었다.[24] 소씨의 아내 장씨를 간통죄만으로 처벌하는 것이 옳다고 하겠는가!

17. 배우자를 살해하다

【간통한 남녀가 본처를 계획적으로 물에 떠밀어 빠져 죽게 하였다. ○ 건륭 연간의 일이다.】

복건성福建省의 백성 구득성邱得成이 유씨劉氏의 아내 종씨鍾氏와 간통하여 정이 깊이 들자, 함께 모의하여 자기의 아내 종씨를 죽여서 유씨의 아내 종씨와 편안하게 오랫동안 만나려고 생각하였다. 계획이 정해지자, 유씨의 아내 종씨가 범행을 실행하기 전에 미리 떠벌리기를 '가난하여 자결하는 것만 못하다.' 하였다.

범행을 실행할 날짜가 되자, 구득성이 자기의 아내 종씨를 유인하여 함께 외출하였는데, 외출하기에 앞서 유씨의 아내 종씨에게서 받아 온 의복을 자기의 아내 종씨에게 주어 갈아입게 하였다. 두 사람이 못가에 이르자, 구득성이 자기의 아내를 밀어 물에 빠뜨려 죽게 하였다. 이때 유씨의 아내 종씨가 도망쳐 나와 그곳에 이르자, 즉시 신발을 벗어 못가에 놓아 두어 유씨의 아내 종씨가 물에 빠져 죽은 것처럼 가장하였다. 그러고 즉시 구득성과 함께 달아났다.

구득성은 교형에 처하도록 정하였다. 유씨의 아내 종씨는 범행을 직접 거들지는 않았지만, 자결하는 것이 낫다고 떠벌리고 의복과 신발을 주어

---

24 중국……것이었다: 문강文姜은 중국 춘추시대 제齊나라 여자로, 노魯나라 환공桓公의 부인이다. 문강이 오라버니인 제나라 양공襄公과 간통하였다가 들통이 나자, 오라버니인 양공을 시켜 남편 환공을 죽이게 하였다._《춘추좌씨전春秋左氏傳》 환공 18년

바꾸어 착용하게 하였으니, 은밀하게 세운 계획이 몹시 간사하고 음흉하다. 종범從犯으로서 범행을 거든 사람과 다름이 없으므로 가을까지 기다렸다가 교형에 처하도록 정하였다.

18. 배우자를 살해하다

【간통한 남녀가 둘이 같이 앉아 이야기를 나누고 있을 때 두 사람을 모두 죽였다. ○ 가경 연간의 일이다.】

형부의 논박은 다음과 같다.

"섬서성陝西省 숭신현崇信縣의 백성 앙승仰昇이 간통한 남녀를 죽인 사건입니다. 조사해 보니 이러하였습니다. 주서朱緒의 아들이 백씨白氏의 어머니가 병을 앓는다고 거짓말을 해서 백씨를 속여 장씨張氏 아내 곽씨郭氏의 집으로 오게 한 뒤 간통하며 묵었습니다. 두 사람이 다시 마씨馬氏 아내 전씨錢氏의 집으로 가서 집안에서 이야기를 나누고 있었는데, 해당 범인인 앙승이 쫓아와서 이들을 살해하였습니다.

신문한 내용 중에 주서의 아들과 백씨가 살아 있을 때 진술했던 근거할 만한 말이 있으니, 한 남자와 한 여자가 같이 앉아 이야기를 나누고 있었던 곳이 바로 간통한 장소인 셈입니다. 앙승이 이들을 보자마자 즉시 죽였으니, 남의 말을 듣고서 죽인 것이 결코 아니고 다른 곳으로 그들을 쫓아가서 죽인 것도 아니었습니다. 따라서 이러한 죄야말로 '간통 현장에서 간통한 사람을 붙잡아 즉시 죽인 경우에 적용하는 조례'와 부합하니, 본래 '두 사람이 마침 간통하고 있을 때라야 간통 현장에서 붙잡았다고 할 수 있다.'라고 할 필요는 없습니다.

더구나 주서의 아들은 백씨를 속여 집에서 나오게 한 뒤에 뒤를 따라

가서 간통하며 묵었고, 백씨는 남편을 배반하고 도망하여 간통하고 싶은 마음에 거부하지 않았습니다. 이처럼 본남편을 명백히 속이고 간통한 남녀는 은밀한 곳에서 남몰래 간통한 사람들과 비교해 볼 때 더욱 음란하고 악랄합니다. 이 두 사람의 죄악은 죽어도 아깝지가 않고, 본남편이 정의에 의한 분노로 저지른 범죄에 대해서는 본래 정상을 참작해 줄 만합니다. 죽임을 당한 사람들은 한곳에 같이 있었고 본남편도 즉시 이들을 살해하였으니, 이러한 경우야말로 법률을 적용하지 말아야 할 사건이라고 하겠습니다.

만일 해당 독무가 정한 것처럼 해당 범인을 교형에 처하도록 정한다면, 이는 간통 현장에서 간통한 사람을 즉시 죽인 본남편더러 간통죄를 저지르다가 죽은 사람의 목숨을 보상하라는 것이니, 법률을 적용한 것도 합당하지가 않고 인정과 도리로 보아도 공평하지 않습니다."

이상과 같은 형부의 제본題本에 따라, 이어서 그에 의거하여 섬서성과 감숙성甘肅省의 총독總督에게 대신 처리하게 하였다. 섬서성과 감숙성의 총독 육陸이 상소하여 다음과 같이 아뢰었다.

"조사해 보니 이러하였습니다. 앙승의 사건은 본래 사후에 간통한 사실을 듣고서 저지른 사건으로, 백씨와 주서의 아들이 같이 앉아서 이야기를 나누는 것을 보자 대번에 그들을 찔러 상처를 입혀 죽게 하였습니다. 당시는 한낮으로, 주서의 아들과 백씨가 같이 집안에서 이야기를 나누고 있었고 게다가 옆에는 마씨의 아내 전씨가 있었으니, 간통한 행적이 결코 없었습니다. 그런데 앙승이 보자마자 대번에 살해하였으니, 간통 현장에서 붙잡은 것도 결코 아니고 간통한 사내도 붙잡히는 것을 거부한 일이 없었습니다.

앞서 해당 독무는 앙승에 대해 교형에 처하도록 정하였습니다. 그런데 형부의 논박을 받아 보니, 다음과 같은 내용이었습니다. '주서의 아들이 먼저 백씨를 속여 장씨 아내 곽씨의 집으로 오게 한 뒤 간통하며 묵었고, 두 사람이 다시 또 마씨 아내 전씨의 집으로 가서 집안에서 이야기를 나누고 있었는데, 앙승이 직접 보자마자 즉시 살해하였습니다. 따라서 「간통 현장에서 간통한 사람을 붙잡아 즉시 죽인 경우에 적용하는 조례」와 부합합니다.'

폐하의 명령에 따라 조사해 보니 이러하였습니다. 주서의 아들과 백씨가 간통한 사실에 대해서는 두 사람이 살아 있을 때 진술한 근거할 만한 말과 증인들의 신뢰할 만한 증언이 있습니다. 그러므로 앞서 해당 독무가 앙승에 대해 교형에 처하도록 정했던 것은 본래 타당하지가 않았습니다. 다만 형부가 아뢴 것처럼 끝내 앙승의 죄를 묻지 말도록 정한다면, 그것도 실제로 간통 현장에서 간통한 사람을 붙잡아 죽인 경우와 구별이 없게 될 듯합니다. 따라서 당연히 이러한 점들을 참작해서 적용할 법률 조문을 정하여 처벌해야 합니다.

앙승에 대해서는 '간통 현장에서 간통한 사람을 붙잡아 즉시가 아닌 다른 때 죽인 경우에는 「밤에 아무런 이유 없이 남의 집에 들어갔다가 붙잡혔으나 집주인이 신고하지도 않고 제멋대로 죽인 경우에 적용하는 법률 조문」에 따라 도형에 처하도록 한 조례'로 바꾸어 적용하여 100대의 형장을 치고 3년의 도형에 처해야 합니다."

19. 배우자를 살해하다

【남편이 사생아를 출산하는 아내를 보고 곧장 산실産室에서 아내를 구타하여 죽였다.

○ 건륭 연간의 일이다.】

직례성直隷省 조강현棗强縣의 백성 소이蘇二가 외지에서 떠돌아다니다가 집에 돌아와서 그의 아내 정씨鄭氏가 사생아를 낳고 있는 것을 보고서는 정씨를 연이어 구타하여 죽게 하였다. 소이에 대해서는 '간통하였다는 말을 들은 지 며칠이 지나서 간통한 남녀를 죽이고 관아에 나아와 숨김없이 범죄 사실을 인정한 경우에 적용하는 조례'에 따라 도형에 처하도록 정하였다.

형부가 논박하여 다음과 같이 적용할 법률 조문을 바꾸어 정하였다.

"조사해 보니 이러하였습니다. 소이가 집에 들어섰다가 그의 아내 정씨가 사생아를 출산하는 것을 목격하였습니다. 해당 범인이 정씨에게 간통한 사내가 누구인지를 캐물었으나, 정씨가 굳게 입을 다물고 실토하지 않았으므로 정씨를 구타하여 상처를 입혀 죽게 하였습니다. 간통한 사내가 관아에 나아온 사실은 없었으나 간통한 정황에 대해서는 확실한 근거가 있었으니, 출산한 장소가 바로 간통 현장과 같다는 것과 문에 들어선 때가 바로 즉시나 마찬가지라는 것입니다.

한번 생각해 보십시오. 오랫동안 외지에서 떠돌아다니다가 집에 돌아오자마자 자기 아내가 사생아를 출산하고 있는 것을 직접 목격하였으니, 자기 아내가 다른 사람과 간음하는 것을 직접 목격한 것과 무엇이 다르겠습니까! 그 내막을 따져 보면, 간통 현장에서 즉시 간통한 아내를 붙잡아 죽인 경우와 실제로 다름이 없습니다. 설사 간통한 사내를 밝혀냈다고 하더라도 조례에 따라 교형에 처하도록 정해야 하고, 본남편의 죄에 대해서는 형장을 치는 정도에서 그쳐야 합니다.

이제 해당 독무가, 정씨가 간통한 사내를 밝히지 않아서 적용할 법률 조문을 찾을 수가 없다는 이유로, 마침내 '간통 현장에서 간통한 아내를 즉시 죽인 본남편이기는 하지만 조례에 의거하여 「간통하였다는 말을 들은 지 며칠이 지나서 간통한 남녀를 죽인 경우에 적용하는 조례」에 따라야 합니다.'라고 한 것은 몹시 타당하지 않습니다. 소이에 대해서는 '본남편이 간통 현장에서 즉시 간통한 아내를 붙잡아 죽인 경우에는 본남편에 대해 80대의 형장을 치도록 한 조례'로 바꾸어 적용하여 사건을 종결해야 합니다."

20. 배우자를 살해하다

【아버지가 사생아를 출산한 딸을 보자 핍박하고서 간통한 사내의 집에 가서 스스로 목을 찔러 죽게 하였다. ○ 건륭 연간의 일이다.】

직례성 헌현獻縣의 백성 장육성張六成이 임기록任其祿의 딸이자 두씨杜氏의 아내인 임씨任氏와 간통하다가 사생아를 낳자 간통한 사실이 들통났다. 임기록이 두씨의 아내 임씨를 핍박하여 간통한 사내 장육성의 집에 가서 칼로 스스로 목을 찔러 죽게 하였다.

장육성에 대해서는 '간통하였다는 말을 들은 지 며칠이 지나서 간통한 남녀를 죽이고 관아에 나아와서는 숨김없이 범죄 사실을 인정하여 확실한 증거가 있는 경우에는 간통한 사내에 대해 100대의 형장을 치고 3년의 도형에 처하도록 한 조례'를 적용하였다.

21. 배우자를 살해하다

【아내가 간통한 사실이 드러나자 도리어 칼을 가지고 남편을 베자, 마침내 남편이 칼을 빼앗아 아내를 죽였다. ○ 건륭 연간의 일이다.】

절강성浙江省 타현𨛦縣의 백성 김필달金必達이 간통하였다는 말을 듣고서는 그의 아내 섭씨葉氏를 죽인 사건이다. '간통하였다는 말을 들은 지

며칠이 지나서 간통한 아내를 죽인 경우에 적용하는 조례'를 조사해 보니, 본남편에 대해서는 도형에 처하도록 정해야 한다. 만약 간통한 남녀가 항거한 사실이 별도로 있을 경우에는 당연히 사건의 정황에 맞게 적용할 법률 조문을 정해야지, 일률적으로 100대의 형장을 치고 3년의 도형에 처하는 죄로 처벌해서는 안 된다.

이 사건의 경위는 이러하였다. 김필달이 아내 섭씨가 전모승錢模承과 간통하였다는 말을 듣고서는 아내에게 자세히 캐묻자, 섭씨가 곧바로 당당하게 시인하고 숨기지 않았으며 도리어 욕을 퍼부으며 대들었다. 김필달이 화가 치밀어 구타하려고 하니, 섭씨가 먼저 대번에 나무 베는 칼을 가지고 김필달의 손등을 베어 상처를 입혔다가 김필달에게 칼을 빼앗겨 칼에 베여 죽었다.

조사해 보니 이러하였다. 아내가 칼로 남편에게 상처를 입힌 죄에 대해서는 법률에 따라 유형에 처하도록 정해야 한다. 이 사건에서 섭씨는 간통죄를 저지른 아내인 데다 항거하다가 남편에게 칼로 상처를 입힌 죄까지 있다. 그녀의 남편 김필달이 그로 인해 화가 치솟아 칼로 베어 상처를 입혀 죽게 하였으니, '죄인이 몽둥이를 가지고서 체포를 거부하여 죄인을 쳐서 죽인 경우에 적용하는 법률 조문'에 따라 자연히 죄를 묻지 말아야 한다. 이를테면 칼을 빼앗아서 아내를 베어 상처를 입혔기 때문에 쳐서 죽인 것과는 똑같지 않다고 하더라도, 4년간 성城을 쌓는 부역에 처하도록 그대로 정해서는 안 된다.

해당 독무督撫가 정한 것처럼 김필달과 전모승에 대해 100대의 형장을 치고 3년의 도형에 처하도록 정한다면, 인정과 도리로 헤아려 볼 때 타당하지 않다. 김필달에 대해서는 '죽어야 할 죄인을 신고하지 않고 제멋대로 죽인 경우에 적용하는 법률 조문'에 따라 100대의 형장을 치도록 정해야 한다.

22. 배우자를 살해하다

【아내가 다른 사람에게 시집보내 달라고 요구하며 칼을 가지고 행패를 부리자 남편이 마침내 칼을 빼앗아 죽였다. ○ 건륭 연간의 일이다.】

호광湖廣의 백성 유경상劉敬上이 반년이나 병으로 몸져 누워 지냈다. 그의 아내 진씨陳氏가 가난과 질병이 이어지자, 수시로 남편과 시끄럽게 다투었으며, 심지어 남편더러 자기를 다른 사람에게 시집보내 달라는 말까지 하였다. 유경상이 손을 들어 구타하려고 하자, 진씨가 대번에 칼을 주워서 남편에게 행패를 부렸다. 유경상이 칼을 빼앗아 진씨의 정수리, 이마의 양쪽, 뒤통수, 목덜미 등을 거듭 베어 진씨가 땅에 고꾸라져서 목숨을 잃게 하였다.

조사해 보니 이러하였다. 모두 목숨을 잃을 수 있는 부위에 상처를 입었으니, 그가 죽이려는 마음을 가지고 범행을 저지른 것은 의심할 것이 없었다. 유경상에 대해 '고의로 사람을 죽인 경우에 적용하는 법률 조문'에 따라 교형에 처하도록 정하였다.

○ 형부가 다음과 같이 논박하였다.

"조사해 보니 이러하였습니다. 다섯 가지 형벌을 밝혀 오륜五倫의 교화를 보완하는 것은 사람이 지켜야 할 도리를 바로 세우기 위한 것입니다. 남편은 아내의 모범이니, 아내가 어찌 칼을 가지고 벨 수 있겠습니까! 법률에서는 '본남편이 죄가 있는 아내나 첩을 제멋대로 죽인 경우에는 그 죄가 100대의 형장을 치는 것에 그친다.'라고 하였습니다. 법률 조문에서는 남편의 조부모를 욕하거나 구타한 경우라고만 언급하였고 칼로 남편을 죽인 경우는 언급하지 않았으나, 법률 조문을 인용하여 죄를 처단할 때에는 반드시 인정과 도리를 헤아려서 처리해야 합니다. 그러니 어찌 화를 품고서 연이어 베었다는 이유로 고의적인 살인이라고 할 수 있겠습니까! 재차 심리하여 타당한 의견을 수렴해서 제본題本을 갖추어 올리게 해야 합니다."

○ 다산의 견해: 진씨가 칼을 들고 대든 것은 스스로 행패를 부린 것이지【반명拚命은 우리나라에서는 '행패를 부린다.[用惡]'라고 한다.】 남편을 죽이려고 그랬던 것은 아니다. 직접 다른 사람에게 시집보내 달라고 요구한 것은 다른 사람과 몰래 간통한 것과는 다르니, 남편이 칼로 마구 베어 급히 죽여 버린 것이 옳은 일인가! 형부의 논박은 잘못인 듯하다.

23. 배우자를 살해하다

【남편이 아내에게 몸을 팔라고 요구하였으나 따르지 않자, 간통하려는 사내의 명령을 받아 아내를 구타하여 죽게 하였다. ○ 가경 연간의 일이다.】

하남성河南省의 백성 조방趙芳이 호씨胡氏의 아내 향씨向氏를 강간하려고 하였으나 따르지 않자, 본남편인 호약胡約을 시켜 향씨를 구타하여 상처를 입혀 죽게 한 사건이다.

이 사건에 대한 황제의 유지는 다음과 같다.

"이 사건의 경위는 이러하였다. 조방이 그보다 앞서 호약의 어머니 조씨趙氏와 간통하였고, 또 호약의 아내 향씨가 젊고 예쁜 것을 보고서는 강간하려는 마음을 먹었으나 향씨가 따르지 않았다. 그러다가 해당 범인인 조방이, 호약이 자기에게 돈을 빌리자 호약을 시켜 향씨를 구타하며 위협하게 하였으나, 향씨가 여전히 승낙하지 않았다. 그러자 해당 범인이 대번에 호약에게 호령하여 향씨를 구타하여 상처를 입혀 죽게 하였으니,

참으로 인간의 윤리를 어지럽히고 음흉하며 불법을 저지른 자라고 하겠다. 가을까지 기다렸다가 참형에 처하도록 정하고 범죄 사실을 인정하여 사형에 처할 부류에 포함시킨다고 하더라도 오히려 죄보다 처벌이 가볍다고 느껴진다.

범인 호약의 경우에는 그보다 앞서 조방이 그의 어머니와 간통하였는데도 조방으로부터 경제적으로 도움받는 것을 이롭게 여겨 결코 만류하지 않았으니, 이것만도 양심을 상실하고 도리를 무시한 행위이다. 조방이 그의 아내가 젊고 예쁜 것을 보고서는 다시 간통하려고 호약을 시켜 권유하게 하였는데, 향씨가 굳게 자기의 뜻을 지키고 따르지 않았다. 그러자 범인인 호약이 대번에 조방을 자기의 집으로 오게 한 뒤, 향씨가 침상에서 누워 자는 틈을 타서 스스로 향씨를 붙들고 조방더러 강간하게 하였으니, 너무도 부끄러운 줄을 모르는 놈이다.

그 뒤에 해당 범인이 또 조방에게 돈을 가져다 쓰고 마침내 향씨를 구타하고 위협하여 조방과 간통하며 자도록 하였으나, 향씨가 여전히 승낙하지 않았다. 그러자 범인이 나무 탁자의 다리를 주워서 향씨의 좌우 팔꿈치를 구타하여 상처를 입혔고, 다시 조방의 호령에 따라 향씨의 왼쪽 귀뿌리를 구타하여 상처를 입혀 목숨을 잃게 하였다.

한번 생각해 보라. 아내를 죽인 예사로운 사건이라 하더라도 오히려 가을까지 기다렸다가 교형에 처하도록 정해야 한다. 특히 몸을 파는 일 등의 다른 사정이 살인의 빌미가 된 사건의 경우에는 가을에 심리할 때까지 기다린다고 하더라도 모두 사형으로 판결할 것이다. 그런데 지금 해당 독무가 '일반 사람이 함께 구타한 경우에는 종범으로 보아 처벌 등급을 낮추어 주도록 한 조례'에 따라 유형에 처하도록 정하였으니, 몹시 가볍게 처리하여 풀어 주는 처벌이라고 하겠다.

다섯 가지 형벌을 밝히는 것은 교화를 보완하기 위한 것이고, 교화는 인간의 윤리를 가장 중시한다. 내가 살인 사건은 신중히 처리하려고 하였으므로, 어버이를 구하려는 절박한 상황에서 사람을 죽인 사건이 있으면 이따금 정상을 참작해서 너그럽게 용서해 주고 사형으로 판결하지 않기도 하였으니, 이것이야말로 인간의 윤리를 바로 세우기 위해서였던 것이다. 그러나 윤리를 내팽개친 사건의 경우에는 더욱 징계하는 의미를 엄중히 보여 주어야 한다. 지금 만약 이 사건을 해당 독무가 원래 정한 의견대로만 처리한다면, 염치가 없는 무리가 경계하고 두려워할 줄 모르게 될 것이니, 어떻게 형벌을 밝히고 법령을 신칙하겠는가!

조방은 즉시 참형을 집행하고, 호약은 즉시 정배定配된 곳에서 교형을 집행하라. 순무巡撫와 안찰사按察使에 대해서는 형부에서 조사하여 직명職名을 거두고 죄상을 논의하여 처리하라. 형부의 담당 관원도 아울러 명백히 조사하여 살펴 처리하라. 앞으로 형벌을 담당한 아문衙門에서 이와 같은 사건을 만날 경우에는 '일반 사람이 함께 구타한 경우에 적용하는 법률 조문'을 그대로 적용하지 말고 주범과 종범을 구별하여 공평한 법 집행을 밝히고 교화를 유지하게 하라."

24. 배우자를 살해하다

【남편이 아내에게 몸을 팔라고 요구하였으나 따르지 않자, 아내를 위협하여 아내가 우물에 몸을 던져 스스로 죽었다. ○ 가경 연간의 일이다.】

황제의 유지는 다음과 같다.

"직례성의 백성 왕제중王濟衆이 이씨李氏의 아내 모씨慕氏를 강간하려다가 실패하자 위협하여 죽게 한 사건이다. 왕제중이 그보다 앞서 이기원李紀元과 동성애를 하고 돈을 꾸어 주었다가 갚지 않자, 이기원을 제압하려고 마음을 먹었다. 그리하여 이기원의 아내 모씨를 강간하려다가 모씨가 급박한 상황에서 우물에 몸을 던져 죽었으니, 너무도 음란하고 악랄하여 하루라도 그대로 살려 둘 수가 없다. 왕제중은 즉시 참형을 집행하라.

이기원은 돈을 빌리려는 욕심 때문에 동성애를 기꺼이 받아들였고, 또 왕제중이 그의 아내를 강간하겠다는 말에 따라 스스로 그를 인도하였다가 모씨가 다급하고 치욕스러워서 우물에 몸을 던져 죽게 하였다. 그러고도 오히려 또 왕제중의 부탁에 따라 스스로 범죄 사실을 인정하면서도 사실대로 자백하려고 하지는 않았으니, 부끄러운 마음이 없는 사람으로는 이보다 더한 자가 없다. 즉시 이리伊犁로 떠나보내 군병軍兵에게 주어 종으로 삼게 하라.

이씨의 아내 모씨는 왕제중에게 짓눌려 강간을 당할 때가 되자, 꾀를 써서 벗어난 뒤에 목숨을 버려 자신의 뜻을 밝혔으니, 그녀의 절개가 매우 가상하다. 즉시 요청한 대로 패방牌坊[25]을 세워서 표창하여 교화를 유지하게 하라. 나머지는 의논하여 아뢴 대로 시행하라." 위와 같은 유지를 받았다.

25. 배우자를 살해하다

【고종 누이동생과 간음하다가 아내가 말리자, 임신 중인 아내를 찔러 상처를 입혀 죽게 하였다. ○ 가경 연간의 일이다.】

황제의 유지는 다음과 같다.

"기주冀州의 백성 백계조白繼祖가 고종 누이동생 동대녀董大女와 간통

25 패방牌坊: 인물의 충효·정절·공덕 등을 표창하기 위해 마을 입구에 세우던 건축물이다. 대체로 기둥을 세우고 기둥 위에 편액扁額을 달았으며 그 위에 지붕을 만들어 가렸다.

하다가, 그의 아내 곽씨郭氏에게 꼬리를 밟혀 누차 만류를 받았으나 그만두려는 생각이 결코 없었다. 범인이 간통하려는 마음이 간절해지자 대번에 곽씨를 찔러 죽이려는 마음을 먹었으니, 이때부터 벌써 부부로서의 은혜와 도리는 끝이 난 셈이다. 더구나 곽씨가 배 속에 아이를 품고 있는 상태였는데도 범인이 끝내 악독한 방법으로 죽였고, 대를 이을 아이에 대해서는 전혀 고려하지 않았다.

그의 음흉하고 잔인한 범죄 정황은 적용해야 할 법률 조문보다 참으로 심하여 아내를 고의적으로 죽인 예사로운 사건과는 다르니, 즉시 처리해야 한다. 가을 심리할 때까지 기다린다고 하더라도 반드시 사형으로 판결할 것이니, 백계조는 원래 정한 대로 교형에 처하되 즉시 법에 따라 처형하여 경계할 것을 분명히 밝히라."

26. 배우자를 살해하다

【며느리를 꾀어 간통하려다가 아내의 책망을 듣고서는 아내를 구타하고 위협하자, 아내가 강에 몸을 던져 죽었다. ○ 건륭 연간의 일이다.】

안휘성安徽省의 백성 영항산榮恒山이 두 며느리를 꾀어 간통하려다가 실패하였다. 영항산이 아내 오씨吳氏로부터 책망을 듣고서는 대번에 칼자루로 구타하자, 오씨가 강에 몸을 던져 자살하였다. 영항산에 대해서 '아내를 구타하여 죽게 한 경우에 적용하는 법률 조문'을 적용하되 무거운 쪽으로 처리하여 교형에 처하도록 정하였다.

○ 다산의 견해: 영항산은 본래 인간의 윤리를 어지럽힌 음란하고 악랄한 사람이지만, 교형에 처하도록 정한 것은 옳지 않다. 아내를 구타하

자 그 아내가 스스로 물에 빠져 죽은 경우인데 어찌 사형에 처하는 법이 있겠는가! 이 사건은 법률 적용을 잘못한 듯하다.

27. 배우자를 살해하다

【후처가 큰아들을 죽이려고 후처의 딸이기도 한 며느리와 함께 모의하자 화가 치솟아 그 모녀를 목 졸라 죽였다. ○ 가경 연간의 일이다.】

황제의 유지는 다음과 같다.

"직례성의 백성 양자신梁自新이, 후처인 백씨白氏가 전처소생의 아들 양유폭梁有幅을 수시로 학대하고 모욕하자, 두 사람 양자신과 백씨가 합의하여 백씨가 데리고 온 전남편의 딸 장씨張氏를 그의 아들과 짝을 지어 주고 마음을 다하여 조정하려고 하였다. 그러나 백씨가 마음을 바꾸려고 하지 않았으며 장씨마저도 가세하여 자기 남편을 무시하고 모욕하였다.

더욱이 백씨가 딸을 부추겨 양순광梁順光과 간통하게 하였다가, 양자신에게 발각되었으나 또 그대로 숨겨 두고 참았다. 그러자 백씨와 장씨가 함께 모의하여 끝내 독약으로 양유폭을 살해하려는 계획을 세웠다. 양자신이 그러한 낌새를 알아차리고서 독약이 든 밥을 찾아냈는데도 오히려 구타하지 않고 참았다가 다음 날 관아에 고발하려고 하였다. 이러한 점으로 볼 때에도 양자신은 갑자기 분풀이를 할 사람이 아니라는 것을 알 수가 있다.

그런데 그날 해 질 녘이 되었을 때 장씨가 또 자기 남편을 쫓아가서 구타하였고, 백씨도 내뱉는 소리마다 욕설을 퍼부었다. 양자신이 치솟는 분노를 참지 못하고 먼저 장씨를 목 졸라 죽였다. 백씨가 다시 양자신을 머리로 들이받으면서 행패를 부리자 양자신이 이어서 백씨도 곧바로 목 졸라 죽였다. 그러고는 스스로 관아에 나와서 신고하였다.

이 사건의 내막을 자세히 조사해 보니 이러하였다. 백씨와 장씨 모녀가 양유폭을 기어이 죽이고야 말겠다는 생각을 오랫동안 마음속에 품어 왔다. 장씨가 독약으로 자기 남편을 독살하려고 한 행위는 본래 즉시 참형에 처해야 하는 범죄에 해당하니, 으레 거론할 것이 못 된다. 백씨는 잔인하게도 자기 남편의 대를 이을 자식을 죽여서 대를 끊으려고 하였으니, 그 죄도 사형에 처해야 한다. 양자신의 범죄는 정의로운 분노에서 촉발된 것이었다. 만약 아내를 죽인 예사로운 사건과 마찬가지로 법률 조문을 적용하여 양자신에게도 가을까지 기다렸다가 교형에 처하도록 정한다면, 가을에 심리할 때가 되더라도 반드시 정상이 가련한 대상에 포함시켜야 할 것이니, 죄명이 참으로 타당하지 않다.

안검顔檢이 양자신에 대해 정상을 참작하여 처벌 등급을 낮추어 100대의 형장을 치고 3000리의 유형에 처할 것을 청하였으니, 의견을 아뢴 것이 매우 타당하다. 양자신에 대해서는 특별히 은혜를 더 베풀어 재차 등급을 낮추어 100대의 형장을 치고 3년의 도형에 처하여 형벌을 밝혀 교화를 보완하고 교화를 유지하려는 나의 지극한 뜻을 보여 주라. 나머지는 의논하여 아뢴 대로 시행하라." 위와 같은 유지를 받았다.

28. 배우자를 살해하다

【장모가 딸을 부추겨 몸을 팔게 하자, 본남편이 아내를 구타하려다가 캄캄한 밤에 잘못하여 장모를 죽였다. ○ 건륭 연간의 일이다.】

황제의 유지는 다음과 같다.

"광서성廣西省의 백성 마육성麻六成이 장모이자 나씨羅氏의 아내 황씨黃氏를 잘못 상처를 입혀 죽게 한 사건이다. 마육성에 대해서는 '본남편이 간통한 사람을 붙잡으려다가 옆에 있던 사람을 잘못 상처를 입혀 죽게 한 경우에 적용하는 조례'에 따라 가을까지 기다렸다가 교형에 처하도록 정하였다. 나씨의 아내 황씨는 딸을 꾀어 몸을 팔게 한 사람이지 옆에 있던 사람이 아니다. 마육성의 아내 나씨는 '부모의 부추김에 따라 간통하였다가 간통한 사실이 드러나자 부끄럽고 궁지에 몰려 자살한 경우에는 간통죄로만 처벌하도록 한 조례'에 따라 90대의 형장을 치도록 정하였다. 나씨의 아내 황씨는 몸을 판 딸을 보호하려다가 잘못 살해된 것이지 부끄럽고 궁지에 몰려 자살한 것이 아니다. 그런데도 이러한 조례를 마육성의 죄에 적용한 것은 몹시 공평하지 않다.

그 사건의 내막을 자세히 조사해 보니 이러하였다. 나씨의 아내 황씨가 그의 딸을 부추겨 여러 차례 집에서 몸을 팔게 하였다. 마육성이 그러한 사실을 알고 간통한 사람을 잡으러 갔는데, 마침 그의 아내가 작은 방에서 사내와 이야기를 나누고 있었으므로 고함을 지르며 그 사내를 붙잡았다. 마육성이 간통한 사내 양기보梁奇保를 꽁꽁 묶고 있는 사이에 그의 아내가 안쪽으로 달아나는 것을 보았다. 마육성이 손에 철자를 쥐고서 좇아갔는데, 마침 나씨의 아내 황씨가 소리를 듣고서 달려 나왔다. 마육성이 캄캄한 어둠 속에서 사람의 그림자가 움직이는 것을 보고서는 그의 아내일 것이라고 짐작하고 철자로 구타하였는데 나씨의 아내 황씨에게 잘못 상처를 입혀 목숨을 잃게 하였다.

이는 나씨의 아내 황씨가 양기보의 경제적인 도움을 탐내어 자신의 딸을 부추겨 간통하게 하다가 벌어진 일로, 그것만으로도 벌써 자기 사위는 안중에도 없었던 것이니 장모와 사위로서의 은혜와 도리는 끝난 것이다. 마육성은 본래 간음한 사람을 잡아야 할 사람이니, 이를테면 나씨의 아내 황씨가 재물을 탐내서 딸을 부추겨 몸을 팔게 하자 일시적으로 화가 치솟아 나씨의 아내 황씨를 구타하여 죽게 하였다고 하더라도, '죄인을 신고하지 않고 제멋대로 죽인 경우에 적용하는 조례'에 따라 처벌하는 죄를 지은 것에 불과하다.

이제 마육성이 캄캄한 어둠 속에서 그의 아내를 쫓아가다가 식별하지 못하고 나씨의 아내 황씨를 잘못 상처를 입혀 죽게 하였으나 결코 죽이려는 마음에서 나온 것이 아니었다. 그러니 어찌 간통한 사람을 붙잡은 사람에 대해 구속하여 사형죄로 정할 수 있겠는가! 나씨가 양기보와 간통한 것은 그의 어머니 황씨가 재물을 얻을 욕심에서 부추겼기 때문이기는 하지만, 그의 어머니가 그다지 거리낄 것이 없는 다른 일을 그 딸에게 시켰다면 그래도 어머니의 말을 마지못해 따라도 된다. 그러나 이처럼 몸을 파는 일은 명분이나 절개와 관계되는 일인데, 어찌 어머니 말만 따르고 자기 남편은 돌아보지 않을 수 있겠는가! 더구나 어머니 황씨의 죽음은 사실 나씨가 남과 간통하였기 때문에 발생한 일이다.

이전의 판례에 의하면, 자손이 간통죄를 저질렀다가 드러나자 그의 부모가 부끄럽고 분해서 스스로 목숨을 끊거나 남에게 살해된 경우에는 그 자손에 대해 즉시 교형에 처하도록 정하였다. 이 사건은 나씨가 간통죄를 저질렀기 때문에 벌어진 일이고, 나씨가 간통한 것은 어머니 황씨의 부추김을 받았기 때문이다. 나씨도 즉시 교형에 처하도록 정해야 하지만, 죄명을 다소 가볍게 처리하여 가을까지 기다렸다가 교형에 처하도록 마무리하는 것이 옳다고 하겠다. 그런데 어떻게 일반적인 조례를 적용하여 간통죄로 처벌해서 형장만 치고 말도록 정한단 말인가!

지금 형부가 재차 심리한 뒤 올린 제본題本에서 해당 독무가 정한 죄명을 그대로 적용한 것은 형량을 뒤바꾸어 정한 것이다. 나씨는 가을까지 기다렸다가 교형에 처하는 것으로 바꾸어 정하되, 가을 이후에 처결해야 한다. 마육성은 90대의 형장을 치는 것으로 바꾸어 정해야 한다. 이와 같이 두 사람의 형량을 서로 바꾸어 정하게 되면, 아마도 정황으로나 죄상으로나 각각 공평성을 확보할 수 있을 것이다. 형부가 법률에 따라 형량을 바꾸어 정한 뒤에 별도로 문서를 작성해서 올리라." 위와 같은 유지를 받았다.

29. 배우자를 살해하다

【아내가 시아버지의 뜻을 거스르다가 남편에게 구타를 당하여 죽었다. ○ 건륭 연간의 일이다.】

광동성廣東省의 독무가 올린 제본에서, 하씨河氏가 시아버지 당아문唐亞文에게 차茶를 달여 주려 하지 않고 도리어 저주를 행하다가 남편 당문서唐文瑞에게 구타를 당하여 죽었는데, 당아문이 직접 신고하지 않았다는 이유로 교형에 처하도록 정하였다.

그 사건에 대해 형부가 의논한 결과를 다음과 같이 아뢰었다.

"당아문이 병들어 누워 있었으니, 어느 겨를에 직접 신고하겠습니까! 당문서가 그 당시에 처삼촌에게 고지告知하였고 면임面任에게 사실대로 밝혔습니다. 당아문이 또 자세히 진술하여 밝혔으니, 원래 직접 신고한 것과 다름이 없습니다. 따라서 100대의 형장을 치도록 바꾸어 정해야 합니다."

30. 배우자를 살해하다

【아내가 시어머니의 뜻을 거스르다가 남편에게 목이 졸려 죽었다. ○ 건륭 연간의 일이다.】

직례성 융평현隆平縣의 백성 왕서王瑞가, 아내 장씨張氏가 어머니의 뜻을 거스르자 장씨를 목 졸라 죽인 사건이다. 왕서에 대해서는 교형에 처하도록 정하였다.

형부가 의논한 결과를 다음과 같이 아뢰었다.

"아내나 첩이 남편의 부모를 구타하고 욕한 경우에는 원래 부모가 자식 사랑에 빠져서 자식의 뜻에 맞추어 엉뚱하게 진술할 우려가 있기 때문에 반드시 직접 신고해야만 처벌합니다. 며느리가 시어머니의 뜻을 거스른 경우에는 증인이 확실하면 즉시 정황에 맞추어 적용할 법률 조문을 인용해야 합니다.

이 사건의 경우에는 장씨가 시어머니 양씨楊氏를 떠밀어 넘어뜨려 땅에 고꾸라지게 한 것을 이웃 사람인 왕지王智가 목격하였고, 부축하여 보내 주고 돌아간 것에 대해서는 이 사건과 관련이 있는 양씨가 출두하여 분명하게 진술하였습니다. 따라서 이 사건은 직접 신고한 것과 다름이 없습니다."

위와 같은 형부의 논박에 따라 적용할 법률 조문을 바꾸어 정하여 사건을 종결하였다.

31. 배우자를 살해하다

【옷을 벗겨 꽁꽁 묶어 놓고 아내의 도망치는 버릇을 고치려다가 얼어 죽게 하였다. ○ 건륭 연간의 일이다.】

섬서성陝西省의 백성 왕전王全이, 아내 장씨張氏가 아내로서의 도리를 지키지 않고 여러 차례 도망쳤는데, 왕전과 어머니가 그때마다 끌고 돌아왔다. 그 뒤 장씨가 남편과 시어머니가 외출한 틈을 타서 다시 몰래 뒷담에 있는 방으로 가서 도망치려고 하였다. 그러나 왕전이 장씨를 찾아내어 뒷방의 다락에 꽁꽁 묶어 놓은 채 의복까지 벗겨 가고 겨우 홑옷만 걸치고 있도록 하였으니, 장씨가 뉘우치고 감히 다시는 도망치지 못하게 하려는 의도였다. 밤중이 되어 왕전이 가서 살펴보니, 장씨가 이미 얼어 죽어 있었다. 이상과 같은 사건이다.

왕전에 대해서는 '다른 사람의 옷과 음식을 없애 버린 것이 원인이 되어 죽게 한 경우에 적용하는 법률 조문'에 따라 가을까지 기다렸다가 교형에 처하도록 정하되, 어머니가 연로하고 형제가 없으므로 남아서 어머니를 봉양하도록 해 주었다.

32. 배우자를 살해하다

【이불을 훔쳤다가 들통나자 아내가 숨겨 주지 않은 것을 원망하여 아내를 칼로 베어 죽게 하였다. ○ 가경 연간의 일이다.】

황제의 유지는 다음과 같다.

"강서성江西省의 백성 동발童發에 대해 원래 해당 독무가 '아내를 죽이려는 마음을 본래 가지고 있었으나, 살해의 원인은 아내가 범죄 사실을 숨겨 주지 않았기 때문일 경우에 적용하는 조례'에 따라 처형 시기를 가을까지 늦추어 주는 대상에 포함시키도록 정하였으나, 이렇게 처리하는 것은 법률을 잘못 적용하여 너그럽게 풀어 주는 꼴이 되고 만다.

아내가 남편에 대해서는 범죄 사실을 숨겨 줄 수 있도록 조례에서 허용하였으나, 본남편의 범죄가 사형에 처해야 할 죄일 경우에 그의 아내가 갑자기 남편의 범죄 사실을 밝히려고 하지 않는 것은 인정과 도리로 보아 당연하다. 이제 동발이 솜이불 두 장을 훔쳤으니, 그 죄는 형장을 치는 정도에서 끝난다.

게다가 동발의 아내 웅씨熊氏는 남편의 범죄 사실을 결코 먼저 발설한 것이 아니었다. 도둑을 맞은 주인이 조사해 알아내서는 웅씨에게 추궁하고 아울러 면임에게 고소장을 제출하여 보고하려 하자,【면임에게 고소장을 제출한다는 의미이다.】 웅씨가 당황하여 사실대로 말하게 되었던 것이다. 이는 웅씨의 정상을 오히려 참작해 줄 수 있는 점이다. 그런데 범인이 대번에 아내를 꾸짖고 구타하였으며, 아내가 고분고분하지 않고 욕을 하며 대들자 곧바로 칼을 가져다가 베어 시간이 지난 뒤 목숨을 잃게 하였다.

범죄 사실을 인정하여 사형에 처할 부류에 포함시키도록 바꾸어 정하라." 위와 같은 유지를 받았다.

33. 배우자를 살해하다

【아직 혼례는 치르지 않고 약혼만 한 아내가 약혼한 것을 후회하며 혼인을 굳게 거절하다가 남편에게 칼로 베여 죽임을 당하였다. ○ 건륭 연간의 일이다.】

광동성廣東省 신녕현新寧縣의 백성 증가량曾可亮이 남편이 죽고 나서 재혼하기를 원하던 안씨顔氏와 약혼하고 아내로 삼기 위해【안씨가 재혼하는 것이다.】 안씨에게 혼례 비용으로 2000문文의 돈을 보냈다. 안씨가 친족이 없어서 혼서婚書를 쓸 수가 없자, 손수 만든 팔찌 하나를 회답 예물로 보냈다. 그 뒤 안씨가 약혼한 것을 후회하여 혼인을 굳게 거부하고 회답 예물로 보냈던 은팔찌까지 돌려달라고 요구하였다. 그러자 증가량이 분하고 억울한 마음이 들어 안씨를 칼로 베어 죽였다.

증가량에 대해서는 '계획적으로 사람을 죽인 경우에 적용하는 법률 조문'에 따라 참형에 처하도록 정하였다. 이에 대해 형부가 다음과 같이 논박하여 바꾸어 정하였다.

"조사해 보니 이러하였습니다. 안씨는 증가량의 약혼한 아내이니, 혼례를 치르지는 않았으나 부부라는 명분과 도리는 벌써 정해진 것입니다. 따라서 '남편이 아내를 고의로 죽인 경우에 적용하는 법률 조문'으로 바꾸어 적용하여 가을까지 기다렸다가 교형에 처하는 것으로 바꾸어 정해야 합니다."

34. 배우자를 살해하다

【간통하던 첩이 간통 현장에서 즉시 붙잡혀 남편에게 구타를 당하여 죽었다. ○ 가경 연간의 일이다.】

운남성雲南省의 백성 양유례楊有禮가 은종당殷宗堂의 첩 고씨高氏와 간통하다가 간통 현장에서 붙잡혀 은종당이 간통한 여자를 구타하여 상처를 입혀 죽인 사건이다. 운남성의 독무가 다음과 같이 아뢰었다.

"본남편이 첩을 구타하여 죽게 한 경우에는 교형에 처하도록 한다는 법률 조문이 없으니, 간통한 사내에 대해서도 본남편의 살인죄를 옮겨 처벌할 죄목이 없습니다. 더구나 간통 사건의 일반적인 처리 규례에 의하면, 첩에 대해서는 본래 처벌 등급을 낮추어 주도록 되어 있어 본처가 간통한 경우와는 다릅니다. 양유례가 남의 첩과 간통하였다가 그 첩이 남편에게 살해당하였으니, 교형에 처하도록 정하는 것은 온당하지 않은 듯합니다."

형부가 다음과 같이 논박하였다.

"조사해 보니 이러하였습니다. 아내를 죽인 사건은 모두 간통 현장에서 간통한 사람을 붙잡아 즉시 죽였는지를 가지고서 간통한 사내와 본남편의 죄를 정합니다. 이에 대해서는 조례의 조문에 매우 분명하게 밝혀 두었습니다. 그런 점에서 볼 때 이 사건은 '본남편이 간통 현장에서 즉시 간통한 여자를 붙잡아 살해한 경우에는 간통한 사내에 대해 교형에 처하도록 한 조례'와 정확히 일치합니다.

법률 조문에서 '간통한 여자[姦婦]'라고 한 말은 원래 본처와 첩을 통틀어서 말한 것입니다. 게다가 본남편이 아내를 죽인 경우에 간통한 사내에게 본남편의 살인죄를 옮겨 처벌하도록 한 이유로 말하면, 본남편이 살인을 저지른 동기는 정의로운 분노에서 나온 것이고 간통한 여자가 사망하게 된 동기는 간통한 사내가 간통하고 싶은 마음에서 유래한 것으로, 간통한 사내가 그 여자를 죽인 것이나 다름이 없기 때문입니다.

또 해당 독무가 간통 사건의 일반적인 처리 규례의 '첩이 간통한 경우에는 본래 처벌 등급을 낮추어 주도록 되어 있습니다.'라고 말한 것은 다음과 같은 사실을 모르기 때문에 한 말입니다. 즉 간통죄와 관련된 조례 안에서 본처와 첩을 구분한 이유는 집의 종이나 머슴이 집주인의 본처나 첩과 간통한 경우 및 친족이 같은 친족의 아내나 첩과 간통한 경우를 말한 것으로, 모두 명분과 관계가 있는 간통 사건인 경우입니다. 그래서 본처에 대해서는 참형과 교형의 구분, 즉시 처형하는 경우와 가을까지 기다렸다가 처형하는 경우의 구분이 있고, 첩에 대해서는 처벌 등급을 낮추어 주었던 것이니, 이것은 명분을 중시하고 등급을 엄격히 하기 위한 것입니다."

35. 간음 때문에 사람을 죽이다

【간통한 사내가 다른 간통한 사내를 만났는데, 본남편인 것처럼 가장하여 강제로 간수를 먹게 하여 죽였다. ○ 건륭 연간의 일이다.】

호광湖廣의 백성 오필영吳必榮과 장명옥張明玉은 모두 이씨李氏와 간통하고 있었으나, 서로 알지는 못하였다. 마침 장명옥이 이씨의 침상에 누워서 자고 있었는데, 오필영이 뒤따라 이르렀다. 장명옥이 남편에게 간통 사실이 발각된 것으로 잘못 알고서는 땅에 꿇어앉아 용서해 달라고 빌었다.

오필영이 탁자에 간수가 놓여 있는 것을 보고서는 이씨를 위협하여 간수를 가져다가 장명옥에게 주어 마시게 하였다. 장명옥이 간수를 마시지 않자, 오필영이 장명옥을 밀어 쓰러뜨려 내리누르고 끈을 가져다가 그의 두 손을 묶었다. 오필영이 왼손으로는 간수 그릇을 잡고 오른손으로는 말뚝을 주워 들고서 장명옥을 협박하여 마시게 한 뒤에야 풀어 주었다.

조사해 보니 이러하였다. 오필영이 간통을 질투하여 사람을 죽였으니, '간통한 일 때문에 위협하여 사람을 죽인 경우에 적용하는 법률 조문'에 따라 형률을 정하는 것은 온당하지 않다. 따라서 '고의로 사람을 죽인 경우에 적용하는 법률 조문'에 따라 처벌해야 한다. 이씨는 흉악한 행위를 목격하고도 전혀 저지하지 않았으니, 주둔하고 있는 부대로 보내서 종으로 삼게 하였다.

36. 간음 때문에 사람을 죽이다

【간통한 사내가 다른 간통한 사내를 죽이되, 본남편과 함께 모의하고 본남편을 속여서 재물로 꾀어 범행을 돕게 하였다. ○ 가경 연간의 일이다.】

안휘성安徽省의 백성 갈영아葛榮牙가 김아삼金阿三의 아내 왕씨王氏와 간통하고, 장노발張老發과 함께 모의하여 장노발의 아내와 간통하던 왕씨의 본남편 김아삼을 계획적으로 죽인 사건이다.

형부가 의논한 결과를 다음과 같이 아뢰었다.

"갈영아가 기회를 틈타 계획적으로 살인하려고 생각한 것은 간통을 빌미로 간통하던 여자를 데려다가 아내로 삼으려고 꾀한 것이었으나, 장노발은 자기 아내와 간통한 사내를 죽여서 해악을 제거하는 줄로만 알고 범행을 도왔던 것이니, 두 사람의 마음이 원래 각각 달랐습니다. 갈영아는 왕씨와 간통할 셈으로 본남편 김아삼을 계획적으로 죽인 주범이고, 장노발은 자기 아내와 간통한 사내를 신고하지 않고 제멋대로 죽인 본남편인 셈입니다.【갈영아는 김아삼의 아내와 간통하고 김아삼은 장노발의 아내와 간통하였는데, 갈영아와 장노발이 함께 모의하여 김아삼을 죽인 것이다. 갈영아는 독약을 쓴 주범이고, 장노발은 자기 아내와 간통한 사내를 제거하였으나, 장노발이 범행에 가담한 본래 의도는 여자 때문이 아니라 재물 때문이었다.】

당연히 법률에 따라 각각 그들의 죄를 처벌해야 합니다. 그런데 지금 해당 독무가 본래 장노발이 범행에 가담하게 된 정황을 세밀히 조사하지도 않고 '계획적으로 사람을 죽일 때 범행에 가담한 경우에 적용하는 법률 조문'에 따라 교형에 처하도록 정하였습니다. 이러한 판결은 결과적으로 간통한 사내를 죽인 본남편을 '계획적으로 사람을 죽이는 예사로운 범행에 가담한 죄인에게 적용하는 중죄'로 처벌하는 것이니, 인정과 도리로 헤아려 볼 때 몹시 타당하지 않습니다. 해당 독무에게 장노발에 대해서는 별도로 심리하여 타당한 법률 조문에 따라 형률을 정하게 해야 합니다."

위와 같이 논박한 데 대해 형부의 제본대로 하라는 황제의 재가를 받았다.

○ 형부가 2차로 심리하여 다음과 같이 아뢰었다.

"해당 독무에게 자문咨文을 보내어 폐하를 대신해서 신칙하니, '갈영아는 참형에 처하고, 김아삼의 아내 왕씨는 가을까지 기다렸다가 교형에 처하되 올해 가을 심리할 때 처리하는 대상에 포함시키겠습니다. 장노발에 대해서는 「죄인이 체포를 거부하지도 않았는데 신고하지 않고 제멋대로 죽인 경우에 적용하는 법률 조문」에 따라 교형에 처하는 것으로 바꾸어 정하겠습니다.'라고, 제본을 갖추어 보고해 왔습니다.

조사해 보니 이러하였습니다. 김아삼이 장노발의 아내 구씨瞿氏와 간통하였으나, 본남편인 장노발은 그러한 사실을 결코 모르고 있었습니다. 그 뒤에 간통한 사실이 들통나서 구씨가 김아삼을 거절하게 되자, 김아삼이 약값을 보낸다는 핑계로 계속적으로 협박하고 속였습니다. 갈영아가 짐짓 장노발을 대신하여 김아삼에 대한 불평을 늘어놓으면서 기회를 틈타 부추기자, 장노발이 그제야 갈영아와 함께 모의하여 김아삼을 죽였습니다. 따라서 장노발의 범행은 정의에 의한 분노에서 나온 것이 아니라는 점은 의심할 여지가 없습니다.

해당 독무가 장노발에 대해 '신고하지 않고 제멋대로 죽인 경우에 적용하는 법률 조문'에 따라 교형에 처하도록 정한 것은 본래 법률에 따라 판결한 것입니다. 다만 이 사건을 조사해 보니 이러하였습니다. 김아삼을 살해하려고 마음먹은 갈영아는 벌써 법률 조문을 적용하여 사형에 처하였습니다. 장노발은 법률 조문에 의하면 교형에 처하도록 정해야 하나, 따져 보면 죽은 김아삼은 음란하고 악랄한 범죄를 저질렀던 사람으로서 죽지 않았어도 사형시켜야 할 사람이니, 장노발의 원래 정상에 대해서는 오히려 참작해서 감해 주어야 합니다. 따라서 장노발에 대해서는 '죄인이 체포를 거부하지도 않았는데 신고하지 않고 제멋대로 죽인 경우에 싸우다가 사람을 죽인 죄로 처벌하여 교형에 처하도록 한 법률 조문'에 따르되, 거기에서 1등급을 낮추어 100대의 형장을 치고 3000리의 유형에 처해야 합니다."

37. 간음 때문에 사람을 죽이다

【간통한 여자가 후미진 곳에서 남자와 사적으로 만나 은밀히 대화하고 있었는데, 남편이 가서 남자를 붙잡아 칼로 찔러 죽게 하였다. ○ 건륭 연간의 일이다.】

광동성의 백성 웅남우熊藍佑가 사건이 발생하기에 앞서 등씨鄧氏와 간통한 일이 있었다. 등씨의 남편 정삼구鄭三苟가 이를 알고 등씨를 꾸짖고 욕하였다. 그 뒤에 웅남우가 다시 등씨의 집에 가서 옛날처럼 계속 간통하려고 꾀하자, 등씨가 이웃 사람들에게 발각될까 두려워서 웅남우와 같이 마을 밖 산기슭으로 가서 땅바닥에 앉아 은밀히 이야기를 나누고 있었다. 이때 정삼구가 찾아내어 붙잡아 웅남우를 묶어 놓고 칼로 찔러 죽였다.

형부가 의논한 결과를 다음과 같이 아뢰었다.

"웅남우와 등씨가 후미진 곳에서 사적으로 만난 것은 원래 상의하여 간통하려는 목적이었으니, 그들이 만난 산기슭은 간통 현장에 해당합니다. 따라서 정삼구에 대해서는 '죄인을 제멋대로 죽인 경우에 적용하는 법률 조문'에 따라 교형에 처하도록 정해서는 안 되니, '간통 현장에서 간통한 사내를 붙잡아 구속해 두었는데도 신고하지 않고 제멋대로 죽인 경우에 적용하는 조례'에 따라 100대의 형장을 치고 3년의 도형에 처해야 합니다. 등씨에 대해서는 간통한 죄로만 처벌해야 합니다."

38. 간음 때문에 사람을 죽이다

【간통한 여자가 허물을 뉘우쳐, 간통하려는 사내를 거절하고 남동생을 시켜 구타하여 상처를 입혀 죽게 하였다. ○ 건륭 연간의 일이다.】

직례성 통주通州의 백성 배씨裴氏의 아내 구씨瞿氏가 장롱張隴과 간통하였으나, 뒤에 잘못을 뉘우치고 거절하였다. 그러나 장롱이 구씨를 끊임없이 성가시게 하고 길거리에서 간통한 사실을 떠들기까지 하였다. 구씨가 창피하여 우물에 몸을 던졌으나, 이웃 사람이 건져 내어 죽지는 않았다.

그 뒤에 장롱이 다시 구씨를 찾아가서 간통할 것을 요구하였으나, 구씨가 따르지 않자 널어놓은 베를 마구 찢었다. 구씨가 견딜 수 없이 화가 나서 자기 남동생 등을 시켜서 장롱을 구타하여 상처를 입혀 죽게 하였다. 구씨에 대해서는 '죄인이 체포를 거부하지도 않았는데 신고하지 않고 제멋대로 죽인 경우에 적용하는 법률 조문'에 따라 교형에 처하도록 정하였다.

형부가 다음과 같이 논박하였다.

"'남녀가 합의하여 간통한 뒤에 여자가 잘못을 뉘우치고 남자를 거절한 증거가 확실한데, 나중에 남자로부터 간통할 것을 협박당하자 간통했던 사내를 구타하여 죽인 경우에는 「죄인을 신고하지 않고 제멋대로 죽인 경우에 적용하는 법률 조문」에 따르도록 한 법률 조문'으로 바꾸어 적용하되, 1등급을 낮추어 100대의 형장을 치고 3000리의 유형에 처하도록 정해야 합니다."

39. 간음 때문에 사람을 죽이다

【남자가 간통하려는 생각을 오랫동안 품고 있다가 먼저 본남편을 죽이자, 죽은 사람의 아내가 부끄러움을 참고 원수를 고소하였다. ○ 건륭 연간의 일이다.】

운남성雲南省의 백성 장련蔣連이 주씨周氏와 간통하려는 생각을 오랫동안 품고 있다가, 주씨의 본남편을 계획적으로 죽이고 주씨를 협박하여 간통한 뒤 셋방을 얻어 살게 되자, 부부가 되었다고 생각하였다. 이는 장련이 범행을 저지르기 전에는 주씨와 간통하지 않았다고 하더라도 본남편을 죽이고 난 뒤에는 이미 간통한 것이니, '본남편을 계획적으로 죽인 뒤에 다시 간통한 여자를 속임수로 빼돌려 아내로 삼은 경우에 즉시 참형에 처하도록 한 조례'와도 정확히 일치한다.

주씨는 본남편이 살해된 뒤에 장련과 간통하기는 하였으나, 명백히 모욕을 참고 원수를 갚은 것이고 곧바로 틈을 타서 자수한 것이다. 남편이 죽기 전에 간통한 사실은 결코 없었으니, 죄를 면해 주어야 한다.

○ 《전찬全纂》에 다음과 같이 말하였다.

"앞서는 계획적인 살인을 하고 나중에는 간통을 행한 이와 같은 사건은, 만약 장련이 결코 주씨를 유인하여 함께 살지 않았더라면, '속여서 빼돌려 아내를 삼은 경우에 적용하는 조례'에 따라 즉시 참형에 처하도록 정하는 것은 온당하지 않고, '간통한 사내가 본남편을 살해한 경우에 적용하는 조례'에 따라 즉시 참형에 처하도록 정해야 한다. 정황을 알고 자수한 자는 즉시 장련의 사건에 따라 죄를 면해 주어야 한다. 만약 끝내 정황을 알면서도 자수하지 않고 기꺼운 마음으로 원수를 섬기고 살았다면, '간통한 사내가 스스로 남편을 살해하였을 경우에는 간통한 여자가 정황을 몰랐다고 하더라도 가을까지 기다렸다가 교형에 처하도록 한 조례'에 따라 정해야 한다."

40. 간음 때문에 사람을 죽이다

【남자가 먼저 합의하여 간통한 뒤에 본남편을 죽이자, 간통했던 부인이 도리를 명분으로 간통한 사내를 고소하였다. ○ 건륭 연간의 일이다.】

호북성의 백성 유원운劉元雲이 유행정柳行正의 아내 오씨伍氏와 간통하고 유인하여 달아나려고 하였으나 따르지 않자, 마음을 먹고 유행정을 계획적으로 죽인 사건이다. 오씨에 대해서는 조례에 따라 교형에 처하도록 정하고, 오씨가 그래도 차마 자기 남편을 죽게 하려는 마음은 없었다는 것까지 아울러 밝혔다.

3월에 받은 황제의 유지는 다음과 같다. "유원운은 즉시 참형을 집행하라. 오씨는 사건이 일어나기 전에는 유원운과 간통하였으나, 그 뒤에는 유원운의 유혹을 받고도 따르지 않았다. 유원운이 마음을 먹고 오씨의 남편을 계획적으로 살해하자, 오씨가 분명히 유원운이 죽인 것이라는 것을 알고서는 즉시 간통한 사실을 그의 시아버지에게 사실대로 말하고 죄인을 지목하여 관아에 잡아 오게 하였으니, 그래도 차마 자기 남편을 죽이려는 마음은 없었던 것이다. 관대한 쪽으로 판결하여 사형을 면해주되, 조례에 따라 처벌 등급을 낮추어 주어 사건을 종결하라." 위와 같은 유지를 받았다.

41. 간음 때문에 사람을 죽이다

【본남편이 간통 현장에서 즉시 간통한 상황을 포착하였으나 간통한 사내가 벗어나서 달아나자, 간음한 아내는 우물에 몸을 던져 죽고 본남편은 스스로 목을 매어 죽었다. ○ 가경 연간의 일이다.】

산동성山東省 난산현蘭山縣의 백성 장성張成이 이씨李氏의 아내 조씨趙氏와 간통하다가 본남편 이명李明에게 발각되었다. 장성이 달아나자, 이명이 뒤쫓았으나 붙잡지 못하고 돌아와서 조씨를 찾아 추궁하려고 하였으나, 조씨가 그에 앞서 스스로 우물에 몸을 던져 죽었다. 그러자 이명도 수치와 분노를 풀 길이 없어 덩달아 목을 매어 목숨을 끊었다.

조사해 보니 이러하였다. 남녀가 합의하여 간통하였다가 들통나자 간통한 아내가 부끄럽고 두려워서 자살한 경우와 본남편이 부끄럽고 분하여 자살한 경우는 간통한 사내에 대해 조례를 똑같이 적용하여 도형에 처하도록 정해야 하니, 죄명이 서로 대등하기 때문이다. 다만 간통한 일로 한집안의 두 사람을 사망하게 한 사건인데 한 사람의 사망 사건으로 처벌하는 것은 온당하지 않다. 장성에 대해서는 참작해서 도형보다 1등급을 올려서 100대의 형장을 치고 3000리의 유형에 처하도록 정하였다.

○ 또 배지강裴志剛이 배지례裴志禮의 아내 송씨宋氏와 간통하였다가 들통나자, 송씨와 배지례가 앞서거니 뒤서거니 차례로 자살하였다. 배지강에 대해 '어떤 일 때문에 위협하여 한집안의 두 사람을 죽게 한 경우에 적용하는 조례'에 따라 군병軍兵으로 충원하도록 정하였다.【건륭乾隆(1736~1795) 연간의 일이다.】

42. 간음 때문에 사람을 죽이다

【자매와 어머니가 같이 길을 가다가 언니가 갑자기 납치되어 강간을 당하자, 어머니와 동생은 목을 매어 죽고 언니도 뒤따라서 목을 매어 죽었다. ○ 가경 연간의 일이다.】

산서성山西省 장치현長治縣의 백성 양사괴楊士魁에 대해 가을까지 기다렸다가 교형에 처하도록 정한 사건이다. 조사해 보니 이러하였다. 진씨秦氏의 아내 왕씨王氏가 전에 양사괴와 간통하였다. 이는 그녀의 어머니 이씨李氏가 부추겼기 때문이기는 하였으나, 해당 범인이 처음 협박하여 강간하였을 때에도 진씨의 아내 왕씨가 속임을 당하였으므로 달가워하지 않았다.

그 뒤에 그녀의 어머니가 진씨의 아내 왕씨를 자기 집으로 돌려보냈는데, 해당 범인이 또 중도에서 왕씨를 강제로 납치하여 강간하였다. 더욱이 14세의 왕삼녀王三女는 아무런 죄도 없는 사람으로서, 납치하여 강간하는 정황을 모두 목격하고서는 궁색하고 모욕스러움을 견디지 못하고 어머니와 같이 자살하였다. 나중에 강간이 끝나고 나자 진씨의 아내 왕씨도 어머니와 동생이 스스로 목을 매어 죽은 사실을 알고서는 즉시 목을 매어 죽었다.

양사괴에 대해서는 당연히 '간통한 일로 협박하고 모욕하여 간통한 여자의 친족을 죽게 한 경우에 적용하는 법률 조문'에 따라 참형에 처하도록 정하였다.

43. 간음 때문에 사람을 죽이다

【이웃 형제가 아내와 이야기를 나누고 있자, 어두운 밤을 틈타 죄도 없는 그들 형제를 죽였다. ○ 건륭 연간의 일이다.】

황제의 유지는 다음과 같다.

"하남성河南省 봉구현封邱縣의 백성 번극경樊克敬이 자기 아내와 간통한 사내 곽관郭倌과 곽행郭行을 칼로 베어 죽였다. 이에 대해 형부가 '번극경에 대해서는 「본남편이 간통 현장에서 간통한 사내를 붙잡았으나 즉시가 아닌 다른 때 죽인 경우에 적용하는 조례」로 바꾸어 적용하여 100대의 형장을 치고 3년의 도형에 처하는 것으로 정하고, 조례까지도 아울러 참작하여 고치소서.'라고 주접奏摺을 올렸다.

형부가 이 사건을 조사하여 적용할 법률 조문을 정한 것은 정황을 대단히 잘못 살핀 것이다. 형부가 보고한 바에 의하면 이러하였다. '번극경이 이웃집에서 집으로 돌아왔다가 곽관과 곽행이 같이 그의 집 안에서 그의 아내 두씨杜氏와 이야기를 나누고 있는 것을 보았는데, 그들이 번극경을 보고서는 달아나 피하였습니다. 번극경이 간통한 정황을 밝혀내려고 두씨를 구타하고 꾸짖자, 번량樊良 등이 뜯어말렸습니다. 번극경이 잠을 자다가 밤 12시경이 되자 다시 칼을 가지고 곽관과 곽행이 잠자고 있던 문간방으로 찾아가서 곽관과 곽행을 앞서거니 뒤서거니 차례로 찔러 죽였습니다.'

이 사건의 내막은 이러하였다. 곽관과 곽행이 두씨와 함께 그녀의 집에서 이야기를 나누고 있었던 모습은 참으로 의심할 만한 일이다. 그러나 시골의 작은 마을에서 남녀가 모여 이야기를 나누는 이러한 일들은 때때로 있는 일이기도 하다. 게다가 곽관과 곽행 형제 두 사람이 같은 시간에 그의 집에서 이야기를 나누고 있었으니, 간통한 실제 행적은 결코 없었다. 곽행 등이 문간방에서 잠을 잔다는 사실을 번극경이 평소부터 알고 있었으므로, 자기 아내를 구타하며 꾸짖다가 만류를 당한 뒤에 밤 12시경이 되기를 기다렸다가 칼을 가지고 가서 곽관 등을 죽였으니, 별다른 내막이 있는 것인지는 알 수가 없다.

이제 해당 독무가 신문하여 밝힌 것에 의거하여 모두 사건을 종결하여 보고하였으니, 이 문제에 대해 정황을 추측하여 다시 깊이 조사할 필요도 없다. 게다가 이러한 범인에 대해서는 가을까지 기다렸다가 교형에 처하도록 정하였더라도, 앞으로 처리하여 가을에 심리할 때에도 처형 시기를 늦추어 주는 대상에 포함시켜야 하는 경우이다. 설사 범죄 사실을 인정하여 사형에 처할 부류에 포함시킨다고 하더라도, 반드시 사형에 처하도록 판결하지는 않을 것이다. 그렇다고 만약 끝내 해당 범인을 가볍게 처벌하고 만다면, 간통 현장에서 간통하는 것을 목격하였으나 즉시가 아닌 다른 때에 죽인 경우의 처벌과 구별이 없어지게 된다.

번극경에 대해서는 해당 독무가 원래 정했던 그대로 처리하라. 그리고 간통 현장에서 간통한 사람을 붙잡아서 즉시 죽인 것이 결코 아니라 추후에 간통한 사람을 붙잡아서 죽인 사건도 정해진 조례를 그대로 적용하여 처리하고, 의논하여 고칠 필요는 없다." 위와 같은 유지를 받았다.

44. 간음 때문에 사람을 죽이다

【남녀가 합의하여 간통하다가 남에게 발각되자 갑작스럽게 달아나다가 간통하던 여자와 잘못 부딪쳐서 죽게 하였다. ○ 건륭 연간의 일이다.】

강서성江西省의 백성 정복리丁福俚가 화세모花細姅와 나뭇광에서 간통하고 있었는데, 마침 정봉선丁鳳先이 달려왔다. 정복리가 당황하여 일어나다가 마침 그 상황에서 오른손으로 화세모의 가슴을 짚으면서 가운뎃손가락이 그녀의 명치를 눌러 상처를 입히고 즉시 달아났다. 화세모가 명치에 상처를 입고 통증으로 시달리다가 다음 날 목숨을 잃었다. 정복리에 대해서는 '과실로 사람을 죽인 경우에 적용하는 법률 조문'에 따라 형률을 정하였다.

그에 대해 형부가 논박하여 '장난치다가 사람을 죽인 경우에 적용하는 법률 조문'에 따라 가을까지 기다렸다가 교형에 처하도록 바꾸었다. 또 형부가 다음과 같이 논박하였다.

"정복리로서는 화세모가 간통을 거부하여 그녀와 싸웠던 정황과 죄는 없으나, 화세모의 명치를 눌러 상처를 입혔습니다. 화세모가 죽게 된 실마리는 원래 장난 때문이 아니었고, 화세모의 상처는 실제로 구타당한 것과 마찬가지였습니다. 따라서 '싸우다가 사람을 죽인 경우에 적용하는 법률 조문'으로 바꾸어 적용하여 가을까지 기다렸다가 교형에 처하도록 정해야 합니다."

○ 다산의 견해: 남녀가 합의하여 간통한 경우에는 사형에 처하는 법이 없다. 정복리가 화세모의 가슴을 눌러 상처를 입힌 것은 과실이니, 형부의 논박은 잘못인 듯하다.

45. 간음 때문에 사람을 죽이다

【아직 시집을 가지 않은 여종이 집주인의 친족과 합의하여 간통하였다가 들통나자, 부끄러워서 자살하였다. ○ 건륭 연간의 일이다.】

광서성廣西省 등현藤縣의 백성 주정전周廷全이 5개월 상복을 입는 친족의 여종인 여씨黎氏와 간통하다가 들통나자, 여씨가 부끄러워서 자살한 사건이다. 법률 조문을 조사해 보니 '상복을 입는 관계인 집주인의 친족이 종이나 품팔이꾼의 아내·딸을 강간하려다가 실패하여 상대가 부끄러워서 자살하게 한 경우에는 100대의 형장을 치고 가까운 변경 지역으로 보내 군병軍兵으로 충원한다.'라고 하였다. 이 사건은 양인과 천인이 서로 간통한 경우로, 강간하려다가 실패하여 상대를 죽게 한 경우에는 조례에 군병으로 충원하는 정도로만 처벌하도록 하였고, 일반적인 강간죄로 논하여 교형에 처하도록 정하는 것은 적용하지 않았다.

이제 주정전이 5개월 상복을 입는 친족의 여종과 합의하여 간통하였다가 들통나자, 여종이 부끄러워서 자살하였으니, '양인과 천인이 간통한 경우에는 처벌 등급을 낮추어 주는 조례'에 따라 형률을 정해야 한다. 주정전에 대해서는 '간통한 여자가 부끄러워서 자살한 경우에 100대의 형장을 치고 3년의 도형에 처하도록 한 조례'에 따르되, 1등급을 낮추어 90대의 형장을 치고 2년 반의 도형에 처해야 한다.

46. 간음 때문에 사람을 죽이다

【음탕한 여승이 마음껏 간통하다가 다른 사람이 간통하려고 하자 밤중에 고함을 질러 붙잡아서 구타하여 죽였다. ○ 건륭 연간의 일이다.】

산동성山東省 하택현荷澤縣의 여승女僧 혜원慧元이 본래 조구성趙九成의 동창생인 왕서王書와 간통하며 좋게 지냈다. 조구성이 이를 부러워하여 그 여승과 간통할 것을 꾀하였고, 그 뒤에 틈을 타서 밤중에 혜원의 침실로 몰래 들어갔다. 혜원이 고함을 지르며 묻자, 조구성이 성명을 밝히고 찾아온 뜻까지 자세히 말한 뒤 앞으로 다가가서 간통하기를 요구하였다. 그러나 혜원이 허락하지 않고 '도둑이야!'라고 고함을 질렀다. 그러자 조구성이 담장 안쪽으로 달아나다가 품팔이꾼인 이이李二에게 몽둥이를 맞고 고꾸라졌다. 혜원이 쫓아와서 몽둥이로 조구성의 등짝과 허리 등을 연이어 구타하여 곧바로 사망하게 하였다. 이상과 같은 사건이다.

혜원에 대해서는 '밤중에 아무런 이유 없이 남의 집에 들어갔다가 붙잡혔는데, 신고하지 않고 제멋대로 죽인 경우에 적용하는 법률 조문'에 따라 도형에 처하도록 정하였다.

형부가 다음과 같이 논박하였다.

"이 법률 조문은 죄 없는 사람이 죽인 경우를 가리켜서 말한 것입니다. 이 사건에서는 혜원이 본래 왕서와 간통하여 조구성이 이를 부러워하여 간통하려고 꾀하였다가 구타를 당하여 죽게 되었습니다. 이는 간통죄를 저지른 음탕한 여승이 간통하려고 꾀한 사람을 죽게 한 것이니, 일반 사람이 싸우다가 사람을 죽인 죄로 처벌해서는 안 됩니다."

형부의 논박에 따라 '싸우다가 사람을 죽인 경우에 적용하는 법률 조문'으로 바꾸어 적용하여 교형에 처하도록 정하였다.

의율차례 4

1. 간음 때문에 재앙이 일어나다

【자식을 둔 과부와 간통하자, 과부의 아들이 부끄럽고 화가 나서 우물에 몸을 던져 죽었다. ○ 건륭乾隆(1736~1795) 연간의 일이다.】

하남성河南省 후무현厚武縣의 백성 임씨林氏의 아내 양씨楊氏가 임계林桂와 간통하다가 들통나자, 양씨의 아들 임상林詳이 화가 치솟아 우물에 몸을 던져 죽은 사건이다. 임계에 대해서는 '부녀자가 다른 사람과 간통하자, 본남편이나 부모가 그러한 사실을 알고서는 부끄럽고 화가 나서 자살한 경우에 적용하는 조례'에 따라 100대의 형장을 치고 3년의 도형徒刑에 처하도록 정하였다. 양씨에 대해서는 간통한 죄로 처벌하도록 하였다.

형부刑部가 다음과 같이 논박하였다.

"조사해 보니 이러하였습니다. 부모나 본남편이 자살한 사건은 그 자살 원인이 간통한 아내 때문이라서 간통한 아내에 대해 교수형에 처하도록 정합니다. 그러므로 간통한 사내에 대해서는 장형杖刑과 도형으로만 처벌하도록 정하는 것입니다. 그러나 이 사건은 다릅니다. 임상이 화가 치솟아 자살하였으나, 임상은 양씨의 친아들이기 때문에 법률로 볼 때 그의 어머니에게 죄를 더 묻기가 어렵습니다. 이 사건은 임계가 임상의 어머니와 간통하고 다시 그녀의 아들을 죽게 한 것이니, 참으로 음탕하고 악랄한 죄입니다. 조례를 인용하여 100대의 형장을 치고 3년의 도형에 처하도록 정한다면, 관대하게 풀어 주는 결과가 되고 맙니다. 임계에 대해서는 '흉악한 죄인에 대해서는 곤장을 치고 도형에 처하도록 한 조례'로 바꾸어 적용하여 군병軍兵으로 충원하도록 정해야 합니다."

2. 간음 때문에 재앙이 일어나다

【어머니 및 딸과 간통하여 어머니와 딸 세 사람이 강물에 몸을 던져 죽게 하였다. ○ 가경嘉慶(1796~1820) 연간의 일이다.】

직례성直隸省의 백성 양지창楊志昌이 학씨郝氏 및 학씨의 딸 이기二奇와 간통하였다. 이기가 임신하자, 학씨가 추악한 소문이 퍼질 것을 두려워하여 이기를 물에 빠뜨려 죽이고, 자신은 다시 집에 있던 어린 딸 삼기三奇를 데리고 가서 강물에 몸을 던져 죽었다.

양지창으로서는 그러한 정황도 몰랐고 함께 모의한 사실도 없었으나, 세 사람이 끔찍하게 죽게 된 원인은 따지고 보면 그가 간통한 것이 실마리가 되었다. 따라서 양지창에 대해 '어떤 일로 위협하여 한집안의 세 사람 이상을 죽게 하였을 경우에 적용하는 조례'에 따라 먼 변경 지역으로 보내 군병으로 충원하도록 정하였다.

○ 다산의 견해: 이렇게까지 음란한 짓을 행하여 세 사람을 죽게 하였는데, 어떻게 군병으로 충원하는 정도로만 처벌하고 말 수 있단 말인가! 이 사건에 대한 판결은 잘못인 듯하다.

3. 간음 때문에 재앙이 일어나다

【한 사내는 간통을 중매하고 한 사내는 간통을 꾀하다가 그 여자의 집 시어머니와 며느리 두 사람을 죽이거나 상처를 입혔다. ○ 건륭 연간의 일이다.】

하남성의 백성 모십毛十이 재물을 얻으려는 욕심에서 장사張四를 대신하여 이씨李氏에게 간통할 것을 주선하였다가 이씨의 시어머니 하씨夏氏에게 구타를 당하였다. 그러자 해당 범인이 대번에 벽돌을 주워 항거하면서 구타하여 하씨에게 상처를 입혔는데, 하씨가 56일이 지나서 사망하였다. 이것은 명확히 '체포를 거부하면서 체포하려는 사람을 구타하여 사망하게 한 경우에 적용하는 법률 조문'에 해당하는 죄이니, 가을까지 기다렸다가 참형斬刑에 처해야 한다.

장사가 간통하려는 생각을 오랫동안 품고 있다가 먼저 모십을 시켜 이씨의 방에 나아가서 주선하게 하였으니, 모십이 하씨에게 항거하면서 구타할 때에는 장사가 아직 이씨의 방에 들어가지 않았다. 그러다가 이씨가 문을 나와서 끌어당기자 즉시 벽돌을 주워서 이씨를 흉악하게 구타하여 많은 상처를 입혔다. 그 정황은 참으로 '강간이 실패하자 흉기를 가지고서 본부인에게 상처를 입힌 경우'와 다름이 없으니, 조례에 따라 가을까지 기다렸다가 교형에 처해야 한다.

범죄에 대해서는 각각 적용할 법률 조문이 있으므로 별도의 조례를 인용할 필요가 없다. 그런데 이제 해당 독무督撫가 하씨를 구타하여 상처를 입힌 모십에 대해 '강간하려다가 사람을 살해한 경우에 적용하는 조례'에 따라 형률을 정하였는데, 하씨에게 결코 항거하여 구타하지도 않은 장사에 대해서도 다시 '간통하는 일로 협박한 경우에 적용하는 법률 조문'을 적용하였다. 이것은 하씨 한 사람의 목숨에 대해 두 사람의 목숨으로 갚도록 정한 것이며, 간통하는 일로 이씨를 구타하여 상처를 입혀 교형에 처해야 할 장사의 죄를 끝내 묻지 않는 결과가 되는 것이니, 정황과 죄상으로 볼 때 몹시 타당하지 않다.

이어서 해당 독무가 형부의 논박에 따라 적용할 법률 조문을 바꾸어 정한 것에 의거하여, 뼈를 으스러뜨리는 상처를 입혀 보고기한保辜期限[26]

---

26 보고기한保辜期限: 남을 구타하여 상처를 입힌 사람에게 의무적으로 피해자의 상처를 치

이 끝난 뒤에 죽게 한 것에 대해서는 죄인이 체포를 거부하다가 상처를 입힌 것이므로 죄상을 밝혀 처벌할 필요가 없다고 하였다.

4. 간음 때문에 재앙이 일어나다

【간통한 여자가 재혼한 뒤 간통한 사내가 간통을 거절당하자, 마침내 새 남편 집안의 죄도 없는 세 사람을 죽였다. ○ 가경 연간의 일이다.】

강서성江西省 의춘현宜春縣의 백성 주양팔周良八이 이미 죽은 5개월 상복을 입는 친족 형의 아내 증씨曾氏와 간통하였다. 그 뒤에 증씨가 간통한 사실이 들통나자 잘못을 뉘우치고 주양팔을 거절하였으며, 곧바로 재혼하여 하현사何顯四의 아내가 되었다. 그런데도 주양팔이 때때로 하현사의 집으로 찾아가서 터무니없는 말을 하면서 증씨에게 돈을 요구하고 계속 간통하기를 희망하였다. 그러나 증씨가 거절하고 만나지 않았다. 그 뒤에 주양팔이 소란을 피우자, 증씨가 욕을 퍼부었다. 주양팔이 분하고 억울해서 하현사의 아버지·작은아버지·아우 등 한집안의 세 사람을 죽였다. 이상과 같은 사건이다.

주양팔에 대해서는 법률 조문에 따라 능지처사凌遲處死하도록 정하였다. 증씨가 전남편의 집에 있을 때 주양팔과 간통하였으나 이미 잘못을 뉘우치고 주양팔을 거절하였으며, 재혼한 뒤에는 확실히 계속 간통한 사실이 없었다. 게다가 주양팔이 여러 차례 집으로 찾아왔으나 증씨가 모두 만나 보려고 하지 않았다. 따라서 이는 '간통한 것 때문에 남편의 부

료해 주도록 정한 기간을 가리킨다. 만약 이 기간 안에 피해자가 사망하면 살인 혐의를 적용하였으나, 그 기간이 지난 다음에 사망하면 살인 혐의를 적용하지 않았다. 따라서 보고기한은 가해자에게 살인죄를 적용할지를 정하는 기준이 되기도 하였다.

모를 죽게 한 경우'와는 다르므로, 조례에 따라 간통한 죄로만 처벌하고 말았다.

5. 간음 때문에 재앙이 일어나다

【본남편의 친족이 간통한 사내를 잡으러 왔다가 간통한 사내에게 찔려 죽었다. ○ 건륭 연간의 일이다.】

직례성의 백성 왕호산王虎山이 아내 방씨龐氏의 전남편 아들 왕사王四를 거두어 의붓아들을 삼고, 소씨蘇氏를 그의 아내로 삼아 주었다. 그 뒤에 왕사를 내보내 따로 살게 하였는데, 소씨가 채사蔡四와 간통하였다. 왕사가 부추기자 왕호산이 간통한 사실을 알아채고 채사를 붙잡으려고 하였는데, 채사가 왕호산을 막다가 찔러 죽게 하였다.

채사에 대해서는 참형에 처하도록 정하였다. 소씨에게 왕호산은 남편의 친아버지와는 다르므로 '간통한 여자가 정황을 모른 경우에도 교형에 처하도록 한 법률 조문'에 따르되, 유형으로 낮추어 속전贖錢을 거두도록 하였다.

○ 간통한 사람을 붙잡다가 발생한 살인 사건에 대한 조례에 다음과 같이 말하였다.【본 사안에 대해서는 위편의 '주범인지 종범인지를 구분하다' 두 번째 조항에 나온다.】

"'먼 친척이나 간통 사건과 관계가 없는 사람이 간통한 사람을 붙잡다가 살인을 저지르거나 상처를 입힌 경우에 대해서는 조례에 명확한 조문이 없으니, 조항을 별도로 만들어 주소서.' 하였다.

조사해 보니 이러하였다. 간통한 사람을 붙잡을 권리가 없는 사람이 함께 도와서 간통한 사람을 붙잡다가 간통한 사내를 죽이거나 상처를 입힌 경우에 '죄인을 신고하지 않고 제멋대로 죽인 경우에 적용하는 법률 조문'에 따라 형률을 정하는 사건은 모두 '상복을 입는 관계인 친족이 사람들을 모아서 간 경우'로 판결하였다. 그렇게 정한 이유로 말하면, 친족이 사람들을 모아서 간 것은 간통 사건이 친족 중에서 발생하였고 살인 사건이 정의로운 분노에서 나온 것이기 때문이다. 그러므로 정해진 조례에서 원한을 빙자하거나 간통을 질투하여 범행을 저지른 별다른 정황이 없는 사건을 심리할 경우에는 설사 현장에서 범행을 거들었다고 하더라도 '나머지 가담한 사람에게 적용하는 법률 조문'에 따라 장형杖刑에 처하도록 정하였으니, 음란하고 흉악한 자를 징계하고 정의의 분노 때문에 범행을 저지른 사람의 심정을 풀어 주기 위한 목적이었다.

조사해 보니 이러하였다. 간통한 사람을 붙잡을 권리가 없는 사람이 본남편이나 상복을 입는 관계인 친족의 말을 듣고 간통한 사내를 계획적으로 죽인 경우는 참으로 '정의의 분노에 자극을 받아서 범행을 저지른 경우에 적용하는 조례'에 해당하니, '죄인을 신고하지 않고 제멋대로 죽인 사건에서 나머지 가담한 사람에게 적용하는 법률 조문'에 따라 형률을 정해야 한다."

6. 간음 때문에 재앙이 일어나다

【남자가 동성애를 거부하다가 음탕한 남자를 찔러 상처를 입혀 죽게 하였다. ○ 가경 연간의 일이다.】

형부의 논박은 다음과 같다.

"감숙성甘肅省의 백성 마현룡馬見龍이 동성애를 거부하다가 상정의尙正

義를 찔러 상처를 입혀 죽게 한 사건입니다. 조례를 조사해 보니 '남자가 동성애를 거부하다가 사람을 죽인 경우에는 죽은 사람이 범인보다 10살 이상 연장자이고 또 현장에서 목격한 사람의 증언이 확실하거나 죽은 사람이 살아 있을 때의 진술이 있어서 근거할 만하면, 조례에 따라 유형에 처하도록 정한다.' 하였습니다.

저희 형부가 조사해 보니 이러하였습니다. 상정의는 마현룡보다 12살 연장자이고, 마현룡이 상정의를 찔러 상처를 입힐 때에 상점 주인인 소여영蘇如英 등이 소리를 듣고 달려와 보고서는 사유를 물어보아 다 알았으니, 시간상으로는 즉시에 해당하고 공간상으로는 현장에 해당하며 목격자의 증언도 확실한 사건입니다. 따라서 당연히 유형에 처하도록 정해야 합니다. 그래서 저희 형부가 논박하여 해당 독무에게 형률을 다시 정하게 하였습니다.

이제 해당 독무 등이 '유형에 처하는 것으로 정하도록 한 조례는 반드시 현장에서 목격한 사람의 증언과 죽은 사람이 살아 있을 때에 한 진술이 함께 갖추어졌을 때라야 인용하여 유형에 처하도록 정할 수 있습니다. 따라서 형부의 논박은 조례의 의미를 잘못 이해한 것입니다.' 하였고, 심지어 '소여영 등이 소리를 듣고 달려가서 보았을 때는 상정의가 말을 할 수 없게 된 뒤이므로 현장에서 목격한 사람의 증언이라고 지정할 수가 없습니다. 이러한 점으로 보면, 더욱 형부의 착오입니다.' 하였습니다.

간음한 사실이 있는지는 애매모호한 법이니, 항상 남들이 알게 될 것을 우려하여 단연코 사람들의 눈길이 닿는 곳에서는 간음하지 않기 때문입니다. 이러한 사건에서 말하는 '목격한 증인'이란 대부분 소리를 듣고 달려가서 본 사람을 가리킵니다. 만약 간음을 꾀하자 거부하다가 살인한 것을 반드시 목격해야 '현장에서 목격한 사람의 확실한 증언'이라고 한다면, 인정과 도리에 몹시 맞지 않는 것입니다. 마현룡에 대해서는

100대의 형장을 치고 3000리의 유형에 처하는 것으로 바꾸어 정해야 합니다. 이제 다시 사건의 내막을 파악하였으니, '범죄를 저지른 사람에 대해 여러 차례 처벌 등급을 낮추어 주도록 한 조례'에 따라 재차 낮추어 100대의 형장을 치는 것으로 조절하여 종결해야 합니다."

7. 간음 때문에 재앙이 일어나다

【남자가 동성애를 거부하다가 음탕한 남자를 찔러 상처를 입혀 죽게 하였다. ○ 가경 연간의 일이다.】

호리파연대영護理巴燕岱營 도사都司 장천옥張天玉이 다음과 같이 아뢰었다.

"영병營兵 풍육륭馮育瀧이 동성애를 거부하다가 혁병革兵 마반운馬扳雲을 찔러 상처를 입혀 죽게 하고 자수한 사건입니다. 조사해 보니 이러하였습니다. 가경 3년(1798)에 형부가 조사하여 의논한 뒤 제본題本을 갖추어 아뢴 사안 중 '감숙성의 백성 마현룡이 동성애를 거부하다가 백성 상정의尙正義를 찔러 죽게 한 사건에 대해 목격자의 증언이 확실하다는 이유로 조례에 따라 유형으로 낮추어 준 사안'이 있었습니다.

이 사건도 범인 풍육륭은 21살이고 죽은 마반운은 살아 있을 때 35살이었으니, 범인보다 14살이나 연장자입니다. 마반운의 친형 마반륭馬扳隆이 진술하여 밝힌 것에 따르면, 예전에 그가 직접 친동생 마반운에게 간음한 사실이 있는지를 물어보아 알았다고 하였습니다. 이것은 동성애에 대해 친형인 마반운의 신뢰할 만한 증언인 셈입니다.

마반운이 왕인王寅의 주점에서 진현영陳顯榮과 술을 마시고 있을 때, 마반운이 풍육륭을 끌어당겨 주점으로 데리고 들어갔습니다. 이것은 이미 여러 사람에게 간음을 인정한 것이니, 마반운이 살아 있을 때 간음을 시인한 진술과 다름이 없습니다. 풍육륭이 간음을 당한 뒤에 곧바로 거부한 정황에 대해서도 마반운이 많은 사람에게 말을 하였고, 진현영 등이 함께 듣고서 만류하였으니, 현장에서 간음을 거부하였다는 확실한 증거로 삼을 수가 있습니다.

마반운이 주점에서 소란을 일으킨 시점은 해가 저물어 갈 무렵의 일입니다. 초저녁에 마반운이 풍육륭을 모욕하고 아울러 계속 간음하려고 하자, 풍육륭이 마반운을 찔러 죽이고 즉시 자수하였습니다. 해가 저물어 갈 무렵과 초저녁은 그사이의 시간적인 차이가 매우 적으므로, 풍육륭이 간음을 거부하다가 마반운을 찔러 죽였다는 사실은 참으로 의심할 것이 없습니다.

풍육륭에 대해서는 '남자가 동성애를 거부하다가 사람을 죽인 경우에는 「싸우다가 사람을 죽인 경우에 적용하는 법률 조문」에 따르도록 한 법률 조문'에 따르되, 1등급을 낮추어 100대의 형장을 치고 3000리의 유형에 처해야 합니다. 폐하께서 결정해 주시기를 요청합니다."【가경 16년(1811) 9월 7일의 조보朝報에서 간추렸다.】

8. 우악스럽고 사납게 학대하다

【강간하려다가 실패하자, 본남편이 강간하려던 사람을 구타하여 죽였다. ○ 가경 연간의 일이다.】

황제의 유지는 다음과 같다.

"직례성의 백성 사팔史八이 사흑史黑을 구타하여 상처를 입혀 죽게 한 사건이다. 이 사건의 내막을 자세히 조사해 보니 이러하였다. 사흑이 사팔의 아내를 강간하려다가 실패하자, 사팔이 사흑을 죽이려고 찾아갔으나 만나지 못하였다. 그 뒤에 사흑이 창을 가지고 사팔의 집 대문 앞으로 나아가 욕을 퍼붓자, 사팔이 몽둥이로 창을 쳐서 떨어뜨리고 사흑을 거듭 구타하여 목숨을 잃게 하였다.

해당 독무가 사팔에 대해서는 정상을 참작하여 처벌 등급을 낮추어 유형에 처하도록 정하였으나 조례와 부합하지 않았다. 형부의 신하가 '사흑이 가지고 갔던 창은 범인이 몽둥이로 쳐서 떨어뜨렸고, 더욱이 사팔에게 구타를 당하여 고꾸라지고 나서는 사박史博이 소리를 듣고 달려와 옆에서 함께 구타하였습니다. 따라서 사팔 등이 사흑을 붙잡기는 그다지 어렵지 않았는데도 대번에 구타하여 죽게 하였으니, 실제로는 죄인을 신고하지 않고 제멋대로 죽인 죄에 해당합니다. 사팔에 대해서는 조례에 따라 가을까지 기다렸다가 교형에 처하도록 정해야 합니다.' 하였다.

형부의 논박이 참으로 타당하기는 하지만, 죽은 사람이 처음에는 사팔의 아내를 강간하려고 하였고, 이어서 또 창을 가지고 대문 앞에 찾아와서 욕을 퍼부었으며, '사팔을 죽이고 그의 아내를 강제로라도 차지하려고 한다.'라는 말까지 하였으니, 너무나도 음탕하고 흉악하다. 사팔이 정의의 분노가 치밀어 올라 사흑을 구타하여 죽였으니, 그러한 정상에 대해서는 오히려 참작해 줄 만하다. 앞으로 조사하여 가을에 심리할 때 정상이 가련한 대상에 포함시키도록 하라. 나머지는 의논하여 아뢴 대로 시행하라." 위와 같은 유지를 받았다.

9. 우악스럽고 사납게 학대하다

【강간하려다가 실패하였는데, 여자의 오라버니가 강간하려던 사람을 구타하여 죽게 하였다. ○ 건륭 연간의 일이다.】

하남성의 백성 장영덕張永德이 황씨黃氏의 아내 공씨龔氏를 강간하려다가 실패하였다. 공씨의 오라버니 송희宋禧가 이러한 사실을 듣고서는 장영덕의 집으로 달려가서 장영덕을 혹독하게 구타하여 목숨을 잃게 하였다.

공씨가 납치되어 강간을 당할 뻔한 뒤에 부끄럽고 화가 나서 스스로 목을 매어 죽으려고 하였는데, 구조되어 소생하였다. 그 뒤에 그의 오라버니 송희가 감옥에 갇히고 게다가 사형을 당할 것이라는 말을 듣고서는 눈물을 흘리며 고민하다가 다시 스스로 목을 매어 죽었다.

송희에 대해서는 '죄인을 신고하지 않고 제멋대로 죽인 경우에 교형에 처하도록 한 법률 조문'에 따르되, 유형으로 낮추어 정하고, 공씨에 대해서는 정려문旌閭門을 세워 표창하도록 허락하였다.

10. 우악스럽고 사납게 학대하다

【강간이 이루어진 뒤 자기 남편에게 울며 호소하자 남편이 곧바로 찾아가서 강간한 사람을 베어 죽였다. ○ 건륭 연간의 일이다.】

하남성의 순무巡撫가 올린 제본題本은 다음과 같다.

"수평현遂平縣의 사건은 다음과 같습니다. 유대승劉大承이 송씨宋氏를 간음하려고 꾀하여 간음이 이루어졌습니다. 그녀의 남편 송대성宋大盛이 집으로 돌아오자, 송씨가 통곡을 하며 전에 있었던 일을 호소하였습니다. 그러자 송대성이 유대승을 베어 상처를 입혀 목숨을 잃게 하였습니다. 송대성에 대해서는 '죄인이 체포를 거부하지 않았는데도 신고하지 않고 제멋대로 죽인 경우에 적용하는 법률 조문'에 따라 교형에 처하도록 정하였습니다."

형부가 다음과 같이 논박하였다.

"조사해 보니 이러하였습니다. 본남편이 체포를 거부하지 않은 간통한 사내를 즉시가 아닌 다른 때 죽인 경우에는 교형에 처하도록 정합니다. 그러나 이것은 간통한 아내가 다른 사람과 합의하여 간통하였을 때 사형죄까지 짓지는 않은 간통한 사내를 본남편이 살해한 경우만을 전적으로 가리켜서 말한 것입니다. 이제 유대승이 한밤중에 송씨를 강간한 사실은 이웃 사람들이 송씨의 고함치는 소리를 들은 것에 근거하였으니, 이는 송씨가 강간을 당하여 더럽혀진 곳이 바로 강간이 행해진 확실한 증거에 해당합니다. 유대승은 강간이 이루어졌으니 본래 사형을 당해야 하는 범죄를 저지른 것입니다. 송대성이 다음 날 아침에야 집에 돌아왔다가 송씨가 통곡하며 호소하는 말을 듣자마자 곧바로 유대승을 찾아가 베어 죽였으니, 시간적으로는 즉시 행한 일이고 살인의 동기는 정의의 분노가 치밀어서 죽인 것입니다. 따라서 법률을 살펴보면 이러한 사건에 전적으로 적용할 조문이 본래 있습니다."

그 뒤에 형부의 논박에 따라 송대성에 대해 '본래 사형시켜야 할 죄를 저지른 죄인을 신고하지 않고 제멋대로 죽인 경우에 적용하는 법률 조문'에 따라 장형에 처하도록 정하였다.

11. 우악스럽고 사납게 학대하다

【강간당할 뻔했던 일을 자기 아들에게 울며 호소하자, 아들이 즉시 달려가서 강간하려던 사람을 구타하여 죽였다. ○ 가경 연간의 일이다.】

산동성山東省 수장현壽張縣의 백성 제월선齊月先이 강간하려다가 죽임을 당한 사건이다. 이 사건의 내막은 다음과 같다. 제월선이 장자중張自重의 어머니 이씨李氏를 강간하려다가 이씨가 저항하고 고함을 지르자, 뜻을 이루지 못하고 달아났다. 나중에 이씨가 아들에게 울며 호소하자, 장자중이 화가 치솟아 몽둥이를 가지고 달려가서 제월선을 구타하여 정강이뼈가 부러지는 상처를 입혀 27일이 지나 목숨을 잃게 하였다.

해당 독무가 범인에 대해 새로운 조례를 끌어다가 적용하여 가을까지 기다렸다가 교형에 처하도록 정하고, 집에 머무르면서 어머니를 봉양하게 해 줄 것을 청하였다. 이상의 내용으로 제본을 갖추어 올렸다.

형부가 적용할 법률 조문을 정하고 2차 심리한 결과를 다음과 같이 아뢰었다.

"해당 독무가 판결한 것은 참으로 조례에 따라 제대로 처리한 것입니다. 다만 사건의 내막을 자세히 살펴보면 이러하였습니다. 친어머니가 치욕을 당하고 자기에게 울며 호소하자, 자식인 장자중으로서는 정의의 분노가 치밀어 달려가서 구타한 것이 당연하니, 본남편이 간통한 사내를 붙잡은 경우와 비교할 때 그 정황은 더욱 절박하다고 하겠습니다. 게다가 범인이 달려가서 구타할 때 가지고 간 것은 몽둥이뿐이며 쇠칼이나 흉기를 가지고 간 것은 결코 아니었습니다. 제월선을 죽인 원인을 따져보면 참으로 어머니를 구하려는 절박한 심정에서 나온 경우와 다름이 없습니다. 만일 간통하려고 할 때 즉시 죽인 것이 아니라는 이유로 '죄인을 신고하지 않고 제멋대로 죽인 경우에 적용하는 법률 조문'에 따라 교형에 처하도록 정한다면, 심리한 결과가 타당하지 않습니다.

장자중에 대해서는 옛날 조례를 그대로 적용하여 100대의 형장을 치고 3년의 도형에 처하도록 고쳐야 합니다. 범인 장자중은 과부의 외아들이므로 조례에 따라 집에 머무르면서 어머니를 봉양하게 해 주소서."

12. 우악스럽고 사납게 학대하다

【무리를 지어 돌아가며 강간하였는데 이를 막을 수가 없자 결국 해당 여자가 자살하였다. ○ 가경 연간의 일이다.】

가을에 살인 사건을 심리하여 기록한 안휘성安徽省의 장부에는 김칠자金七孜가 장소정張紹貞을 따라 이씨李氏를 돌아가며 강간한 사건이 있었고, 또 하남성의 장부에는 염부廉富가 장맥림張麥林을 따라 손씨孫氏를 돌아가며 강간하자 손씨가 부끄럽고 화가 나서 자살한 사건이 있었다. 각 해당 성省에서 김칠자와 염부에게 똑같이 '돌아가며 강간한 사건의 종범에게 적용하는 법률 조문'에 따라 가을까지 기다렸다가 교형에 처하도록 정하였다.

이에 대한 황제의 유지는 다음과 같다. "조사하여 의논하라."

위와 같은 유지를 받고 형부가 다음과 같이 아뢰었다.

"신들이 재차 더 상세히 의논한 결과는 다음과 같습니다. 조사해 보니 이러하였습니다. 떼강도들이 돌아가며 강간하자 본부인이 부끄럽고 분하여 자결한 것은 본부인이 참으로 우악스럽고 사나운 상황에 내몰려서 분노가 치솟아 목숨을 버린 것입니다. 그런데 예부禮部의 칙례則例에 '이미 강간을 당하여 더럽혀진 경우에는 정려문旌閭門을 세워 표창하지 못한다.'라고 하였기 때문에 죽은 사람의 넋을 위안할 수가 없습니다.

다만 본부인의 죽음은 자살한 것이지 살해당한 것이 아니므로, 주범의 죄는 즉시 참형에 처하는 것으로 정하고 더 올릴 수가 없습니다. 각 종범들은 이미 강간을 저질렀고 본부인이 그로 인해 자살하였습니다. 그런데도 만약 겨우 '돌아가며 강간한 종범에게 적용하는 법률 조문'에 따라 똑같이 가을까지 기다렸다가 교형에 처하도록 정하여 시간을 끌며 처형을 지체한다면, 징계한다는 취지를 밝히기에 부족합니다. 염부 등 각 종범들에 대해서는 즉시 교형에 처하도록 바꾸어 정해야 합니다."【강간을 당하기는 하였으나 죽지는 않은 사건과 구별한 것이다.】

○ 형부가 또 다음과 같이 아뢰었다.

"앞으로는 강간이 이루어지고 본부인이 살해된 사건으로 강간범이 두 사람 이상이면, 나약한 부녀자가 버티기 어려운 상황이 분명하니, 강간을 당하여 더럽혀진 행적에 대해서는 눈감아 주고 절개를 굳게 지킨 마음을 참작하여 강간을 따르지 않다가 살해당한 부녀자와 똑같이 정려문을 세워 표창해야 합니다. 만약 강간범이 겨우 1명뿐이고 꽁꽁 묶은 정황도 없는 경우에는 상세히 심리한 뒤에 폐하께서 결정해 주시기를 요청해야 합니다."

13. 우악스럽고 사납게 학대하다

【납치하여 강간하려는 상황을 갑자기 만나 힘껏 뿌리치고 벗어나려다가 어린 아들에게 잘못 상처를 입혀 죽게 하였다. ○ 건륭 연간의 일이다.】

절강성浙江省의 백성 유극금劉克琴이 부씨傅氏의 아내 진씨陳氏를 납치하여 강간하려고 하자, 진씨가 놀라 고함을 지르며 힘껏 뿌리치고 벗어나려다가 침실 문머리에 부딪쳐 넘어지면서 안고 있던 어린 아들의 이마에 상처를 입혀 목숨을 잃게 하였다.

유극금에 대해 '강간하다가 본부인을 구타하여 죽인 경우에 적용하는 법률 조문'에 따라 가을까지 기다렸다가 참형에 처하도록 정하였다.

14. 우악스럽고 사납게 학대하다

【신분이 지현知縣인 자의 아우로서 양민良民의 부녀자를 조롱하자, 그 부녀자가 부끄럽고 화가 나서 스스로 목을 매어 죽었다. ○ 건륭 연간의 일이다.】

황제의 유지는 다음과 같다.

"서성현舒城縣의 지현인 주렴周濂의 아우 주위周渭가 모씨毛氏의 아내 왕씨汪氏를 조롱하자, 왕씨가 부끄럽고 화가 나서 스스로 목을 매어 죽은 사건이다. 주위에 대해서는 가을까지 기다렸다가 교형에 처하도록 정하였고, 주위를 유인하여 데리고 가서 살인 사건을 빚어내게 한 쾌역快役 공승孔升에 대해서는 주위의 교형에서 겨우 1등급만 낮추어 유형에 처하도록 정하였으니, 처리한 것이 몹시 타당하지 못하다.

주위는 지현의 아우로서, 한밤중에 중매쟁이 할머니의 집에 찾아가 자면서 옥관獄官의 부녀자를 조롱하여 자살하게 하였으니, 소행이 몹시 악랄하다. 주위에 대해서는 정한 대로 교형에 처하되, 지난해의 범죄 사실을 인정하여 사형에 처할 부류에 포함시키고 즉시 사형으로 판결하여 집행해서, 지방관의 친족으로 세력을 믿고 말썽을 일으키는 자들의 경계가 되도록 하라.

쾌역 공승은 주위를 유인하여 데리고 가서 살인 사건을 빚어냈고, 나중에는 주위의 부탁을 받아들여 단독 범행이라고 자백하였으니, 그도 무거운 쪽으로 형률을 정해야 한다. 공승에 대해서는 가을까지 기다렸다가 교형에 처하도록 정하고 가을 이후에 처결하되, 가을에 심리할 때가 되면 범죄 사실을 인정하여 사형에 처할 부류에 포함시켜 처리하라."

15. 우악스럽고 사납게 학대하다

【밤에 사사로이 간통하던 여종을 찾다가 정숙한 부인의 몸을 잘못 더듬자, 그 부인이 부끄럽고 화가 나서 자살하였다. ○ 건륭 연간의 일이다.】

안휘성의 백성 주소朱小가 서로 합의하여 간통하였던 젊은 여종과 같이 자려고 찾다가 황이저黃二姐의 몸을 잘못 더듬어 황이저를 자살하게 하였다. 황이저의 죽음은 범인이 손으로 그 몸을 잘못 더듬었기 때문이기는 하지만, 추악한 말을 듣자마자 곧바로 목숨을 가볍게 버린 경우와는 달랐다. 다만 범인이 실제로 황이저를 간음하려던 마음은 없었으니, 본부인을 희롱하여 죽게 한 경우와는 차이가 있었다.

주소에 대해 '무례한 말을 떠벌린 경우에 적용하는 조례'에 따라 형장을 치고 유형에 처하도록 하였다.

○ 다산의 견해: 무례한 말을 떠벌린 것은 마음을 먹고 한 일이지만, 다른 사람을 잘못 더듬은 것은 뜻하지 않게 저지른 죄이니, 그 죄가 유형에 처할 정도는 아닌 듯하다.

16. 우악스럽고 사납게 학대하다

【희롱하여 간통하려다가 실패하였으나 본부인이 이를 빌미로 모욕하자 화가 나서 자살하였다. ○ 건륭 연간의 일이다.】

강서성의 백성 웅문양熊文煬이 황씨黃氏를 조롱한 것은 참으로 음란하고 무례한 짓이다. 다만 꾸지람을 당한 뒤로는 황씨의 다섯 자매 모두 별다른 말이 없었으니, 그 사건은 종료된 것이었다. 이 사건에서 두 사람이 죽은 것은 모두 그의 아내 구씨邱氏가 말다툼을 벌이면서 모욕했기 때문에 벌어진 일이니, 부끄럽고 화가 나서 자살한 경우와는 서로 몹시 다르다.

해당 독무가 웅문양에 대해서는 교형에 처하도록 정하고 구씨에 대해서는 '사람의 명예와 절개를 더럽힌 경우에 적용하는 법률 조문'에 따라 군병으로 충원하도록 정하였는데, 몹시 타당하지 못하다. 구씨에 대해서는 '원한을 품고 상대를 모욕하여 자살하게 한 경우에 적용하는 법률 조문'으로 바꾸어 적용하여 교형에 처하도록 정하였다. 웅문양에 대해서는 '무례한 말을 떠벌려서 본부인을 자살하게 한 경우에 적용하는 법률 조문'에 따라 유형에 처하도록 정하였다.

17. 우악스럽고 사납게 학대하다

【강간이 이루어지지 않았지만 다른 사람이 이를 비웃자, 여자가 부끄럽고 화가 나서 자살하였다. ○ 건륭 연간의 일이다.】

직례성 찬황현贊皇縣의 백성 왕사조보王四阜保【4글자의 성명이다.】가 학금롱郝金隴의 아내 부씨傅氏를 강간하려다가 실패하였으나, 사건이 잠잠해졌다. 그 뒤에 부씨가 이웃 사람인 왕오아王五兒로부터 비웃음을 당하자, 부끄럽고 화가 나서 자살하였다. 왕사조보에 대해서는 '본부인을 조롱하였을 뿐인데 본부인이 부끄럽고 화가 나서 자살한 경우에 적용하는 조례'에 따르되, 1등급을 낮추어 유형에 처하도록 정하였다. 왕오아에 대해서는 형장을 치고 칼을 씌워 가두도록 정하였다.

형부가 의논한 결과를 다음과 같이 아뢰었다.

"왕오아는 왕사조보가 부씨를 강간하려다가 실패한 사실을 분명히 알고 있었으면서도 대번에 부씨에게 추악한 말을 내뱉었으니, 언행이 경박하였습니다. 부씨의 죽음은 왕사조보가 강간하려고 한 일 때문에 일어난 것이기는 하지만, 왕오아의 말 때문에 격분하여 이루어진 일이기도 합니다. 왕오아는 부씨를 모욕하여 목숨을 끊게 하였으니, 왕사에게 적용한 유형의 죄보다 1등급을 낮추어 100대의 형장을 치고 3년의 도형에 처해야 합니다.

○ 또 가경 5년(1800)에 내린 황제의 유지는 다음과 같다.

"하남성에서 가을에 심리한 살인 사건 중에 '유대해劉大海 등 21건이 모두 희롱하는 말 때문에 본부인이 부끄럽고 화가 나서 자살한 사건이었습니다. 그래서 본 사건들의 내막을 자세히 살펴보니, 대부분 모두 윗사람과 함께 잠을 자거나 짝이 되어 지내다가 벌어진 일이었습니다.' 하였다. 전후의 많은 사건들이 판에 박은 듯이 똑같았다고 하니, 어찌 서로 모의하지도 않은 각 범인들의 조롱하는 말이 똑같을 수가 있겠는가! 전혀 그럴 리가 없다.

앞으로 서울과 지방의 형벌을 담당하는 아문衙門에서는 이와 같은 내용의 사건을 맡게 되면, 해당 범인이 어떠한 말로 조롱하였기에 본부인이 견딜 수 없을 정도로 부끄럽고 화가 나게 되었는지를 자세히 분석하고 밝혀서 확실한 정황을 파악할 수 있도록 노력하고, 조금이라도 애매모호하게 처리하지 말라. 만약 말로 조롱하는 것만으로 그치지 않았는데 무능한 관리의 부탁에 따라 사건의 내막을 조작하였다가 다른 경로로 발각이 되거나 내가 알아채게 된다면, 반드시 원래 심리했던 관원과 2차 심리했던 관원에 대해서는 조례에 따라 징계하고, 결코 용서하지 않을 것이다." 위와 같은 유지를 받았다.

18. 우악스럽고 사납게 학대하다

【간통하려다가 따르지 않자 가짜 차인差人을 모아 와서 잡아가겠다고 위협하였으며, 갑자기 그 부인을 끌어다가 막아서 남편의 칼날을 대신 맞아 죽게 하였다. ○ 건륭 연간의 일이다.】

사천성四川省의 백성 두림杜林이 석해산石海山의 아내 이씨李氏를 간통하려다가 따르지 않고 욕만 얻어먹자, 마침내 도둑질을 하였다고 허위로 고소하여【도둑으로 허위 고소한 것이다.】 가짜 차인을 모아 와서 체포하겠다고 위협하였다. 그러자 이씨는 두림을 치며 구타하였고, 석해산은 칼을 들고 두림을 찌르겠다고 위협하였다. 두림이 즉시 이씨를 밀어붙이면서 그 뒤로 몸을 피하니, 석해산의 칼날이 이씨의 등에 상처를 입혀 목숨을 잃게 하였다.

이씨가 자기 남편의 손에 잡혀 있던 칼에 의해 죽임을 당하였으나, 실제 원인은 두림이 흉악하게 이씨를 밀어붙이며 석해산을 막다가 벌어진 일이다. 따라서 석해산을 사형에 처하도록 정해서는 안 된다. 형부의 논박에 따라 두림은 교형에 처하고 석해산은 장형에 처하도록 바꾸어 정하였다.

19. 우악스럽고 사납게 학대하다

【간통하였다고 허위로 고소하여 사사로운 원한을 갚으려 하였고, 거짓으로 자기 아내를 끌어다가 죄를 덮어씌워 마구 구타하여 죽였다. ○ 가경 연간의 일이다.】

호북성湖北省의 백성 남정록藍庭祿이 자기의 아내 요씨廖氏를 남서문藍書文이 조롱하였다는 사실을 분명히 알면서도 도리어 남정문藍正文이 간통하였다고 허위로 고소하였다. 이는 남정문과 물 때문에 싸웠던 사소한 원한을 품고 있다가 이를 빙자하여 보복하려고 한 것으로, 대번에 남정문을 묶어서 억지로 벌을 주고 돼지나 소처럼 제물祭物로 바치고서 조상에게 제사를 지냈으며, 그리고 다시 구타하여 죽였다. 이 사건은 강제로 묶어 고문하고 때려서 죽게 한 일반적인 사건과는 비교할 수 있는 것이 아니다.

이미 죽은 남정문은 남정록의 상복을 입지 않는 친족 아우이니, 친족이 아닌 일반 사람의 범죄로 다루어야 한다. 따라서 남정록에 대해서는 '범인을 잡는 관리가 죄도 없는 사람을 허위로 고소하여 목숨을 잃게 한 경우에는 고의적인 살인으로 처벌하도록 한 조례'에 따라 가을까지 기다렸다가 참형에 처하도록 정해야 한다.

남서문은 남정문의 3개월 상복을 입는 아우로서, 자신이 요씨를 희롱한 것을 가지고 도리어 남정문이 간통하였다고 허위로 고소하고, 다시 남정록을 도와서 함께 남정문을 묶어 살인 사건을 빚어내었다. 남서문에 대해서는 '불법적으로 뇌물을 받은 일 때문에 남의 명예와 절개를 더럽히고 사적인 원한을 갚았을 경우에 적용하는 조례'에 따라 부근의 지역으로 보내 군병으로 충원해야 하지만, 무거운 쪽으로 처벌하여 흑룡강黑龍江으로 보내 힘든 일에 충원하도록 바꾸었다.

20. 남을 속여 도둑질해서 해를 끼치다

【남을 속여 돈을 빼앗자 돈을 빼앗긴 사람이 화가 나고 사정이 급박하여 자살하였다. ○ 가경 연간의 일이다.】

광동성廣東省 광녕현廣寧縣의 백성 여아석黎亞石이 3개월의 상복을 입는 고종형姑從兄인 등경예鄧敬譽를 속여 은 6냥을 빼앗아 가자, 등경예가 사정이 절박하여 스스로 목을 매어 죽었다. 여아석에 대해 '사건의 피해 당사자가 재물을 잃고 사정이 급박하여 자살한 경우에는 「간통한 일로 살인 사건을 빚어낸 경우에 적용하는 조례」를 적용하도록 한 조례'에 따라 100대의 형장을 치고 3년의 도형에 처하도록 정하였다.

21. 남을 속여 도둑질해서 해를 끼치다

【남을 속여 소를 빼앗자, 그 사람이 화가 나고 급박하여 자살하였다. ○ 건륭 연간의 일이다.】

직례성 염산현鹽山縣의 백성 고륙高六이 유존양劉存讓을 속여 소를 빼앗아 가자 유존양이 궁지에 몰려 자살하였다.

조사해 보니 이러하였다. 고륙이 유존양을 속여 소를 빼앗은 죄는 '사람을 속여 재물을 빼앗았을 경우에 적용하는 법률 조문'에 따라 절도죄로 처벌해야 한다. 그러나 유존양이 속은 것을 알고 자살하였으므로, 고륙에 대해서는 '도둑이 훔쳐서 달아나자 피해자가 허둥지둥 잡으러 쫓아갔다가 자살한 경우에는 「간통한 일로 살인 사건을 빚어낸 경우에 적용하는 조례」를 적용하도록 한 조례'에 따라 100대의 형장을 치고 3년의 도형에 처하도록 정하였다.

22. 남을 속여 도둑질해서 해를 끼치다

【무리를 지어 소를 빼앗으려다가 마침내 어린아이 두 사람을 죽였다. ○ 가경 연간의 일이다.】

황제의 유지는 다음과 같다.

"광서성廣西省 계평현桂平縣의 백성 위아응韋亞應 등이 어린아이 능아만凌阿滿과 왕정양王程養 두 사람을 계획적으로 죽였다. 위아응에 대해서는 '재물을 차지할 셈으로 목숨을 해쳤으나 재물은 얻지 못하고 살인만 한 경우, 주범에 대해서는 가을까지 기다렸다가 참형에 처하도록 한 조례'를 적용하고, 방아십方亞十과 위아장韋亞長에 대해서는 '종범으로서 범행을 거든 경우에는 가을까지 기다렸다가 교형에 처하도록 한 조례'를 적용한 사건이다.

위와 같은 판결은 참으로 법에 따라 제대로 처리한 것이다. 다만 그 사건의 내막을 자세히 조사해 보니 이러하였다. 어린아이인 능아만과 왕정양이 소 7마리를 몰아 풀밭에서 풀을 먹이고 있는 것을 방아십이 언뜻 보고서는 소를 빼앗아 헐값에 팔려고 생각하였다. 그러나 방아십이 본래 능아만과는 서로 아는 사이이기 때문에 그 아이가 돌아가서 주인에게 알려 고발하게 될까 두려워서 감히 손을 쓰지 못하였다.

위아응이 앞으로 다가가서 소를 빼앗으려다가 능아만 등에게 저지를 당하였다. 위아응이 곧바로 그들을 죽여서 입을 막으려는 마음을 먹고서는 방아십·위아장과 함께 능아만을 땅에 쓰러뜨리고 목을 졸라 즉시 죽여 시체를 강물에 버렸다. 나중에 왕정양이 울면서 고함을 지르자, 방아십과 위아응이 앞서거니 뒤서거니 차례로 칼로 베어 상처를 입혀 왕정양이 그다음 날 목숨을 잃었다.

위아응이 막 소를 끌어가려고 할 때 마침 황학초黃學超가 달려와서 보았으므로, 범인들이 각자 흩어져 달아났다. 그때 소를 매어 놓았기 때문에 그들이 미처 끌고 가지 못했던 것이다. 만약 들고 가기 쉬운 돈 보따리 같은 것이었더라면, 황학초가 달려와서 보았더라도 범인들이 약탈해 가서 나누어 가졌을 것이다. 따라서 그들에 대해 재물을 차지하지 못한 죄로 처벌해서는 안 된다.

이러한 범인들에 대해서는 가을까지 기다렸다가 처형하도록 정하더라도, 앞으로 가을에 심리하여 처리할 때에도 반드시 범죄 사실을 인정하여 사형에 처할 부류에 포함시키고 사형으로 판결할 것이다. 게다가 범인들이 소를 약탈하려고 마음을 먹고서는 대번에 10살 이상의 어린아이 2명을 앞서거니 뒤서거니 계획적으로 죽였으니, 심보가 몹시 잔인하다. 위아응에 대해서는 즉시 참형에 처하도록 바꾸어 정하고, 방아십과 위아장에 대해서는 즉시 교형에 처하도록 바꾸어 정하여 분명한 경계를 보여 주라. 나머지는 의논하여 아뢴 대로 시행하라." 위와 같은 유지를 받았다.

23. 남을 속여 도둑질해서 해를 끼치다

【못에서 물고기를 잡아 훔치려다가 머슴을 구타하여 죽게 하였다. ○ 건륭 연간의 일이다.】

절강성浙江省 민閩 지역의 백성 이린李麟과 황무黃茂는 모두 바다를 운항하는 선박의 사공이다. 배를 바닷가에 정박시키고 두 사람이 같이 뭍의 못으로 물통을 메러 갔다. 황무가 못 안에 물고기가 있는 것을 보고서는 관아의 못이라고 생각하여 그물을 가져다 고기를 잡다가, 못 주인 진귀후陳貴侯의 머슴 진노이陳老二에게 발견되어 그물을 빼앗기고 욕지거리를 들었다. 이린이 물통을 메던 나무 몽둥이로 진노이를 구타하려고 하자, 진노이가 그물을 버리고 몽둥이를 빼앗으려고 양손으로 몽둥이의 한쪽 끝을 붙잡았다. 이린이 힘껏 밀어붙이자 진노이가 발을 헛디뎌 옆으로 넘어졌고, 이린도 진노이가 넘어지는 바람에 따라 넘어지면서 대나무 몽둥이로 진노이의 왼쪽 갈비뼈를 가로로 눌러 심한 상처를 입혀 목숨을 잃게 하였다.

조사해 보니 이러하였다. 바다가 아닌 못의 물고기를 이린이 관아의 물건이라 생각하고서는 즉시 그물로 잡으려고 하였으니, 대낮에 지키는 사람이 없는 육지의 물건을 훔친 경우와는 다르다. 따라서 '일반 사람이 싸움을 벌이다가 사람을 죽인 경우에 적용하는 법률 조문'에 따라 처벌해야 하므로, 이린에 대해 가을까지 기다렸다가 교형에 처하도록 정하였다.

24. 남을 속여 도둑질해서 해를 끼치다

【돈을 빌리려다가 빌리지 못하자 도둑질할 무리를 끌어모아 함께 모의하여 한집안의 세 사람을 죽였다. ○ 건륭 연간의 일이다.】

광서성 천강현遷江縣의 백성 황삼편黃三片이 원한을 품고 위특용韋特容·위특활韋特活·황특쟁黃特爭 등을 끌어모아 친 만형 황국진黃國振의 재물을 훔치려고 도모하였다. 그들이 도둑질을 모의할 때 황삼편이 공개적으로 말하기를 '만일 도둑질을 하다가 황국진이 알아차리게 되면 곧바로 황국진을 죽여 버리자.' 하니, 범인들이 모두 좋다고 승낙하였다. 그 뒤에 황삼편과 위특용은 황국진의 집으로 들어가서 도둑질을 하고, 위특활과 황특쟁은 밖에서 망을 보았다. 주인인 황국진이 고함을 지르자, 황삼편과 위특용이 황국진과 그의 아내 및 아들을 모두 죽였다. 이상과 같은 사건이다.

황삼편과 위특용에 대해서는 '한 집안의 세 사람을 죽인 경우에 주범과 종범을 나누어 처벌하도록 한 법률 조문'에 따라 즉시 능지처참에 처하도록 정하였다. 위특활과 황특쟁은 황삼편이 황국진의 아내와 아들을 죽일 때에는 그러한 사실을 모르고 있었을 뿐만 아니라 더욱이 주인인 황국진을 죽일 때에도 현장에 있지 않아 거들지 않았다는 점을 밝히고, 모두 '재물을 훔치려다가 사람을 살해할 때 종범으로 참여하였으나 범행을 거들지는 않았을 경우에 적용하는 조례'에 따라 가을까지 기다렸다가 참형에 처하도록 정하였다.

형부가 의논한 결과를 다음과 같이 아뢰었다.

"황삼편에 대해 능지처참에 처하도록 정한 것을 제외하고, 조사해 보니 이러하였습니다. 위특용·위특활·황특쟁은 황삼편이 황국진을 살해하려고 모의할 때에 본래 함께 모의했던 사람들입니다. 그리고 황삼편이 황국진을 발로 차서 쓰러뜨린 뒤에 위특용은 구타하는 것을 도와서 황국진을 죽게 하고 황국진의 아내까지 베어 죽였습니다. 위특활과 황특쟁은 현장에 있지 않아 범행을 거들지는 않았으나 주인 등 세 사람을 죽이고 난 뒤 대담하게도 방으로 들어가서 재물을 뒤져 싹 쓸어가다시피 훔쳐 갔습니다.

이 사건에서 위특용은 사람을 죽인 강도이고, 위특활과 황특쟁은 재물을 훔치려다가 사람을 살해한 뒤에 재물을 약탈한 자들이니, 강도죄와 동일하게 처벌해야 합니다. 이 사건은 돈을 빌리려다가 빌리지 못한 것이 빌미가 되어 일어난 것으로, 한집안의 세 사람을 끔찍하게 죽여 집안의 대가 끊어지게 하였으니, 일반적으로 발생하는 계획적인 살인 사건이나 한 사람이 다른 한 사람을 죽인 사건의 경우에 적용하는 조례에 따라 범행에 가담했는지의 여부를 분별하여 형률을 정하는 것은 본래 온당하지 못합니다.

따라서 위특용은 '강도질을 하다가 사람을 죽인 경우에 즉시 참형에 처하여 효시梟示하도록 한 조례'로 바꾸어 적용해야 하고, 위특활과 황특쟁은 모두 '재물을 훔치기 위해 사람을 살해하기로 모의하고 사람을 죽인 뒤에 집안의 재물을 약탈한 경우에는 강도질을 실행하여 재물을 얻은 경우와 똑같이 모두 참형에 처하도록 한 조례'로 바꾸어 적용해야 합니다."

25. 남을 속여 도둑질해서 해를 끼치다

【죽은 친구의 부탁을 배반하고 집문서를 훔쳐 집을 빼앗아 친구의 두 아들을 자살하게 하였다. ○ 건륭 연간의 일이다.】

감숙성의 백성 임중화林中華가 죽은 친구 이홍李鴻의 부탁을 받고 친구 집안의 일을 대신 처리하였다. 그러다가 기회를 틈타 옛날에 간수하던 문서와 이홍의 집문서를 빼내어 숨겨 두고, 마침내 이홍의 아들 이중왜李仲娃와 이진옥李進玉을 위협하여 집에서 내쫓았다. 이중왜 등이 집문서는 찾을 수가 없고 흉악한 임중화가 두려웠으며, 가난한 데다 분노까지 심해져 모두 자살하였으니, 예사의 협박 사건과는 비교할 수 있는 일이 아니다.

황제의 특명에 따라 임중화에 대해서는 즉시 법에 따라 사형을 집행하고, 아울러 그의 재산을 조사하여 밝혀서 이중왜의 아들에게 지급하되, 만일 이중왜에게 아들이 없으면 즉시 가까운 친족에게 주도록 하였다. 임중화의 아들까지 아울러 조사하여 그 아들 중의 한 사람을 가을까지 기다렸다가 교형에 처하도록 정하되, 범죄 사실을 인정하여 사형에 처할 부류에 포함시키도록 하였다.

26. 남을 속여 도둑질해서 해를 끼치다

【남을 속여 재물을 빼앗고 혼인할 기한을 넘기자 재물 주인을 죽이고 또 그 의복마저 벗겨 갔다. ○ 건륭 연간의 일이다.】

하남성의 백성 양봉래楊鳳來에게 유옥수劉玉樹가 혼인할 여자를 찾아 주겠다는 핑계를 대고서는 과부인 주씨周氏와 혼인하기로 정했다고 속이고 전후로 사기를 쳐서 돈을 가로챘다. 주씨가 양봉래의 집으로 들어갈 날짜를 정하여 그 날짜가 되자, 양봉래가 유옥수를 찾아왔다. 유옥수가 반드시 들통날 것을 알고서는 그렇게 되면 고소당할 것을 우려하여 양봉래를 계획적으로 살해하고 그의 의복마저 벗겨서 팔아 버렸다.

조사해 보니 이러하였다. 유옥수가 처음에 양봉래를 속여 재물을 빼앗기 위해 사람을 해치려 하였고, 이어서 다시 양봉래를 계획적으로 살해하고 재물을 차지하였다. 그의 험악한 음모는 처음부터 끝까지 재물을 차지하려는 욕심에서 시작된 것이다. 유옥수에 대해서는 '사람을 계획적으로 살해한 경우에 적용하는 법률 조문'에 따라 형률을 정해서는 안 되고, '재물을 차지하려고 사람을 살해하였을 경우에 적용하는 법률 조문'으로 바꾸어 적용하여 즉시 참형에 처하도록 정해야 한다.

27. 남을 속여 도둑질해서 해를 끼치다

【빚을 받으려고 서로 싸우다가 머리로 들이받았는데 우연히 상대의 머리에 숨구멍을 부딪쳐 죽었다. ○ 건륭 연간의 일이다.】

하남성의 백성 주임원周林遠이 장유의張有義의 집에 가서 빚을 받으려다가 둘이 서로 큰소리로 싸웠다. 주임원이 앞으로 다가서며 구타하려고 하자, 장유의가 손으로 주임원을 문밖으로 밀어내고 문을 잠가 서로 떨어지려 하였다. 그런데 뜻하지 않게 주임원이 머리를 숙이고 돌진하여 둘이 서로 맞닥뜨리면서 주임원이 장유의의 머리에 숨구멍을 부딪쳐 상처를 입고 고꾸라져 사망하였다. 장유의에 대해 '싸우다가 구타하여 사람을 죽인 경우에 적용하는 법률 조문'에 따라 가을까지 기다렸다가 교형에 처하도록 정하였다.

28. 남을 속여 도둑질해서 해를 끼치다

【도둑이 붙잡히자 그의 친족들을 풀어놓아 관아의 차인差人을 구타하여 죽게 하였다.

○ 건륭 연간의 일이다.】

호북성湖北省의 백성 하정락何正樂이, 외삼촌 석금방石金榜이 주州의 차인에게 체포되자, 차인을 구타하여 외삼촌을 빼앗으려고 마음을 먹고서는 그의 형 하정곤何正坤을 불러 약속하고 뒤쫓아 갔다. 주의 차인인 유림劉林이 하정락 등에게 석금방이 도둑질을 했던 피해자의 성명을 알려주었는데, 차인의 신분증을 보여 달라고 요구하였으므로 없다고 하였다. 그러자 하정락 등이 가짜 차인이라고 핑계를 대고서는 포승으로 묶으려는 저응룡儲應龍을 거듭 베어 죽게 하였다.

이 사건은 중도에 죄인을 빼앗으려고 차인을 구타하여 죽게 한 경우와 다름이 없었다. 다만 범인은 형제 두 사람뿐이었으므로 오히려 무리를 모아 빼앗을 것은 아니었으니 '무리를 모아 죄인을 빼앗은 경우가 아니면 본래의 법률 조문과 주석을 살펴서 분별하여 처리하도록 한 조례'와 서로 부합한다. 하정락은 '관아의 차인이 체포한 죄인을 중도에 빼앗아 가고 이어서 사람을 죽인 경우에 적용하는 법률 조문'에 따라 가을까지 기다렸다가 교형에 처하도록 정하였다.

하정곤은 자기 아우의 말을 듣고 쫓아가서 유림에게 석금방을 풀어주도록 요구하였으나 승낙하지 않자, 칼로 베려고 하였다. 그러다가 유림의 철자에 막혀 칼자루가 부러지면서 칼끝이 유림의 머리로 떨어져 정수리에 상처를 입혔다. 이는 '집안사람과 수행원들을 거느리고 가서 죄인을 빼앗다가 집안사람이 남에게 상처를 입힌 경우에는 친족이 아닌 일반 사람의 범죄로 보아 주범과 종범을 나누어 처벌한다.'라고 한 법률 조문의 취지와 서로 부합한다. 하정곤은 '죄인을 빼앗다가 차인에게 상처를 입힌 경우에는 교형에 처하되, 종범일 경우에는 1등급을 낮추도록 한 법률 조문'에 따라 100대의 형장을 치고 3000리의 유형에 처하도록 정하였다.

29. 남을 속여 도둑질해서 해를 끼치다

【머슴이 재물을 차지하려고 꾀하였고 범죄의 증거까지 있었으므로 관아의 차인差人에게 허위 고소를 당하였다. ○ 건륭 연간의 일이다.】

황제의 유지諭旨는 다음과 같다.

"'직례성의 차인 유복명劉伏明 등이 거지와 머슴인 제명태齊明太와 왕옥王玉에게 은을 바꾼 돈이 있는 것을 보고, 그들을 샅샅이 추궁하여 그들이 후자부侯自敷를 계획적으로 죽인 주범이라는 사실을 알아냈으며, 야채를 써는 칼 한 자루와 북경北京에서 통용하는 돈 2500문文까지 증거로 압수하였습니다.' 하였다.

조사해 보니 이러하였다. 후자부가 원래 약탈당했던 재물은 10냥 8전의 은인데, 제명태의 집에서 찾아낸 것은 북경에서 통용하는 돈 2500문이었다. 해당 차인 등에 의하면, 제명태에게 은을 바꾼 돈이 있는 것만을 보고 증거로 압수한 것이지, 원래의 은을 어떤 사람에게서 획득하였는지와 그 은을 어떤 사람에게서 바꾸었는지에 대해서는 결코 당사자를 불러 대질 신문하지 않았으니, 제명태의 집에서 압수한 돈은 이 사건의 진짜 증거로 삼기 어렵다.

은을 담았던 자루에 대해서는 제명태의 진술에 의하면 '후자부를 죽인 뒤에 후자부의 허리에서 풀어 가져왔습니다.'라고 하였다. 그러나 조사해 보니 이러하였다. 후자부가 집에서 잠을 잘 때 은이 담긴 자루를 어디든 감추어 둘 곳이 없어서 굳이 허리에 묶고 잠을 잤겠는가! 이것도 의심스러운 점이다. 더구나 은을 담은 자루가 있는데 당일에 어떻게 자루를 불태워 없앴는지도 조사하지 않았다. 이것도 소홀히 한 점이다.

게다가 야채를 써는 칼은 일상적으로 사용하는 도구로, 제명태의 집에서 그 칼을 압수할 때는 후자부를 죽인 날로부터 40여 일이나 지난 시점이었다. 그런데 해당 차인이 보고한 말에 의하면 '칼에 여전히 핏자국이 있었습니다.'라고 하였으니, 그 핏자국이 사람을 죽일 때의 피인지와 후자부의 상처와 실제로 서로 부합하는지에 대해서 증명하지 않았다. 더구나 은을 담았던 자루는 오히려 제명태가 불태워 없앨 줄을 알았는데, 사람을 죽일 때 사용했던 피가 묻은 칼은 도리어 오랜 시간이 지나도록 씻어 내지도 않고 땅에 묻지도 않았으니, 인정과 도리로 보아 더욱 있을 수 없는 일이다.

이상의 사건은 증거가 가짜인 데다 신문조차도 상세히 이루어지지 않았다. 겨우 범행을 스스로 인정한 진술에만 의거하여 범인으로 단정한다면, 차인이 고문과 협박으로 받아 낸 진술을 빙자하여 사건을 조작하는 병폐가 없지 않을 것이다. 이 사건은 두 사람을 즉시 처형하는 것과 관계되므로 대충 완결하는 것은 온당하지 않다. 해당 독무를 시켜 현명한 관원에게 위임하여 이 사건의 증거를 상세히 살펴본 뒤에 명확하게 적용할 법률 조문을 정해야 한다. 그리하여 제본을 갖추어 올리면 도착한 날에 형부가 재차 의논하라."

30. 남을 속여 도둑질해서 해를 끼치다

【도둑질한 재물을 나누어 받았으나 쓰지 않고 보관하여 도둑과 같이 처형당하는 것을 모면하였다. ○ 건륭 연간의 일이다.】

강소성의 백성인 뱃사람 진가계陳佳啓가 재물을 차지하려고 장상림張祥林 등 두 사람을 계획적으로 살해하였다. 사공 석곤백石坤伯은 사전에 함께 모의하지도 않았고 살해할 때 현장에 있지도 않았다. 그러나 진가계가 도둑질한 재물을 석곤백에게 억지로 나누어주어 그의 입을 막으려고 하였다. 석곤백이 의심을 받게 될 것을 우려하여 받은 것을 봉하여 간직해 두었다가, 3년이 지난 뒤에 사건이 발각되자 관아에 바쳤다.

조사해 보니 이러하였다. '사람을 계획적으로 죽이고 그것을 계기로 재물을 차지하였을 경우에 적용하는 법률 조문'은 '강도 사건 안에 「강도질을 알았으면서도 자수하지 않거나 약탈을 행하고 나서 뭇 강도들이 도둑질한 재물을 나누어 주어 그 입을 막으려고 한 경우에는 조례에 〈사전에 강도나 절도를 알고 있었고 사후에 재물을 나누어 가진 경우에 적용하는 조례〉에 따라 처벌한다.」라고 한 조례'와 똑같다. 재물을 차지하려고 사람을 죽인 사건은 본래 중대하지만, 사람을 죽이고 재물을 차지한 경우에는 더욱 중대하다. '함께 모의한 경우에 적용하는 조례' 안에 '재물을 차지하려는 살인 모의에 참여한 범인은 원래의 법률 조문에 따라 주범과 종범을 구분하지 않고 모두 참형에 처한다.'라고 하였다. 그러므로 또 그 취지를 확대하여 차등을 두어 정하였다.

이제 석곤백이 만약 재물을 탐냈다면, 사공은 가난한 사람으로서 나누어 받은 재물을 일찌감치 써 버렸을 것이다. 그런데도 이처럼 봉해 두었다가 3년이 지나 사건이 발각된 뒤에 관아에 바쳤으니, 재물을 차지하려고 바라지 않았던 마음을 알 수 있으며, 실제로 함께 모의했다는 증거가 없는 일이기도 하다. 따라서 석곤백에 대해서는 '정황을 알면서도 자수하지 않은 경우에 적용하는 법률 조문'에 따라 100대의 형장을 치는 것으로 판결하였다.

31. 남을 속여 도둑질해서 해를 끼치다

【새경을 올려 달라고 요구하였으나 받아들이지 않자, 주인의 어린 아이들을 죽였다. ○ 가경 연간의 일이다.】

황제의 유지는 다음과 같다.

"어린아이를 살해한 주범 담노오覃老五는 참형에 처하도록 정하고 재가해 주기를 청한 사건이다. 이 사건의 경위는 다음과 같다. 대욱戴彧이 담노오를 대신 고용하여 그의 형 대괴戴魁의 집에서 일을 하게 하였다.【형의 집에서 일을 하게 하였다.】 담노오가 여러 차례 대욱에게 새경을 올려 달라고 요구하였으나 받아들이지 않았다. 그러다가 구타를 당하자 앙심을 품고 있다가, 즉시 대욱의 3살짜리 어린 아들 대노홍戴老紅을 살해하려는 마음을 먹고 실행하였으니, 심보가 몹시 잔인하고 악독하다. 해당 독무가 조례에 따라 담노오에 대해 즉시 참형에 처하도록 정하였으니, 죄명이 매우 타당하다. 담노오는 즉시 참형에 처하고 이 사안을 재차 형부에 넘겨 논의하게 할 필요는 없다."

32. 많은 사람을 죽이다

【빚을 받으려다가 서로 싸워 네 집안의 남녀 20여 명을 죽이거나 상처를 입혔다. ○ 건륭 연간의 일이다.】

하남성 상구현商邱縣의 백성 장경중張景仲이 빚을 받으려다가 싸움이 벌어지자, 오사吳四 등 네 집안의 남녀 20여 명을 죽이거나 상처를 입혔다. 범인에 대해 왕명으로 능지처사하고 이어서 효시梟示할 것을 요청하였다.

신문해 보니, 장경중에게는 아내와 자식이 없었다. 그의 어머니는 이리伊犁로 보내 종으로 삼고, 형과 조카는 형부로 넘겨 형부에서 조례에 따라 죄를 다스리게 하였다. 상구현의 지현知縣 및 순무巡撫 이하 상구현을 관할하는 상급 관사의 관원도 모두 형부로 넘겨 형부에서 분별하여 처리하도록 하였다.

33. 많은 사람을 죽이다

【물을 몰래 빼 간다고 의심하여 여덟 집안의 죄없는 남녀 35명을 무도하게 죽였다. ○ 가경 연간의 일이다.】

황제의 유지는 다음과 같다.

"철보鐵保 왕지이汪志伊가 다음과 같이 아뢰었다. '염성현鹽城縣에서 많은 사람을 끈으로 묶어 물에 빠뜨려서 죽인 두 가지 사건을 자세히 조사한 뒤 각 범인을 분별하여 처리한 사건입니다. 이 사건의 경위는 다음과 같습니다. 갈운葛云이, 자기 농장의 둑이 물에 침식되었는데, 마침 동태

현東台縣의 백성 안사영顏士英 등 총 여덟 집안의 사람들이 작은 배 여덟 척에 나누어 타고 와서 둑의 밖에서 풀을 베고 있는 것을 보았습니다. 갈운이 둑을 파내어 물을 빼가려는 사람들이라고 의심하여, 이들을 붙잡아 관아에 보내겠다고 떠들며 여러 사람을 시켜 안사영 등을 끈으로 묶어 두게 하였습니다. 그러자 안사영 등이 혐의를 인정하지 않고 한목소리로 욕지거리를 퍼부었습니다. 갈운이 또 이들을 관아에 보냈다가 조사하여 무죄로 밝혀져 풀어 주게 되면 뒷날에 반드시 보복을 당할 것이라고 우려하여, 마침내 마음을 먹고 사람들을 모아 안사영 등 남녀 35명을 모두 물에 빠뜨려 죽였습니다.

또 주모전周謨田이 삼왕선三旺船에 벼를 가득 싣고서【곡谷은 곡穀 자와 동일한 의미로도 사용된다.】 도곡挑谷에 도착하여 언덕으로 올라갔다가, 마침 고수주高陲州의 백성 장자蔣滋 등 10명이 다섯 척의 배에 나누어 타고 와서 그곳에 배를 대고 있는 것을 보았습니다. 주모전이 둑을 파내고 곡식을 약탈해 가려는 도둑들의 배라고 의심하여 서로 싸우다가 한 사람을 찔러 상처를 입혀 죽게 하였습니다. 범인 주모전이 관아에 보고하지도 않은 데다 더욱이 석방하지도 않고, 장자 등 9명을 모두 물에 빠뜨려 죽였습니다. 그리고 싸우다가 찔려 상처를 입고 죽은 사람의 시체까지도 버렸습니다.' 이상과 같은 내용이었다.

안사영과 장자 등은 수해水害를 입어 가족을 거느리고서 외지로 나와 풀을 베어 판 돈으로 목숨을 이어 가거나 물고기를 잡아 입에 풀칠하는 사람들로서, 모두 죄가 없는 일반 백성이었다. 그런데 갈운 등이 이들을 도둑이라고 의심하였다. 이어서 그에 앞서 주진성朱陳聖과 진학성陳學聖이 외지에서 들어온 사람의 배를 물에 침몰시킨 사건이 있었다는 사실을 알고서는, 대번에 감히 자신들의 세력을 믿고 나쁜 짓을 본받아 여러 사람들을 모아 많은 사람을 묶어서 물에 빠뜨려 죽였으니, 정상이 매우 악랄하다.

주모전·무정국武定國·엄서嚴緖·주문괴朱文魁 등 네 범인은 이미 해당 독무督撫가 조사하여 밝힌 뒤에 왕명으로 법에 따라 처형할 것을 청하였다. 이들 네 범인과 앞서 병으로 죽었으나 시체를 꺼내 베어야 하는 갈운은 모두 효시하라. 이들을 제외하고 이상의 종범으로 범행을 거들어 즉시 참형에 처하도록 정한 시대독자施大禿子·호대선자胡大鮮子·주명여周明如·주흥周興 등 네 범인은 모두 즉시 참형에 처하고, 형부로 넘겨 재차 논의하게 할 필요는 없다.

파직罷職되었다가 염성현에 임용된 지현 육수영陸樹英은 백성과 사직社稷을 맡은 책임자로서, 염성현에 소속된 마을에서 번갈아가며 차례로 이와 같이 흉악한 무리가 여러 사람을 참혹하게 죽인 중대한 사건을 보고하였다. 이는 모두 지현이 평소에 백성을 교화하고 인도하는 데 마음을 쓰지 않았기 때문에 생긴 일이니, 육수영에 대해 장형과 도형에 처하도록 정한 것도 오히려 가볍게 풀어 준 것이라고 생각된다. 육수영은 이리伊犁로 보내 그곳에서 힘을 다해 업적을 세우게 하여 경계를 보이도록 하라. 나머지는 형부가 조사하여 형률을 정하라."

34. 많은 사람을 죽이다

【두 집안 사람들끼리 싸우다가 서로 구타하여 한 집은 한 사람, 또 한 집은 두 사람이 죽었다. ○ 가경 연간의 일이다.】

형부가 다음과 같이 논박하였다.

"절강성의 독무督撫 완阮이 올린 제본題本에 다음과 같이 아뢰었습니다. '선거현仙居縣의 백성 임도개林道愷와 임곡인林谷印이 임일청林日青의 지시에 따라 사람들을 모아 장석원張釋元과 장대화張大和를 구타하여 상처를 입혀 죽게 한 사건입니다. 임도개와 임곡인에 대해서는 모두 가을까지 기다렸다가 교형에 처하도록 정해야 합니다. 원래의 주모자인 임일청은 유형에 처하도록 정해야 할 죄를 지었으나 이미 감옥에서 죽었으니, 조례에 따라 한 사람의 목숨에 대해 보상한 것으로 인정해 주어야 합니다. 현재 감옥에서 죽은 원래의 주모자 임일청은 흉악한 범인 임도개의 친형이니, 한집안의 사람 중 감옥에서 죽은 사람이 있으므로 임도개에 대해서는 「원래의 주모자에게 적용할 형률을 면해 주도록 한 조례」를 적용해야 할 것 같습니다. 형부의 논의 결과를 기다리겠습니다.'

저희 형부가 이 사건을 조사해 보니 이러하였습니다. 임도개와 임곡인이 각각 한 사람씩을 죽였으나, 임일청은 두 사람이 저지른 사건과 동일한 원래의 주모자입니다. 만약 임일청이 감옥에서 죽지 않았더라면, 임도개와 임곡인은 모두 조례에 따라 사형에 처해야 할 범인들이고, 원래의 주모자인 임일청의 경우에도 두 가지의 죄 중 한 가지의 죄에 대해서만 유형에 처하도록 정해야 합니다. 그러나 원래의 주모자가 이미 감옥에서 죽었다면 임도개 등은 똑같이 임일청의 말에 따라 범행을 실행한 사람들이니, 흉악한 범인들에 대해서도 사형에 처하되 처벌 등급을 낮추어 주어야 합니다.

이제 해당 독무가 임일청이 감옥에서 죽었다는 이유로, 임도개에 대해서는 사형에서 처벌 등급을 낮추어 군병軍兵으로 충원하도록 정하고, 임곡인에 대해서는 그대로 가을까지 기다렸다가 교형에 처하도록 정하였습니다. 이러한 판결은 동일한 사안을 두 갈래로 판결한 것일 뿐만 아니라, 감옥에서 죽은 원래의 주모자가 죽지 않았을 경우 유형에 처해야 할 사건을 '서로 구타하여 각각 한 명씩을 죽인 경우에 적용하는 조례'를 인용하여 적용한 것이기도 하니, 사건의 정황과 조례의 취지로 볼 때 모두 타당하지 않습니다.

임도개와 임곡인에 대해서는 모두 '원래의 주모자가 감옥에서 죽으면 주모자의 지시에 따라 범행을 저질러 교형에 처해야 할 사람에 대해서는 처벌 등급을 낮추어 유형에 처하도록 한 조례'로 바꾸어 적용하여 각각 100대의 형장을 치고 3000리의 유형에 처해야 합니다."

○ 다산의 견해: 두 집안의 사람끼리 서로 구타하여 각각 한 사람씩을 죽인 사건에 대해서는 조례에 '두 집안의 아버지와 형, 아들과 조카가 도와주어 보호하려고 서로 구타하다가 목숨을 잃게 한 사람이 있으면, 죽은 사람 한 명에 대해 산 사람 한 명으로 보상한다.'라고 하였다. 만약 목숨으로 보상한 한 사람 이외에도 흉악한 범행을 저지른 사람에 대해서도 재차 사형에 처하도록 정한다면, 구타를 당한 사람은 구타에 의해서 죽임을 당하였는데 남을 구타한 사람마저 또 법에 의해서 죽게 되어 두 집안에서 결국 네 사람이 죽게 되는 것이니, 정황이 몹시 가련하였다. 그러므로 참작하여 가벼운 쪽으로 처벌하도록 한 것이지, 구타하는 것을 도와주다가 사람을 죽인 사건인 경우에 일률적으로 처벌 등급을 감해 주라는 것은 결코 아니다.

35. 많은 사람을 죽이다

【유배된 사람이 간통 사건으로 인하여 3번째와 4번째 살인을 저질렀다. ○ 가경 연간의 일이다.】

황제의 유지는 다음과 같다.

"신체에 글자를 새기는 형벌을 받고서 흑룡강黑龍江에 유배된 죄인 관아금關亞錦이 네 사람을 죽였으므로 능지처참하여 효시하도록 정하고 재가해 주기를 청한 사건이다.

사건의 내막을 살펴보니 이러하였다. 범인이 가경 연간 이전에 남의 집을 차지하려고 임수봉林受鳳과 장공련張公連 두 사람을 베어 죽였다. 그 뒤에 과부 최씨崔氏의 딸 장유아長有兒와 간통하게 되자, 가경 11년(1806) 10월에는 그 전에 장유아와 간통한 일이 있던 임동林棟을 베어 죽였다. 또 장유아를 팔희견八喜見에게 시집보내 아내를 삼도록 해 주면서 참작해서 돈을 주고 사 가도록 하였는데, 나중에 마련해 준 돈이 부족하다는 이유로 팔희견을 계획적으로 죽이려는 마음을 먹고서는 실행하였다. 관아금의 범죄 행위는 참으로 흉악하고 잔인하다.

해당 장군將軍이 흑룡강 지방에서 발생한 범죄이기 때문에 '한집안의 사형죄도 짓지 않은 세 사람을 죽인 경우에 적용하는 법률 조문'에 따라 능지처참에 처하도록 정하고 재가를 청하였으나, 타당하지 못하다. 정해진 조례에는 '세 사람을 죽였으나 한집안 사람이 아닌 경우에는 즉시 참형에 처하도록 정한다.'라고 하였다. 이제 해당 범인이 네 사람을 흉악하게 죽였으나, 따져 보면 네 사람이 한집안 사람은 아니고 일시에 네 사람을 죽인 것도 아니었다.

만약 이러한 범죄가 동삼성東三省[27] 지방에서 발생하였다는 이유로 그때마다 즉시 능지처참에 처하도록 정한다면, 정해진 조례와 부합하지 않을 뿐만 아니라, 게다가 실제로 한집안의 네 사람을 죽인 사건이 발생한 경우에는 또 어떻게 형량을 올려서 처벌할 것인가? 더구나 이와 같이 포악하고 사나운 범인은 본래 사형을 면제받고 변경 지역으로 추방된 범인일 뿐만 아니라, 유배 지역에 도착한 뒤에도 또다시 사건을 일으켜 많은

27 동삼성東三省: 중국 동북 지역의 요령성遼寧省, 길림성吉林省, 흑룡강성黑龍江省을 가리킨다.

사람을 흉악하게 죽였다.

해당 장군으로서는 사건을 조사하여 밝힌 뒤에 '즉시 참형에 처하도록 한 본래의 조례'에 따라 한편으로는 법에 따라 처형하여 효시하고 한편으로는 내게 보고하는 것이 본래 불가할 것이 없었다. 그런데 이제 능지처참하도록 정하고 또 내게 아뢰어 결정해 주기를 청하였으니, 내게 보고하는 문서가 오가느라 시일을 끌게 된다. 그러다가 만약 범인이 이 몇 개월 안에 병들어 죽는 일이라도 있게 된다면, 어찌 공개적인 처형을 요행히 모면하는 것이 아니겠는가! 그렇게 되면, 명분은 엄중하게 처벌한다고 하면서도 흉악한 범인에 대해 도리어 처형 시기를 늦추어 주고 법망을 빠져나가게 해 주는 셈이 될 것이니, 간사하고 흉악한 자를 죽여 제거한다는 취지도 아니다."

36. 노비를 멋대로 죽이다

【머슴이 주인의 누이동생을 강간하였다가 주인에게 죽임을 당하였다. ○ 건륭 연간의 일이다.】

광서성廣西省의 백성 유혜괴劉惠槐가 백계白契로 사들인【개인 사이에 작성한 계약서를 백계라 하고, 관아에서 공인한 계약서를 홍계紅契라 한다.】 머슴 반균정班均廷이 기회를 엿보아 집주인의 누이동생 유씨劉氏를 강간하였다가, 유혜괴에게 죽임을 당하였다. 유혜괴에 대해 '머슴을 고의로 죽인 경우에 적용하는 법률 조문'에 따라 가을까지 기다렸다가 교형에 처하도록 정하였다.

형부가 다음과 같이 논박하였다.

"신고하지 않고 제멋대로 죄인을 죽인 경우란 원래 계획적으로 죽인 경우와 고의적으로 죽인 경우를 포함하여 말한 것입니다. 따라서 친족이 아닌 일반 사람이 신고하지 않고 죄인을 제멋대로 죽인 경우에도 싸우다가 사람을 죽인 죄로만 처벌합니다. 반균정은 죄가 있는 머슴으로, 유혜괴가 집주인으로서 신고하지 않고 제멋대로 죽인 것이니, 본래 그러한 죄에 적용할 '집주인이 머슴을 구타하여 죽게 한 경우에 적용하는 조례'가 있습니다. 유혜괴에 대해서는 장형과 도형에 처하는 것으로 바꾸어 정해야 합니다."

○ 다산의 견해: 당연히 죽여야 할 종을 죽인 사람에 대해 도형에 처하도록 정한 것은 지나치다.【또 형부가 의논한 결과를 다음과 같이 아뢰었다. '그 집에서 출생한 노비는 자손 대대로 모두 영원히 종노릇을 해야 합니다.' ○ 중국의 법에 의하면, 대대로 전하여 내려오는 노비를 가생노비家生奴婢라고 하고, 매매한 노비를 계매고공契買雇工이라 하였다.】

37. 노비를 멋대로 죽이다

【친족 형의 여종과 간통하고 구타하여 죽게 하였다. ○ 가경 연간의 일이다.】

산동성 담성현郯城縣의 백성 장오張五가 상복을 입지 않는 친족 형의 여종 춘저春姐와 간통하였다. 춘저가 여주인에게 구타를 당하고 욕을 얻어먹자 역현嶧縣의 어머니 집으로 도망쳐서 돌아가려고 하였으나 가는 길을 몰랐으므로, 장오에게 간청하여 데려다달라고 하였다. 장오가 승낙하지 않고 싸우며 구타하다가 마침 상처를 입혀 죽게 하였다.

조사해 보니 이러하였다. 친족 중의 노비를 구타하여 죽인 경우 조례에서 100대의 형장을 치고 3000리의 유형에만 처하도록 한 것은 죄를 짓지 않은 사람을 가리켜서 말한다. 그러나 이 사건에서 장오는 본래 춘저와 간통하여 양민과 천민의 명분을 스스로 잃었으니, 일반 사람이 싸우다가 사람을 죽인 죄로 논하여 가을까지 기다렸다가 교형에 처하도록 정해야 한다.

○ 다산의 견해: 장오가 춘저를 좋아하는 마음이 있었으므로 반드시 죽이려는 마음은 없었을 것이다. 우연히 죽은 것이니, 어찌 교형에 처하기까지 하겠는가! 아마도 잘못인 듯하다.

38. 노비를 멋대로 죽이다

【친족 형의 종을 구타하여 상처를 입혀 그 상처로 인해 죽게 하였다. ○ 건륭 연간의 일이다.】

직례성 풍윤현豐潤縣의 백성 진춘陳春의 고조할아버지 진왕정陳旺庭이 장문화張文和의 할아버지를 사들여서 종으로 삼았었다. 나중에 진왕정이 분가分家하여 살면서 장문화에게 집과 토지를 나누어 주어 따로 살게 하였으나, 관아가 공인한 노비 문서는 결코 돌려주지 않았다. 그 뒤에 진춘이 장문화를 구타하여 상처를 입혀 죽게 하였다.

조사해 보니 이러하였다. 진왕정이 장문화를 어느 집에 나누어 주어 종으로 삼는다고 지정하지는 않았으나, 장문화는 진춘의 3개월 상복을 입는 친족 형인 진영창陳永昶의 집 종이고, 진춘은 진영창의 3개월 상복을 입는 친족 아우이다. 따라서 '내외 3개월 상복 입는 친족의 종을 구타하여 죽게 한 경우에 적용하는 법률 조문'에 따라 100대의 형장을 치고 3년의 도형에 처해야 한다.

○ 다산의 견해: 이 종은 새로 사들인 종이니 재산 분할에 따라 소유권이 정해지며, 이 종의 직계 손자도 할아버지가 부담하던 종으로서의 역할을 부담해야 한다.

39. 스승과 제자 사이의 범죄를 조사하여 밝히다

【스승 중이 제자 중의 어머니와 간통하다가, 제자 중에게 베여 죽었다. ○ 건륭 연간의 일이다.】

황제의 유지는 다음과 같다.

"강소성 상해현上海縣의 중 득견得見이 그의 스승 중 문조文照가 자기 어머니 왕씨王氏와 간통하고 절간에서 지내게 하자, 자기 어머니에게 돌아가라고 권유하였다. 중 문조가 다시 행패를 부리며 욕지거리를 퍼붓자, 중 득견이 일시에 화가 치밀어 장작을 패는 도끼를 가지고 와서 문조를 거듭 찍어 죽게 하였다.

해당 독무가 중 득견에 대해 '친족이 간통한 사람을 붙잡아 간통할 당시가 아닌 다른 때에 간통한 사내를 죽인 경우에 적용하는 조례'에 따라 가을까지 기다렸다가 교형에 처하도록 정하였으나, 적용할 조례를 인용한 것이 본래 타당하지 못하다. 형부가 '죄인이 체포를 거부하지 않았는데도 신고하지 않고 제멋대로 죽인 경우에 적용하는 조례'로 바꾸어 적용하였다.

그러한 판결은 조례에 따라 처리한 것이기는 하지만, 미흡한 점이 있다. 장씨의 아내 왕씨가 중 문조와 간통하다가 중 득견의 만류를 받았는데도 그만두지를 않았다. 그 뒤 절간에 머무른 뒤로도 중 득견이 여러 차례 간절히 권유하고서야 집으로 돌아갔다. 중 득견이 마음속으로는 화가 치밀어 관아에 고소하여 죄를 다스리고 싶었으나, 한편으로는 자기 어머니에게까지 죄를 뒤집어씌우게 될 것을 두려워하였다. 이는 중 득견은 어머니를 사랑하는 마음이 깊었으나, 그의 어머니는 음란하고 천박하여 도리어 자식을 돌아보려는 마음이 없었음을 보여 주는 것이다.

중 득견이 자기 어머니에게 돌아갈 것을 권유하자, 이것을 본 중 문조가 다시 욕지거리를 퍼붓고, '이곳에 와 있는 너의 어머니를 절간에서 아예 눌러살게 하겠다.'라고 큰소리로 떠들기까지 하면서 두려워하지도 않았고 권유하는 말을 따르지도 않았다. 이는 중 문조가 그의 어머니를 간통하였을 뿐만 아니라 더욱이 그의 제자를 무시하고 학대하기까지 한 것이니, 더 이상 무슨 스승과 제자의 명분이 있겠는가! 중 득견으로서는 사정이 다급하여 감당하기가 어렵자, 도끼로 중 문조를 연이어 찍어 목숨을 잃게 하였다. 이는 실제로 정의의 분노에서 나온 행위이니, 그의 사정이 매우 딱하다.

이 사건을 가을까지 기다렸다가 교형에 처하도록 정한다면, 음란하고 흉악한 사람은 거리낄 줄을 모르게 될 것이고, 정의의 분노를 품은 사람은 자신의 억울함을 풀 수가 없게 될 것이다. 따라서 이 사건에 대해 그처럼 판결하는 것은 정황으로 보나 법률로 보나 몹시 타당하지 못하다. 중 득견은 형부로 넘겨 형부에서 '가을에 심리할 때 정상이 가련한 대상에 포함시키도록 한 조례'로 바꾸어 적용하여 처벌 등급을 낮추어 주는 것으로 종결하라. 나머지는 의논하여 아뢴 대로 시행하라." 위와 같은 유지를 받았다.

40. 스승과 제자 사이의 범죄를 조사하여 밝히다

【제자 중이 불경 교육을 받지 못하자 스승을 구타하여 죽게 하였다. ○ 건륭 연간의 일이다.】

사천성의 중 성지性智가 해순海順을 불러들여 제자로 삼은 뒤 절에서 밭일을 돕게 하고 경전經典은 전혀 가르쳐 주지 않자, 해순이 성지를 구타하여 상처를 입혀 죽게 한 사건이다. 조사해 보니 이러하였다. 성지가 해순을 불러들여 제자로 삼았으나, 겨우 절에서 일을 돕게 하였을 뿐이고 경전 교육은 직접 한 적이 없다. 따라서 일반 사람을 죽인 죄와 똑같게 처벌하여 교형에 처하도록 정해야 한다.

41. 스승과 제자 사이의 범죄를 조사하여 밝히다

【어렸을 때 잠시 배우다가 곧바로 포기했던 사람이 장성하여 스승을 발로 차서 죽게 하였다. ○ 옹정雍正(1723~1735) 연간의 일이다. 미천한 사람이 놀이와 노래를 배웠으나, 전문적인 장인匠人들이 기예技藝를 익히는 것과는 다르게 보아 처벌하였다. ○ 건륭乾隆(1736~1795) 연간의 일이다.】

복건성의 백성 조가성趙可成이 진관영陳觀榮을 발로 차서 상처를 입혀 죽게 하였다. 조사해 보니 이러하였다. 조가성이 9살 때에 진관영을 따라 3개월 동안 글을 배운 뒤에 곧바로 학업을 그만두었으므로 글자를 몰랐다. 따라서 일반 사람을 죽인 죄로 처벌해야 한다.

○ 또 다음과 같이 아뢰었다.

"고전雇典 사람이 놀이를 1년 남짓 배우다가 스승에게 구타를 당하여 죽었다. 노래를 가르치는 미천한 재주이므로, 전문적인 장인들이 익히는 기예와는 다르다. 따라서 그대로 '일반 사람이 싸우다가 사람을 죽인 경우에 적용하는 법률 조문'에 따라 교형에 처하도록 정하였다.

42. 사악한 범죄자를 처형하다

【사람의 장기臟器를 꺼내고 사지四肢를 잘라 약을 조제하기 위해 어린아이를 유괴하여 삶거나 구워서 죽게 하였다. ○ 건륭 연간의 일이다.】

강소성의 백성 반명고潘鳴皐가 어린아이의 시체를 파내어 고경문顧景文에게 주어 굽거나 볶아 약을 조제하게 하였다. 반명고가 또 고경문을 스승으로 모시고 조제 방법을 알려 달라고 하여 어린아이로 약을 조제하는 방법을 전수받고서는 즉시 스스로 어린아이의 시체를 찾아서 약을 조제하여 팔았다. 이는 사람의 장기를 꺼내고 사지를 잘라 약을 조제하는 고경문의 수법을 범인이 이미 습득하였음을 말해 주는 것이다. 다만 범인이 아직 산 사람을 얻어서 그 사지를 자르는 짓을 행하지 않았거나 그러한 짓을 행하기는 하였어도 아직 들통나지 않았을 뿐이다.

해당 독무가 반명고에 대해 겨우 '사악한 수법을 전수받은 경우에 적용하는 조례'만을 적용하여 교형에 처하도록 정한 것은 참으로 범죄의 정황은 중대한데 적용한 법률은 가벼운 것이라고 할 수 있다. 고경문이 살아 있는 아이로 약을 조제하려는 생각에서, 그러한 사실을 분명히 알고 있는 이원방李元芳에게 살아 있는 아이를 찾아 달라고 부탁하였다. 그러자 범인이 즉시 서유항徐惟恒의 아들을 유괴하여 직접 고경문에게 넘겨주어 산 채로 삶기고 구워지게 하였다. 이는 어린아이가 실제로 범인 때문에 죽은 것으로, 심보와 죄악이 주범을 도와서 함께 삶고 구운 것과 비교해서 더욱 무거운 것이다. 그런데 '계획적으로 사람을 죽일 때 범행을 거들지 않은 경우에 적용하는 법률 조문'에 따라 유형에 처하도록 정하였다가 변경 지역으로 추방하도록 바꾼 것은 더욱 가볍게 풀어 준 조치에 해당한다. 형부의 논박에 따라 반명고와 이원방에 대해서는 똑같이 '사람의 장기를 꺼내고 사지를 자를 때 종범으로 참여하여 범행을 거든 경우에 적용하는 법률 조문'으로 바꾸어 적용하여 즉시 참형에 처하도록 정하였다.

43. 사악한 범죄자를 처형하다

【문둥병을 앓는 사람이 사람의 쓸개를 구해 달라고 부탁하자 산 사람의 배를 갈라 죽게 하였다. ○ 건륭 연간의 일이다.】

광동성廣東省 향산현香山縣의 백성 유공악劉公岳이 문둥병을 앓고 있었는데, 처방을 내주는 의원醫員이 전에 '사람의 쓸개로 약을 조제하여 먹으면 병을 고칠 수 있다.'라고 말한 적이 있다. 유공악이 그 말을 유서징劉瑞懲에게 언급하였다. 그 뒤에 유서징이 유공악을 속여서 재물을 차지할 셈으로, 유공악에게 현재 쓸개로 만든 약이 있다고 거짓말을 하면서 그 값으로 얼마를 내겠느냐고 물었다. 유공악이 그가 자기를 속인다는 것을 알고 만약 효과만 있다면 은 120냥을 내놓겠다고 큰소리를 쳤다. 그러자 유서징이 곧바로 사람의 쓸개를 빼낼 계획을 세우고서는 마침내 완아주阮亞珠의 배를 가르고 쓸개를 찾았으나 찾지 못했다. 완아주는 이틀이 지나서 목숨을 잃었다.

유서징은 '산 사람에게서 장기를 꺼내고 사지를 자른 경우에 적용하는 법률 조문'에 따라 능지처사凌遲處死에 처하고, 유공악은 조례에 따라 도형徒刑에 처하도록 정한 뒤 제본題本을 갖추어 올렸다.

그에 대해 형부가 의논한 결과를 다음과 같이 아뢰었다.

"건륭 10년(1745) 12월에 이부吏部가 형부에서 회동하여 2차 심리한 결과를 다음과 같이 아뢰었습니다. '안휘성 안찰사安徽省按察使가 아뢰기를

「산 사람에게서 장기를 꺼내고 사지를 자른 경우에 적용하는 조례 안에, 약을 산 사람이 분명히 합동으로 약을 조제한 일은 없고 그 약의 내력에 대해서만 아는 상황에서 또다시 그 약값을 치르고 산 경우에는 〈신분이 확실하지 않은 사람을 유인하여 숨겨 주고 도둑질을 시킨 경우에 적용하는 조례〉에 따라 먼 변경 지역으로 보내 군병軍兵으로 충원한다고 하였습니다.」라고 하였습니다. 이에 대해 폐하께 아뢰어 윤허를 받은 사안이 있습니다.'

이제 유서징이 감히 산 사람에게서 장기를 꺼내고 사지를 자른 범죄는 해당 범인 유공악이 값을 치르고 사려고 하였기 때문입니다. 그러니 유서징에 대해서는 해당 독무가 올린 제본과 같이 판결해야 합니다. 유공악에 대해서는 이 조례를 적용하고 1등급을 낮추어 100대의 형장을 치고 3년의 도형에 처하되, 중병을 앓고 있으므로 법률 조문에 따라 속전贖錢을 거두어야 합니다."

44. 살인하고 사사로이 합의하는 것을 금지하다

【두 아우가 서로 구타하여 죽이는 일이 발생하였으나 그 형과 그 아내가 숨기고 신고하지 않았다. ○ 건륭 연간의 일이다.】

호남성의 백성 하응전何應典이 친형 하응룡何應龍을 구타하여 죽였는데, 만형 하학장何學章이 지시하여 사실을 숨기고 관아에 신고하지 않았다. 하학장에 대해서는 '1년 상복을 입는 친족 중 아랫사람이 살해되었으나 윗사람이 사사로이 합의한 경우에 적용하는 법률 조문'에 따라 처벌하는 것은 온당하지 못하니, '사리로 보아 당연히 해서는 안 되는 중대한 범죄를 저지른 경우에 적용하는 법률 조문'에 따라 80대의 형장을 치도록 하였다. 하응룡의 아내 조씨曹氏는 남편 형의 지시에 따라 사실을 숨기고 신고하지 않았으니, '남편이 남에게 살해되었으나 사사로이 합의한 경우에 적용하는 법률 조문'에 따라 장형과 도형에 처하되 속전을 거두도록 하였다.

○ 또 다음과 같이 아뢰었다.

"동생이 친형을 구타하여 죽였으나, 그 어머니가 지시하여 사사로이 합의하여 사실을 숨기고 신고하지 않았습니다. 어머니에 대해서는 '사실을 숨긴 경우에 적용하는 법률 조문'을 적용하겠습니다. 죽은 사람의 아내는 시어머니의 명령에 따라 어쩔 수 없이 신고하지 않았으므로 처벌을 면해 주도록 하겠습니다. 이웃 사람들은 모두 '어떤 사람이 다른 사람을 계획적으로 살해한 사실을 알고도 고발하지 않은 경우에 적용하는 법률 조문'에 따라 100대의 형장을 치도록 하겠습니다."

○ 다산의 견해: 하학장과 조씨의 죄는 모두 이 정도까지 처벌해서는 안 될 듯하다.

45. 살인하고 사사로이 합의하는 것을 금지하다

【한집안의 세 사람을 죽였으나 보정保正과 갑장甲長[28]이 사실을 숨기고 신고하지 않았다. ○ 건륭 연간의 일이다.】

---

28 보정保正과 갑장甲長: 청나라 때의 호적제도인 보갑법保甲法에 따라 설치된 직역職役으로, 보장保長과 갑두甲頭를 가리킨다. 보갑법은 10호戶로 1패牌를 만들어 1명의 패두牌頭를 두고, 10패로 1갑甲을 만들어 1명의 갑두를 두며, 10갑으로 1보保를 만들어 1명의 보장을 두던 제도이다.

호남성의 백성 양명괴楊明魁가 한집안의 세 사람을 죽이고 사사로이 합의하여 사실을 숨기고 관아에 신고하지 않았다. 보정과 갑장을 신문하였으나 뇌물을 받은 사실은 없었다. 다만 세 사람이 죽은 중대한 사건을 사사로이 매장하고 숨기도록 내버려 두어 중죄를 지은 범인이 법의 그물을 거의 빠져나갈 뻔하였으니 법률로 보아 용서해 주기가 어렵다.

보정 진위규陳爲圭는 앞장서서 신고를 저지하였으니 '뇌물을 받고 고의로 놓아준 경우에는 죄수와 동일한 죄로 처벌하되, 그 죄가 사형에 이르면 1등급을 낮추어 100대의 형장을 치고 3000리의 유형에 처하도록 한 조례'를 적용하였다. 갑장 주유주朱維周에 대해서는 '부화뇌동하여 따른 경우에는 재차 1등급을 낮추어 100대의 형장을 치고 3년의 도형에 처하도록 한 조례'를 적용하였다.

46. 보고기한을 확대하여 적용하다

【쇠칼로 베어 상처를 입혔으나 100일이 지나서 죽었다. ○ 건륭 연간의 일이다.】

안휘성 조양현阜陽縣의 백성 이사李四가 칼로 곽명郭名의 오른팔을 베어 버리고 다시 마구 베어 많은 상처를 입혔는데, 100일이 지나서 죽었다. 법률 조문에 따라 상처를 입힌 죄로만 처벌하였다.

조사해 보니 이러하였다. 곽명이 여러 차례 찾아와서 소란을 피운 일로 이사가 감정을 품고 있다가, 곽명이 깊이 잠든 틈을 타서 방락房洛과 함께 칼로 그의 오른팔을 베어 버렸고, 방락이 다시 그의 왼쪽 넓적다리를 베어 상처를 입혔다. 만약 칼로 베어 상처를 입히려고만 하였다면, 이미 그의 오른팔을 베어 버린 것만으로도 충분히 통쾌한 마음을 가졌을 터인데, 어찌하여 그만두지 않고 마구 베어 소리를 지르며 구해 주러 온

이구李狗까지도 베어 상처를 입혔단 말인가! 미리 계획적으로 살해하려는 마음을 가지고 있었던 것이 분명하다.

형부의 논박에 따라 이사가 계획적으로 살해한 실제 정황을 조사하여, 곽명이 100일이 지나서 사망하였더라도 '보고기한이 지나서 사망한 경우의 조례'에 따라 형률을 정하는 것은 온당하지 못하다는 점을 밝혔다. 그리고 이사에 대해 '계획적으로 사람을 죽인 경우에 적용하는 법률 조문'에 따라 가을까지 기다렸다가 참형에 처하도록 정하였다.

47. 보고기한을 확대하여 적용하다

【철기鐵器로 구타하여 상처를 입힌 경우에는 칼로 상처를 입힌 경우의 보고기한을 적용하지 않는다. ○ 건륭 연간의 일이다.】

직례성의 백성 장영張榮이 쇠꼬챙이로 장운등張雲騰을 구타하여 상처를 입혀 29일 2시간이 지나서 죽게 하였다. 총독總督이 올린 제본題本에서는 칼로 상처를 입힌 경우의 보고기한을 적용하였으나, 형부에서는 이를 바로잡아서 다시 논의하여 통용하게 할 것을 청하였다.

○ 형부가 의논한 결과를 다음과 같이 아뢰었다.

"보고기한을 조사해 보니, 쇠나 칼로 상처를 입히면 30일의 보고기한을 동일하게 적용하는 경우가 있었고, 중요한 기물로 상처를 입히면 다른 물건으로 상처를 입힌 경우와 함께 20일의 보고기한을 적용하는 경우도 있었습니다. 저희 형부가 사건에 따라 바로잡는다고 하더라도 모두 하나로 통일시킬 수는 없습니다. 따라서 신들은 다음과 같이 청합니다. 앞으로 싸우다가 구타한 사건이 발생하면, 승심관承審官을 시켜 상처를 확인하여 실제로 칼날로 사람에게 상처를 입혔으면 30일의 보고기한을 적용하고, 철기 등을 가지고 있었더라도 칼날을 사용한 적이 없으면 모두 다른 물건으로 사람을 구타하여 상처를 입힌 경우에 따라 20일의 보고기한을 적용하게 하소서."

이에 대한 황제의 유지諭旨는 다음과 같다.

"의논하여 아뢴 대로 시행하라."

祥刑追議

상형추의 1

○ 아! 옛날 생각이 난다. 우리 정조대왕正祖大王께서 재위하신 25년 동안 죄수를 가엾게 여겨 신중히 판결한 어진 정치는 역대 어느 임금보다도 뛰어났다. 죄수에 대해 오랫동안 곰곰이 생각하여 판결을 내리셨으므로 산 사람이나 죽은 사람 모두 원통해하는 사람이 없었다.

사관史官이 그동안 정조대왕께서 내리신 판결문을 모아 《상형고祥刑考》[29] 100권을 편찬하였는데, 내가 옛날 규장각에 있을 때 이를 교열較閱한 적이 있다. 내가 귀양을 간 이후로는 더 이상 《상형고》를 보지 못하였다. 근래에 어떤 사람이 《상형고》 가운데 사건 기록 수백 건을 뽑아서 보여 주었는데, 그중에는 정조대왕의 판결문이 실리지 않은 것도 있었다.【정조대왕께서 '대책을 마련하여 보고한 대로 시행하라.'라고 판결한 경우에는 판결문을 싣지 않기도 하였다.】

시골에서 그 기록을 보니 옛날 생각이 나서 저절로 눈물이 흘렀다. 살인 사건을 심리하는 사람들이 의혹이 있어 판결하기 어려운 사건을 담당하게 되면 이 《상형고》를 가져다가 마치 성인聖人의 경서經書처럼 끌어다 적용할 것이라는 생각이 뒤이어 들었다. 그래서 마침내 그 기록들을 다시 편집하고 나의 의견을 덧붙이기도 해서 〈상형추의祥刑追議〉라는 이름을 붙여서 후세 사람들이 참고할 수 있게 하였다.

---

29 상형고祥刑考: 1797년(정조 21)에 형조에서 죄인에 대해 심의하여 올린 문서와 그에 대해 국왕이 판결한 내용을 바탕으로 《일성록日省錄》의 체제에 따라 매일 강綱과 목目으로 나누어 해마다 1편씩으로 정리한 책자이다. 이후 해마다 2·5·8·11월에 추가할 내용을 《상형고》에 정리 기록하여 국왕에게 올렸다. 이 책의 제목은 《서경書經》 〈여형呂刑〉의 "이 상서로운 형벌을 거울로 삼으라.〔監于玆祥刑〕"라고 한 말에서 인용하여 정한 것이다. 정조의 말에 의하면, 《흠휼전칙欽恤典則》이 형사 사건의 제도에 대해 규정한 책이라면 《상형고》는 형사 사건의 실제 사례를 기록한 책이라고 하여 두 책이 서로 보완 관계에 있음을 밝혔다.

1. 주범과 종범을 구별하다(1)

【사람을 구타하여 죽여 놓고서 다시 사람을 불러서 함께 구타하였다. 사건의 근본 원인은 곡식을 빌렸기 때문이며, 사망의 실제 원인은 구타를 당하였기 때문이다.】

○ 광주廣州의 백성 호성룡扈聖龍 등이 정복실鄭福實을 죽였다.

○ 경기에서 다음과 같이 아뢰었다.【경기 감사가 기록하여 아뢴 것이다.】

"한 가지 사건에 두 명의 범인이 있는 이 살인 사건에서 한 명은 주범이고 한 명은 종범이나, 주범과 종범을 구별하는 것이야말로 가장 신중히 살펴야 합니다. 이 사건을 반복해서 조사하고 맞추어 보니, 호성룡이 주범이고 김유한金幼漢이 종범이라는 것은 분명히 증명할 수가 있습니다.

시체의 상처는 이러하였습니다. 오른쪽 눈두덩은 뼈가 부서지고 피가 엉겨 있었으며, 이마와 아랫배에 피가 엉겨 있고 단단하였습니다. 이러한 부위에 난 상처들은 모두 즉시 목숨을 잃을 수 있는 상처들입니다. 왼쪽 등뼈와 오른쪽 갈비뼈 사이는 살이 문드러져 있고 구멍이 나 있었습니다. 이러한 부위들은 모두 즉시 죽을 수 있는 급소입니다. 그렇다면 정복실이 구타를 당하자마자 즉시 죽었다는 것은 더 이상 의심할 여지가 없습니다.

다만 주범과 종범 중 누가 먼저 구타를 시작하고 누가 더 심한 상처를 입혔는지가 우선적으로 가려져야 합니다. 그러나 두 놈이 서로 책임을 떠넘기면서 각자 죄를 모면하려 하고 있으니, 그들의 말은 모두 신뢰할 수가 없습니다. 가장 신뢰할 수 있는 것은 배재룡裵再龍이 그동안 진술한 말로, 이 진술이 첫 번째 신뢰할 수 있는 공정한 증언입니다.

1차 검안할 때 배재룡의 첫 번째 진술에서는 '보자기를 두고 간 사람이 돌아갈 때에 제가【의몸[矣身]은 죄인이 자신을 일컫는 말이다.】 그 뒤를 밟아

보니, 길 위에 어떤 사람이 쓰러져 있었습니다. 그 사람은 같은 동네에 사는 정복실이었으며, 죽은 지가 벌써 오래되었습니다. 그런데도 보자기를 두고 간 사람이 죽은 중에게 곤장 익히기[死僧習杖]를 하듯이 죽은 사람을 구타하였습니다.' 하였고, 두 번째 진술에서도 '뒤쫓아서 가 보니 정복실은 그에 앞서 구타를 당해 죽어 있었는데, 호성룡이 다시 김유한과 함께 힘을 합쳐 구타를 하였습니다.'라고 하였습니다.

이번 사건의 김유한이 바로 배재룡이 말한 '보자기를 두고 간 사람'입니다. 두 차례의 진술을 통해 증언한 것이 매우 명확하였으니, 호성룡이 먼저 구타하고 김유한이 나중에 범행한 것을 이 진술에 의거하여 알 수가 있습니다.

아! 그런데도 저 호성룡이 감히 줄곧 책임을 떠넘기고 온갖 방법으로 진실을 감추면서 진술하기를 '저의 두 손이 붙잡혀 있어서 범행을 저지를 수가 없었습니다.' 하고, '애당초 범행을 저지르지 않았으며 저 혼자만 묶이지 않았습니다.' 하기도 하는 등 말마다 모두 꾸며 대기만 하고 사안마다 모두 궁색하였습니다.

볏섬의 일로 말하더라도,【우리말에 방아를 찧지 않은 벼를 조租라고 한다.】 호성룡이 평소에 불만스러워했던 자취를 스스로 감추기 어려웠습니다. 그러다가 술 취한 김에 정복실을 마구 구타하여 얼굴 가득 피범벅이 되자, 그러한 범죄가 사람을 죽이거나 상처를 입힌 죄에 해당한다는 것을 스스로 생각하게 되었습니다. 그리하여 빠져나갈 수 있는 별다른 간악한 꾀를 생각해 내어 고개에 있던 김유한을 불러다가 서로 구해 주었다는 핑계를 대기로 하고 암암리에 죄를 나누어 지려고 도모하였습니다. 그의 심보를 따져 보면, 어찌 대단히 교활하고 악랄하지 않겠습니까!

그가 직접 범행을 저지른 것에 대해서는 김수장金水長의 집에서 한바탕 이야기를 주고받은 자리에서 스스로 발설하였으니, 호성룡을 주범으로 단정하는 것은 살인 사건의 처리 규정으로 볼 때 당연한 것입니다. 범행을 주도적으로 모의한 자와 범행을 거든 자에게 적용하는 법률 조문으로 비교하여 논하더라도, 호성룡은 주범이 되어야 하고 김유한은 저절로 종범으로 귀결됩니다. 더구나 호성룡이 맨 먼저 범행을 저질러 정복실을 쓰러지게 하였으니, 그의 죄는 범행을 주도적으로 모의한 것으로만 한정할 수 없습니다.

김유한은 종범이라고는 하지만, 힘을 합쳐 손으로 치고 발로 찬 것에 대해서는 그도 스스로 인정하였으니, 사형보다 한 등급 아래의 형률로 처벌해야 합니다. 그러나 살인 사건의 처리 규정을 신중히 적용하고 사람의 목숨을 중시하는 방도로 볼 때 감히 멋대로 처리할 수가 없습니다."

○ 주상의 판결은 다음과 같다.

"한 가지 사건에 두 명의 범인이 있으면 주범과 종범을 구분해야 하고, 이는 시체의 상처를 살펴서 정해야 한다. 호가扈哥는 양쪽 눈두덩을 돌로 쳐서 뼈가 부서지게 되었다고 하고, 김가金哥는 등의 양쪽을 몽둥이로 구타하여 살이 문드러지게 되었다고 하였다.

이른바 '뼈가 부서졌다.'라거나 '살이 문드러졌다.'라고 한 부위는 모두 즉시 죽을 수 있는 급소의 경계이니, 심한 상처인지 약한 상처인지만을 가지고서 주범을 확정할 수가 없다. 지금 주범과 종범을 결정할 수 있는 방법으로는 정복실을 먼저 구타하기 시작한 사람이 누구인지와 맨 처음 주도적으로 모의한 사람이 누구인지를 밝히는 것이 최선이다.

배재룡은 사망한 사람의 친족으로서 범인들과 은혜나 원한이 없을 것 같은데도 굳이 호가가 먼저 구타하였다고 하였고, 일금日金은 고소를 당한 사람의 친족으로서 범인들과 애정이나 증오가 없을 터인데 그도 처음 구타하기 시작한 범인으로 호가를 지목하였으니, 호가가 범행을 부인하려고 해도 어찌 가능하겠는가! 도망하여 피하려는 정복실을 묶어서 데려갈 때에는 아수라장이 된 싸움판을 감출 수가 없었고, 호성룡이 집으로 돌아가서 정복실을 구타하였다고 발설한 사실은 제 입으로 범행을 인정한 셈이었다. 그러니 이 살인 사건의 주범이 호가가 아니고 누구란 말인가!

더구나 호가는 홍낙순洪樂純의 집에 머무르는 나그네로, 김가와는 서로 어울려 함께 악행을 저지르고 세력을 믿고서 난동을 부리는 등 못 하는 짓이 없었다. 그러다가 심지어 대낮에 큰 길거리에서 공공연히 사람을 죽이는 변괴를 일으키기까지 하였다. 본래의 죄가 아니더라도 이 한 가지만으로도 죄상이 더욱 대단히 통분스럽고 놀랍다.

그러나 주범과 종범이 아직도 시원하게 가려지지 않았고 죄인에 대해 여러 차례 신문하기까지 하였다. 한 사람이 살해되었는데 두 사람이 목숨으로 갚는 것은 살인 사건의 처리 규정으로 따져 보면 반드시 그렇게 할 수 없다. 그러니 다시 도신道臣에게 다른 방법을 생각해 내서 직접 이 사건을 엄중히 조사하고 주범과 종범을 나누어 이치를 따져 장계로 보고하게 하라. 그리고 장계가 올라오면 그때 내게 물어서 처리하라."

○ 주상의 판결에 대한 다산의 견해: 범행에 사용한 흉기로 말하면 돌멩이가 몽둥이보다 위험하고, 구타를 당한 부위로 말하면 눈두덩이가 등보다 위중하며, 상처로 말하면 뼈가 부서진 것이 살이 문드러진 것보다 깊었다. 사건이 일어나게 된 근본 원인으로 말하면 호가가 볏섬으로 인한 원한을 풀려는 생각에서 시작되었으며, 범행을 저지른 순서로 말하면 고개에서 내려온 김가가 호가보다 나중에 저지른 것이었습니다. 이 살인 사건의 주범과 종범이 누구인지에 대해서는 정말로 의문이 있었던 것은 아니었습니다. 다만 살리기를 좋아하시는 인자한 마음에서 반드시 죽여야 할 사람의 목숨을 잠시 살려 준 것뿐이었습니다.

2. 주범과 종범을 구별하다(2)

【구타한 사람은 오랫동안 원한을 품고 있었고, 종범은 힘을 보탰다. 사건의 근본 원인은 간음하였기 때문이며, 사망의 실제 원인은 구타를 당하였기 때문이다.】

○ 의주義州의 백성 최성척崔聖倜이 한재기韓再起를 죽였다.

○ 형조에서 다음과 같이 아뢰었다.

"이 최성척의 살인 사건은 조사한 관원의 결론이 매우 명백한 데다 도신道臣의 발사跋詞도 대단히 정확합니다. 최성척이 단자單子를 올린 일, 종회宗會에 참석한 일, 독약을 준 일, 시체를 옮긴 일 등을 가지고서 모두 최상혁崔相赫에게 주범의 혐의를 떠넘기려고 하였으나, 두 사람을 대질시켰을 때에 간악한 정상이 도리어 탄로났습니다.

'전답의 문제로 원한을 품고 있었습니다.'라는 말로 종수宗秀가 증명한 것을 반박하려고 하였으나, 이른바 전답의 문제란 종수의 조상 때인 강희康熙(1662~1722) 연간에 있었던 일이니, 지금 와서 그 문제로 원한을 풀려고 그러한 짓을 저질렀다면 너무 늦은 것이 아니겠습니까!

한재기가 최성척의 아내와 간통하고 사당에 불을 지른 것은 최성척의 입장에서 볼 때 몹시 분하기 그지없는 원한이고 보면, 한재기를 만난 자리에서 구타할 때 어찌 사납게 구타하지 않을 수 있었겠습니까! 상처가 모두 급소에 나 있었고, 증언들도 모두 분명하였습니다. 설사 최상혁이 범행에 거든 일이 있다고 하더라도, 두 사람이 함께 범행을 저지른 경우에는 결정적인 상처를 입힌 사람을 주범으로 정해야 합니다. 최성척은 신문할 수 있는 때가 되기를 기다렸다가 연이어 더 엄중히 신문하여 기어이 사실을 밝혀내게 하소서.

최상혁으로 말하면, 단자를 올려 소란을 일으킨 사람도 최상혁이고,

한재기의 발을 붙잡아 구타를 도와준 사람도 최상혁이니, 예사로운 종범으로 처벌해서는 안 됩니다. 최상혁에 대해서도 신문할 수 있는 때가 되기를 기다렸다가 엄중히 신문하여 적용할 법률 조문을 살펴서 처벌하게 하소서.

최익대崔益大로 말하면, 감히 말도 안 되는 말로 전하를 놀라게 하고, 더욱이 밝히기 어려운 일로 정실 어머니를 지적하였으니, 전하를 속이는 죄를 저지른 데다 어버이의 허물을 숨겨 주어야 하는 자식의 도리도 몰랐습니다. 그의 죄상을 따져 보면, 아버지를 위해 원통함을 호소한 데다 이제 겨우 소년이 되어 나이도 어리다는 이유로 죄를 용서해 주어서는 안 됩니다. 본도에서 특별히 징계하게 하소서.

조명우趙明佑로 말하면, 한재기가 사당에 불 지른 일을 한재기와의 원한 때문에 앞장서서 떠들다가 점차 감정이 격해져서 심지어 사람을 죽이는 변괴가 일어나게까지 하였으니, 대단히 통분스럽고 놀랍습니다. 조명우도 도신이 장계狀啓에서 청한 대로 무거운 쪽으로 처벌하라고 함께 분부하는 것이 어떻겠습니까?"

○ 주상의 판결은 다음과 같다.

"최성척의 살인 사건은 다음과 같이 판결한다. 해당 고을의 보고 문서와 도신의 장계에 대단히 자세히 밝혀져 있으니, 최성척이 이 사건의 주범이라는 것은 더 이상 의심할 여지가 없다.

이미 형조가 이 사건에 대해 대책을 마련하여 아뢴 일로 인하여 내가 판결을 내린 적이 있으나, 마침 심리하는 날을 맞아 그동안의 사건 기록을 가져다가 살펴보니, 그가 말을 하면 할수록 더욱 괴이하고 그가 교묘하게 세운 계획은 도리어 졸렬한 결과가 되고 말았다. 상언上言 가운데 한마디로 말하더라도, 그가 '설령 구타를 당하였다고 하더라도 최상혁이 주범이라고 할 수 있습니다.'라고 하였는데, 이 한 구절이 바로 주범으로 단정하는 확실한 증거라고 할 수 있다. '설령[或]'이라는 말은 단정하지 못하고 의심하는 말이다. 그가 감히 최상혁에게 범행을 저지른 죄를 곧바로 뒤집어씌우지 못하다가 본도에서 조사를 행할 때가 되어서야 또 감히 한마디 말로 최상혁에게 죄를 떠넘겼으니, 참으로 매우 형편없다고 하겠다.

그는 전사戰死한 사람의 후손으로서, 비천한 자들과는 다른 처지이다. 그런데 아버지가 죽어 아직 장사를 지내지도 않았을 때에 최상혁을 부추겨서 처음에는 마을에 단자를 바쳐【마을에 단자를 바쳤다는 말이다.】 종회를 소집하게 하고, 그다음에는 주먹으로 때리고 발로 찼으니, 이런저런 행위들은 모두 상중에 있는 사람이 차마 할 수 있는 짓이 아니었다.

최익대는 아버지의 원통함을 호소한다는 핑계로 감히 정실 어머니의 추악한 일을 드러내어 글로 옮겨 쓰고 전혀 거리낌이 없었으니, 인간의 윤리를 더 이상의 여지없이 손상시키고 무너뜨렸다. 하지만 어린아이가 무엇을 알겠는가! 모두 그의 아버지 최성척이 지시한 것이다. 본 사건 이외에 또 중죄를 더 지었으니, 이에 대해서는 예사롭게 처벌해서는 안 된다. 최성척에 대해서는 조사하는 관원을 특별히 타일러 합동으로 신문해서 기어이 범죄 사실을 자백받게 하라."

○ 주상의 판결에 대한 다산의 견해: 최익대는 최성척 첩의 아들입니다. 최성척의 아내가 예전에 한재기와 간통한 일이 있어 이 때문에 원한이 맺히게 되었습니다. 그런데 최익대가 첩의 자식으로서 정실 어머니의 간음한 행실을 증언하였으니, 인간의 윤리를 손상시키고 무너뜨리는 행위로는 이보다 심한 것이 없습니다. 이것이 성상께서 엄중하게 유시諭示하신 이유입니다.

3. 주범과 종범을 구별하다(3)

【두 사람이 함께 구타하였으나, 강한 사람을 보호하고 약한 사람을 주범으로 지목하였다. 사건의 근본 원인은 홧김에 싸웠기 때문이며, 사망의 실제 원인은 구타를 당하였기 때문이다.】

○ 평양平壤의 백성 한세명韓世明 등이 오덕룡吳德龍을 죽였다.

○ 검안보고서의 기록은 빠졌다.

○ 주상의 판결은 다음과 같다.

"1차 검안한 관원이 한세명과 강종지康從之 두 사람을 모두 주범으로 기록한 것만으로도 벌써 규정을 위반하였다. 2차 검안할 때가 되자 도신道臣이 합동으로 조사할 관원을 정하지 않고, 1차 검안한 관원에게만 증인과 유족을 엄중히 신문하게 한 것은 더욱 규정을 위반한 것이다. 감영監營이나 고을이나 막론하고 일반적인 규정에 구애받지 않은 것을 보면 두 사람의 범인 중에서 누구를 주범으로 단정해야 할지 난감해하였다는 것을 알 수 있다.

사람의 목숨은 지극히 중요하고 살인 사건을 처리하는 규정은 매우 엄격하다. 따라서 애당초 의문을 제기하지 않았으면 몰라도 이미 의문을 제기한 이상 반드시 반복해서 추궁하고 철저히 조사한 뒤에야 목숨으로 보상하게 하는 사건을 판결할 수 있다. 그런데 '엄중히 신문하게 하였다.'라고 한 것은 김윤경金允京과 한 조이韓召史[30]를 2차례 형장을 치며 신문한 것에 불과하였을 뿐이다. 그들의 진술은 1차 검안할 때 및 2차 검안할 때 받았던 진술과 전혀 차이가 없었는데, 도신이 갑자기 강종지는 놓

---

30 조이: 소사召史의 이두식 표현이다. 소사는 양민의 아내나 과부를 이르는 말이다.

아두고 한세명을 주범이라고 확정한 것은 참으로 이해할 수가 없다.

한세명은 다른 고을에서 이주해 온 외롭고 가난한 사람이고, 강종지는 그 지역에서 대대로 거주하던 부유한 사람이다. 강중흥康中興과 강중삼康中三은 강종지의 형제이고, 김구명金九明과 김윤경은 강종지의 이웃 사람이다. 주인은 부유하고 나그네는 가난하여 서로 다르면 주인은 보호하고 나그네는 억눌러 차별하는 것은 참으로 그럴 수밖에 없는 형세라고 하겠다.

최초에 소란을 일으킨 사람은 강종지였고, 한세명은 뒤따라 도착한 사람이었다. 강중흥과 강중삼이 한세명과 서로 싸우자, 오덕룡과 김윤경 등도 급히 달려가서 싸움을 말렸다. 그런데 한 동네에서 같이 살고 있는 저 강종지만 감히 싸우는 것을 보지 못했다고 말한 것은 그럴싸하지도 않고 이치에 닿지도 않는 말이다. 강중흥이 1차 검안할 때의 진술에서 갑자기 '막냇동생 강종지는 각각 따로 살고 있었기 때문에 미처 현장에 오지 못했습니다.'라고 하여 묻지도 않았는데 스스로 실토하였으니, 진실을 감출 수 없어 남김없이 탄로 난 것을 알 수 있다.

살인 사건에서 진술을 받을 때에는 목격한 증인의 진술이 무엇보다 중요하니, 주범을 결정하는 것이 그의 말 한마디에 달렸기 때문이다. 일반적으로 목격한 증인들은 아무리 어리석은 사람이라 할지라도 모두 증언을 지연시키고 애매모호하게 말을 하려고 하지, 드러내 놓고 범인과 원수가 되려고 하지는 않는다. 그런데 김윤경은 처음부터 끝까지 앞장서서 증명하였고 온 힘을 다하여 한세명을 죽을 곳으로 몰아갔으니,【김윤경이 진술할 때마다 '한세명이 오덕룡을 죽였습니다.'라고 하였다.】 그가 무슨 마음을 먹고 어떠한 의도로 그런 것인지 뚜렷이 알 수가 있다. 김구명이 '관아와 마을에 아무 일이 없었습니다.'라고 한 말, 한 조이가 3일 만에 고소장을 제출한 일, 오두성吳斗成이 와서 물었을 때 한 조이가 침묵하고 대답하지 않은 일 등은 그 내막을 따져 보면 하나하나가 의심스럽다.

이정里正 박눌응朴訥應이 올린 수본手本에 '한 조이를 찾아가서 오덕룡이 사망하게 된 이유를 물어보니, 한 조이가 대답하기를 「누구한테 구타를 당하였는지 모르겠다.」라고 하였습니다.' 하였다. 그런데 하룻밤 사이에 갑자기 앞서 했던 말을 바꾸어 한세명만 단독으로 지명하여 고소장을 제출하였으니, 그사이에 일어난 곡절에 대해서는 묻지 않아도 알 수 있다. 살인 사건을 처리하는 규정으로 따져 보면 저러한 상황인 데다, 사건의 정황을 참작해 보면 더욱이 이와 같은 상황이다.

몇 해 전에 양 조이楊召史가 상언 중의 몇 조항으로 나를 속였던 것은 어리석어서 저지른 일에 불과하였다. 그러나 강종지는 결국 무죄로 판결하고 한세명은 주범으로 단정하여 7년 동안 합동으로 조사한 것은 천지의 조화로운 기운을 해치기에 충분하다. 죄수를 가엾게 여겨 신중히 판결하는 도리로 볼 때 오랜 시간이 지났다고 해서 포기해 두어서는 안 된다. 한세명에 대해서는 우선 형장을 치며 신문하는 것을 중지하고, 강종지·한 조이·김윤경 등은 전처럼 도로 가두고 엄중히 신문하여 진실을 알아내라."

○ 주상의 판결에 대한 다산의 견해: 주상의 판결문에서 의심스러운 단서를 낱낱이 거론하셨으니, 성상의 식견이 대단히 원대하고 고명합니다. 고요皐陶가 법관을 맡고 당唐나라 고조高祖가 죄수에 대해 곰곰이 생각하여 판결한다고 하더라도 이보다 더할 수는 없습니다. '시골의 어리석은 백성이라 하더라도 일반적으로 목격한 증인들은 모두 증언을 지연시키고 애매모호하게 말을 하려고 하지, 드러내 놓고 범인과 원수가 되려고 하지는 않는다. 그런데 김윤경은 앞장서서 증명하였고 한세명을 곧장 죽을 곳으로 몰아갔다.'라고 하여 사적인 감정을 품고 약한 사람을 능

멸한 사건으로 판단하신 것은 더욱 귀신처럼 밝은 판단으로, 마치 해와 달이 비추는 듯이 분명합니다. 신은 공경하고 감탄해 마지않습니다.

4. 주범과 종범을 구별하다(4)

【두 사람이 함께 구타하였으나, 강한 사람을 보호하고 약한 사람을 주범으로 지목하였다. 사건의 근본 원인은 빚을 독촉하였기 때문이며, 사망의 실제 원인은 목이 부러졌기 때문이다.】

○ 홍천洪川의 백성 구시봉具時奉 등이 박이동朴以同을 죽였다.

○ 1차 검안보고서의 발사跋詞는 다음과 같다.

"박이동의 시체를 직접 눌러 보고 주물러 보았습니다. 시체의 앞면은 7곳의 구멍에서 피가 나와 있었고, 목은 덜렁덜렁하여 머리채를 잡고서 흔들어 보니 목이 붙어 있지 않은 것 같았습니다. 고환의 왼쪽 한 곳이 선홍색을 띠고 있었는데 길이는 7푼이고 너비는 4푼이며 부드러웠습니다.

시체의 뒷면은 목이 부어올라 있고, 머리채를 잡고서 흔들어 보니 목이 붙어 있지 않은 것 같았습니다. 등의 살갗과 살 한 곳이 부패해 있었는데, 둘레가 3자 1치이고【둘레는 본래 위원장圍圓長이라고 한다.】 너비가 7푼이며, 청황색靑黃色을 띠고, 부드러웠습니다. 목이 덜렁덜렁한 것 이외에는 목숨을 잃게 할 급소의 상처는 별달리 없었습니다.

이제 죄수들이 진술한 내용을 보면, 박이동의 죽음은 잠깐 사이에 급소의 상처도 없이 일어난 것에 불과한 것처럼 말하였으나, 어찌 이럴 수가 있겠습니까! 현장을 목격한 증인 김오남金五男과 박봉재朴奉才가 진술하기를 '박선생朴善生이 박이동의 머리채를 붙잡고 그의 귀밑을 찼는데, 두 차례 휘둘러 차자 그대로 죽게 되었습니다.' 하였습니다. 기절하여 땅에 쓰러져 있는 사람을 수없이 머리채를 붙잡고서 끌고 다녔으니, 목이 부러져 상처를 입는 것은 이치로 보아 당연한 일입니다. 사망의 실제 원인은 '목이 부러져서 죽게 되었다.'라고 기록하였습니다.

이 사건의 주범은 박선생과 구시봉 두 사람을 벗어나서 지목할 수 없는데, 두 사람이 서로 책임을 떠넘기면서 끝내 범행을 실토하지 않았습니다. 목격한 증인 두 사람 중 박봉재는 구시봉의 조카사위이니 그의 말이 공정하더라도 신뢰하기가 어렵습니다.

김오남은 박이동의 처 오라비[妻兄]로【본문에는 처남妻甥이라고 하였다.】 유족이나 마찬가지이니, 주범을 엉뚱하게 지적할 리는 없을 것입니다. 김오남이 진술한 내용 안에 '구시봉이 뺨을 때리고 엉덩이를 걷어찰 때에는 박이동이 죽지 않았다가, 박선생이 귀밑을 차고 머리채를 휘어잡고서 끌고 다닌 뒤에야 즉시 목숨을 잃었습니다.'라고 하였으니, 박이동이 박선생에게 살해당한 것은 불을 보듯 뻔합니다.

박선생이 구시봉·김오남과 대질 신문할 때 죽을 상황에서도 살길을 찾는 마음에서 얼굴을 붉히며 서로 마주 대하기는 하였으나 끝내 구시봉을 차마 주범으로 지목하지는 못하였으며, 말을 얼버무리면서 온갖 종잡을 수 없는 태도를 보였습니다. 이는 모두 마음이 불안하여 스스로 겁을 먹었기 때문에 나온 행동입니다.

구시봉은 두 차례 뺨을 때리고 한 차례 엉덩이를 걷어찬 것에 대해 스스로 인정하였습니다. 뺨과 엉덩이는 모두 급소가 아니므로 결코 이것 때문에 죽게 되었을 리는 없겠으나, 종범에게 적용하는 형률을 모면하기는 어렵습니다."

○ 다산의 비평은 다음과 같다.

"대체로 검안보고서 발사의 문체는 자신의 의견을 서술하는 글이지,

눈에 보이는 사실만을 기록하는 글이 아니다. 시체의 앞면과 뒷면에 나 있는 모든 상처는 시장屍帳의 목록에 기록하였는데, 또 무엇 때문에 한 차례 더 기록하였는가! 시장은 제목이고, 발사는 논평이다. 발사에서 여러 상처를 낱낱이 거론하여 가벼운 상처인지 무거운 상처인지를 서술하고, 위험한 상처인지 위험하지 않은 상처인지를 서술하며, 주된 상처인지 부수적인 상처인지를 서술하고, 법과 이치를 서술하는 것은 가능하다. 그러나 시장에 상처를 한 차례 기록하였는데, 발사에 한 차례 더 기록하는 것은 발사의 문체가 아니다. 그런데도 발사를 기록하는 세속의 관리들이 모두 이러한 잘못을 범하니, 참으로 한탄스럽다.

게다가 이 사건의 실제 사망 원인을 '목이 부러져서 죽게 되었다.'라고 정하였으면, 진술을 받거나 증언을 들을 때 목이 부러진 일에 대해서만 정신을 집중해야 한다. 이를테면 머리채를 휘어잡고서 이리저리 끌고 다닌 것은 목이 부러지게 된 근본 원인이라고 할 수 있다. 지금 이 검안보고서의 발사에서는 먼저 '두 차례 휘둘러 차자 그대로 목숨을 잃었습니다.'라고 하였고, 이어서 서술하기를 '기절하여 땅에 쓰러져 있는 사람을 수없이 머리채를 붙잡고서 끌고 다녀 목이 부러지게 하였습니다.'라고 하였다.

앞에 한 말로 보면 목이 부러진 것은 휘둘러 찬 것이 원인인 듯하고, 뒤에 한 말로 보면 목이 부러진 것은 머리채를 붙잡고서 끌고 다닌 것이 원인인 듯하니, 애매모호하여 하나로 결론을 지을 수가 없다.

게다가 '기절하여 땅에 쓰러져 있는 사람을 수없이 머리채를 붙잡고서 끌고 다녔습니다.'라고 하였으니, 박선생이 머리채를 붙잡고서 끌고 다니기 전에 벌써 박이동이 기절하여 땅에 쓰러져 있었던 것이다. 박이동이 기절하여 땅에 쓰러져 있었다면, 박선생이 박이동의 머리채를 붙잡고서 끌고 다닌 것은 '죽은 중에게 곤장 익히기[死僧習杖]'를 한 것처럼 이미 죽은 사람을 끌고 다닌 것에 불과하니, 어찌 주범이 될 수 있겠는가!

이것을 통해서 보면, 박선생이 범행을 저지르기 전에 벌써 박이동은 구시봉에게 손찌검과 발길질을 당하였던 것이다. 손찌검과 발길질이 사납지 않았다면 어떻게 기절하였겠는가! 이러한 정황과 이치에 대해서는 전혀 논한 말이 없으니, 이것은 또 무슨 까닭인가? 2차 검안보고서를 보면, 구시봉은 주인이고 박선생은 손님이며, 구시봉은 대대로 터를 잡고 살아온 토박이이고 박선생은 객지에 머무르는 외톨이이며, 구시봉은 모욕을 당한 사람이고 박선생은 옆에서 구경하던 사람이며, 구시봉은 먼저 구타한 사람이고 박선생은 나중에 범행을 거든 사람이다.

더욱이 그 사건이 발생하게 된 근본 원인은 숯 가마니를 징수하는 과정에서 '네 아내라도 내놓으라.'라고 한 일에서 비롯되었다. 그런데 이러한 일에 대해서는 전혀 거론한 말이 없고, '박선생이 목을 부러뜨렸습니다.'라고만 하였으니, 또한 허술하지 않겠는가! 설사 목을 부러뜨린 것이 정말로 박선생의 범행이라고 하더라도, 이와 같이 죄상을 서술한다면 박선생도 승복하지 않을 것이다.

○ 또 나의 견해를 추가하면 이렇다. 《무원록無冤錄》〈검복檢覆·시장식屍帳式〉의 목록目錄에, 시체의 앞면과 뒷면의 명목이 각각 다르다. 시체의 앞면에는 위아래 턱[頷頦]만 있고, 시체의 뒷면에야 목[項頸]이 있으니,[31] 목의 상처에 대해 서술하려고 하면 시체 뒷면의 상처에 대해 서술할 때가 되어서야 서술해야 한다. 그런데 시체 앞면의 상처에 대해 서술할 때

31 시체의……있으니: 《무원록》〈검복·시장식〉에는 시체의 앞면인 앙면仰面과 시체의 뒷면인 합면合面으로 나누어 각 부위를 열거하고 그림으로 표시하였다. 그중 목의 앞부분에 해당하는 위아래 턱[頷頦]은 앙면에 속해 있고, 목의 뒷부분을 뜻하는 목[項頸]은 합면에 속해 있다.

먼저 목의 상처에 대해 서술해서야 되겠는가! 만약 앞뒤의 뼈가 모두 부러졌다면 '위아래 턱의 뼈가 부러졌다.'라고 말해야지, 어찌 '목이 부러졌다.'라고 이름을 붙일 수 있겠는가! 명목은 정확해야 한다.

○ 또 나의 견해를 추가하면 이렇다. 구시봉이 손찌검한 곳은 뺨이고 발길질한 곳은 엉덩이이다. 그런데 시장을 보면 고환에도 상처가 있고 등에도 상처가 있다고 하였으나 뺨과 엉덩이에 대해서는 모두 언급이 없었다. 그렇다면 목의 상처, 고환의 상처, 등의 상처는 모두 박선생이 입힌 상처들이고, 구시봉은 털끝만큼도 전혀 범행을 저지른 것이 없는 셈이 된다. 세상에 어찌 이런 일이 있을 수가 있겠는가! 뺨과 엉덩이를 거론한 이유는 본래 먼저 범행을 저지른 사실을 완전히 숨길 수는 없었기 때문에 상처가 없는 부위인 이곳을 형식적으로 뽑아서 대충 스스로 꾸며댄 것뿐이었다. 만약 그렇다고 한다면 박선생이 머리채를 휘어잡고서 끌고 다니기 전에 박이동이 기절하여 땅에 쓰러졌던 것은 또 무엇 때문이었는가? 뺨을 때렸으나 상처가 없었고 엉덩이를 걷어찼으나 상처가 없었다면, 상처가 생기지도 않았는데 먼저 기절한 셈이니, 어찌 괴이하지 않겠는가!

○ 대질 신문할 때 박선생이 말을 얼버무리고 끝내 구시봉을 주범으로 차마 지목하지 못하였으니, 이것도 살펴보아야 할 일이다. 숯 가마니를 징수하는 일 때문에 박이동이 주인 구시봉의 아내를 모욕하기까지 하였고, 이 일 때문에 화가 나서 구시봉과 박선생이 한목소리로 모욕을 막으려고 하였으니, 주인과 손님의 우의가 두터웠다는 것을 알 수가 있다. 이와 같은 정분을 가진 두 사람이 함께 죽을 처지에 빠졌으니, 박선생이 어찌 차마 구시봉을 주범으로 몰아가겠는가! 박선생으로서는 '나는 본래 사건의 당사자가 아니므로 비교적 여유가 있는 처지이지만, 저 구시봉은 정말로 범행을 저질러서 그 목숨이 위급한 상황이다. 그러니

나는 나의 억울함을 호소하기만 하면 되지 어찌 저의 살인죄까지 증명하겠는가!'라고 생각하였기 때문에 말을 얼버무리기만 하고 구시봉을 차마 주범으로 지목하지 못했던 것이다. 이것은 박선생의 사정이다. 사건을 담당한 관원은 이 점을 가엾게 여겨 살펴야 하는데, 어찌하여 깨닫지 못하였는가! 안타깝다.

○ 김오남으로 말을 하더라도, '매부인 박이동은 이미 죽었으나 구시봉은 고려해야 할 사람이다. 이웃에 같이 살고 있는 데다 구시봉과 어울리는 사람들이 상당히 많은데, 나 혼자만 증언하여 구시봉을 죽을 곳으로 몰아간다면 앞으로 원망이 없겠는가!'라고 생각하였을 것이다. 이를 통해서 주인과 손님의 형세를 알 수 있는데, 어찌 깨닫지 못하였는가!"

○ 2차 검안보고서의 발사는 다음과 같다.

"박이동의 시체를 많은 사람들 앞에서 검안해 보니, 다음과 같았습니다. 시체의 앞면은 오른쪽 결분골缺盆骨(쇄골 부위에 부어오른 곳)이 있었으나 부드러웠고, 기도氣道는 검푸른색을 띠고 부드러웠으며, 위아래 턱부터 명치까지는 푸른색이나 황백색黃白色을 띠고 부드러웠습니다. 군데군데 살갗이 벗겨진 부위와 고환 왼쪽의 푸른색을 띤 부위는 모두 목숨을 잃게 할 상처는 아니었습니다.

시체의 뒷면은 목이 상처를 입어 썩고, 머리뼈가 덜렁거렸습니다. 그래서 두 손으로 머리채를 붙잡고 흔들어 보니, 이리저리 마음대로 움직여서 뼈가 어긋나고 목이 부러진 것 같았습니다.

목격한 증인들이 진술하기를 '박이동이 숯 가마니를 내주지 않은 것 때문에【본문에는 숯섬[炭石]이라고 하였다.】 구시봉에게 욕하기를 「네 아내라도 내놓으라.」라고 하자, 구시봉이 분노를 참지 못하고 뺨을 때리고 엉덩이를 걷어찼습니다.' 하였습니다. 구시봉의 진술도 똑같았습니다.

박선생은 '두 놈이 서로 싸울 때 주인과 손님의 정분으로 가만히 보고 있을 수만은 없어 일어나서 말렸습니다.'라고 하였습니다. 김오남과 박봉재의 진술에서는 '두 사람이 서로 싸울 때 박선생이 갑자기 튀어나와서 머리채를 붙잡고 목을 걷어찼습니다.' 하였습니다. 구시봉과 박선생을 대질 신문하니, 서로 책임을 떠넘기면서 각자 살길을 도모하였습니다.

사리로 따져 보면, 이 사건의 경위는 이러하였던 것으로 보입니다. 박이동이 숯 가마니를 징수하는 일 때문에 공손하지 않게 말을 하고 심지어 '네 아내라도 내놓으라.'라고 하기까지 하자, 구시봉이 분노한 상태에서 급소인지를 가리지 않고서 구타하고 머리채를 휘어잡고서 끌고 다녔을 것입니다. 이러한 것은 이상한 일이 아닙니다. 박선생의 경우에도 혈기가 있는 사람이고 보면 옆에서 구타하지 않았으리라고 어떻게 보장하겠습니까! 여러 증인도 진술하기를 '구시봉이 먼저 범행을 저질렀고 박선생이 나중에 범행을 저질렀습니다.'라고 하였습니다.

구시봉이 먼저 소란을 일으킨 데다 더욱이 먼저 구타하고 걷어찼으니, 구시봉은 주범을 모면하기 어렵습니다. 박선생의 경우에는 참으로 이른바 '이웃 싸움에 칼 빼들기'라고 하겠으니, 범행을 거든 죄를 모면하기 어렵습니다.

그러므로 사망의 실제 원인은 '목이 부러져서 죽게 되었다.'라고 기록하였습니다. 박봉재는 구시봉의 조카사위이고 보면 공정한 증인이라고 할 수 없기 때문에 진술을 받을 수 없었습니다."

○ 다산의 비평은 다음과 같다.

"2차 검안보고서에 서술된 의견이 1차 검안보고서보다 다소 낫다. 그러나 기도는 목구멍을 가리키는데,【음식이 들락거리는 곳을 인咽이라 하고, 공기가 들락거리는 곳을 후喉라 한다.】 기도가 검푸른색을 띠고 있는 것을 검안한 관원이 어떻게 보았단 말인가? 시장의 목록에 식도食道와 기도를 열거하는 경우는 칼로 찔러서 사람을 죽인 사건 중 칼날로 목구멍을 곧바로 잘라 버린 사건이 발생하였을 경우에나 기록하는 것이다. 그러한 경우를 제외하면 그 항목은 쓸 일이 없다.

이 사건에서는 목구멍의 약간 위쪽을 검안하면 위아래 턱의 안쪽 뼈가 되고, 약간 아래쪽을 검안하면 식도와 기도의 바깥쪽 뼈가 되므로, '식도와 기도[食氣嗓]' 3자는 거론해서는 안 된다. 설사 거론한다고 하더라도, 그 색깔이 푸른색인지 검은색인지는 검안한 관원이 볼 수 있는 것이 아니다. 이것만으로도 허술한 것이다.

이 사건의 정황을 서술하면 이렇다. 구시봉은 주인이고 박선생은 손님이며, 구시봉은 먼저 범행을 저지른 사람이고 박선생은 나중에 범행을 저지른 사람이니, 박선생을 놓아두고 구시봉을 주범으로 정한 것은 참으로 당연하다. 그러나 살인 사건을 처리하는 규정은 그렇지가 않다. 주범은 사망의 실제 원인이 무엇이냐에 따라서 정해지고, 사망의 실제 원인은 목숨을 잃게 한 상처가 무엇이냐에 따라서 정해지며, 그 상처는 범행을 저지른 사람에 의해서 생기니, 그 범행을 저지른 사람이 누구인지가 밝혀지고 나서야 주범이 정해지는 것이다. 이것은 바꿀 수 없는 이치이다.

이번 2차 검안보고서에서 사망의 실제 원인은 '목이 부러져서 죽게 되었다.'라고 하였고, 목이 부러지게 된 원인은 '박선생이 머리채를 붙잡고 목을 걷어찼기 때문이었다.'라고 하였는데, 주범은 '구시봉이 주범이 되어야 한다.'라고 하였으니, 세상에 어찌 이런 일이 있을 수가 있겠는가!

2차 검안보고서에서 구시봉의 흉악한 범행에 대해 서술한 것을 보면, '구시봉이 분노한 상태에서 급소인지를 가리지 않고서 구타하고 머리채를 휘어잡고서 끌고 다녔을 것입니다. 이러한 것은 이상한 일이 아닙니다.'라고 하였는데, '이상한 일이 아닙니다.'라고 한 말은 억측하여 서술한 것이다. 어느 시대 어느 세상에 '이상한 일이 아닙니다.[不是異事]' 4자로 살인 사건을 성립시키고 사형으로 판결한 일이 있었겠는가!

2차 검안보고서에서 박선생의 범행에 대해 서술한 것을 보면, '박선생도 혈기가 있는 사람이고 보면 옆에서 구타하지 않았으리라고 어떻게 보장하겠습니까!'라고 하였는데, '~하지 않았으리라고 어떻게 보장하겠습니까!'라고 한 말도 억측하여 서술한 것이다. 어느 시대 어느 세상에 '~하지 않았으리라고 어떻게 보장하겠습니까![安知無]' 3자로 살인 사건을 성립시키고 사형으로 판결한 일이 있었겠는가!

이제 '이상한 일이 아닙니다.'라는 말로 단정하여 주범을 정한다면 주범이 원통해할 것이고, '~하지 않았으리라고 어떻게 보장하겠습니까!'라는 말로 단정하여 종범을 정한다면 종범도 원통해할 것이다. 두 범인이 모두 원통해하면 박이동의 목뼈는 결국 누구의 손에 의해서 부러졌단 말인가? 주인과 손님의 관계를 가지고서 분별하려고 해도, 목뼈라고 하는 것은 주인도 부러뜨릴 수가 있는 것이고 손님도 부러뜨릴 수가 있는 것이다. 범행을 저지른 순서를 가지고서 분별하려고 해도, 목뼈라고 하는 것은 먼저 범행을 저지른 사람도 부러뜨릴 수가 있는 것이고 나중에 범행을 저지른 사람도 부러뜨릴 수가 있는 것이다. 이렇게 해서야 어찌 흑백을 분별할 수 있겠으며 암수를 분별할 수 있겠는가!

2차 검안보고서에서 '구시봉이 뺨을 때리고 엉덩이를 걷어찼다.'라고 한 것은 1차 검안보고서와 일치하고, '박선생이 머리채를 끌어 당기고 목을 걷어찼다.'라고 한 것도 1차 검안보고서와 일치한다. 그런데 유독 주범에 대해서만은 '구시봉을 주범으로 삼고 박선생을 종범으로 삼아야 한다.'라고 하였으니, 또한 억지가 아니겠는가!

이를 통해서 보면, 사리에 맞게 서술한 것으로는 도리어 의문점이 없는 1차 검안보고서가 낫다. 1차 검안보고서는 논리적인 설명이 명확하지 않았으나 증인들의 말을 전적으로 신뢰하였고, 2차 검안보고서는 논리적인 설명이 약간 명확해지기는 하였으나 숨겨진 진실을 드러내지는 못하였으니, 두 차례의 검안 결과가 서로 차이가 있게 되었다. 다만 박봉재는 구시봉의 조카사위이기 때문에 공정한 증인으로 삼지를 못했으니, 이것은 '사람의 뜻을 다소나마 만족시켰다.'라고 말할 수 있겠다."

○ 3차 검안보고서의 발사는 다음과 같다.

"사람의 뼈마디는 살아 있을 때에는 부드러우나 죽고 나서는 단단합니다. 이번 사건의 경우에는 박이동의 목뼈가 전혀 붙어 있지 않아서, 목을 구부리면 턱이 가슴보다 낮게 내려오고 목을 젖히면 뒤통수가 등까지 닿았으며, 머리를 좌우로 움직여 보면 손이 가는 대로 어깨에 닿았습니다. 그러나 외부에는 피가 엉겨 있지 않았고 색깔도 변하지 않았습니다. 이것은 목뼈의 모양이 구슬을 꿰어 놓은 것처럼 생겨서 안에서는 뼈가 어긋났더라도 바깥으로는 드러나지 않기 때문입니다. 그러므로 사망의 실제 원인은 '목이 부러져서 죽게 되었다.'라고 기록하였습니다.

'여러 사람의 진술 내용을 보면 박선생이 주범이 되어야 합니다.'라고 한 현감의 소견에 대해서는 동의할 수 없는 점이 있습니다. 만약 구시봉이 소란을 일으켜서 먼저 구타한 일이 없었더라면, 어찌 박선생이 뒤따라 발로 걷어찰 리가 있었겠습니까! 박이동의 죽음이 박선생의 발길질 때문이었다고 하더라도, 박선생이 발길질을 한 것도 구시봉을 위해서 한 것입니다. 그러고 보면, 이러나저러나 주범과 종범을 구별해야 합니다. 주범은 구시봉으로 결론을 내려야 합니다. 그러나 살인 사건을 처리하는 규정은 매우 엄중하니 억지로 단정하기가 어렵습니다."

○ 다산의 비평은 다음과 같다.

"3차례 검안보고서의 발사 중 이번 발사의 논리가 다소 정연하였다. 그러나 주범을 단정하는 말에 '박이동의 죽음이 박선생의 발길질 때문이었다고 하더라도, 주범은 구시봉으로 결론을 내려야 합니다.'라고 하였으니, 이것도 세상의 강압적인 판결이라고 할 수 있다. 2차 검안한 관원은 그래도 감히 이와 같이 강압적인 판결을 하지는 못하였다. 그러므로 첫 번째에는 '이상한 일이 아닙니다.' 하고, 두 번째에는 '~하지 않았으리라고 어떻게 보장하겠습니까!' 하여 애매모호하게 주범을 몰래 바꾸어 놓았다. 이것은 살인 사건을 처리하는 규정에 어긋난 것이기는 하지만, 그래도 법을 두려워한 것이라고 할 수가 있다. 그런데 3차 검안보고서에서는 곧장 강압적으로 주범을 바꾸어 확정하였다. 그렇게 한다면 《대명률》도 지킬 필요가 없고, 《무원록》도 참고할 필요 없이 자기 마음대로 억측하여 '저 사람이 주범이다.'라고 하면 될 것이다. 아! 안타깝다.

○ 총괄하면 다음과 같다. 이 사건에서 박이동을 죽인 사람은 구시봉이다. 박이동을 죽인 사람이 구시봉이면 박이동의 목을 부러뜨린 사람도 구시봉이다. 박이동의 목을 부러뜨린 사람이 구시봉이면 박이동의 머리채를 붙잡아 끌고 다니면서 머리를 밟은 사람도 구시봉이다. 다만 홍천현洪川縣이란 곳은 험하고 깊은 산골짜기에 있는 고을이다. 호랑이 없는 고을에서는 살쾡이가 호랑이 노릇한다는 것처럼, 친인척들이 한 마을에 터를 잡고 살아 왔기 때문에 목격한 증인 2명이나 가까운 이웃 3명도 모두 구시봉을 편들었다. 그러나 박선생은 의지할 곳 없는 나그네로서 뜻하지 않은 외톨이가 되었으니, 그를 도와주는 자는 적어서 그가 말을 하더라도 받아들여 주지를 않아 이 지경까지 이르게 된 것뿐이다.

처음 시체를 검안한 아전이 본래 구시봉과 서로 친숙한 사이였으므로 수령의 눈과 귀를 가리고 사건의 정황을 뒤죽박죽으로 만들어 놓았다. 그러므로 1차 검안한 관원이 의심해야 할 점인데도 의심하지 못하였던 것이다. 2차 검안한 관원과 3차 검안한 관원은 의심해야 할 점을 의심하기는 하였으나, 농간을 밝혀낼 수 있는 수단이 없어 애매모호하게 사건의 주범을 바꾸어 놓기도 하고 강압적으로 사건의 판결을 번복하기도 하였다. 그들의 소견이 1차 검안한 관원에 비해 다소 명확하기는 하였으나, 증인이 갖추어지지 않았으니 어찌하겠는가! 만약 명철한 사람이 이 사건을 담당한다면, 김오남 한 사람만을 잡아다가 한편으로는 위협을 가하여 두려움을 느끼게 하고 한편으로는 도리로 깨우쳐 주어 진실한 속마음을 실토하게 하였을 것이다. 그렇게 하지 못한 점이 안타깝다."

○ 본도에서 다음과 같이 아뢰었다.

"구시봉이 뺨을 때리고 엉덩이를 걷어찬 것과 박선생이 귀를 걷어차고 머리채를 휘어잡고서 끌고 다닌 것은 먼저 행하고 나중에 행한 차이가 뚜렷이 있기는 하나, 박이동의 죽음이 순식간에 일어난 일이라서 누가 살살 구타하고 누가 사납게 구타하였는지를 이제 와서는 알기가 어렵습니다. 대체로 구시봉은 주인이고 박선생은 손님이며, 구시봉은 '아내라도 내놓으라.'라는 모욕에 화가 나서 먼저 범행을 저질렀고, 박선생은 주인과 손님의 정분 때문에 뒤따라 박이동을 제압하였습니다. 목격한 증인들도 모두 위와 같은 사실을 명백히 증언하였습니다.

김오남은 처음부터 끝까지 박선생을 주범으로 몰아간 사람입니다. 그러다가 3차 검안할 때가 되어서야 진술하기를 '구시봉이 끝내 박이동의 목덜미를 놓아 주지 않았습니다.'라고 하였습니다. 게다가 감옥 안에서는 박선생을 꼬드겨 관아의 뜰에서 '제가 구시봉과 함께 구타하였습니다.'라고 진술하게 하였습니다. 그러다가 그도 전부 숨길 수가 없게 되자 가까운 이웃 3명에게 책임을 떠넘겼으니, 매우 의심스러운 일입니다.

김오남은 박이동의 처 오라비입니다. 그의 누이동생인 김 조이金召史의 진술에 '김오남이 최초로 와서 전할 때에는 「박이동이 구시봉에게 구타를 당하여 현재 구시봉의 집에 누워 있다.」라고만 하였습니다. 제가 박이동이 죽었는지 살았는지를 묻자, 김오남이 대답하기를 「구타를 당했다고는 하지만 어찌 쉽게 죽겠는가!」 하고서는 끝내 목숨이 곧 끊어질 상황이라는 것을 말해 주지 않았습니다. 또 박선생이 힘을 합쳐 구타하였다는 것도 말해 주지 않았습니다. 다음 날 면임面任이 신고하였다는 말을 듣고서야 죽은 것을 알았습니다.' 하였습니다. 박선생이 박이동의 귀를 걷어차고 머리채를 휘어잡고서 끌고 다닌 사실과 박이동이 곧바로 기절한 사실을 김오남이 목격하였는데도 어찌하여 그의 누이동생에게는 급히 전달하지 않은 것입니까! 인정으로 볼 때 결코 그럴 수가 없는 일입니다. 이 사이에도 무슨 숨겨진 진실이 있는 것 같습니다.

더구나 김오남이 구시봉과는 혼인을 맺어 몹시 가까운 사이이지만 박선생은 일시적으로 지나가던 사람이니, 그로서는 당연히 구시봉을 감싸 주려고 하였을 것이고 박선생을 감싸 주려고 하지는 않았을 것입니다. 박선생은 박이동과 본래 모르던 사이였고 평소에 본래 은혜나 원한도 없었는데, 무슨 마음에서 이처럼 상관도 없는 일에 끼어들어 사람을 구타하여 죽게 한 것입니까? 그것은 아는 것이라고는 없는 천한 백성이 전적으로 주인의 안면만을 생각하여 우선 호기롭게 나서서 분란을 해소하려던 것에 불과하였습니다.

2차 검안한 관원과 3차 검안한 관원이 구시봉을 주범으로 삼고 박선생을 종범으로 삼은 것은 일리가 있습니다. 그러나 지금까지 4년 동안 주범과 종범을 구분하지 못하고 두 사람을 주범으로 뒤섞어 둔 채로 한결같이 형장을 치며 신문하는 것은 의혹이 있는 일이며 치밀하게 조사하는 일에 흠이 되는 일이기도 합니다. 그러나 살인 사건은 매우 중대하여 신이 감히 경솔하게 의논할 수가 없습니다."

○ 다산의 비평은 다음과 같다.

"이 도신의 계본啓本을 보니, 3차 검안보고서의 진술에서 말한 김오남의 숨겨진 진실의 진면목이 남김없이 모두 드러났다. 1차 검안보고서의 발사에서는 박봉재가 구시봉의 조카사위라는 것만 알고 김오남이 구시봉의 가까운 인척이라는 것은 몰랐으니, 도대체 어찌 그리도 허술하였는가!

김오남이란 자는 구시봉과 누이동생의 사이에 끼여서 어느 쪽의 편도 들지를 못하였다. 그가 마음속으로 생각하기를 '죽은 사람은 끝났으니 산 사람을 보살펴야만 한다.' 하였다. 그래서 목이 부러진 사람을 누이동생에게는 구타를 당했을 뿐이라고 대수롭지 않게 말하였고, 이미 죽은 사람을 누이동생에게는 현재 구시봉의 집에 누워 있다고 속여서 말하였다. 그러고서는 밤새 주선하여 계략을 완성하였으나, 오히려 누이동생에게는 박이동의 죽음을 전해 주지 않아 끝내 누이동생이 전해지는 소문을 듣고서야 남편의 죽음을 알게 하였다. 그러니 그사이에 일어난 내막은 물어보지 않아도 알 수 있는 것이다.

감사는 한 도道를 순찰하라는 국왕의 명을 받고 파견된 신하이다. 감사의 직무상 조사할 관원을 차출한 뒤 모여서 조사하여 제때에 샅샅이 밝혀내게 하고 사건의 정황이 파악되었으면 그때 주상에게 보고하더라도 누가 불가하다고 하겠는가! 그런데도 그렇게 하지 않고 결정하지도 못한 의문투성이의 의견만을 올려 주상을 번거롭게 하였으니, 무슨 까닭인지를 모르겠다."

5. 주범과 종범을 구별하다(5)

【두 사람이 함께 구타하였으나, 강한 사람을 보호하고 약한 사람을 주범으로 지목하였다. 사건의 근본 원인은 술김에 싸웠기 때문이며, 사망의 실제 원인은 짓밟혔기 때문이다.】

○ 신천信川의 옥사곤玉士坤 등이 임윤기林潤己를 죽였다.

○ 1차 검안보고서의 발사跋詞는 다음과 같다.

"이번 사건에서 임윤기의 시신에 난 상처로는 코의 오른쪽에 손톱으로 긁은 듯한 모양의 흔적이 하나 있었고, 어깨 오른쪽에 대추 잎사귀 모양의 멍 자국이 하나 있었는데 검붉은색을 띠고 약간 단단하였습니다. 그 외에 시체의 앞면과 뒷면에는 원래 한 점의 상처도 없었습니다. 다만 저 두 점의 상처가 난 곳은 모두 급소 부위가 아니고 심하게 다친 흔적도 없었습니다. 그러니 이 상처 때문에 죽게 될 리는 결코 없습니다.

목격한 증인들은 모두 진술하기를 '윗배를 짓밟았습니다.'라고 하였으나, 임윤기의 윗배에서는 끝내 의심할 만한 변동 사항이 한 점도 없었습니다. 이빈李彬 등 3인은 모두 진술하기를 '짓밟히기 전에 크게 취하도록 술을 마시고 배부르게 음식을 먹었고, 짓밟힐 때에 세 차례나 구토를 하였습니다.'라고 하였습니다.

《증수무원록增修無冤錄》〈조례條例 · 주식취포사酒食醉飽死〉에 이르기를 '술을 취하도록 마시고 음식을 배부르게 먹은 사람이 짓밟혀서 내부의 장기가 다칠 경우에도 죽게 될 수가 있으나, 그러한 정황을 밝히기가 어렵다. 그 시체에도 별다른 증상이 나타나지 않는다. 다만 입과 코 및 항문에 음식과 함께 피가 묻은 똥까지 흘러나와 있다.' 하였습니다. 또 이르기를 '그 시체는 온몸이 약간 붉은빛을 띠고 있고, 입과 눈이 모두 열려 있되 피까지 흘러나와 있으며, 두 손은 주먹을 쥐고 있고 윗배는 부풀어 올라 있다.'라고 하였습니다.

이번 시장屍帳에 열거된 상처들은 《증수무원록》에 기록된 술을 취하도록 마시고 음식을 배부르게 먹고 배를 짓밟힌 경우에 나타나는 증상과 하나하나 부합하였으니, 임윤기가 죽은 이유를 알 수가 있습니다. 임윤기는 상처를 입은 지 3일 만에 결국 죽었습니다. 따라서 사망의 실제 원인은 '짓밟혀서 내부의 장기가 다쳐 죽게 되었다.'라고 기록하였습니다.

맨 처음 고소를 당한 사람은 김수담金守淡입니다. 배학지裵學之는 임윤기가 죽기 전에 김수담을 고소하였고, 임수채林守采는 임윤기가 죽고 난 뒤에 김수담을 고소하였으나, 두 사람 모두 진술하기를 '임윤기가 김수담에게 구타를 당하였습니다.'라고 하였다가, 잠깐 사이에 갑자기 진술을 바꾸어 '옥가玉哥가 같이 구타하였습니다.'라고 하였습니다. 유족들이 진술할 때가 되어서는 갑자기 옥사곤을 주범으로 몰아갔으며, 진술하기를 '김수담이 싸움을 말리지 않았기 때문에 그를 고소했던 것입니다.' 하고, 또 진술하기를 '김수담이 고소를 당하면 재령載寧 사람은 저절로 탄로 날 수가 있기 때문입니다.'라고 하였으니, 말이 이치에 맞지 않았고, 한쪽을 일방적으로 억누르는 기색이 뚜렷하였습니다. 유족조차도 이와 같이 한 것을 보면 목격한 증인들은 어찌 말할 것이 있겠습니까!

이빈 등 3인과 술집 여자 1인은 똑같은 말로 김수담을 위해 변명을 하였습니다. 그러나 임윤기가 짓밟혔던 초기에 급하게 고소했던 상대의 이름은 김수담이고, 임윤기의 목숨이 끊어지고 난 뒤에 슬퍼하고 원통해하면서 와서 일러 주었던 상대의 이름도 김수담이며, 임윤기의 시체를 옮겨 놓아 죄를 뒤집어씌운 원수도 김수담의 집 안사람이었습니다. 그러니 어찌 사건 현장에서 조작한 말과 여러 사람이 모의하여 부화뇌동한 말로 김수담은 죄 없는 사람으로 벗겨 주고 옥사곤은 주범으로 몰아갈 수 있겠습니까! 주범은 김수담으로 기록하였습니다.

임윤기의 부자父子와 숙질叔姪 및 김수담·장제한張齊漢·이빈·이오경李五京 등은 모두 같은 마을의 절친한 이웃 사람들이고, 오직 저 옥사곤 한 사람만 재령 사람입니다. 옥사곤이 처음부터 끝까지 원통하다면서 말하기를 '피해자 가족과 증인이 충분히 모의하여 지원 세력이 많은 저 김수담의 죄를 벗겨서 다른 고을에서 옮겨 온 이 외톨이에게 덮어씌운 것입니다.' 하였습니다. 공정한 눈으로 보더라도 한쪽만을 일방적으로 억누르는 기색이 있는 것은 사실입니다. 그러나 옥사곤도 이 사건에서 범행을 저지르기는 하였기 때문에 그는 종범으로 기록하였습니다.

유족과 목격한 증인들은 여러 차례 샅샅이 심문하였으나 끝내 정직하게 고하지 않았으니, 엄중히 조사하여 진실을 밝혀내는 것을 결단코 그만두어서는 안 됩니다. 2차 검안할 관원을 문화 현령文化縣令으로 정하여 거행하게 하소서."

○ 2차 검안보고서의 발사는 다음과 같다.

"대체로 살인 사건을 심리하는 규정에 의하면, 사망의 실제 원인은 사망의 빌미가 된 상처를 살펴서 정해야 하고, 주범은 증언을 위주로 정해야 합니다. 이번 임윤기의 사망 사건은 태양혈太陽穴의 부위가 검붉은색을 띠고 살갗이 손상된 점, 젖과 젖 사이가 검붉고 약간 단단한 점, 가슴과 겨드랑이가 거무스름하고 살갗이 손상된 점은 모두 《증수무원록》의 '빨리 죽는 급소 부위'의 조문과 부합하고, 입과 코에서 피가 흘러나온 점, 항문에서 똥이 나온 점, 술과 음식을 3차례 구토한 점, 두 손을 약하게 쥐고 있었던 점, 윗배가 부풀어 올라 있었던 점은 《증수무원록》의 조문과 하나하나 부합합니다.

《증수무원록》 〈조례·주식취포사〉에는 '술과 음식을 취하도록 배부르게 먹은 사람이 짓밟혀서 내부의 장기가 다칠 경우에도 죽게 될 수가 있다. 그러나 그런 경우에는 시체에 별다른 증상이 나타나지 않는다. 다만 입과 코 및 항문에 음식과 함께 피가 묻은 똥까지 흘러나와 있다.'라고 하였고, 또 《증수무원록》의 〈검복檢覆·검식檢式〉에는 '일반적으로 구타 당한 부위가 다소 크고 독기가 쌓여 안으로 들어가면, 하루 이틀 정도가 지나야 죽게 된다.'라고 하였습니다. 이 임윤기의 3곳에 난 상처는 그 중 하나만 있어도 모두 목숨을 잃을 수가 있습니다.

《증수무원록》〈검복·시장식屍帳式〉을 살펴보면 '일반적으로 상처는 여러 곳이 모두 목숨을 잃을 수 있는 곳이라는 것을 알았더라도 목숨을 잃게 할 정도의 중요한 급소 한 곳만을 지정해야 한다.' 하였고, 또 이르기를 '죽은 사람의 몸에 두 곳의 상처가 있는데 둘 다 목숨을 잃게 할 수 있는 상처일 경우에는 반드시 두 곳의 상처 중 가장 중대한 상처를 참작하여 목숨을 잃게 한 상처로 정해야 한다.' 하였습니다.

이번 임윤기의 몸에 난 여러 상처는 모두 짓밟아서 생긴 것으로, 유족들이 죽은 사람의 말을 전달한 것과 증인들이 목격하고서 진술한 말을 통해 임윤기가 짓밟혀서 목숨을 잃었다는 것은 의심할 것 없이 분명합니다. 따라서 사망의 실제 원인은 '짓밟혀서 사망하게 되었다.'라고 기록하였습니다.

고소를 당한 사람들의 드러난 행적에는 의심스러운 행적이 많고 유족들이 전후로 진술을 바꾼 것은 숨겨진 진실이 있는 듯합니다. 그러나 옥사곤이 홧김에 임윤기를 짓밟은 것은 본래 천한 사람들끼리는 으레 있는 일들이고, 김수담이 유독 이웃 사람이 구타당하는데도 본체만체한 것은 전적으로 처가의 사람을 옹호하였기 때문이었습니다. 그러나 임윤기가 구타를 당하여 죽을 상황인 것을 김수담이 목격하고도 스스로 팔장을 낀 채 구경만 하고 구해 주지 않았습니다. 그러자 임윤기는 죽기 전에 '김수담이 먼저 나를 쳤다.'라고 말하여 죽을 때까지도 기어이 물고 늘어졌고, 유족들은 김수담에게 화를 전가하려는 마음에서 홧김에 노발대발하였습니다. 그리하여 실제 주범인 옥사곤은 우선 놓아두고 가만히 서서 바라보기만 한 김수담을 먼저 고소하였으니, 옛날에 '정鄭나라가 원수가 아니라 자서子西가 원수이다.'[32]라고 한 말이 이것을 말합니다.

임윤기가 처음 구타를 당하였을 때에는 그가 죽으리라고는 생각하지 못하고 우선 유감을 풀려는 계획을 하였다가, 임윤기가 죽고 난 뒤에는 복수할 것을 생각하자 목숨으로 보상하게 하려는 생각이 간절해졌던 것입니다. 그래서 마침내 옥사곤이 주범이라고 실토하였으니, 이것도 일반적인 마음에서는 그럴 수 있는 일입니다.

유족이 시체를 옮긴 것과 김수담의 집에서 시체를 받은 것은 의심스러운 일이라고 할 수는 있겠으나, 피해자의 가족은 죽은 사람의 뜻을 따르고 동네 사람들은 이장移葬할 계획을 실행하여 갑자기 김수담의 집으로 시체를 떠메다 놓았습니다. 그러자 주인인 김수담이 이미 감옥에 있는 상황에서 어리석은 부인이 이를 받아 두고 만 것도 사리와 상황으로 보아 당연한 일이기도 합니다. 김수담이 구속되고 난 뒤에 임윤기가 죽었으니, 김수담이 주선하려고 해도 전혀 그럴 틈이 없어 결코 손을 쓰기가 어려웠던 것입니다. 김수담이 임윤기의 집에 왕래한 것은 의심스러운 것 같기는 하지만, 살인 혐의를 뒤집어쓰게 생겼고 공갈도 심해졌으니 김수담으로서도 어찌 버젓이 집에만 있을 수 있었겠습니까! 자신이 범행을

---

32 정鄭나라가……원수이다: 중국 춘추시대 때 초楚나라의 백공白公 승勝이 아버지를 죽인 정나라를 치려고 영윤令尹인 자서子西에게 청하여 허락을 받았다. 그러나 군대가 아직 출발하기 전에 진晉나라가 정나라를 공격하자, 정나라가 초나라에게 구원해 주기를 요청하였다. 이에 자서가 군대를 이끌고 가서 정나라를 구원하고 동맹을 맺고 돌아왔다. 그러자 백공 승이 노하여 "정나라가 원수가 아니라 자서가 원수이다."라고 하였다. 그로부터 4년 뒤에 백공 승이 자서를 습격하여 살해하였다. 여기에서는 임윤기를 죽인 옥사곤이 원수가 아니라 죽는 것을 지켜보기만 하고 구해 주지 않은 김수담이 원수라는 의미에서 인용한 것이다.

저지르지는 않았으나 바쁘게 뛰어다니면서 모면하려고 했던 것도 괴이할 것이 없습니다.

옥사곤으로 말하면, 증인들의 진술에서 모두 옥사곤을 주범으로 지목하였을 뿐만 아니라, 죽은 사람의 말에서도 옥사곤만 지목하였습니다. 사람의 도리로 말하면, 복수하려는 마음을 가진 아버지의 입장에서 자식이 죽을 때에 했던 말을 전달한 것인데, 어찌 허망한 말이라고 할 수 있겠습니까! 옥사곤은 젊은이로서 술에 취해 있는 상태였는데도 임윤기에게 모욕을 당하면서 버젓이 있고 김수담은 몹시 연로한 사람인데도 남을 대신해서 임윤기를 구타하였다는 것이 과연 말이 되는 것이겠습니까! 손자뻘의 항렬인 사람으로서 할아버지뻘인 사람을 모욕했다는 것은 궁색한 말로 이치에 맞지 않는 말이고, 같이 가기로 약속하였으나 갑자기 달아났으니 주범으로 단정할 수 있는 확실한 증거가 남게 되었습니다.

모든 의심스러운 단서들은 모두 억측에서 나온 것이지만, 저와 같은 증인의 진술은 눈앞에 자세히 갖추어져 있습니다. 그런데도 눈앞의 일치된 진술을 버리고서 억측하여 생긴 의문을 제기하는 것은 아무래도 살인 사건을 처리하는 규정이 아닙니다. 그러므로 주범은 옥사곤으로 기록하였습니다. 김수담은 고소를 당한 사람이기 때문에 종범으로 기록하였습니다.

유족 배학지와 임수채林守采로 말하면, 구타를 당하였다는 진술을 만약 바꾸어서 고한 일이 없었더라면 사건을 판결하는 날에 어찌 헷갈리는 일이 있었겠습니까! 세상의 변괴가 끝없이 일어나고 백성의 허위와 진실을 측량하기 어려우니, 엄중히 형장을 치며 신문하여 기어이 진실을 알아내는 것을 결단코 그만두어서는 안 됩니다."

○ 다산의 비평은 다음과 같다.

"주범을 잘못 바꾼 것은 우선 놓아두고라도, 사망의 실제 원인을 멋대로 의논한 것은 어찌하여 이 지경에 이른 것인가! 시장에 기록하는 상처는 시간이 오래되면 두루 드러나게 되니, 1차 검안할 때 드러나지 않았던 상처가 2차 검안할 때 드러나는 것도 본래 있는 일이다. 그러나 태양혈이 첫 번째 상처이고, 젖과 젖 사이가 두 번째 상처이며, 가슴과 겨드랑이가 세 번째 상처인데, 3곳의 상처가 1차 검안할 때에는 전혀 흔적이 없었다고 하니, 어찌 그럴 리가 있겠는가! 1차 검안할 때 발견된 코의 오른쪽 한 점의 상처와 어깨의 오른쪽 한 점의 상처는 중대한 상처가 아니더라도, 2차 검안할 때에는 전혀 흔적이 없었다고 하니, 어찌 그럴 리가 있겠는가! 검안 결과에 대한 의견이 조금이라도 다를 경우에 서로 반대되는 의견을 제시하는 것만을 위주로 한다면, 이것이 어찌 지극히 공평한 마음이겠는가!

게다가 이 3곳의 상처는 빨리 죽을 수 있는 급소 부위이기는 하지만, 뼈가 다치지 않은 데다 더욱이 살이 터지지 않았으며 살갗도 찢어지지 않았으니, 목숨을 잃게 할 상처는 아니었다. 목숨을 잃게 할 상처가 아니라면 그 부위가 빨리 죽을 수 있는 급소라는 것은 어찌 언급할 거리가 되겠는가! 망건網巾을 꽉 묶으면 태양혈에 자국이 나타나는데, 이것도 빨리 죽을 수 있는 급소 부위라는 이유로 목숨을 잃게 될까 우려할 것인가! 시체는 시간이 오래되면 젖과 가슴 등 여러 곳이 자연히 색깔이 변하는 법이니, 이른바 검붉은색을 띤 것과 거무스름한 것은 예사로운 변화가 아니라고 어떻게 보장하겠는가!

이 3곳의 상처를 빨리 죽을 수 있는 급소에 난 상처라고 지목하였으면, 술을 취하도록 마시고 음식을 배부르게 먹은 것은 또 어찌하여 거론한 것인가! 1차 검안할 때에는 시장에 빨리 죽을 수 있는 급소에 난 상처가 기록되지 않았기 때문에 마지못해 '술을 취하도록 마시고 음식을 배불리 먹은 뒤 내부의 장기가 손상되었다.'라는 말을 거론하였던 것이다. 그러니 이것은 살인 사건을 자세히 심리하는 취지에서 본래 당연한 일이다. 그러나 2차 검안할 때에는 빨리 죽을 수 있는 급소에 난 상처가 3곳이나 되는데 또 어찌하여 '술을 취하도록 마시고 음식을 배불리 먹은 뒤 내부의 장기가 손상되었다.'라고 말한 것인가! 처음에는 1차 검안 결과와 다른 주장을 하려는 생각에서 신기한 의견을 드러내었지만, 1차 검안 결과를 살펴보고서는 무시할 수 없는 확실한 주장이라는 것을 알았다. 그러자 마치 양손에 떡을 든 것처럼 또는 두 마리의 말에 양다리를 걸친 것처럼 이러지도 저러지도 못하다가 이치에 맞지 않게 뒤죽박죽으로 서술하여 시작과 끝이 서로 호응하지도 않고 창과 방패처럼 서로 맞지도 않게 되었으니, 살인 사건을 잘못 심리한 것으로는 이보다 심한 경우가 없었다.

입과 코에 피가 흘러나와 있고 항문에 똥이 나와 있었다는 것은 시장에 기록된 증상이고, 술과 음식을 3차례 구토하였다는 것은 이웃 사람들의 진술이었다. 그런데 시체의 증상을 낱낱이 거론하던 글에다가 술과 음식을 3차례 구토하였다는 이 말을 갑자기 끼워 넣었으니, 이것도 매우 거칠고 잡된 것이다.

게다가 《증수무원록》을 인용하여 '상처가 많더라도 한 곳의 상처만 지정하여야 하고, 두 곳의 상처가 나타났더라도 한 곳의 상처만 지정해야 합니다.'라고 하였다. 이 글을 읽고서 나는 '이 문장의 아래에서는 가슴과 젖에 난 상처는 모두 버려두고 태양혈만 지정하거나 젖과 겨드랑이에 난 상처는 모두 버려두고 가슴의 상처만 지정할 것이다. 그래야 논리가 분명하고 말도 부합할 것이다.'라고 생각하였다. 그런데 이제 그렇게 서술하지 않고, '짓밟았다[築踏]'라는 2자만으로 애매모호하게 마무리하였다. 이른바 짓밟았다는 것은 태양혈을 짓밟았단 말인가? 젖과 젖 사이를 짓밟았단 말인가? 아니면 가슴과 겨드랑이를 짓밟았단 말인가? 가슴과 겨드랑이도 본래 두 곳이고 보면, 상처를 입은 곳은 4곳인 셈인데 그가 3곳이라고 한 것은 너무나 명확하지 않은 것이다.

게다가 축築은 '찧는다.'라는 의미이고 답踏은 '밟는다.'라는 의미이니, 본래 두 가지이지 한 가지 일이 아니다. 가령 범인이 찧기도 하고 밟기도 하였다면, 자세히 조사하여 어느 곳이 찧어졌고 어느 곳이 밟혔는지를 명확히 알아낸 뒤에 그중 중대한 상처를 골라 '찧어졌다.[被築]'라고 쓰거나 '밟혔다.[被踏]'라고 써야 하는 것이 사리에 맞다. 이것이 이른바 《무원록》의 법례法例이다. 그런데 4곳의 상처를 싸잡아서 두 가지의 명목을 뒤섞어 기록하였으니, 이것이 어찌 《무원록》의 법례이겠는가!

손으로 때리는 것과 발로 차는 것 두 가지를 당한 경우에는 '손으로 맞고 발로 걷어차여 죽게 되었다.'라고 기록해서는 안 되고, 끈으로 묶는 것과 칼로 찌르는 것 두 가지를 당한 경우에는 '끈으로 묶이고 칼로 찔려서 죽게 되었다.'라고 기록해서는 안 되니, 찧는 것과 밟는 것 두 가지를 당한 경우에만 어찌 '찧어지고 밟혀서 죽게 되었다.'라고 기록하겠는가! 이와 같은 검안보고서는 옛날에 듣지 못했던 것이다.

주범을 바꾸어 정한 것을 통해서도 사적인 생각에 따라 마음대로 정한 것을 알 수 있다. 옥사곤은 김수담의 처가 친족이다. 그러니 김수담이 임윤기와 이웃으로서의 우의가 두텁더라도 아내에 대한 사랑이 더 깊었을 것이므로, 임윤기에게 범행을 저지르지 않은 것만으로도 충분한데, 어찌 구해 주기를 바란단 말인가! 만약 김수담이 이러한 싸움을 잘하는데도 팔짱을 낀 채 구경만 하였다고 한다면, 임윤기로서는 자기에게 범행을 저지르지 않은 것만도 감지덕지하기에도 여념이 없어야 하는데, 어찌하여 이를 갈고 마음을 썩이며 분해하고 죽을 때까지도 악착같이 물고 늘어졌단 말인가!

사람의 마음은 똑같은 법이니, 나를 죽이려고 한 사람을 미워해야 하겠는가? 나를 구해주지 않은 사람을 미워해야 하겠는가? 나를 죽이려고 한 떠돌이 나그네는 용서해 주고 원망하지도 않고, 나를 구해 주지 않은 이웃 노인에 대해서는 뼈에 사무치도록 원한을 품었다고 하니, 어찌 그럴 수가 있겠는가! 임윤기가 구타를 당한 초기에 김수담이 한마디 변명도 없이 수감된 것은 또 무슨 까닭인가? 목에 칼을 씌울 때에는 반드시 관아의 뜰에 들어왔을 것인데, 어찌하여 '구타한 사람은 옥사곤이며, 나는 구해 주지 않았을 뿐입니다.'라고 말하지 않았는가?

어리석은 김수담의 부인이 임윤기의 시체를 받아 둔 것은 참으로 검안보고서에서 서술한 것처럼 할 수 있다고 하더라도, 동네 사람들이 시체를 옮겨 둔 것은 어찌 그럴 리가 있겠는가! 시골에서 시체를 옮겨 놓는 법으로 말하면, 반드시 모든 사람의 의견이 하나로 통일되고 많은 사람들이 서로 힘을 합쳐야 시체를 옮길 수 있을 것이다. 임윤기가 죽을 때에 한 말을 그의 가족은 잘못하여 그대로 따를 수 있다고 하더라도, 이웃 사람들은 반드시 모두 따르지는 않았을 것이다. 죽은 사람의 이치에 닿지 않은 유감을 풀어 주기 위해서 이웃에 사는 공경해야 할 노인을 죄에 빠뜨리고, 깨끗하지 못한 이 시체를 옮겨 놓아 반드시 죽여야 할 죄로 몰아간다는 것은 결코 시골의 본래 풍습이 아니다.

조그만 어린아이조차도 믿으려고 하지 않을 것인데, 그처럼 과감한 판결을 의심하지 않을 수 있겠는가! 이는 아마도 2차 검안할 때의 형리刑吏가 뇌물을 많이 받고 그 고을 수령을 속여서 이렇게 된 것 같다. 아, 원통하구나, 옥사곤이여! 아, 원통하구나, 옥사곤이여!"

○ 조사한 관원의 보고서는 다음과 같다.

“유족들의 증언은 한 사람의 말처럼 똑같았습니다. 죽은 임윤기의 아버지가 죽은 자식의 말을 전하기를 ‘제가 이처럼 죽게 된 것은 옥사곤이 짓밟았기 때문입니다.’라고 하였으니, 사람의 도리로 따져 볼 때 허망한 말이라고 할 수는 없겠습니다. 임윤기의 뺨과 손에 난 손톱자국을 보면 서로 싸웠던 자취를 감추기 어렵고 옥사곤이 도중에 길을 바꾼 것을 보면 스스로 겁을 먹었던 정황을 알 수 있습니다. 따라서 옥사곤은 주범으로 기록하고, 김수담은 종범으로 기록하였습니다. 유족 등에 대해서는 더욱더 엄중히 신문하여 징계할 수 있도록 하겠습니다.”【전체의 내용이 2차 검안보고서와 찍은 듯이 똑같았으므로 이제 삭제하였다.】

○ 다산의 비평은 다음과 같다.

“이 살인 사건의 1차 검안보고서에는 ‘내부의 장기가 손상되어 죽었다.’라고 사망의 실제 원인을 기록하였고, 2차 검안보고서에는 ‘짓밟혀서 죽었다.’라고 사망의 실제 원인을 기록하였다. 1차 검안할 때 밝힌 2점의 상처와 2차 검안할 때 밝힌 3곳의 상처는 부상의 정도가 다르고 상처의 부위도 각각 달라서 마치 두 사람의 시체처럼 판이하여 전혀 서로 합치되지 않았다. 주범을 갑甲으로 하기도 하고 을乙로 하기도 한 것은 우선 놓아두고라도, 사망의 실제 원인을 내부의 장기가 손상되었기 때문으로 보기도 하고 외부의 상처 때문으로 보기도 하여 여태까지 하나로 결론을 내리지 못하였다. 따라서 본래 3차 검안을 해야지 조사만 행하고 말아서는 안 된다. 만약 2차 검안보고서에 대한 감사監司의 제사題詞에서 조금이나마 명확히 밝혀서 1차 검안 결과의 흠을 지적하고 오류를 비판하였더라면, 조사한 관원의 보고가 반드시 이와 같지는 않았을 것이다. 아래에 있는 사람은 헛갈려서 핵심을 찾지 못하였고 위에 있는 사람은 꿈속에서 깨어날 줄을 몰랐다. 그리하여 마침내 한 무리의 간악한 사람들은 입을 맞추어 똑같은 말을 하고 한 명의 원통한 사람은 억울함을 밝힐 수가 없게 되었으니, 어찌 안타깝지 않겠는가!

○ 또 검안보고서에 이른바 '아무개 갑은 주범으로 기록하고 아무개 을은 종범으로 기록하였습니다.'라고 기록하는 것은 '시장의 목록 아래에 이와 같이 기록하였습니다.'라는 말이다. 그리고 발사에서 재차 '기록하였다.[懸錄]'라고 말하는 것은 '아무개 갑의 범죄 정황이 이와 같기 때문에 앞서 그를 주범으로 기록하였고, 아무개 을이 범행을 도와준 것이 이와 같았기 때문에 앞서 그를 종범으로 기록하였습니다.'라는 의미로, 모두 그렇게 기록한 이유를 추가로 설명하는 것이지, 지금 발사에다가 그처럼 기록한다는 의미는 아니다. 조사한 관원은 검안을 행하지도 않았는데 더욱이 어떻게 기록한다고 할 수 있겠는가!【'기록하였다.[懸錄]'라고 할 때의 현懸 자는 본래 우리나라의 이두吏讀이다. 지금 《무원록》 본문 중에 현 자를 사용한 경우가 있는데, 이것은 우리나라 사람이 고친 것이지 본래의 글은 아니다. 이제 우선 《무원록》을 따라 그대로 사용하였다.】

다만 '아무개 갑이 주범이라는 것은 더 이상 의심할 것이 없으며, 아무개 을이 종범이라는 것은 피하기가 어렵습니다.'라고만 하면 되는 것이다. 이 '기록하였다.[懸錄]'라고 한 두 글자를 통해서도 조사한 관원이 살인 사건을 처리하는 규정에 대해 알지 못한다는 것을 미루어 알 수가 있다. 자질구레한 격례의 지엽적인 것조차도 그처럼 잘못을 저질렀는데, 오히려 그에게 숨겨진 진실을 밝혀내어 억울한 사정을 풀어 주기를 어떻게 바랄 수 있겠는가! 아! 안타깝다."

○ 주상의 판결은 다음과 같다.

"1차 검안보고서에서는 김수담을 주범이라고 하였고, 2차 검안보고서에서는 옥사곤을 주범이라고 하였다. 김수담이 스스로 억울함을 호소하였으나, 어찌 옥사곤까지 함께 재앙을 당하게 할 것인가! 대체로 목숨으로 보상하는 법에서는 범인이 의도를 가지고 한 행위인지 의도가 없이 한 행위인지를 우선적으로 논할 따름이다. 장場이 파하고 돌아가던 중에 길에서 서로 만났는데, 이 사람도 술에 취해 있었고 저 사람도 술에 취해 있었던 상황에서 우연히 서로 실랑이를 벌이다가 결국에는 목숨을 잃게 되었다. 더구나 평소 서로 모르던 사이여서 묵은 감정이 없었을 것이니, 말을 하다가 실수한 것을 가지고서 어찌 기어이 죽이려고 하였겠는가! 게다가 이빈 등이 깊은 밤중에 옷을 전해 줄 때에 '말로 실랑이를 벌였을 뿐이었습니다.'라고만 하였으니, 그다지 심하게 구타를 당하지 않았다는 것을 충분히 알 수가 있다.

술을 취하도록 마시고 음식을 배부르게 먹고 나서 내부의 장기를 다친 경우에는 본래 반드시 죽게 되는 증세인데, 임윤기가 3차례나 구토할 정도로 술과 밥을 잔뜩 먹은 것에 대해서는 전후로 여러 사람의 진술에서 한입에서 나온 것처럼 일치하였다. 그런데 옥사곤이 공교롭게도 그때 범행을 저질렀고 임윤기가 우연히 목숨을 잃게 되었으니, 두 사람 각각 불행이라고 하겠다. 행적으로 보면 의심스러운 면이 있고 정황으로 보면 용서해 줄 만도 하니, 옥사곤을 살려 주어야 한다는 도신道臣의 의견에 모두 일리가 있다. 옥사곤을 한 차례 엄중히 형장을 친 뒤에 정배하고, 조사한 관원은 추고推考하라."

○ 주상의 판결에 대한 다산의 견해: 김수담에 대해 추가로 조사하게 하지 않은 이유는 성상께서 '술을 취하도록 마시고 음식을 배부르게 먹

고서 죽게 된 경우에는 갑이나 을이나 간에 모두 목숨으로 보상하게 할 필요가 없다.'라고 생각하셨기 때문이었습니다. 그러나 잘못 판결한 죄가 있기 때문에 조사한 관원을 추고하라고 하신 것입니다.

상형추의 2

1. 주범과 종범을 구별하다⑹

【두 사람이 함께 구타하였는데 한 사람은 목을 조르고 한 사람은 발로 걷어찼다. 사망의 근본 원인은 홧김에 싸웠기 때문이며, 사망의 실제 원인은 발에 걷어차였기 때문이다.】

○ 장단長湍의 백성 고지방高之方이 최원세崔元世를 죽였다.

○ 검안보고서의 기록은 빠졌다.

○ 주상의 판결은 다음과 같다.

"예전에 본도本道가 죄수를 기록하여 보고한 일로 인하여 8개 조항의 의심스러운 단서를 지적하여 주범을 바꾸어 정하기까지 하였다. 내가 판결하고 난 뒤에 장단 부사長湍府使의 조사보고서와 경기 감사의 장계에서도 뒤따라 나의 판결을 옳다고 인정하였고, 결국 용손龍孫은 형장을 친 뒤에 풀어 주고 고지방은 계속 조사하도록 하였다.

주범과 종범이 확실히 나뉘어 정해졌으므로 다시 번복할 수는 없겠으나, 내 마음에는 아직도 의문스러운 단서가 많아 이전 판결에 대해 자신하지를 못하고 한번 천천히 따져 보려고 생각하였다. 이 살인 사건의 주범은 두 놈을 벗어나지는 않으나, 고지방은 주인이고 용손은 고지방을 수행했던 사람이다. 모의했던 일이 틀어지자 최원세에게 화풀이를 하게 되었으니, 참으로 고지방이 용손보다는 갑절이나 화가 나고 한스러웠을 것이다. 그러나 '이웃 싸움에 칼 빼들기'는 본래 일반적인 습속이고, '도둑이 도리어 몽둥이를 든다.[賊反荷杖]'라는 옛날 속담도 있다. 더구나 고지방이 나무라며 훈계하자마자 최원세가 대뜸 또 화를 냈으니, 고지방으로서는 한밤중에 헛걸음을 한 것 때문에 참으로 상대에게 허물을 돌리려는 마음이 있었을 터인데 한마디 말을 하자 소란을 일으켰으니 서로 싸울 수밖에 없었을 것이다.

그러니 주인과 손님의 차이가 있다는 이유로 책임을 전적으로 고지방에게만 돌릴 수도 없다. 게다가 '용손이 세차게 발로 차자 최원세가 주저앉았습니다.'라고 한 말은 가까운 인척의 말이라 신뢰할 수는 없다고 하더라도, 용손이 그동안 진술하면서 발로 차고 손으로 때린 사실에 대해서는 끝내 변명하지 않았으니, 고지방이 범행을 저지르지 않았다는 것은 충분히 미루어 알 수가 있겠다. 최원세는 뒤처져서 남아 있고 고지방은 주인이었으니, 고지방이 왔다가 곧바로 떠나간 것은 참으로 괴이할 것이 없는 일이다.

최원세가 죽었다는 말이 있고 난 뒤에 과부를 보쌈하러 같이 갔던 사람들이 어쩔 줄을 모르고 놀라워하였으니, 일제히 함께 가서 보아야 할 일이었다. 그러나 점돌占突과 고태위高太位 등이 용손을 먼저 보낸 것은 또 무슨 까닭인가? 이는 반드시 용손이 발로 걷어차서 최원세가 죽었기 때문에 소란을 일으킨 사람을 먼저 보내어 그 스스로 맡아서 처리하게 하려는 의도였을 것이다. 용손이 처음부터 주범으로 의심받았던 사실은 이를 통해서도 알 수가 있다.

또 만약 고지방이 도중에 도망쳐서 여러 해 동안 자취를 감추었던 사실을 가지고서 주범으로 단정하는 확실한 증거로 삼는다면, 봉이奉伊가 고지방의 손을 잡고 같이 돌아왔으니 그것을 이유로 봉이도 주범으로 단정할 수 있겠는가! 어떤 사람은 '용손이 만약 주범이라면 결코 부고訃告를 전할 리가 없을 것이다.'라고 하지만, 주범이면서 몸소 가서 부고를 전하여 자기의 행적을 감추려고 했던 사람들도 무수히 많았다. 게다가 점돌과 고태위는 고지방의 친척이기는 하지만, 용손과는 감옥에 같이 갇혀 있었고 고지방은 도망 상태에 있었으니, 감옥 안에서 용손과의 정은 더욱 두터워졌을 것이고 고지방이 잡혀와서 마주 대할 기약은 없는 상황이었다. 그러니 고지방과 도의道義로 사귄 사이이거나 골육骨肉의 친척인 사람을 제외하고 어느 누가 고지방에게 책임을 떠넘기는 말을 한마디도 하지 않고 전후 9년 동안 앞장서서 용손 한 사람만을 주범이라고 증언하겠는가!

대체로 발로 찬 사람은 용손이고 목을 조른 사람은 고지방이었다. 애당초 사건의 단서는 모의를 주도한 고지방이 만든 것이었지만, 마지막에 용손이 살해한 사실은 그 혼자만 아는 일이 아니었다. 따라서 고지방을 위하는 몇몇 사람들이 짝이 되어 서로 함께 시체를 용손의 집에 옮겨 놓았던 것이니, 용손이 주범이라는 사실에 대해 어찌 이의가 있었겠는가! 그러다가 고지방이 체포되고 난 뒤에는 말마다 꾸며 대고 일마다 숨겼으며, 혼자 뒤처져서 남아 있었던 일까지도 곧장 용손에게 떠넘겼으니, 주범으로 단정할 수 있는 확실한 증거를 그가 스스로 제시한 셈이다. 그러니 나라의 형률에 의한 처벌을 어찌 아낄 수 있겠는가! 그러나 반드시 죽여야 할 상황에서도 살릴 수 있는 길을 찾는 것은 살인 사건을 신중히 처리하려는 의도에서 나온 것이고, 옛날에 주범으로 정했던 사람을 놓아두고 새로운 사람을 주범으로 정하는 일은 공평한 마음으로 행하는 것을 중시한다.

정황으로 보나 행적으로 보나 대단히 명확하지도 않은데 한두 가지의 의문스러운 단서만을 가지고서 억지로 주범과 종범을 정하는 것을 내가 어찌 차마 행하겠는가! 내가 이번에 의문을 제기한 것은 '고지방은 살려 주어야 하고 용손은 죽여야 한다.'라는 것도 아니고, '옛날의 판결은 틀리고 이번 판결이 옳다.'라고 말하는 것도 아니다. 극도로 신중할수록 의혹은 자꾸 불어나니, 해당 도에 분부하여 강직하고 명석한 관원을 별도로 정하여 반복해서 샅샅이 조사한 뒤에 의견을 갖추어 장계로 보고하게 하라."

○ 주상의 판결에 대한 다산의 견해: 선왕先王께서는 주범과 종범이 구분되지 않은 사건을 대할 때마다 반드시 먼저 범죄 정황이 가벼운 사람을 지목하여 정상을 따져 보아 참작하여 처리하시고, 시간이 다소 오래 지나고 나서 또 범죄 정황이 무거운 사람을 지목하여 다시 의문스러운 단서를 가정해서 처리하셨습니다. 그리하여 결국 두 사람을 모두 살게 해 주셨으니, 이것은 살리기를 좋아하시는 임시변통에서 나온 것이었습니다. 그러므로 한창 갑甲을 석방하려고 할 때에는 을乙의 범죄 정황이 무거운 것처럼 하였다가, 막상 을을 석방할 때가 되어서는 갑의 범죄 정황이 무거운 것처럼 하였습니다. 이것은 사건을 판결하는 기준이 전날과 달라져서 그런 것이 아니었습니다. 살인 사건의 정황이 본래 의심스러웠기 때문에 그런 것입니다. 사건의 정황이 의심스러우면 의혹을 가지고 의혹을 가지면 두 갈래로 나뉘게 되니, 이것은 성인이 의심스러운 사건을 판결하는 본보기인 것입니다. 아! 지극합니다.

2. 주범과 종범을 구별하다(7)

【두 사람이 함께 구타하였는데, 한 사람은 몽둥이로 구타하고 한 사람은 발로 걷어찼다. 사건의 근본 원인은 홧김에 싸웠기 때문이고, 사망의 실제 원인은 발에 걷어차였기 때문이다.】

○ 장기長鬐의 백성 장소근張小斤 등이 김맹삼金孟三을 죽였다.

○ 검안보고서의 기록은 빠졌다.

○ 주상의 판결은 다음과 같다.

"주범은 한 사람으로 귀결되었으나, 이 사건에는 의문점이 많다. 맨 먼저 범행을 저지른 사람은 장한량張汗良이고 뒤따라 싸움을 도와준 사람은 장소근이며, 나무 몽둥이로 이마를 구타한 사람은 장한량이고 발꿈치로 옆구리를 찬 사람은 장소근이다. 저 장한량이 먼저 손으로 구타하고 이 장소근이 나중에 발로 찬 구별이 있는 데다 더욱이 나무 몽둥이로 구타한 것은 무거운 범행이고 발꿈치로 찬 것은 가벼운 범행이라는 차이가 있다. 그뿐만 아니라 이마와 옆구리는 모두 목숨을 잃을 수 있는 급소이나, 한 곳은 피가 엉겨 단단하였고 한 곳은 약간 푸르스름하면서 부드러웠다. 이 한 가지만으로도 어떤 상처가 사망에 중대한 영향을 미쳤는지를 분별할 수가 있다.

그런데도 발로 차인 곳이 가장 아프다고 하였다는 말과 발로 차이고 그 자리에서 쓰러진 일만 가지고서 장소근을 주범으로 단정하는 근거로 삼은 것은 정말로 충분히 합당하다고 할 수 있겠는가! 김맹삼이 소란을 일으켰을 때에 장한량에게 몽둥이로 구타를 당한 데다 더욱이 장소근에게 발로 차이기까지 하여 온몸의 위아래에 온통 상처를 입었으니, 사소한 일로 싸움이 벌어진 현장에서 정신이 혼미한 가운데 한 사람은 손으로 때리고 한 사람은 발로 찼는데, 누가 사망에 영향을 미칠 정도의 중대한 상처를 입혔는지 어떻게 낱낱이 알 수 있겠는가! 하물며 죽어 갈 때 정신없이 한 말을 또 어찌 완전히 신뢰할 수 있겠는가!

게다가 서로 버티면서 함께 붙들고 있었다는 말이 필삼必三의 구두 진술에 나와 있고, 다시 일어나서 더 싸웠던 상황에 대해서는 또 강아江牙의 목격이 있었으니, 서로 치고받고 싸우다가 넘어지기도 하고 고꾸라지기도 하는 것은 본래 이상한 일이 아니다. 게다가 한 차례 발에 차여 참으로 정신을 잃었다면, 어찌 또다시 싸울 기운이 있었겠는가!

주범은 전적으로 중대한 상처를 누가 입혔느냐로 구별하는데, 지금 전후의 문서를 살펴보고 두 사람의 사건 정황을 참고해 보면, 한두 가지의 의심스러운 단서가 있다. 다시 도신道臣이 사건을 직접 맡아서 상세히 조사하여 장계로 보고하게 하라.

나무 몽둥이로 구타한 일은 이 사건의 핵심적인 부분인데, 1차 검안할 때에는 유족이 진술한 적이 없다가 2차 검안할 때가 되어서야 제기한 것도 의심스러운 일이다. 그런데도 한 차례 조사하여 진술을 받고 나서는 숨겨진 진실을 더 이상 캐내지를 않았다. 불두덩을 발에 차였다는 중요한 진술이 여러 사람의 진술에서 나왔으니, 정수리에 붉은 기운이 있는지를 검안해 보았어야 했는데도 전후의 검안보고서에서는 전혀 거론하지 않았다. 이러나저러나 너무도 허술하였다. 해당 1차 검안한 관원을 추고推考하라."

○ 주상의 판결에 대한 다산의 견해: 《무원록》에서 다음과 같이 말하였습니다. '예를 들어 죽은 사람의 몸에 두 곳의 상처가 있는데 이 두 곳의 상처가 모두 목숨을 잃게 할 수 있는 상처이고 한 사람이 범행을 저질렀으면 주범을 정하는 데 어려움이 없다. 그러나 두 사람이 범행을 저질렀으면 한 사람은 목숨으로 보상하게 하고 한 사람은 목숨으로 보상하게 하지 않으니, 반드시 두 곳의 상처 중에서 목숨을 잃게 한 가장 중대한 상처를 참작하여 정해야 한다.'

이번 사건에서 김맹삼의 상처는 이마와 옆구리에 나 있으니, 이 두 곳의 상처가 모두 목숨을 잃게 할 수 있는 것입니다. 몽둥이로 이마를 구타한 사람은 장한량이고 그 상처의 증상은 피가 엉겨 있고 단단하였으며, 옆구리를 발로 찬 사람은 장소근이고 그 상처의 색깔은 약간 푸르스름하고 부드러웠으니, 장소근이 종범이 되어야 합니다. 그러나 검안보고서에 불두덩을 발로 찼다는 말이 있는 듯하니, 또 어떤 사람이 범행을 저지른 것인지 알 수가 없습니다.

3. 주범과 종범을 구별하다(8)

【두 사람이 함께 구타하였는데, 한 사람은 머리로 받고 한 사람은 발로 찼다. 사건의 근본 원인은 홧김에 싸웠기 때문이며, 사망의 실제 원인은 머리에 받혔기 때문이다.】

○ 해남海南의 백성 이귀천李貴千 등이 김태세金太世를 죽였다.

○ 검안보고서의 기록은 빠졌다.

○ 주상의 판결은 다음과 같다.

"덕홍德興이 앞서 소란을 일으켰고 이귀천이 나중에 화풀이를 하였으니, 누가 더 중대한 범행을 저질렀는지는 구별하기가 어렵다. 그러나 귀만貴萬은 이귀천과 같이 갔던 사람이므로 진실을 숨겨 주어야 하는데도 이귀천을 감싸 주지 못하였고, 허 여인[許女]은 가게의 주인이므로 본래 공정한 증인이라고 할 수 있는데도 기어이 덕홍을 제외시키려고 하였다. 두 죄수가 모의하지 않고도 동일한 진술을 하였으니, 이귀천이 주범이고 덕홍이 종범이라는 것은 단연코 의심할 여지가 없다. 덕홍이 죽었더라도 이귀천 한 사람이 아직도 이 땅에 살아 있는 이상 대뜸 가벼운 쪽으로 처벌할 것을 의논하는 것은 애당초 생각할 수 있는 일이 아니다.

그러나 이제 형조가 아뢴 내용을 보고 사건 기록을 다시 살펴보니, 덕홍이 소란을 일으켰을 때에는 벌써 발길질이 행해졌고, 이귀천이 화풀이를 할 때에는 머리와 무릎으로 아울러 들이받았다. 발길질을 할 때에는 발 하나만을 사용하였지만 들이받을 때에는 머리와 무릎 둘을 사용하였으니, 하나를 사용하는 것으로 둘을 사용하는 것과 비교해 보면 하나를 사용하는 범죄가 가볍고 둘을 사용하는 범죄가 무겁다. 그뿐만 아니라 머리와 무릎은 둔하고 약하지만 손과 발은 날카롭고 사납다. 그동안 살인 사건 중에서 발에 차여서 죽은 경우가 열 중 여덟이나 아홉을 차지한다면, 들이받혀서 죽은 경우는 백 중 겨우 하나나 둘이 있을 뿐이었다. 그러니 김태세가 목숨을 잃을 정도의 상처를 입게 된 것이 덕홍이 발로 찬 것 때문이 아니라 반드시 이귀천이 들이받은 것 때문이라고 어떻게 확신하겠는가!

사람이 맨손으로 맞붙어 싸울 때에는 서로 엎치락뒤치락하는 것이 마치 닭싸움과 같은 상황이니, 옆에서 구경하던 사람들이 어느 겨를에 몇 차례 발로 차고 몇 차례 머리와 무릎으로 들이받았는지를 손꼽아 셀 수 있겠는가! 귀만과 허 여인이 세 차례라느니 한 차례라느니 두 차례라느니 하면서 그 횟수를 자세하게 증명한 것은 도리어 의혹만 키워 줄 뿐이다. 게다가 김태세가 죽을 때에 '서울 서울 제주 제주[京京濟濟]'라고 했던 말을 검안한 관원은 '서울 서울'은 '서울 사람과 싸운 것'으로, '제주 제주'는 '제주 사람이 구타한 것'으로 나누어 이해하였다. 그러나 죽어 가는 사람이 간절히 바라는 것은 원수를 갚는 것 한 가지일 뿐이니, 중대한 상처를 입힌 사람은 서울 사람이라는 사실을 먼저 언급하고 가벼운 상처를 입힌 사람은 제주 사람이라는 사실을 그다음으로 언급한 것이 아니라고 또 어떻게 확신하겠는가!

'죄가 의심스러우면 가볍게 처벌한다.'[33]라는 말은 본래 경전經傳의 가르침에 나오는 말이고, 한 사람이 사망하였는데 두 사람의 목숨으로 갚게 하는 것은 죄수를 가엾게 여겨 신중히 판결하는 방도도 결코 아니다. 형조가 아뢴 내용에 이 사건에 대해 매우 논리적으로 서술하였으니 내가 허락을 미룰 필요가 없겠다. 이귀천에 대해서는 형장을 더 친 뒤에 사형을 감해서 먼 지역에 정배定配하라."

33 죄가……처벌한다: 《서경》 〈우서虞書·대우모大禹謨〉에 나온다.

○ 주상의 판결에 대한 다산의 견해: 맨손으로 맞붙어 싸울 때에 손으로 때리는 것을 타打라 하고, 다리로 차는 것을 척踢이라 하며, 머리로 들이받는 것을 촉觸이라 하고, 무릎으로 짓찧는 것을 축築이라 합니다.【또 발로 밟는 것을 답踏이라 한다.】 손으로 때려서 죽는 경우는 대부분 머리를 때린 경우이고, 발로 차서 죽는 경우는 대부분 고환을 찬 경우이며, 머리로 들이받아서 죽는 경우와 무릎으로 짓찧어서 죽는 경우는 대부분 가슴을 들이받거나 짓찧은 경우입니다. 그런데 검안보고서의 기록이 허술하여 총괄적으로 '구타하였다.[打]'라고 하거나 '걷어찼다.[踢]'라고 하였을 뿐이고, 머리로 들이받은 것과 무릎으로 짓찧은 것은 대부분 분별하지 않았습니다.

이번 이귀천의 사건에서도 머리와 무릎에 의해 다친 것을 모두 '들이받혔다.[被觸]'라고 하였으니, 의심스럽습니다. 무릎으로 사람을 들이받는다는 것은 그 자세가 불편합니다.

○ 또 신의 견해를 추가하면 이렇습니다. 경경제제京京濟濟란 덕흥은 서울 사람이고 이귀천은 제주 사람이기 때문에 그처럼 말한 것입니다.

4. 주범과 종범을 구별하다(9)

【두 사람이 같이 범행을 저질렀는데, 한 사람은 강간하고 한 사람은 도왔다. 사건의 근본 원인은 간음하였기 때문이며, 사망의 실제 원인은 낫에 찔렸기 때문이다.】

○ 진주晉州의 백성 김순천金順千이 박 조이朴召史를 죽였다.

○ 1차 검안보고서의 발사跋詞는 다음과 같다.

"이번 살인 사건에서 박 조이의 시체 앞면은 어깨뼈의 왼쪽 한 곳이 찔렸고, 뒷면은 등의 왼쪽 세 곳이 찔렸습니다. 그 상처의 길이와 둘레는 어깨의 구멍이 3치이고, 등의 가운데 구멍이 6치이며, 깊이는 각각 1치씩이고 약간 눌러 보니 모두 피가 쏟아붓듯이 나왔습니다. 범행 수법을 살펴보면, 앞면은 위에서 아래로 찔렀고, 뒷면은 왼쪽에서 오른쪽으로 찔렀습니다.

처음 강간을 거부할 때에는 얼굴을 마주 본 상태에서 찔렀기 때문에 그 상처가 한 곳에만 났던 것이고, 한 차례 찔리고 난 뒤에는 벽을 향해 돌아앉았기 때문에 그 상처가 세 곳이나 나게 되었던 것입니다. 범행에 사용한 흉기는 큰 낫으로, 처음 강간하러 갈 때에는 손에 지니고 있던 것이 아니었으나 싸울 때가 되어서야 갑자기 찾아서 가지고 왔으니, 도적을 방비하려던 무기로 도리어 주인을 해치게 되었습니다.

그러므로 사망의 실제 원인은 '찔려 사망하게 되었다.'라고 기록하였습니다.

가엾은 이 박 여인이 한밤중에 혼자 잠을 자던 중에 사람에게 겁탈을 당할 뻔하다가 재빠르게 마구 찔러 대는 공격을 받아 목숨이 곧바로 끊어질 위기에 처하였습니다. 그러나 실오라기 같은 목숨이 아직 끊어지기 전에 분노한 기운으로 몸을 일으켜 범인을 쫓아가다가 미처 사립문까지도 가지 못한 채 외마디 소리를 지르자마자 사지가 땅에 처박혔는데, 사건 현장에서 그곳까지의 거리가 35걸음이었습니다. 옛날에 '치명상을 입고 달아났다.〔殊而走〕'[34]라고 한 것이 이것을 말합니다.

김순천과 이채손李采孫이 서로 책임을 떠넘기고 있어 주범과 종범을 분별하기가 어렵습니다. 그러나 일반적인 이치로 따져 보면 이렇습니다.

---

34 치명상을 입고 달아났다〔殊而走〕: 중국 전국시대 때 소진蘇秦이 제齊나라 임금의 총애를 받자 이를 시기하던 사람이 자객을 시켜 살해하게 하였으나, 소진이 죽지는 않고 치명상을 입고 달아난 것을 인용한 말이다. 소진이 결국 이때 입은 상처로 인해 죽기 때문에 '주誅'와 같은 의미인 '수殊'로 기록하였다고 한다._《사기史記》〈소진열전蘇秦列傳〉

김순천은 16살의 머리를 땋은 아이이고, 키도 작고 몸도 약하며 아직 체모體毛도 제대로 나지 않았으니, 부녀자를 강간하고 사람을 찔러 살해한다는 것은 생각할 수 있는 일이 아닙니다. 이채손은 장년壯年의 나이가 되었고 힘도 한창 강할 때이니, 만약 의심받을 만한 행적이 있었다면 어떻게 피하겠습니까!

그러나 이웃 사람들 모두가 김순천을 주범으로 진술하고 있습니다. 그리고 김순천 부자父子를 묶었으나 피하지 않았고, 박 여인의 시신을 김순천의 집으로 옮겨 놓았으나 순순히 받아들였으니, 김순천이 범행을 저지른 일이 없었다면 어찌 이럴 수가 있겠습니까! 원통한 박 여인이 죽을힘을 다해 달려가면서도 연이어 소리 내어 외치기를 '김순천이 나를 죽였다.'라고 하였고, 그의 어머니가 불을 가지고 왔을 때에도 입에서 나오는 대로 말하기를 '김순천을 죽여야 한다.'라고 하였으니, 이것이 어찌 주범으로 단정할 수 있는 확실한 증거가 아니겠습니까! '호로자식'이라 하고 이름을 거론하지는 않았지만, 호로자식이란 어리면서 언행이 바르지 못한 사람을 일컫는 말입니다. 이러한 소리와 이러한 이름은 어린 사람에게 해당되겠습니까, 어른에게 해당되겠습니까?

서 여인[徐女]이 세탁한 김순천의 적삼과 바지에 핏자국이 여전히 선명하였으나, 친족을 위하는 마음에서 사실을 숨기고 '마침 코피가 나서 그런 것입니다.'라고 하였으니, 그 누가 그 말을 믿겠습니까! 상자 속에 감추어 두었다가 다그친 뒤에야 내놓았으니, 이것이 어찌 범죄의 진상이 아니겠습니까! 체포된 날이 되어서야 그도 스스로 말하기를 '나더러 사람을 죽였다고 하니 내가 죽어 주겠다.'라고 하였습니다. 그러다가 하룻밤 사이에 교묘한 생각이 갑자기 떠올랐고, 이채손이라는 이름이 김순천의 입에서 처음으로 나오게 되었습니다. 한 방에서 모의하였다가 터무니없이 모함을 받았으니, 어찌 허술하지 않겠습니까!

저 이채손이란 자는 김후세金厚世의 머슴이고, 김후세는 김순천의 친형입니다. 이채손은 일생 동안 머슴살이를 하였고 친척이라고는 아무도 없으니, 범행을 저지른 일이 있었다고 한다면 감싸 줄 사람이 어느 누가 있겠습니까! 그런데 여러 사람의 진술을 낱낱이 살펴보아도 그를 지목하는 사람이 하나도 없었습니다. 김순천은 부모가 모두 살아 있고 형제가 6명이며, 집안도 가난하지 않아 한 마을에서 첫손에 꼽히는 집이었습니다. 이번 사건을 목격한 증인들도 가까운 인척이 아니면 친형수였으니, '진실[誠]을 감출 수 없는 것이 이와 같다.'[35]라고 하겠습니다.

두 사람을 대질시킬 때가 되자, 이채손은 어리석고 어눌하여 변명하는 말이 없었으며, 신분의 차이 때문에 대항할 수 없는 것처럼 보였으나 얼굴빛은 자연스럽고 여유가 있었습니다. 반면에 김순천은 사나운 기운과 표독한 목소리에 거짓 웃음을 섞어 가며 오로지 구박하기만을 일삼았으나, 말에는 도무지 조리가 없었습니다. 게다가 바라보는 눈빛은 사악하고 얼굴 모습은 사나웠으니, 소년의 나이에 이처럼 살인의 변괴를 저지른 것이 당연하다고 하겠습니다. 그러므로 주범은 김순천으로 기록하였습니다.

이채손은 김순천이 간음하러 가는 길을 따라갔었고 김순천이 박 여인을 찔러 죽일 때에 도와주었으니, 범행을 거든 죄를 어떻게 피하겠습니까! 그러므로 이채손은 종범으로 기록하였습니다.

서 여인과 김 여인은 김순천과 형수 또는 숙모의 사이이기는 하지만, 중요한 증인이므로 어쩔 수 없이 진술을 받아야 합니다.

2차 검안할 관원은 사천 현감泗川縣監으로 정하고 공문公文을 보내서

35 진실을……같다: 《중용장구中庸章句》 제16장에서 "은미한 것처럼 잘 드러나는 것도 없으니, 진실을 감출 수 없는 것이 이와 같은 것이다.〔夫微之顯, 誠之不可揜, 如此夫!〕"라고 한 말을 인용한 것이다.

초청하겠습니다."

○ 다산의 견해: 이 사건은 건륭乾隆 연간 신해년(1791, 정조 15) 8월 2일에 나의 선친先親(정재원, 丁載遠)께서 진주 목사晉州牧使로 있을 때 검안하여 보고한 것이다.

○ 경상 감영慶尙監營의 제사題詞는 다음과 같다.

"저 미치광이 아이는 이제 총각의 나이로, 입안의 젖내가 사라지자마자 음탕한 욕심을 채우려는 생각을 하였다. 자신의 나이를 생각하지 않고 감히 강간하려는 계획을 세웠고, 협박을 해도 실패하자 마침내 살해하는 변괴를 일으키기까지 하였다. 어두운 밤이라서 아는 사람이 없다는 말은 통하지 않으니, 스스로 지은 죄는 피하기 어렵다는 것을 알 수 있다. 이채손에게 책임을 떠넘기려는 계획과 이른바 미숙한 아이라는 점을 감안해야 한다는 소견에 대해서는 두 차례 올린 검안보고서에서 반복해서 상세하게 서술하여 논리적으로 단정하였으니, 더 이상 의심할 수가 없다. 그러니 주범의 죄를 그가 어떻게 피할 수 있겠는가!

이채손은 두 차례나 김순천을 따라갔으니, 그도 종범을 면하기 어렵다.

사천 현감을 합동조사관으로 차출하였으니, 날짜를 약속하여 모여서 조사하라. 죄인에 대해 결안結案 문서를 작성하기도 전에 먼저 신원에 대한 다짐을 받은 것은 살인 사건의 처리 규정을 크게 위반한 것이다. 2차 검안할 때의 형리刑吏에 대해서는 과실을 기록해 두었다가 고과考課할 때 반영하라는 내용으로 낱낱이 공문을 보내 시행하게 하라. 범행에 사용했던 낫은 도로 내려보내라."

○ 다산의 견해: 검안보고서에 대한 감사의 제사는 2차 검안한 관원

이 올린 보고서에 덧붙여 기록하니, 2차 검안할 때의 형리에 대해 과실을 기록해 두었다가 고과할 때 반영하도록 하는 것은 낱낱이 공문을 보낼 일이 아니다. 다소 잘못한 것이다.

5. 주범과 종범을 구별하다(10)

【아버지와 아들이 같이 범행을 저질렀는데, 아들은 위급한 어머니를 구하기 위해서였다. 사건의 근본 원인은 빚을 받으려고 하였기 때문이며, 사망의 실제 원인은 발에 차였기 때문이다.】

○ 신천信川의 백성 최진악崔辰岳이 김흥대金興大를 죽였다.

○ 1차 검안보고서의 발사跋詞는 다음과 같다.

"이번 사건에서 김흥대 시신의 앞면에는 윗배의 왼쪽에 살갗이 벗겨지고 자주색을 띤 곳이 있고, 또 그 왼쪽에는 살갗에 손톱자국처럼 생긴 상처 두 군데가 있었습니다. 그리고 왼쪽 갈비뼈 아래와 불두덩 옆에 청적색青赤色의 핏자국이 있었는데, 둘레는 4치 8푼이었고, 눌러 보니 약간 단단하였습니다. 시신의 뒷면에는 왼쪽 팔꿈치에 살갗이 손상되고 자주색을 띠고 콩알 반절 만한 모양의 상처 두 곳이 있었는데, 눌러 보니 부드러웠습니다. 오른쪽 팔꿈치에는 살갗이 손상되고 청흑색青黑色을 띠고 팥알 반절 만한 모양의 상처 두 곳이 있었는데, 부어올라 있고 약간 단단하였습니다. 기타 양쪽 결분골缺盆骨(쇄골), 양쪽 견갑골肩胛骨(어깨뼈), 양쪽 흡박胎膊(위팔 부위) 등에 상처가 보이지는 않으나 더러 자주색을 띠기도 한 것들은 낱낱이 거론할 수가 없습니다. 이러한 상처들은 발로 밟아서 내부의 장기가 다치거나 독기가 깊숙이 퍼져서 그런 듯합니다.

《무원록》에는 다음과 같이 말하였습니다. '술을 취하도록 마시고 음식을 배불리 먹고 난 뒤에 발에 차이고 밟혀서 내부의 장기가 다친 경우에도 죽게 될 수 있다.' 여러 곳의 상처 중에서 목숨을 잃게 한 상처를 지정하기는 어렵지만, 윗배의 왼쪽 및 왼쪽 갈비뼈 아래와 불두덩은 모두 다치면 반드시 죽게 되는 급소입니다. 그리고 죽은 사람이 죽을 때가 되어 말하기를 '최진악이 두 차례 나의 윗배를 차고 재차 나의 고환을 찼다.' 하면서 죽을 때까지 앞서 했던 말을 계속해서 되풀이하였다고 하였습니다. 그러므로 사망의 실제 원인은 '발에 차여서 죽게 되었다.'라고 기록하였습니다.

애당초 이 사건이 일어난 빌미는 최씨崔氏 노파에게서 시작되었습니다.【최진악의 어머니이다.】 처음에는 말로 꾸짖다가 나중에는 치고 받고 싸웠으니, 최두천崔斗天으로서는【최진악의 아버지이다.】 지체 없이 만류해야 하는 일입니다. 그런데도 자기 아내가 구타당한 사실에 분노하여 김홍대를 붙잡아 결박하고서는 '김홍대가 스스로 와서 결박을 당하였습니다.'라고 하였으니, 이것도 속인 것입니다. 김홍대는 소년이고 최두천은 노인이니, 힘으로는 상대가 되지 않았을 뿐만 아니라 한창 분노가 격렬하게 일어난 상태인데 순순히 결박을 당하였을 리가 있겠습니까! 최두천이 아들과 아우를 보호하려고 노인이라는 점을 믿고서 대신 떠맡은 것이니, 참으로 매우 교묘하고 악랄합니다. 그가 범행을 스스로 인정한 데다 반드시 힘을 합쳐서 범행을 저지를 수밖에 없는 상황이었으니, 먼저 범행을 저지른 사람은 최두천입니다. 그러므로 최두천을 피고被告로 기록하였습니다.

최진악은 설사 그의 말대로 김홍대가 결박을 당한 뒤에야 밖에서 들어왔다고 하더라도, 자기 어머니가 구타를 당하여 쓰러져 있는 것을 보고서도 자식으로서 팔짱을 낀 채 보고만 있었을 리가 있겠습니까! 결박을 당하기 전에는 범행을 저지르지 않았더라도 결박을 당한 뒤에는 반드시 발로 찼을 것입니다. 그러므로 최진악을 주범으로 기록하였습니다.

최두철崔斗哲은 '애당초 간여하지 않았습니다.'라고 말하지만, 죽은 사람이 말하기를 '힘을 합쳐서 결박하였습니다.'라고 하였으니, 범행을 거든 죄를 어떻게 면할 수 있겠습니까! 그러므로 최두철을 관련된 사람으로 기록하였습니다."

○ 다산의 비평은 다음과 같다.

"일반적으로 검안보고서에 사망의 실제 원인을 기록하는 법은 상처가 명확하지 않은 경우에야 내부의 장기가 다쳤는지를 찾아보는 것이다. '술을 취하도록 마시고 음식을 배불리 먹고 난 뒤에 발에 밟혀 내부의 장기를 다친 경우'라는 것이 이것을 말한다. 이번 사건에서는 시신의 불두덩 옆에 분명히 4치 8푼의 상처가 있는데, 또 어찌하여 '술을 취하도록 마시고 음식을 배불리 먹고 난 뒤에 내부의 장기를 다친 경우'의 조문을 인용한 것인가! 이것이 첫 번째 잘못이다.

윗배의 상처가 중대하기는 하지만 불두덩의 상처가 있는 이상 두 곳의 상처를 모두 거론해서는 안 된다. 그런데 지금 윗배와 불두덩 두 곳의 상처 모두 사망의 실제 원인일 가능성을 제기하였다. 이것이 두 번째 잘못이다.

발로 밟았다는 것은 발바닥으로 짓밟는 것을 말하고, 발로 찼다는 것은 발의 앞부분을 들어 걷어차는 것을 말한다. 그런데 《무원록》 〈조례條例·주식취포사酒食醉飽死〉에서는 발로 밟았을 때 적용하는 조문을 인용해 놓고, 사망의 실제 원인은 발에 걷어차여서 죽었다고 정하였다. 이것이 세 번째 잘못이다.

피해자 가족이 갑甲을 고소하였으나 조사하는 관원이 을乙을 주범으로 지목하였으면, 갑은 피고라고 부르는 것이 법률에 맞는 것이다. 그런데 지금 피해자 가족이 본래 최진악을 고소하고, 조사하는 관원도 그들의 말에만 의거하였는데, 또 어떻게 최두천을 피고로 정할 수가 있단 말인가! 이것이 네 번째 잘못이다.

피해자 가족이 어떤 사람을 죄가 있다고 고소하였으나 그 사람은 전혀 범행을 저지른 일이 없을 경우에 그 사람을 피고라고 부르는 것이다. 그런데 지금 '최두천이 맨 먼저 범행을 저질렀고 마지막에 또 힘을 합쳐서 구타하였습니다.'라고 하였는데, 종범이라고 부르지 않고 버젓이 피고라고 불렀다. 이것이 다섯 번째 잘못이다.

최두철에 대해서는 '힘을 합쳐서 구타하였습니다.'라고 하였고 더욱이 '범행을 거들었습니다.'라고 하였으면, 이 사람도 종범인데 어떻게 관련된 사람이라고 할 수 있겠는가! 손과 발로 범행을 저지른 사람을 종범이라 하고 증거와 서로 관련이 있는 사람을 관련된 사람이라고 하는데, 이러한 것은 분별한 적도 없으니 어떻게 수령이 될 수 있겠는가! 이것이 여섯 번째 잘못이다.

하나의 검안보고서 안에서 여섯 가지의 잘못이 모두 드러났는데, 감영의 제사題詞를 보니 그대로 받아들이고 아무런 문제 제기도 없었다. 아! 앞으로 어찌하려는 것인가!

○ 2차 검안보고서의 발사는 다음과 같다.

"두 곳에 난 상처의 크기가 이처럼 넓고 크며, 모두 빨리 죽고 반드시 죽게 될 부위에 난 상처입니다.【아랫배 한 곳과 불두덩 한 곳의 상처에 대해 의견을 서술한 것이 1차 검안보고서와 대체로 동일하였다.】 사망의 실제 원인은 '발에 차여서 죽게 되었다.'라고 기록하였습니다.

누가 주범인지를 따져 본다면 세 명의 최씨 중에서 벗어나지 않으나, 최두천은 '김홍대를 결박하였을 뿐입니다.'라고 하였고, 최진악은 '애당초 범행을 저지르지 않았습니다.'라고 하였습니다. 그러나 죽은 사람의 말이 자세하였고 피해자 가족의 진술이 명백하였습니다. 따라서 한 사람을 지목하여 목숨으로 보상하게 할 경우에 최진악이 당사자이니, 의문을 품고 판결하기를 주저하려고 해도 가능하겠습니까! 그러므로 최진악을 주범으로 기록하였습니다.

최두천에 대해서는 피해자 가족이 진술하기를 '처음 결박할 때에 최두천이 맨 먼저 김흥대의 왼쪽 팔을 걷어차고 때렸습니다.' 하였고, 팔꿈치의 상처도 이처럼 명백하였습니다. 김흥대를 결박한 것에 대해서는 그도 스스로 인정하였습니다. 따라서 최두천은 피고로 기록하였습니다.

최두철은 다른 사람들과 함께 힘을 합쳐 결박한 사실을 한사코 굳게 부인하고 있으니, 행태가 교묘하고 악랄하여 엄중히 다스려야 합니다.

대체로 이번 사건의 빌미는 본래 조기[石魚] 값을 받으려다가 생긴 것입니다. 최씨 노파가 구타를 당한 뒤 쓰러져서 정신을 잃은 상태였다면, 그의 자식이란 자가 어찌 가만히 서서 바라보기만 하고 전혀 범행을 저지르는 일이 없을 수 있겠습니까! 최진악이 홧김에 발로 걷어차고 손으로 때린 것은 필연적인 상황이었습니다. 이에 대해 그가 변명하고 있지만 믿을 수가 없습니다."

○ 다산의 비평은 다음과 같다. "논리적으로 서술한 점에서는 2차 검안보고서가 1차 검안보고서보다 조금 낫지만, 잘못을 저지른 점에 있어서는 2차 검안보고서도 다를 것이 없다. 처음에는 도토리 키 재기를 하듯이 서로 다투었지만 마침내는 서로 피장파장이 되었으니, 검안보고서를 정확히 작성하는 것이 이렇게까지 어렵단 말인가!"

○ 황해 감영黃海監營의 제사題詞는 다음과 같다.

"기력이 노쇠한 그의 아버지조차도 오히려 힘을 다해 결박하였는데, 자기 어머니가 구타당하는 것을 보고도 어찌 차마 팔짱을 낀 채 구경만 하고 있었겠는가! 화풀이를 하려는 자식의 마음으로 손으로 구타하고 발로 걷어차는 것은 필연적인 이치이다. 최두천이 기어이 자기 혼자 범죄를 뒤집어쓰려고 하는 것은 참으로 자애로운 마음에서 나온 것이기는 하지만, 최진악이 은연중에 김홍대가 죽게 된 원인을 결박한 탓으로 돌린 것은 인륜을 손상시키는 죄가 되지 않겠는가!【중간을 생략하였다.】

살인 사건 하나가 성립되자, 아들은 주범이 되고 아버지는 피고가 되며 숙부는 관련된 사람이 되었으니, 풍속의 교화를 돈독히 하는 취지가 결코 아니고, 살인 사건의 처리를 중시하는 방도에도 흠이 된다. 최두천과 최두철은 특별히 보증인을 세우고 풀어 주라."

○ 다산의 비평은 다음과 같다. "아버지는 피고가 되고 작은아버지는 관련된 사람이 되는 것은 살인 사건에서 일반적으로 있는 일이니, 풍속의 교화에서 볼 때 전혀 손상될 일이 없다. 다만 피고가 아닌데도 피고라고 기록하고 관련된 사람이 아닌데도 관련된 사람이라고 쓴 것은 법례를 크게 위반한 것이다. 그런데 이것을 문제 삼지는 않고 그의 아버지를 풀어 주어 풍속의 교화를 돈독하게 하려고만 하였으니, 나는 이렇게 하는 것이 옳은지 알 수가 없다."

○ 다산의 의견은 다음과 같다. "《대전통편大典通編》에 다음과 같이 말하였다. '부모가 남에게 구타를 당하자 그 아들이 그 사람을 구타하여 죽게 한 경우에는 사형을 감하여 정배定配한다.' 이 사건에서는 최씨 노파를 먼저 잡아다가 상처를 점검하여 만약 구타를 당한 것이 확실하면 원래의 법률 조문에 따라 사형을 감해 주도록 의논해야 한다. 그런데 검안보고서의 발사와 감영의 제사에서는 모두 이러한 말이 없었으니, 어

찌 그리도 허술한가! 다만 최진악이 온갖 말로 변명하고 자기 아버지에게 죄가 돌아간다는 것을 생각하지 않았으니, 법률로 보아 엄중히 신문하여 완고한 그를 징계해야 한다."

6. 주범과 종범을 구별하다(11)

【어머니와 아들이 같이 범행을 저질렀는데, 어머니는 삽으로 치고 아들은 발로 걷어찼다. 사건의 근본 원인은 간음하였기 때문이며, 사망의 실제 원인은 발에 차였기 때문이다.】

○ 문화文化의 백성 배홍적裵弘積이 배학대裵學大를 죽였다.

○ 1차 검안보고서의 발사跋詞는 다음과 같다.

"배학대의 시체는 정수리와 눈두덩에 피멍이 들어 있고, 가슴과 아랫배에 어혈瘀血이 생겼는데, 이러한 부위들은 모두 다치면 반드시 죽는 곳입니다. 가장 중대한 상처는 명치 왼쪽에 진한 자주색의 피멍이 들어 있는 부위로, 이곳은 다치면 빨리 죽게 되는 곳입니다. 이처럼 목숨을 잃을 수 있는 상처를 빨리 죽을 수 있는 곳에 입게 되면, 즉시 사망한다는 것은 더 이상 말이 필요 없습니다. 시체의 상처가 길쭉하지 않고 둥근 것은【이처럼 방원方圓이라고 쓴 것은 잘못 쓴 것이다. 법전에 방원이라고 한 것은 둘레라는 말과 같다.】 분명히 다른 까닭으로 사망한 것이 아니라 발로 걷어차여서 사망하였기 때문입니다. 그러므로 사망의 실제 원인은 '발에 차여서 죽게 되었다.'라고 기록하였습니다.

여러 사람이 모두 진술하기를 '배홍적 및 어머니 이 조이李召史와 그의 작은어머니 이 조이가 같이 힘을 합쳐 구타하였습니다.' 하였고, 유족 및 배덕순裵德順과 배학성裵學聖이 모두 진술하기를 '배홍적이 먼저 구타하였습니다.' 하였으며, 정상엽鄭相燁이 진술하기를 '배홍적이 발로 걷어차기도 하고 발로 밟기도 하였습니다.' 하였습니다. 발로 걷어차는 것은 부인들이 할 짓이 아닙니다. 그래서 주범을 배홍적으로 지정하였습니다.

배학대가 배홍적의 사촌 형수와 몰래 간통하였는데, 배덕건裵德建은 간통한 정황을 포착하고서는 공갈하였고, 배학대는 돼지를 풀어놓아 곡식에 해를 끼친 것을 핑계로 마구 모욕하다가 마침내 한바탕 큰 싸움이 벌어지게 된 것입니다. 그러자 배홍적의 작은어머니는 배학대가 자기 며느리와 서로 간통했던 묵은 원한을 품고 있다가 마침내 늙고 쇠잔한 사람으로서 발악을 하였습니다. 배홍적의 어머니는 성품과 행실이 사납고 악랄한 데다 기골이 강건하였는데, 살을 씹어 먹고 싶을 정도로 분한 마음이 치솟자 삽으로 힘껏 후려치는 적극성을 보였으니, 그가 구타한 것이 가장 악독하였습니다. 그러나 목숨을 잃게 한 상처로 지목할 수 있는 사망의 실제 원인은 발에 차인 것이고 보면, 배홍적이 저절로 주범으로 귀결되었습니다. 그래서 그의 어머니 이 조이는 종범으로 기록하였습니다."

○ 조사한 관원의 보고는 다음과 같다.

"배학대가 같은 친족의 부인과 간통하였으니, 법률 조문으로 볼 때 죽여야 할 사람입니다. 실제로 음탕한 부인의 남편인 배후적裵厚績이 간통 현장에서 직접 붙잡아 즉시 죽였다면, 당연히 죄를 묻지 않는 것으로 처리해야 합니다. 그러나 즉시 죽인 것도 아닌 데다 간통 현장에서 죽인 것도 아니며 배학대를 죽인 사람도 모두 본남편이 아니기 때문에 살인 사건이 성립된 것입니다.

사망의 실제 원인을 보면, 배홍적이 몇 차례 발로 걷어차서 생긴 상처는 배홍적의 어머니가 손으로 구타해서 생긴 상처에 비해서 깊었고, 상처로 따져 보면, 목숨을 잃게 할 정도의 수많은 상처는 도리어 그 아들이 발로 걷어찬 것보다 많았습니다. 이것이야말로 《무원록》 〈검복檢覆·

검복총설檢覆總說〉에서 '같이 모의하여 함께 구타하였으나 누가 중대한 상처를 입히는 범행을 저질렀는지 모르는 경우'라고 한 것입니다. 그러나 사망의 실제 원인은 두 가지 모두 기록할 수가 없고 주범도 두 사람으로 정할 수가 없습니다.

어머니와 아들 사이에서 참으로 주범과 종범을 구별하기가 어려웠으나, 세밀히 점검하고 몹시 애를 써서 비교하여 결국에는 배홍적을 주범으로 지정하였습니다. 그러나 범인의 실정에 대해 서술하면 이렇습니다. 배홍적은 어리고 못났으며 겨우 사람의 형체만을 갖춘 사람으로서, 자기 어머니 이 조이가 맞붙어 싸우는 것을 보고서는 배학대의 상투를 휘어잡고【본래의 문장에서는 상투[上土]라고 하였다.】 발로 한 차례 걷어찼는데, 공교롭게도 급소를 맞혔습니다.

그의 어머니 이 조이는 사납고 악독한 성품이 얼굴에 드러나 있고 강건한 기운은 남자보다 나았습니다. 애당초 말썽을 일으킨 것과 마지막에 흉악한 범행을 저지른 것이 모두 그녀의 손에서 나왔습니다. 그러므로 남편도 그녀가 삽으로 마구 구타한 사실을 숨기지 못하였고, 여러 증인의 진술에서도 모두 그녀의 구타가 가장 맹렬하였다고 증언하였습니다. 세상의 이치는 매우 공정하고 스스로 지은 죄는 피하기 어려우므로, 2차례 형장을 치며 심문한 뒤에 배홍적의 어머니가 감옥에서 죽었고 배홍적만 혼자 남았습니다. 그러나 일반적인 법률에 구애받아 또 배홍적마저 죽인다면, 이것은 한 사람을 살해하여 사형죄를 지은 것 때문에 의문점이 있는 두 사람의 목숨으로 갚게 하는 것이니, 참으로 법률을 제정한 성왕聖王의 본래 취지가 아닙니다.

《무원록》〈검복·시장식屍帳式〉에 다음과 같이 말하였습니다. '무리를 모아 사람을 구타하였을 때 목숨을 잃게 한 상처를 정하는 것이 가장 어렵다. 만약 죽은 사람의 몸에 두 곳의 상처가 있는데 둘 다 목숨을 잃게 할 수 있는 상처이고 범인이 두 사람이라면, 한 사람은 목숨으로 보상하게 하고 한 사람은 목숨으로 보상하게 하지 않는다.' 이 조문이 참조하여 적용하기에 가장 합당합니다."

○ 다산의 비평은 다음과 같다.

"《대명률》〈형률刑律·범간犯姦〉에 이르기를 '같은 친족 중 상복을 입지 않는 친족이나 상복을 입지 않는 친족의 아내와 간통한 경우에는 각각 100대의 형장을 친다.'라고 하였을 뿐이고, '서로 합의하여 간통하되 남편이 있는 경우에는 90대의 형장을 친다.' 하였고, '강간한 경우에만 교형絞刑에 처한다.' 하였다. 그런데 조사한 관원이 이제 배학대를 '죽여야 할 사람[應死之人]'이라고 표현한 것은 법률은 그와 같이 되어 있지만 그 범죄의 정황으로는 죽여야 할 사람이라는 말이다.

옛날에 내가 곡산 부사谷山府使로 있을 때 무인武人 김이신金履信이란 자가 그의 9촌 숙모와 서로 합의하여 간통을 하고 심지어 아이를 낳기까지 하였다. 그러자 온 마을 사람들이 소장을 올려 모두 때려죽이기를 원하였고, 감사의 제사에서도 때려죽이게 하였다. 그러나 내가 법률을 살펴보니 위와 같았다. 그래서 때려죽이는 것을 주저하였으나, 법률을 감히 드러내어 말할 수도 없었다. 여러 차례 곤장을 쳐서 감옥에서 죽게 되기만을 바랐으나 모질어서 죽지도 않았으므로, 마음속으로 몹시 괴로워하였다.

내가 교체되어 돌아오자마자 판서判書 조덕윤趙德潤이 나를 대신하여 곡산 부사가 되었는데, 이 일을 괴이하게 여기면서 말하기를 '이놈을 어찌하여 죽이지 않았는가!' 하고, 부임하자마자 즉시 죽여 버렸다.

○ 주상의 판결은 다음과 같다.

"배홍적의 살인 사건은 다음과 같이 판결한다. 친족 관계로 말하면 겨우 10촌을 벗어났고 정의로 따지면 가까이 한 동네에 거주하였다. 간음한 일로 비방이 일어났으니, 풍속을 손상시키는 것과 관계가 있는 일이다. 사건의 내막이 참혹한 점은 우선 그만두고라도, 인간의 윤리가 파괴되는 것은 어떻게 해야 하겠는가! 더구나 세 사람이 힘을 합쳐 일시에 화풀이를 하였다. 이 사건은 배학대가 배홍적에게 돼지를 풀어놓아 곡식을 해쳤다고 하면서 모욕을 하자 배홍적 등이 배학대와 사촌 형수가 간통하여 받은 치욕을 씻으려다가 발생한 것으로, 배학대를 구타하여 삽자루가 부러지고 엄지손가락이 찢어지기까지 하였다.

어머니·아들·작은어머니·조카 가운데 주범과 종범을 구별할 수가 없으며, 발에 걷어차여서 죽었는지, 발에 밟혀서 죽었는지, 손에 맞아 죽었는지, 머리채가 붙잡혀서 죽었는지, 사망의 실제 원인이 분명하지 않다. 이처럼 음란하고 더러운 행적을 보인 사건에 대해 저처럼 의문투성이의 판결을 내리는 것은 죄수를 가엾이 여기는 나의 뜻이 아니다. 도신道臣의 발사 가운데 '어머니와 아들을 같이 구속하여 함께 심문하다가 그의 어머니가 먼저 죽었는데, 이제 다시 그 아들마저 법에 따라 처형한다면 한 명이 살해된 사건에 두 사람의 목숨으로 갚게 하는 것입니다.'라고 한 말은 모두 일리가 있다. 그러나 형조가 대책을 마련하여 보고한 내용 중에 '배홍적이 오로지 혐의를 벗어나기만 하려는 생각에서 은연중에 자기 어머니에게 죄를 돌렸습니다.'라고 서술한 것이 있었다. 이것은 참으로 옳은 지적이다.

한 명이 살해된 사건에 두 사람의 범인이 있는 경우에는 죄수를 가엾게 여겨야 하는 일이지만, 윤리를 손상시키고 풍속을 무너뜨리는 것에 대해서는 더욱 엄중히 처리해야 할 일이다. 배홍적은 사형을 감하여 정배하되, 도신이 3차례 엄중히 형장을 가한 뒤에 정배할 지역으로 보내게 하라."

○ 주상의 판결에 대한 다산의 견해: 《주례》〈지관地官·조인調人〉에 다음과 같이 말하였습니다. '정의에 따라 사람을 죽인 경우에는 원수를 갚지 못하게 한다.' 원수를 갚지 못하게 한 이상 죽여야 할 사람이 아닌 것이니, 죽여야 할 사람이 아닌데 죽이는 것은 나라의 법이 아닙니다. 가령 배홍적의 어머니와 아들이 모두 살아 있다고 하더라도 오히려 둘 다 풀어 주어야 합니다. 하물며 어머니가 이미 죽었으니 더 말할 것이 있겠습니까!

배홍적이 오로지 혐의를 벗어나기만 하려는 생각에서 자기 어머니에게 죄를 돌린 것은 본 사건 이외에 별도의 죄입니다. 그러나 어리석고 천한 백성이 인간의 도리를 몰라 '어머니가 돌아가셨으니 어머니에게 죄를 돌리더라도 해가 될 것이 없다.'라고 생각하였을 것입니다. 이것은 어머니가 살아 있는데도 죄를 돌린 경우와는 크게 차이가 있는 것입니다. 다만 법관法官으로서는 말로 설명하기가 어려웠을 따름이었습니다. 배홍적은 본래 완전히 석방해 주어야 할 대상이었으나, 사형을 감하여 정배하고 더욱이 3차례 엄중히 형장을 치게까지 한 이유는 성상의 의도가 여기에 있었기 때문입니다.

7. 주범과 종범을 구별하다(12)

【작은아버지와 조카가 같이 범행을 저질렀는데, 한 사람은 죽고 한 사람은 석방하였다. 사건의 근본 원인은 간음하였기 때문이며, 사망의 실제 원인은 구타를 당하였기 때문이다.】

○ 양주楊州의 백성 김수찬金守贊과 그의 조카 김점돌金占突이 박 조이朴召史를 죽였다.

○ 검안보고서의 기록은 빠졌다.

○ 주상의 판결은 다음과 같다.

"대체로 박 조이는 요망한 무녀巫女의 호리는 술수를 믿고서 음탕한 여자의 간통하는 행실을 불러왔다. 어제는 김수찬의 아내를 꾀어 내고 오늘은 김점돌의 아내를 꾀어 내서는 큰 동생에게 소개하여 달아나게 하였으니, 김수찬과 김점돌로서는 어찌 주먹으로 두들겨 패서 분한 마음을 조금이나마 풀고 싶지 않았겠는가! 죽은 사람은 스스로 불러들인 일이고, 산 사람은 참으로 불행한 일일 따름이다.

다만 한 가지 사건에 두 명의 범인이 있어 두 차례 시체를 검안하고 세 차례 죄인을 심문하였으나, 그들이 작은아버지와 조카의 관계로 주범과 종범의 죄목을 서로 떠넘겼다. 김수찬은 '김점돌이 먼저 결박을 하였습니다.' 하고, 김점돌은 '김수찬이 먼저 범행을 저질렀습니다.' 하였으니, 사건의 실체는 우선 놓아두고라도 사람의 도리는 과연 어디에 있단 말인가! 그러나 김점돌이 직접 몽둥이를 들어 박 조이의 허리를 친 사실에 대해서는 그가 아무런 변명 없이 스스로 인정하였고, 사람들도 모두 목격하였다. 그뿐만 아니라 시장屍帳에 기록되어 있는 상처를 살펴보아도 모두 합치되니, 도신의 장계狀啓와 형조의 계사啓辭에서 김점돌을 주범으로 정한 것은 더 이상 논의할 필요가 없다.

김점돌은 목숨으로 보상하게 하는 형률로 처벌해야 하고, 김수찬은 자연히 사형을 감하여 처벌하는 것으로 귀결된다. 김점돌이 처형되기 전에 지레 죽은 것은 형벌을 제대로 집행하지 못한 일에 해당하기는 하지만, 그렇다고 김수찬에게 대신 전가하는 것도 참으로 명분이 없는 일이다. 김수찬은 해당 도에서 참작하여 판결하게 하되, 여러 도의 구휼救恤하는 일이 아직 끝나지 않았고 게다가 주범에 대해 사형을 감해 주는 것과는 차이가 있으므로 정배定配에 대해서는 속전贖錢을 거두라."

○ 주상의 판결에 대한 다산의 견해: 두 사람의 목숨으로 갚게 할 수는 없으나, 한 사람의 주범을 지정할 수가 없었습니다. 그러는 사이에 한 명의 죄수가 먼저 죽었으니, 법관이 두 사람의 죄상을 따질 때에는 자연히 죽은 사람의 죄를 무거운 쪽으로 귀결시켜야 산 사람을 가벼운 쪽으로 처벌하여 두 사람의 목숨으로 갚지 않게 할 수가 있습니다. 이것이 도신의 장계와 형조의 계사가 성상의 마음과 일치하게 된 까닭입니다.

8. 주범과 종범을 구별하다(13)

【작은아버지와 조카가 함께 범행을 저질렀는데, 한 사람은 용서해 주고 한 사람은 수감하였다. 사건의 근본 원인은 홧김에 구타하였기 때문이고, 사망의 실제 원인은 구타를 당하였기 때문이다.】

○ 충청도의 백성 유경기俞景基와 그의 작은아버지 유명옥俞命鈺이 유순필柳順必을 죽였다.

○ 충청도에서 다음과 같이 아뢰었다.

"대체로 살인 사건을 성립시키는 법은 전적으로 상처를 중시합니다. 살갗과 살로 말하면 단단하기만 하고 부드럽지는 않았으며, 상처의 크기로 말하면 늘어나기만 하고 줄어들지는 않았으니, 이것은 이치상 당연합니다.

그런데 이번 사건의 검안보고서로 말하면, 가슴에 대해 1차 검안에서는 약간 단단하다고 했던 것을 2차 검안에서는 부드러웠다고 하였고 3차 검안에서는 다시 아주 단단하다고 하였습니다. 또 등에 대해 1차 검안에서는 부드러웠다고 했던 것을 2차 검안에서는 약간 단단하다고 하였고 3차 검안에서는 다시 부드러웠다고 하였습니다. 아랫배에 대해 1차 검안과 2차 검안에서는 단단하다고 하거나 부드럽다고 하였으나 3차 검안에서는 아랫배에 대해 언급하지 않았고, 고환에 대해 1차 검안과 2차 검안에서는 아주 단단하다고 하거나 약간 단단하다고 하였으나 3차 검안에서는 부드러웠는지 단단하였는지를 언급하지 않았습니다. 결분골缺盆骨(쇄골 부위의 상처)에 대해 1차 검안에서는 길이가 5치라고 했던 것을 2차 검안에서는 4치라고 하였고 3차 검안에서는 3치 2푼이라고 하였으며, 등의 상처에 대해 1차 검안에서는 길이가 4치 5푼이라고 했던 것을 2차 검안에서는 5치라고 하였고 3차 검안에서는 다시 4치 5푼이라고 하였습니다.

언뜻 보면 검안보고서가 허술한 것 같지만 반복해서 따져 보면 상처가 분명하지 않기 때문인 듯합니다. 부드러운 것 같기도 하고 단단한 것 같기도 하여 손으로 눌러 보고 문질러 보아서는 분별하기가 어렵고, 긴 것 같기도 하고 짧은 것 같기도 하여 재어 보아도 상처의 크기를 알 수가 없습니다. 그러므로 이와 같이 변동이 있었던 것입니다.

사건의 정황을 따져 보면 이러하였습니다. 저 유명옥이 이웃 사람으로부터 무참히 모욕을 당하자, 이 유경기가 조카로서 모욕을 막아 보려고 나선 것은 괴이할 것이 없습니다. 다만 유경기가 범행을 저지를 때 유명옥과 같이 범행을 저지르지 않았다는 것을 또한 어떻게 확신하겠습니까! 서로 붙잡고 내동댕이치는 과정에서 손길에 닿기도 하고 땅바닥에 패대기쳐지기도 하면서 자연히 얼마간의 상처가 생겼을 것입니다.

유족이 진술하기를 '구타를 당한 뒤에 붉은 피를 위아래로 토하고 쏟았습니다.' 하였으나, 시장을 살펴보면 입술과 식도食道 중에 핏자국이 있다고 기록한 것이 없습니다. 이것은 매우 괴이한 점이 아니겠습니까! 목격한 증인들의 진술이 분명하다고 하더라도 살인 사건을 처리하는 규정으로 헤아려 보면 사망의 실제 원인을 우선적으로 참고하고 증인의 진술을 그다음으로 참고해야만 합니다. 그런데 지금 만약 의심이 있는 사망의 실제 원인을 의심이 없다고 단정하고 신뢰하기 어려운 증인의 진술을 신뢰할 수 있다고 귀결시킨다면, 살인 사건을 자세히 심리하는 취지에 흠이 있는 일입니다.

유순필이 70살의 나이에 뜨거운 햇볕이 내리쬐는 여름날에 밭두둑에서 힘을 다해 서로 싸웠으니, 어떻게 손상이 없을 수 있겠습니까! 유족이 말한 '위아래로 토하고 쏟았습니다.'라는 것은 설사의 증세에 어혈瘀血의 빌미가 겹쳐서 생긴 것이 아니겠습니까! 작은아버지와 조카를 모두 수감하였으나 주범과 종범을 분별하지 못하다가, 유명옥을 결국 종범으로 삼아 정배하였다가 곧바로 용서해 주었으며, 유경기는 끝내 주범으로 귀결되어 8년 동안 신문하였습니다. 이처럼 죄수를 가엾게 여겨 신중히 판결하는 때를 맞아 가볍게 처벌하는 은전을 시행하는 것이 합당하겠습니다."

○ 다산의 비평은 다음과 같다.

"'~하지 않았다는 것을 또한 어떻게 확신하겠습니까![亦安知不]'라고 한 4자로는 살인 사건을 판결하기에 부족하다. 기어이 살려 주려는 생각에서 이처럼 법률 조문을 제 마음대로 해석한 것도 법의 취지가 아니다. 그러나 죄상에 대해 논리적으로 서술한 전편의 내용은 노련하여 이치에 맞았다."

9. 주범과 종범을 구별하다(14)

【형제가 같이 범행을 저질렀는데, 한 사람은 수감하고 한 사람은 석방하였다. 사건의 근본 원인은 술김에 싸웠기 때문이고, 사망의 실제 원인은 발에 차였기 때문이다.】

○ 안악安岳의 백성 김큰빨강金大紅 형제[36]가 문상건文相巾을 죽였다.

36 김큰빨강金大紅 형제: 《심리록審理錄》에는 김큰빨강金大隱發江과 김작은빨강金者隱發江으로 기

○ 2차 검안보고서의 발사跋詞는 다음과 같다.

"이번 사건에서 문상건의 시체를 규례대로 검안해 보니, 5일이 지났기 때문에 온몸이 썩어 문드러졌고 배가 가득히 부풀어 올랐으며, 살빛은 검은색을 띠거나 자주색을 띠었고, 눈꺼풀이 군데군데 떨어지거나 들떠 있어 사망 원인을 분별하여 알아내기가 참으로 어려웠습니다. 그런데 오른쪽 옆구리 아래 사타구니 위에는 피멍이 들고 자주색을 띠었으며, 왼쪽 옆구리 아래 사타구니 위에는 살갗이 손상되어 어혈이 생겼으니, 피가 살갗 가까이로 번져 나와 피부색이 변한 경우와는 뚜렷이 달랐습니다. 그리고 큰창자가 튀어나온 것도 일반적인 사례와는 크게 달랐습니다.

게다가 각 사람들이 진술한 내용을 가지고서 살펴보면, '문상건이 김큰빨강【본래의 문장에는 큰빨강大隱發江이라고 기록되어 있다.】에게 발로 차여서 즉시 기절하여 넘어졌고 집으로 돌아와서 고통스러워하다가 이튿날 죽게 되었습니다.'라고 하였으니, 김큰빨강의 발길질이 내부의 장기를 손상시키고 그대로 빨리 죽게 되었다는 것은 의심할 것 없이 명백합니다. 따라서 사망의 실제 원인은 '발에 차여 상처를 입고서 죽게 되었다.'라고 기록하였습니다.【본래의 문장에는 개록開錄이 현록懸錄으로 기록되어 있다.】

원고原告가 진술하기를 '김큰빨강 형제가 힘을 합쳐서 구타하였습니다.' 하였으나, 싸움이 시작되자 먼저 발로 걷어차는 범행을 저질러 기절하여 넘어지게 한 것은 김큰빨강의 소행입니다. 따라서 주범은 김큰빨강으로 기록하였습니다.

애당초 김큰빨강이 술에 취한 상태에서 고모부 문찬징文贊徵이 문상건에게 모욕을 당하고 있는 것을 보고서는 화가 나서 이와 같이 발로 걷어차서 넘어지게 하였던 것입니다. 이에 대해서는 원고의 진술이 명백하여

록되어 있다. 정약용도 이러한 사실을 원주原註에서 밝혔으므로 원문은 교감하지 않았다.

증거가 있을 뿐만 아니라, 김작은빨강金小紅이 진술할 때에도 숨기지를 못하였습니다. 그런데 김큰빨강이 진술한 것은 겁에 질려서 내뱉은 허황된 말로 전혀 말이 되지 않았습니다. 도리어 문찬징에게 책임을 떠넘겨서 죽어야 할 상황에서 살려는 꾀를 내었으나, 그가 끌어댄 증인과 대질시키자 전부 터무니없는 것으로 판명이 났습니다. 그의 소행을 보면 대단히 분통하고 해괴합니다. 만약 각별히 엄중하게 형장을 치지 않는다면 자백을 받아 내기가 어렵겠습니다.

김작은빨강으로 말하면【본래의 문장에는 작은빨강者近發江이라고 기록되어 있다.】 그의 형을 주범으로 정하였는데, 형과 힘을 합쳐서 구타하였다는 말에 대해서는 다른 목격자의 증언이 없어 의심스러운 일입니다. 그러나 살인 사건을 처리하는 규정은 중대하니, 스스로 해명한 말만 가지고서 대뜸 가볍게 처벌하는 법을 적용해서는 안 됩니다.

문찬징은 애당초 분쟁의 빌미를 제공하였다가 나중에는 도망하였고 보면, 서로 싸우게 된 경위를 반드시 자세히 알고 있을 터인데도 처음부터 끝까지 숨기고 애매모호하게 진술하였으니, 매우 교묘하고 악랄합니다. 엄중히 형장을 쳐서 내막을 알아내는 것이 어떻겠습니까?"

○ 황해 감영黃海監營의 제사題詞는 다음과 같다.

"1차 검안보고서에는 사망의 실제 원인을 '발에 차여 죽었다.[被踢]'라고 기록하였고, 2차 검안보고서에는 사망의 실제 원인을 '발에 차여 상처를 입고서 죽었다.[踢傷]'라고 기록하였다. 사용한 글자가 다소 다르기는 하지만, 발에 차여서 죽었다는 점에서는 동일하다."【이하는 삭제하였다.】

○ 다산의 비평은 다음과 같다.

"싸우며 구타하다가 발에 차여 죽은 경우에 사망의 실제 원인은 '발에 차여 죽었다.'라고 기록해야 하고, 과오로 발에 차여 죽은 경우에는 사망의 실제 원인을 '발에 차여 상처를 입고서 죽었다.'라고 기록해야 한다. 2차 검안보고서에 '발에 차여 상처를 입고 죽었다.'라고 변경하여 기록한 것은 본래 의미가 없다. 예를 들어 어떤 사람이 어두운 밤에 도둑을 쫓다가 도둑을 발로 걷어차려고 생각하였으나 잘못하여 자기의 머슴을 걷어차서 죽게 한 경우에는 그 사망의 실제 원인을 '발에 차여 상처를 입고서 죽었다.'라고 기록하더라도 무방할 듯하다. 그러나 '발에 차여서 죽었다.'라고 기록하고서는 과오로 죽인 것이라고 귀결시키더라도 불가할 것은 없겠다."

○ 주상의 판결은 다음과 같다.

"이 사건은 충청도의 소창무邵昌務·소창현邵昌賢 등의 살인 사건과 대동소이하다. 소가邵哥의 경우에는 맏이와 둘째 사이에서 주범과 종범을 분별하기가 어려워 여러 해 동안 조사하였다가 마침내 모두 살려 주게 되었다. 그러나 이 사건의 경우에는 누가 중대한 범행을 저질렀는지는 우선 그만두고라도 두 사람이 힘을 합쳐서 구타하였는지부터 조사하고 심문하는 것이 당연한 이치이다.

대체로 형제가 힘을 합쳐서 구타하였다는 말은 여러 유족이 전후로 진술한 내용들이 서로 모순이 되었는데도 아직까지 결말을 짓지 못하고 있다. 1차 검안에서 상처는 옆구리 아래 사타구니 위에 있다고 하였다. 그러나 그의 어머니 유 여인[兪女]은 진술하기를 '김큰빨강은 가슴을 걷어찼고 김작은빨강은 발로 차고 짓밟았습니다.' 하였고, 그의 아우 문헌장文憲長은 진술하기를 '김큰빨강은 오른쪽 옆구리를 걷어찼고 김작은빨강은 등을 차고 짓밟았습니다.' 하였다.

반면에 2차 검안에서 상처는 음경이 부어 있었고 고환도 부어올라 있었으며, 배가 부풀어 올라 있었고 창자가 튀어나와 있었다고 하였다. 기타 옆구리 아래 사타구니 위 등 피멍이 든 곳의 길이와 너비를 기록한 것이 1차 검안에 비해 전혀 달랐다. 그뿐만 아니라 유 여인이 진술하기를 '김큰빨강은 발로 옆구리를 걷어찼고, 김작은빨강은 발로 걷어차고 짓밟았습니다.' 하였고, 문헌장은 진술하기를 '김큰빨강은 발로 옆구리를 걷어찼고 손으로 등을 구타하였으며, 김작은빨강도 손으로 등을 구타하였습니다.' 하였다.

이상과 같은 사실을 가지고 이 사건을 추구해 보면, 두 사람이 분명히 힘을 합쳐 구타하였다는 것은 대체로 알 수가 있다. 다만 누가 중대한 범행을 저질렀는지는 설사 김작은빨강이 김큰빨강보다는 덜하였다고 하더라도 상세히 조사한 뒤에야 주범과 종범을 구별할 수가 있다. 그런데 도신이 애당초 상세히 조사하지도 않고 몇 차례 합동 조사를 하고 나서는 대뜸 주범을 정한 뒤 한 사람은 풀어 주고 한 사람은 수감하였으니, 명확히 밝히고 신중히 판결하는 방도에 몹시 어긋난다.

이른바 김작은빨강을 다시 잡아 와서 엄중히 심문하고, 심문해야 할 사람들도 함께 진술을 받으라. 그리하여 의심스러운 단서가 하나로 귀결되고 살인 사건의 처리 절차가 마무리되기를 조금이나마 기다렸다가 뒤따라 판결을 내리더라도 늦는다고 할 수는 없을 것이다. 이러한 사실을 도신에게 분부하라. 농민이 미결 상태로 오래 갇혀 있는 것도 고민스러운 일이니, 사건과 관련된 사람들은 진술을 받은 뒤에 즉시 풀어 주고, 감영으로 올려보내 모여서 조사할 필요도 없다. 합동으로 조사하는 관원들이 모여서 조사하여 첩정牒呈을 올려 보고하게 한 다음 도신이 보고를 받으면 낱낱이 거론하여 장계로 보고하라."

○ 주상의 판결에 대한 다산의 견해: 김큰빨강이 주범이고 김작은빨

강이 종범이란 사실을 성상께서도 굽어살피셨지만 이처럼 하유下諭하신 이유는 앞으로 두 사람을 모두 살려 주려고 하셨기 때문입니다. 두 사람을 모두 살려 주려고 하셨기 때문에 두 사람을 지목하신 것입니다.

○ 또 신의 견해를 추가하면 이렇습니다. 사건과 관련된 사람들을 감영으로 올려보내지 못하게 하시고 더욱이 즉시 석방하게 한 것은 농사에 방해가 될 것을 우려하셨기 때문입니다. 주상께서는 백성의 숨겨진 속사정을 이처럼 환히 알고 계셨습니다. 신이 옛날 곡산 부사谷山府使로 있을 때 송화松禾 강문행姜文行의 살인 사건을 조사하는 일에 참여하였습니다. 그 당시 이웃과 마을의 심문해야 할 사람들을 한 달 넘게 감영의 감옥에 미결 상태로 가두어 두었는데, 주상의 명을 받들어 다시 조사하게 되자 또 그대로 가두어 두려고 하였습니다. 그래서 신이 즉시 풀어 주어 보내야 한다는 의견을 제시하였으나, 도신이 '주상의 재가를 받은 죄인을 멋대로 풀어 주기가 어렵다.' 하고는 반신반의하면서 결정하지 못하였습니다. 결국 신이 권유하여 풀어주었습니다.

이제 이 판결을 보니, 성상께서 이에 대해 본래부터 깊이 생각하시어 아무리 사소한 일도 모두 살피셨다는 것을 알 수 있습니다. 신이 공경하고 감탄해 마지않습니다.

10. 주범과 종범을 구별하다(15)

【형제가 함께 범행을 저질렀으나, 형이 용서를 받자 아우가 기뻐하였다. 사건의 근본 원인은 간음하였기 때문이며, 사망의 실제 원인은 구타를 당하였기 때문이다.】

○ 당진唐津의 백성 소창무邵昌務 형제가 양명우梁命右를 죽였다.

○ 검안보고서의 기록은 빠졌다.

○ 주상의 판결은 다음과 같다.

"당진현唐津縣의 살인 죄인인 소창무의 사건은 다음과 같이 판결한다. 사돈 사이에서 발생한 변괴이고 형제가 저지른 범죄로, 벌써 10년 넘게 조사해 왔고 사건을 조사하여 마무리한 것만도 여러 차례였다. 그러다가 저번 심리하던 날에 주범을 바꾸어 정하는 조치가 있었다.

이제 와서는 사건에 관한 문서가 갖추어졌으므로 끊임없이 경솔하게 의논할 필요가 없다. 그러나 소창무가 주먹질하고 발길질하여 양명우가 당기는 듯한 통증이 있었는데, 그의 아내가 몰랐겠는가! 소창무가 몽둥이로 치자 양명우가 피를 토한 사실은 종놈들도 말을 하였었다. 그러니 발에 차여서 거의 죽게 된 증세가 몽둥이로 구타를 당했기 때문에 더 심각해진 것인지, 아니면 몽둥이를 맞아 다 죽어 가던 목숨이 주먹질과 발길질 때문에 찌르는 듯한 고통이 있었던 것인지 모르겠다.

이 검붉은 색깔의 흔적을 가지고서 살해한 증거로 단정한 것에 대해서는 도신의 장계에서 저처럼 상세하게 다 밝혔고 형조의 심리 의견에서도 이처럼 정확하였다. 그러나 나는 충분히 자세하게 심리하는 방도로 헤아려 볼 때 어느 정도 의심스러운 꼬투리가 남아 있다고 생각한다.

게다가 소창무의 진술에서 '저의 형 소창현邵昌賢이 살아서 감옥의 문을 나가게 된 것만도 천만다행으로 여기며, 제가 죽고 사는 것은 이제 신경 쓸 것이 없습니다.'라고 하였으니, 이를 통해서 양심이 사라지지 않고 남아 있다는 것을 알 수가 있다. 더구나 북쪽에 정배定配되었으나 얼마 있지 않았고 남쪽에 수감되었으나 또 잠깐 동안이었다. 여러 차례 형벌을 시행하였고 오랫동안 미결수로 감옥에 갇혀 있었으니 그의 죄를 만분의 일이나마 징계하기에 충분하였다. 가령 소창무가 분명히 주범이라고 하더라도 소창현이 이처럼 함께 범행을 저질렀는데 소창현은 살려 주고 소창무는 죽이는 것도 '집안사람이 함께 범죄를 저질렀을 경우에는 집안 어른만 처벌한다.'라고 한 《대명률》 〈명례율〉의 조문과 어긋난다. 어느 모로 보나 가벼운 쪽으로 처벌해야 억울함을 풀어 주고 조화로운 기운을 인도하는 단서가 되리라는 것을 알 수가 있다. 소창무에 대해서는 한 차례 형장을 치고 정배하라."

○ 주상의 판결에 대한 다산의 견해: 살리기를 좋아하는 덕을 지니신 선왕 정조正祖께서는 두 명의 범인이 있는 사건 때마다 주범을 바꾸었고, 주범을 바꾼 뒤에는 종범을 올려서 주범으로 정하셨으니, 이것도 참작하여 처리하는 은덕을 입혀 결국 두 사람 모두 살려 주고야 말려는 생각에서 나온 것이었습니다. 이것은 선왕께서 마음속으로 판단하여 상황에 따라 법을 적절하게 운용하신 것입니다.

소창무에 대해서도 먼저 종범으로 정하여 정배할 지역으로 보냈다가 곧바로 주범으로 정하여 도로 가두었습니다. 이것은 세상에서 일이 순조롭게 풀리지 않고 어렵게 꼬인 경우입니다. 선왕께서 이러한 조치를 통해서 그들의 행위를 묵묵히 살펴보셨습니다. 가령 소창무가 간절하게 자기의 억울함을 호소하고 자세하게 사건의 실상을 변명하였다면, 참으로 죽음을 면하지 못하였을 것입니다. 다만 은덕에 대해 감사할 줄을 알고 형제가 서로 죽으려고 하는 뜻이 있었기 때문에 이와 같이 처분하셨던 것입니다. 감옥에 갇혀 있는 사람들은 이러한 뜻을 알아야 합니다.

11. 주범과 종범을 구별하다(16)

【형제가 같이 범행을 저질렀는데, 서로 죄를 미루었다. 사건의 근본 원인은 홧김에 싸웠기 때문이며, 사망의 실제 원인은 발에 차였기 때문이다.】

○ 대구大丘의 백성 서응복徐膺福 형제가 최윤덕崔允德을 죽였다.

○ 1차 검안보고서의 발사跋詞는 다음과 같다.

"이번 사건에서 최윤덕의 시신에 난 상처 중 목숨을 잃게 할 수 있는 부위는 세 곳입니다. 첫 번째 부위는 이렇습니다. 머리에서 뒷목까지는 똑같은 색깔을 띠고 있고 단단하며, 뒷머리가 끝나는 부분의 피부는 부풀어 올라 있어 그곳을 치면 북소리가 나는 듯하였습니다. 이것은 머리채를 휘어잡아 끌어당길 때 뒤통수의 살갗과 살이 서로 분리되고 목덜미가 당겨졌기 때문에 부기浮氣가 밖으로 팽창된 것입니다. 이것은 목숨을 잃게 하는 빌미가 되기에 충분합니다.

두 번째 부위는 이렇습니다. 고환이 검푸른색을 띠고 있고 단단하며, 붓는 증세가 나타나 표주박처럼 되었습니다. 이 부위는 다치면 빨리 죽을 수 있는 급소이므로, 이것도 목숨을 잃게 하는 빌미가 되기에 충분합니다.

세 번째 부위는 이렇습니다. 명치에 어혈이 생긴 곳은 둘레가 9치나 되며 한가운데의 검붉은색을 띤 곳은 눌러 보면 단단하였습니다. 이것도 목숨을 잃게 하는 빌미가 될 수 있습니다.

세 곳의 상처 중에서 반드시 매우 분명하고 확실한 상처를 지정하여 사망의 실제 원인으로 제시해야 의문점이 없을 수 있습니다. 명치에 어혈이 생긴 곳이야말로 이 사건에서 사망의 실제 원인입니다.

피고被告인 서응복의 진술에서 '명골命骨을 발로 걷어찼습니다.'라고 한 말은 자기 아우에게 죄를 떠넘기려고 한 말이기는 하지만, 범행을 스스로 실토한 말이기도 합니다. 흉터로 말을 하더라도 분명히 발로 차서 생긴 상처입니다. 그러므로 사망의 실제 원인은 '발에 차여서 죽게 되었다.'라고 기록하였습니다.

서응복은 형이고, 서응해徐膺海는 아우입니다. 둘이 같이 범행을 저질러 놓고서는 서로 죄를 떠넘기면서 형은 아우가 죽였다고 하고 아우는 형이 죽였다고 하니, 이것은 인륜의 큰 변괴입니다. 서응해가 검안하기 전에 도피하여 의심스러운 행적을 보이기는 하였으나, 서응복이 처음부터 소란을 일으켰고 끝내는 최윤덕을 메거나 끌고 간 일까지 있었습니다.

유족들이 지목하는 범인과 증인들이 진술한 범인이 모두 서응복 한 사람으로 귀결됩니다. 그뿐만 아니라 증인 최사덕崔思德이 진술하기를 '서응복이 발로 차는 것만 보았을 뿐이고 서응해가 범행을 저지르는 것은 보지 못하였습니다.' 하였습니다. 그리고 여러 아우와 여러 아들이 일시에 싸움을 도와서 손으로 때리기도 하고 발로 차기도 하는 등 많은 사람이 같이 범행을 저질렀습니다. 설사 서응해도 범행을 저지른 일이 있었다고 하더라도 지시를 따라 저지른 것이므로 본래 주범과 종범의 구별이 있습니다. 그러므로 주범은 서응복으로 써 넣었습니다.

서응해는 스스로 죄에서 벗어나기에만 급급하여 기꺼운 마음으로 형의 죄를 증명하였고, '저의 형이 참으로 목숨으로 보상해야 합니다.'라고 하였는데, 그의 얼굴을 보면 형을 측은해하는 기색이 조금도 없었습니다. 하늘이 맺어 준 형제의 인연과 인간의 도리가 이처럼 깡그리 사라지는 지경이 되었으니, 사건의 내막을 제외하고 이러한 자는 죽여도 아까울 것이 없습니다.

그 나머지 아들과 조카 등 세 사람은 모두 '서로 싸울 때 동참하였습니다.'라고 하였으나, 아들에게 아버지의 죄를 증명하게 하고 조카에게 작은아버지의 죄를 증명하게 하는 것은 법으로 볼 때 옳지 않기 때문에 애당초 심문하지 않았습니다."

○ 다산의 비평은 다음과 같다.

"세 곳의 상처를 열거하고 그중 한 곳을 골라서 사망의 실제 원인으로 지목하였으니, 이것은 참으로 살인 사건을 판결하는 법이라고 할 수 있다. 그러나 어느 부위가 더 급소인지와 어떤 상처가 더욱 심각했는지를 분석하여 명백히 밝혀야 사건의 결말을 지을 수가 있다. 그런데 지금 이유도 없고 근거도 없이 갑자기 '명치가 사망의 실제 원인입니다.'라고 하였으니, 어찌 허술하지 않겠는가!

상처가 난 부위에 대해 서술하면 이렇다. 뒤통수와 고환과 명치가 모두 매우 중요한 부위이기는 하다. 그러나 뒤통수는 반드시 죽게 되는 부위이고, 명치와 고환은 빨리 죽는 부위이다. 빨리 죽는 부위가 반드시 죽게 되는 부위보다 중요하니, 뒤통수를 사망의 실제 원인으로 지정하지 않은 것은 참으로 근거가 있다. 그러나 고환이 검푸르고 단단하며 그 형상이 표주박처럼 된 경우에는 유독 목숨을 잃을 수가 없단 말인가!

《증수무원록》〈검복·검식〉에 이르기를 '살이 검푸르고 살갗이 찢어지고 살이 터진 경우에는 목숨을 잃는 상처가 된다.' 하였다. 이번 사건에서 명치와 고환 두 곳은 모두 살색이 똑같이 검푸른색을 띠었고 살갗과 살이 똑같이 찢어지지 않았으니, 어떤 상처가 더욱 심각한 상처인지 서로의 차이도 없었는데 어찌 기어이 명치가 사망의 실제 원인이라고 말하였는가!

만약 목숨을 잃게 된 상처가 고환에 난 상처 때문이었다면, 숨구멍에 반드시 붉은색이 나타나는 법인데 숨구멍에 붉은색이 나타났는지를 또 어찌하여 언급하지 않았는가! 게다가 명치와 고환 두 곳에 각각 먼저 발로 차거나[蹴] 발로 걷어차는[踢] 공격을 받았다면, 명치를 중대한 상처로 지정해야 '발로 차인 것[被蹴]'을 사망의 실제 원인으로 지정할 수가 있다. 그런데 지금 명치와 고환 두 곳에 대해서는 발로 차거나 발로 걷어 찬 것에 대한 구분이 전혀 없다. 아마도 명치이기 때문에 '발에 차였다.'라고 한 것 같기는 하지만, 도대체 무엇에 근거한 것인가! 이것들은 모두 검안보고서의 매우 허술한 점이다.

○ 총괄하여 말하면 이렇다. 축蹴 자의 뜻을 그 누가 상세히 알겠는가! 《설문해자說文解字》에서는 이르기를 '축蹴은 밟다[躡]의 의미이다.' 하였고, 《맹자孟子》에 대한 조기趙岐의 주注에서는 '축蹴은 밟다[踏]의 의미이다.' 하였다.【《맹자》〈고자 상告子上〉에 이르기를 '발로 밟아서 준다.[蹴爾而與之]'라고 하였다.】《진서晉書》〈조적열전祖逖列傳〉에서는 조적祖逖이 황계荒鷄(3경更 이전에 운다는 닭)의 울음소리를 듣고서는 '유곤을 발로 차서 깨웠다.[蹴起劉琨]' 하였고, 두보杜甫의 시 〈성서피범주城西陂泛舟〉에서는 '제비가 차서 흩날리는 꽃[燕蹴飛花]'이라 하였으며, 또 〈강창江漲〉에서는 '높은 물결이 하늘을 찼다.[高浪蹴天]' 하였고, 또 〈동수행冬狩行〉에서는 '한산을 짓밟다.[蹴踏寒山]' 하였으며, 유자휘劉子翬의 시 〈유회有懷〉에서는 '말이 먼지를 차다.[馬蹴浮埃]' 하였다.

이러한 여러 글을 상세히 살펴보면, 축蹴은 '발로 짓밟다.[踐踏]'의 의미인 것 같기도 하고, '발로 걷어차다.[足挑]'의 의미인 것 같기도 하다. 다만 축국蹴鞠(공을 차는 놀이)의 놀이에, 두 사람이 마주 보며 차는 것을 백타白打라 하고, 세 사람이 세모꼴로 둘러서서 차는 것을 관척官踢이라 하며, 한 사람이 혼자 다리를 사용하여 차는 것을 도척挑踢이라 하였다. 물체에 충격을 가하여 공중으로 솟아오르게 하는 것을 축국이라고 하니, 발로 걷어차는 것을 축蹴이라 한다는 사실은 분명하다.

그렇다면 살인 사건을 심리하는 사람은 짓밟혀서 죽은 경우에는 '짓밟혔다.[被踏]'라고 해야 하고, 발로 쳐서 죽은 경우에는 '걷어차였다.[被踢]'라고 하여, 사소한 의문점까지도 명백히 분별해야 범죄의 내막을 파악할 수 있게 된다. 그런데 '차였다.[被蹴]'라고 하게 되면 밟은 것[蹋] 같기도 하고 차인 것[踢] 같기도 해서 하나로 정할 수가 없다. 게다가 《무원록》에는 축蹴 자가 보이지 않으니, 어찌 이와 같이 섞어서 쓸 수 있겠는가! 더욱이 일반적으로 발로 밟는 것은 답踏이라 하고, 무릎으로 짓찧는 것은 축築이라 하지만, 축蹴에는 본래 두 가지의 의미가 모두 있으므로 살인 사건을 심리하는 사람이 그 글자를 사용하지 않는다.

○ 척踢 자의 의미도 이참에 연구해 볼 필요가 있다. 출척跊踢은 짐승의 이름으로 《산해경山海經》에 나오고, '하령이 놀라서 허둥지둥하였다.[河靈矍踢]'라는 말은 《한서漢書》 〈양웅전揚雄傳〉에 나온다. 자서字書를 하나하나 살펴보아도 척踢 자를 '다리를 사용하여 걷어차다.'라고 풀이한 것은 없다. 다만 《축국보蹴踘譜》에만 대척對踢·단척單踢·각척角踢·대척大踢 등 여러 방법이 있으니, 척踢은 공을 차서 공중으로 솟아오르게 하는 것임이 분명하다.

소식蘇軾이 사마광司馬光에게 별시척鼈厮踢이라고 농담한 말이 있으며,[37] 유야부劉野夫의 간권습척乾拳濕踢이란 말들이 있는데,[38] 이러한 말들은 모두 후세에 음을 빌려 새로운 의미를 부여한 글자이지, 문자를 만들었던 창힐倉頡과 사주史籒의 본래 의미는 아니다.

○ 이 검안보고서에서 말한 명골命骨이란 또 무엇인가? 시골 사람이 명치뼈를 명골이라고 하지만, 명골이란 이름은 《무원록》 〈검복·시장식〉의 목록目錄에는 나오지 않는다. 죄수가 진술할 때 이러한 말을 하였더라

---

37 소식蘇軾이……있으며: 소식이 사마광司馬光과 논쟁하다가 서로 의견이 합치되지 않자, 사마광의 그런 태도를 별시척鼈厮踢이라고 비꼬아서 표현하였다. '별시척'이란 '자라가 서로 발길질하다.' 또는 '자라가 발길질하는 격'이라는 의미로, 마치 발길질을 할 수 없는 자라가 발길질을 해대는 것처럼 사마광이 먹히지도 않는 말로 억지를 부린다는 것이다._《설부說郛》 〈조학편調謔編·별시척〉

38 유야부劉野夫의……있는데: 유야부가 남경南京에 머무르면서 오랫동안 도성都城으로 올라오지 않자, 연재淵材가 서찰을 보내 올라오도록 독촉하였다. 그에 대해 유야부가 답장을 보내 도성으로 올라갈 경우에는 '느닷없이 간권습척乾拳濕踢을 당할 터인데 무엇 하러 올라가겠는가!'라고 하였다. '간권습척'이란 '마른 주먹질과 젖은 발길질'이라는 의미로, 이런저런 사람들로부터 공격을 받는다는 것이다._《냉재야화冷齋夜話》 〈야부장단구野夫長短句〉

도 발사에는 그 의미를 풀이하는 말이 있어야지 곧장 명골이라고 하면 그 누가 알겠는가!

○ 게다가 '피고인 서응복'이라고 한 말은 무슨 말인가? 아마도 이치를 따져 주범을 지정하기 전까지는 일단 피고인이라고 부르다가 이치를 따져 주범을 지정하고 난 뒤에야 주범이라고 부른 것 같다. 그러나 검안보고서를 작성하는 규정으로는 처음 검안할 때부터 범행을 저지르지 않은 사람은 피고라 쓰고, 실제로 범행을 저지른 사람은 주범이라 쓰고 나이를 쓴 뒤에 진술을 받는다. 그런데 지금 발사에서 갑자기 피고라고 불렀으니, 옳다고 하겠는가! 발사와 검안보고서의 진술을 합쳐서 하나의 문서를 만들었으면 주범이 주범으로 지정된 지가 오래된 셈인데, 갑자기 피고라고 부르는 것이 옳겠는가!"

○ 주상의 판결은 다음과 같다.

"서응복의 살인 사건은 다음과 같이 판결한다. 형제가 서로 죽겠다고 다투는 것을 참으로 그들에게까지 요구하기는 어렵겠으나, 형은 아우에게 죄를 떠넘기고 아우는 형에게 죄를 떠넘겨 사건을 의혹에 휩싸이게 하고 윤리를 손상시켰다. 이 한 가지 일만도 살인한 죄보다 크다고 할 수 있다. 따라서 주범과 종범이 누구인지, 누구의 범행이 더 무거운지를 구별할 필요도 없겠으나, 주범을 지정하고 그다음으로 다른 사람의 죄를 언급하는 것이 살인 사건을 처리하는 규정에는 맞다.

대체로 소란을 일으킨 사람은 누구이며, 최윤덕을 끌거나 메고 간 사람은 누구인가? 맨 먼저 발로 걷어차고 최윤덕의 집에까지 쫓아가서 한 사코 떠나가지 않은 사람은 또 누구인가? 뭇사람의 진술이 명백하므로 번복할 수 없는 확실한 증거가 되었는데도 온갖 방법으로 꾸며 대고 모두 그런 사실이 없다고 귀결시켰다. 그러니 아들을 풀어놓아 원통함을 호소하고 아우를 무고하여 살기를 도모한 것은 사람의 도리로는 차마 들을 수도 없는 것이다. 이와 같은 죄수는 예사롭게 조사해서는 안 된다. 서응복을 전처럼 합동으로 조사하여 기어코 자백을 받아 내라고 분부하라."

○ 주상의 판결에 대한 다산의 견해: 형제가 같이 범행을 저지르고 서로 죄를 떠넘겼으니, 훌륭한 임금이 다스리는 세상에서 어떻게 살아날 수 있겠습니까! 옛날 역사를 낱낱이 살펴보면, 서로 죽으려고 다툰 사람은 반드시 살았고, 서로 살려고 다툰 사람은 반드시 죽었는데, 어찌하여 깨닫지 못하였습니까! 서로 죽으려고 다투는 사람 중에는 참으로 우애가 돈독해서 그런 사람도 있고 지혜가 뛰어나서 그런 사람도 있습니다. 《논어論語》〈이인里仁〉에서 공자가 말하기를 '어진 사람은 인仁을 편안하게 여기고 지혜로운 사람은 인을 이롭게 여긴다.'라고 한 것이 이것을 말합니다.

상형추의 3

1. 주범과 종범을 구별하다(17)

【묘지를 쓰려는 사람과 이를 막으려는 사람이 서로 다투었는데, 한 차례의 호령으로 많은 사람이 호응하였다. 사건의 근본 원인은 홧김에 싸웠기 때문이며, 사망의 실제 원인은 구타를 당하였기 때문이다.】

○ 의성義城의 백성 정봉익丁奉益 등이 임명금林命金을 죽였다.

○ 경상도에서 다음과 같이 아뢰었다.

"깊은 밤 산골짜기에서 갑자기 남의 땅에 몰래 매장하려는 사람을 구타하여 내쫓으려다가 각자 흥분하여 목숨을 걸고 싸웠습니다. 앞에 나서서 머리채를 휘어잡은 사람은 종갑宗甲이나, 뒤따라 등을 친 사람은 정봉익입니다. 새벽 1시쯤에 구타를 당하고 낮 12시쯤에 목숨을 잃었으니, 범행이 참혹하고 악독하였다는 것을 미루어 알 수 있습니다. 의문스러운 점이 하나도 없으니, 법률에 따른 처벌을 피하기 어렵습니다."

○ 경상도에서 또 다음과 같이 아뢰었다.

"다치면 반드시 죽는 부위에 상처를 입었으니, 즉시 목숨을 잃은 것이나 다름이 없었습니다. 살해한 것만은 명백한 사실이었으나, 주범과 종범은 끝내 구별하여 지정하기가 어려웠습니다. 다만 임용문林用文이 진술하기를 '처음부터 끝까지 구타한 사람은 상복喪服을 입고 있었으며 조금 늙고 키가 큰 사람이었습니다.'라고 하였습니다. 늙고 키가 큰 사람이라면 참으로 정봉익이니, 이 한 구절의 증언만으로도 번복할 수 없는 확실한 증거로 삼기에 충분합니다. 따라서 정황과 법률로 헤아려 볼 때 별달리 의심스러운 단서는 없습니다."

○ 형조에서 다음과 같이 아뢰었다.

"사망의 실제 원인이 명확하고 증인도 갖추어졌으나, 주범을 확실하게 지정하지 못하였습니다. 사람들은 모두 제 살길만 찾으려 하고 진술도 여러 차례 바뀌어, 상여를 메는 장대에 고꾸라지면서 부딪친 것이라는 말과 벼랑에서 넘어지면서 눌린 것이라는 의문이 제기되었습니다. 그리하여 지하에 있는 원통한 영혼은 영원히 억울한 마음을 품고 있게 하였고, 나라의 형률은 제대로 시행되지 못한 채 뒤흔들리고 말았습니다. 그러나 법률은 어디서나 원칙대로 지켜지는 것이 중요합니다. 사건이 오래되면 농간이 생겨나는 것을 우려하는 법인데, 이 사건은 특히 심합니다. 그가 진술할 때 '내가 담당할 수 있다.'라고 자백하였을 뿐만 아니라 약물을 찾아 준 것에서도 범죄의 진상이 드러났습니다. 전처럼 합동으로 조사하는 것이 어떻겠습니까?"

○ 주상의 별유別諭는 다음과 같다.

"경상도의 풍속에서 묏자리를 다투는 것은 참으로 하나의 고질적인 습속이다. 더구나 남의 상여를 부수는 것은 특히 법으로 금지하고 있는 일이다. 각각 도당을 모아서 서로 싸움을 벌였으니, 산으로 올라가 매장하려는 사람들은 앞으로 나아갈 줄만 알았을 것이고, 산에서 저지하려던 사람들은 기어이 뒤를 끊으려고 하였을 것이다. 어느 쪽이든 간에 상례喪禮를 주관하는 사람이 앞장을 섰을 것이고 힘을 보탠 사람들이 그 뒤를 이었을 것이다. 캄캄한 한밤중에 한바탕 살육이 벌어졌는데, 결국 상처를 입은 사람은 누구의 주먹질과 발길질에 맞아 상처를 입었는지, 누구의 무기에 맞아 상처를 입었는지 모른다.

정봉익을 주범으로 정한 이유는 그가 상주喪主인 데다 앞에서 인도하였기 때문이었다. 그러나 남의 땅에 몰래 매장하려는 사람들을 구타할 때에 공정한 목격자가 없었다. 이쪽 편에서 목격한 증인이 증언한 내용과 저쪽 편에서 지목하여 고소한 사람이 대부분 서로 달라서 끝내 하나로 귀결되지 않았다. 유족이 전한 죽은 사람의 말을 가지고 따져 보더라도, 정봉익 한 사람만 지목하기도 하고 종갑과 정용正用까지 아울러 거론하기도 하였으며, 마지막에는 또 정용은 놓아두고 종갑만 지목하여, 한 번 진술하고 두 번 진술할 때마다 종잡을 수 없이 변화하였으니, 어디에 근거하여 판결하겠는가!

임명금이 목숨을 잃게 된 것은 이 세 사람의 범행 때문이라는 것을 참으로 알겠으나, 누가 먼저 범행을 저지르고 누가 더욱 중대한 범행을 저질렀는지는 여러 차례 샅샅이 조사를 하였으나 여태 밝혀내지를 못하였다. 그렇다면 정봉익에게만 주범의 혐의를 뒤집어씌우고 연이어 엄중히 신문하는 것은 자세히 심리하는 방도가 아닌 듯하다. 정봉익은 형장刑杖을 치고 풀어 주라."【끝의 몇 글자가 떨어져 나갔다.】

○ 주상의 판결에 대한 다산의 견해: 이 상례를 주관하는 사람도 정봉익이고, 이 산을 관리하는 사람도 정봉익입니다. 이 사람 저 사람의 주먹질과 발길질이 모두 정봉익의 신호에 따라 행해졌고, 이쪽 저쪽의 외치는 소리도 모두 정봉익의 소리에 따라 호응하였으니, 정봉익이 높은 언덕에 단정히 앉아 있고 전혀 범행을 저지른 일이 없었다고 하더라도 오히려 수괴의 죄를 면하기 어렵습니다. 하물며 다소 늙은 사람이 처음부터 끝까지 구타하였다는 임용문의 진술까지 있었으니 더 말할 것이 있겠습니까!

그러나 어리석고 망령된 시골의 습속으로는 자기의 선산先山에 남이 매장하는 것을 금지하는 것을 도리라고 간주하고, 자기의 선산에 몰래 매장하려는 사람들을 구타하여 쫓아내는 것을 능사라고 여깁니다. 한 차례 호령하는 소리가 나자 사방에서 모여들어 충돌이 벌어졌으니, 이러한 때에 누가 주먹질을 세차게 하였는지 약하게 하였는지 및 누가 상처를 무겁게 입혔는지 가볍게 입혔는지는 상례를 주관하는 사람이 지휘할 수 있는 것도 아니었고, 상례를 주관하는 사람이 금지할 수 있는 것도 아니었습니다.

이것은 '함께 모의하여 사람을 죽이되 처음 모의를 주도했던 사람'과는 그 정황이 다른 것이고, 더욱이 '종에게 몽둥이로 치라고 명령하고 자신은 대청 위에 앉아 있던 사람'과도 그 죄상이 차이가 있는 것입니다. 기왕 이와 같다고 한다면, 갑과 을 중 누구의 범행이 더욱 무거운지는 심문해야 하는 일입니다. 그러나 죽은 사람의 말이라고 전달한 것에 의하면 두 사람이라고 한 경우도 있고 세 사람이라고 한 경우도 있어 하나로 귀결된 것이 없었습니다. 이러한 점이 정봉익이 살아나게 된 이유인 것입니다. 성상의 의도가 여기에 있었던 것이니, 어찌 은미하지 않겠습니까!

2. 주범과 종범을 구별하다(18)

【묘지를 쓰려는 사람과 이를 막으려는 사람이 서로 구타하고 어지럽게 공격하였다. 사건의 근본 원인은 홧김에 싸웠기 때문이며, 사망의 실제 원인은 구타를 당하였기 때문이다.】

○ 진주晉州의 백성 임처갑林處甲 등이 강성재姜性才를 죽였다.

○ 경상도에서 다음과 같이 아뢰었다.

"이 살인 사건에는 의문점이 많아서 주범을 구별할 수가 없습니다. 한 가지 사건에 세 명의 죄수가 있어 여러 해 동안 신문하였으며, 급기야 전 도신道臣이 수령에게 별도로 관문關文을 보내 조사하게 하기까지 하였으나, 그래도 결말을 짓지 못하였습니다. 그러자 자세히 심리하는 취지에 따라 구속되어 있던 임사갑林士甲을 먼저 풀어 주었습니다. 따라서 이제 와서는 임처갑이 주범이라는 것은 확실하여 번복할 수가 없습니다.

다만 이러한 생각이 듭니다. 한밤중에 산에 올라가서 떼를 지어 매장을 금지하느라 몽둥이질이 난무하고 주먹질과 발길질이 오갔으니, 그 광경을 상상해 보면 전쟁터와 다름이 없었을 것입니다. 그러한 때에 몇 사람이 결박을 당하였고 몇 사람이 구타를 당하였는지는 알 수가 없으니, 강성재가 공교롭게도 악독한 매질을 당하여 끝내 목숨을 잃게 된 것은 혼란에 빠진 군대 안에서 뜻밖에 죽은 것이나 다름이 없습니다.

자신이 넘어져서 떨어졌거나 남이 밀어서 떨어졌거나 간에 수십 길이의 낭떠러지 아래로 데굴데굴 굴러 떨어졌으니, 돌에 부딪쳐서 살이 찢어지고 터지는 것은 얼마든지 가능한 일이었습니다. 따라서 뼈가 부서졌는지는 따질 거리도 못 됩니다. 이제 만약 몇 사람이 한 골짜기로 함께 추락하였다고 한다면, 그중에는 반드시 사지가 부러져서 다친 사람도 있을 것이고, 살이 터지고 찢어진 사람도 있을 것이며, 두개골이 부서져서 다친 사람도 있을 것이고, 살은 터지고 찢어졌으나 두개골은 부서지지 않은 사람도 있을 것입니다. 그러니 어찌 뼈가 부서진 것을 가지고서 벼랑에서 추락한 증거로 삼고 살이 터진 것을 가지고서 몽둥이에 맞은 상처로 삼을 필요가 있겠습니까!

가령 이마의 살이 터진 것이 참으로 각이 진 몽둥이에 맞아서 다친 것이고 임처갑과 임차갑林次甲이 차례로 내리쳤다고 하더라도 어찌 꼭 먼저 때린 사람은 사납게 내리치고 나중에 때린 사람은 약하게 내리쳤다고 할 수 있겠습니까! 누가 약하게 때리고 누가 사납게 때렸는지를 밝혀낼 수가 없었기 때문에 우선 먼저 구타한 사람을 주범으로 삼고 나중에 구타한 사람을 종범으로 삼았던 것입니다. 그러나 먼저 구타하였는지 나중에 구타하였는지를 가지고서 주범과 종범을 확정하려고 한다면, 애당초

강성재가 결박을 당한 시점은 구타를 당하기 전이었으니, 앞서 결박했던 사람이 먼저 구타하지 않았다는 것을 어떻게 보장하겠습니까!

그렇다면 임사갑이나 수복守福의 경우도 의심스러운 점에서는 똑같은데, 마지막에 이들을 구별한 것은 아무래도 견강부회한 면이 있습니다. 이들을 석방할지 계속 수감해 둘지를 결정하는 과정에서 타당성을 결여하는 것보다는 차라리 이 사람이나 저 사람이나 간에 모두 가벼운 쪽으로 처벌하는 것이 낫습니다. 그러므로 감히 의견을 진술하여 처분해 주시기를 기다립니다.

사노私奴 수복은 여러 차례 진술을 바꾸어 사건의 내막을 혼란스럽게 하였으니, 다시 진술을 받더라도 맨 처음의 진술에 불과할 뿐입니다. 줄곧 고문하면서 조사하면 참으로 감옥에서 죽을 우려가 있으며 법의 취지에도 어긋날 듯하므로, 우선 신의 감영에서 참작하여 풀어 주겠습니다."

○ 다산의 비평은 다음과 같다. "이 장계狀啓에서 정황과 이치를 분석한 것은 모두 사건의 핵심을 꿰뚫었고, 문장의 기세가 막힘이 없이 유려한 것은 보기 드문 것이었다. 그러나 범인들이 풍수지리설에 현혹되어 객기를 부려 깊은 구렁텅이에 몰아넣었는데, 범행을 저지른 것이 명확하지 않다는 이유만으로 모두에게 가볍게 처벌하는 법을 적용하였고, 그 사건을 주도하여 괴수가 된 사람까지도 누구인지를 묻지 않았으니, 이는 지나친 것이다. 그렇게 한다고 하면, 많은 사람의 힘으로 사람을 몰아서 벼랑에서 추락하게 한 경우에도 모두 목숨으로 보상하게 하지 않을 것인가! 그럴 수는 없는 듯하다."【이 사건은 다른 조항 중 이기종李起宗의 사건을 통해 참작해서 보아야 한다.】

3. 주범과 종범을 구별하다(19)

【음탕한 누이동생 때문에 분노가 일어나자, 많은 사람을 규합하여 간음한 사내를 죽였다. 사건의 근본 원인은 간음하였기 때문이며, 사망의 실제 원인은 구타를 당하였기 때문이다.】

○ 해주海州의 조명득趙命得 등이 정경문鄭景文을 죽였다.

○ 황해도에서 사건을 조사하여 다음과 같이 아뢰었다.

"양쪽 이마의 급소에 난 상처는 두 차례의 검안을 통해 밝혀졌고, 목침木枕으로 마구 구타한 상황은 수많은 목격자의 눈을 감추기가 어려웠습니다. 그뿐만 아니라 애당초 싸움은 이언성李彦星이 꼬투리를 일으켰기 때문이었으나, 정경문을 결박하여 한데에 방치한 사실에 대해서는 조명득의 자백을 받아 냈으니, 번복할 수 없는 확실한 증거가 갖추어져 의심할 만한 점이 하나도 없고 주범이 분별되어 재차 의논할 필요가 없습니다.

다만 저 전 조이全召史는 종범 이언성의 첩으로서, 자기 남편을 위해 억울함을 호소하면서 갑자기 이미 죽은 오 여인[吳女]을 끌어다가【오 여인은 이언성의 아내이다.】 아무런 근거도 없는 주범으로 꾸며 놓았습니다. 그러면서 진술하기를 '저희 남편을 종범으로 정한 것도 원통합니다만, 조명득을 주범으로 정한 것도 원통합니다.' 하였습니다. 자기 남편의 죄를 벗겨 주기 위해서 오 여인을 허위 고소한 것은 오히려 그럴 수도 있다고 하겠으나, 오 여인을 허위 고소하여 조명득까지 죄를 벗겨 주려고 한 것은 도대체 무슨 의도인 것입니까!

한창 이언성과 정경문이 서로 싸우고 있을 때 오 조이吳召史가 붙잡혀 있는 자기 남편을 풀어 주려고 마침내 절굿공이로 정경문을 내리친 것은 이상한 일이 아닙니다. 그러나 참으로 두 눈썹 사이를 쳐서 살이 터지고 뼈가 으스러지게 되었다면, 정경문으로서는 반드시 즉시 땅에 쓰러져 까무러쳐서 정신을 차리지 못하였을 것인데, 어찌 달려서 집으로 돌아가 평상시처럼 이야기를 주고받을 수가 있었겠습니까!

영동永同이 전달한 말을 가지고서 조명득이 죄를 떠넘길 꼬투리로 삼았으나, 이마를 친 것과 엉덩이를 친 것에 대해서는 영동이 바꾸어 말할 리가 없고, 잘못 듣고 잘못 전달한 것에 대해서는 상대尙大가 스스로 실토한 말이 있습니다. 이에 대해서는 또 터무니없는 것으로 밝혀졌으므로 핑곗거리로 삼기에 부족합니다.

이번 사건에서 음탕한 조 여인[趙女]은 이언성의 형수이자 조명득의 누이동생입니다. 조 여인이 바람을 피운 추악한 행실은 오랫동안 두 집안의 수치와 분노가 되었는데, 정경문이 뇌물을 주고서 몰래 무마하려고 한 것은 한층 더 분노를 촉발시켰습니다. 이언성이 한밤중에 정경문을 추격하다가 허둥지둥 조명득을 찾아와서 급히 호소하기를 '당신 누이동생과 간통한 사내가 우리 집의 살림살이에 쓰는 그릇을 훔쳐갔습니다.' 하였습니다. 그러자 조명득으로서는 평소 죽고 싶을 정도로 수치스러웠던 마음을 품고 있다가 정경문과는 이 세상에서 함께 살고 싶지 않은 충동적인 마음이 이때 일어났으므로, 말릴 겨를도 없이 팔을 걷어붙이고 벌떡 일어나서 기어이 마음껏 화풀이를 하고야 말려고 생각하였습니다. 그리하여 아버지와 아들, 형과 아우가 힘을 합쳐 한목소리를 내며 정경문의 집으로 달려가서 주먹질과 발길질을 해 대니 문짝이 모두 부서졌습니다. 그 당시 한순간의 광경을 상상해 보면, 한바탕 비바람이 몰아친 것이나 마찬가지였을 것입니다.

이언성은 본래 늙고 약한 사람으로서, 집안에서 소란이 시작되었을 때에는 정경문에게 내동댕이쳐졌고, 길 위에서 추격할 때에는 또다시 남은 기운마저 모두 빠졌으니, 스스로 끊임없이 호통을 치기는 하였으나 실제로는 상대를 칠 수 있는 힘이 없었습니다. 이에 대해서는 여러 사람의 진술이 일치하였으므로 사실이었음을 증명할 수가 있습니다.

조명득은 정경문의 상투를 풀고 뒷짐을 지워 결박한 뒤 마구 몽둥이질을 하였고, 눈이 내리는 뜰에 발가벗겨 둔 채 하루 밤낮을 지내게 하였으며, 집안 사람들이 구해 주려는 것을 호통쳐서 물리쳤고 눈앞에서 죽어 가는 것을 차마 보고 있었으니, 이를 통해서 흉악한 성품을 알 수가 있었습니다. 이것이 1차 검안과 2차 검안에서 조명득을 주범으로 삼고 이언성을 종범으로 삼았던 이유입니다.

그러나 사건이 오래되면 농간이 생겨나서 못하는 짓이 없게 됩니다. 이에 오 여인이 자살한 것을 가지고서 사건을 오리무중에 빠뜨릴 수 있는 핑곗거리로 삼아, '오 여인이 사람을 죽이고서는 지레 겁을 먹었고 목숨으로 보상해야 한다는 사실을 알고서는 먼저 죽은 것입니다.'라고 하여, 주범을 바꾸어 정하고 죽은 오 여인으로 죽은 정경문의 목숨을 갚게 하려고 하였습니다. 그러나 유족들이 모두 진술하기를 '오 조이는 성품이 본래 유순하여 별달리 범행을 저지른 일이 없었습니다.' 하였습니다. 오 여인이 처음에 양쪽 사람들이 서로 싸우던 현장에서는 쓰러졌었고, 나중에 자기 남편이 살해하는 변괴를 저질렀을 때에는 놀라 겁을 먹었습니다. 성품이 편협한 여인으로서 어떻게 해야 할지 모르는 곤경을 당하자, 차라리 죽어서 아무것도 모르는 것이 낫겠다는 생각에서 이처럼 간수를 마시고 자살하게 되었던 것입니다. 그녀의 죽음은 가엾은 일이며, 그녀의 행적에 대해서는 의문점이 없습니다.

그런데 이제 이언성이 진술하기를 '정경문은 사실 저의 아내 때문에 죽은 것이니, 조명득이 주범으로 정해진 것은 본래 억울한 일입니다. 그러나 1차 검안할 때와 2차 검안할 때에는 정신이 없어서 말씀을 드리지 못하였습니다.' 하였습니다. 자기의 화를 모면하려고 이미 죽은 아내에게 죄를 돌렸으니, 어찌 그리도 몹시 잔인하단 말입니까! 설사 정경문이 참으로 오 여인에게 구타를 당하여 죽게 되었다고 하더라도, 정두심鄭斗心이 고소할 때에는 오 여인이 버젓이 살아 있었는데, 자식을 위해 복수하려는 아버지의 마음으로 볼 때 실제로 범행을 저지른 이 오 여인을 놓아두고 죄 없는 저 조명득을 끌어들일 리가 있겠습니까! 마음을 쓰는 것이 측량할 수 없다는 것과 계획을 세우는 것이 교활하다는 것은 감출 수 없이 명백합니다.

조명득은 전처럼 신문하여 기어이 범죄의 내막을 캐내게 하소서. 이언성은 종범으로서 여러 차례 형장을 치며 신문하였으니, 사건을 자세히 심리하는 정사로 볼 때 참작하여 처리하는 방도가 있어야 할 듯하니, 모두 형조에서 주상께 여쭈어 처리하게 하소서. 전 조이는 네 가지의 억울한 사안에 해당하는 일을 가지고서 상언上言하였다는 이유로 주상을 속인 죄를 용서해서는 안 되겠습니다. 신의 감영에서 무거운 쪽으로 처벌하겠습니다."

○ 다산의 의견은 다음과 같다.

"전 조이는 첩이고 오 조이는 아내이며, 사람을 죽인 죄도 사형죄에 해당하고 남을 사형죄로 허위 고소한 사람의 죄도 사형죄에 해당한다. 전 조이가 사형죄로 본처를 허위 고소하였으니, 그 죄는 사형죄에 해당한다. 다만 그녀의 정황으로 보면, 남편을 살리려는 마음에서 나온 행위였지 본처를 죽이려는 마음에서 나온 행위는 아니었고, 남편의 목숨을 살리려는 의도에서 나온 행위였지 사적인 의도에서 나온 행위는 아니었으며, 죽은 사람을 허위 고소한 것이었지 현재 살아 있는 사람을 허위 고소한 것은 아니었으니, 용서해 줄 만한 점이기는 하다. 그러나 이러한 일에서부터 교화를 돈독히 하고 명분을 바로잡아야 한다. 그런데도 도신의 장계에서는 이러한 뜻을 거론하지 않았으니, 안타깝다."

4. 주범과 종범을 구별하다(20)

【옥졸이 주도하여 죄수를 시켜 동료 죄수를 죽게 하였다. 사건의 근본 원인은 재물을 탐냈기 때문이며, 사망의 실제 원인은 부딪쳤기 때문이다.】

○ 해주海州의 백성 최악재崔惡才 등이 박해득朴海得을 죽였다.

○ 1차 검안보고서의 발사跋詞는 다음과 같다.

"사망의 실제 원인은 '구박을 받다가 목에 씌운 칼에 상처를 입고서 죽게 되었다.'라고 기록하였습니다."

○ 2차 검안보고서의 발사는 다음과 같다.

"박해득의 시체에 난 상처는 다음과 같습니다. 위아래 턱의 왼쪽 살갗과 살이 찢어져 터진 곳이 두 곳입니다. 그중 한 곳은 가로의 길이가 1치 6푼이고, 비스듬한 너비가 6푼이며, 깊이가 3푼이었고, 턱뼈가 드러나 있었습니다. 그 아래쪽 한 곳은 가로의 길이가 6푼이고, 비스듬한 너비가 4푼이었으며, 독기가 침입하여 사방이 검푸른색을 띠고 있었고, 주변이 두루 피멍이 들고 약간 단단하였습니다. 위와 아래의 터진 자리는 말라 있었고 움푹 함몰되어 있었습니다.

박해득이 목에 차고 있었던 칼을 현장에서 직접 살펴보니, 칼의 구멍 왼쪽이 부서져 있었고, 칼의 판자에 붉은 피가 칠해져 말라 있었습니다. 《무원록》 〈조례·구타사〉의 조항에 '다른 물건을 사용하여 죽게 하였을 경우의 상처는 푸른색이나 검은색을 띠고 거무스름한 종기가 생긴다.' 하였습니다. 이번 박해득의 시체에서 왼쪽 턱이 목에 씌운 칼의 모서리에 부딪쳐서 뼈가 드러난 것은 이른바 '다른 물건을 사용하여 죽게 한 경우의 상처'에 해당하고, 그 상처의 색깔이 검푸른색을 띠고 터진 자리가 움푹 함몰되어 있으니, 이것은 《무원록》에서 말한 것과 실제로 부합합니다.

박해득은 36, 7세의 혈기가 왕성한 사람으로서, 온몸의 살이 빠진 것도 의외입니다. 《무원록》 〈조례·병환사病患死〉 '보고기한 안에 병으로 죽은 경우[辜內病死]'의 조항에 '시신의 형체가 여위어 있고 허약하다.'[39]라고 하였습니다. 박해득은 살이 터지고 뼈가 드러났으며, 독기가 침입하고 종기가 생겼으며, 심지어 목구멍이 부어서 음식을 오랫동안 먹지 못하고 머리와 목을 억지로 꼿꼿이 세워 놓아 굽히거나 펼 수 없는 상태로 거의 20여 일이나 지났으니, 살이 빠지고 허약해지는 것이 당연합니다.

애당초 최악재가 강제로 이종봉李從奉을 시켜서, 박해득을 위협하여 문밖에 세운 뒤 박해득의 목에 차고 있던 칼의 끝을 그의 양쪽 발등에 세우고 새끼줄로 칼의 판자와 두 다리를 합쳐서 묶어 놓게 하였습니다. 그러자 박해득의 몸은 머리부터 발까지 꼿꼿하게 되어 견디기가 어려웠으며, 앞으로 굽힐 수도 없고 뒤로 펼 수도 없었습니다. 그래서 마치 썩은 나무가 스스로 쓰러지듯이 허공에서 쓰러져 마침내 담벼락에 부딪쳤고, 칼의 구멍 왼쪽이 그대로 부서지게 되었습니다. 이때 왼쪽 턱이 칼의 모서리에 부딪쳐서 살갗과 살이 터지고 피가 여기저기 어지러이 흘렀으며, 마침내 보고기한保辜期限[40] 안에 목숨을 잃게 되었던 것입니다. 그러

---

39 무원록……허약하다: 이러한 내용은 《무원록》 〈조례·병환사〉 중 '병을 앓는 상태에서 굶주리고 언 몸으로 구걸하러 다니다가 길 위에서 죽은 경우[病患飢凍求乞在路死]'에 나오고, '보고기한 안에 병으로 죽은 경우[辜內病死]'는 《무원록》 〈조례·병환사〉에 있는 조항이기는 하지만 이러한 내용이 나오지는 않는다. 그러나 원문을 교감하기도 곤란하여 그대로 번역하였다.

40 보고기한保辜期限: 남을 구타하여 상처를 입힌 사람에게 의무적으로 피해자의 상처를 치료해 주도록 정한 기간을 가리킨다. 만약 이 기간 안에 피해자가 사망하면 살인 혐의를 적

므로 사망의 실제 원인은 '결박을 당한 상태에서 칼에 의해 상처를 입고 죽게 되었다.'라고 기록하였습니다.

최악재는 밖에서 지시하고 이종봉은 안에서 지시에 따라 시행하였으니, 새끼줄로 칼과 두 다리를 묶은 사람은 이종봉이지만 애당초 그렇게 하도록 지시한 사람은 최악재이고, 명령한 대로 고분고분 따른 사람은 이종봉이지만 밖에서 을러대어 시킨 사람은 최악재입니다. 이종봉은 신분이 감옥의 죄수로서 자신의 목숨이 쇄장鎖匠에게 달려 있었고,【감옥을 주관하는 옥졸獄卒을 쇄장이라고 하였다.】 죄인장무罪人掌務를 겸하고 있어서【쇄장이 여러 죄수 중에서 골라 이 임무에 차출하고 죄인장무라고 불렀다.】 자신의 고통과 안락이 모두 쇄장의 손안에 있었으니, 시키는 대로 따르기만 하고 감히 위반하지 못한 것을 괴이하게 여길 것이 없습니다.

최악재의 경우에는 나이가 어리고 악랄하기 짝이 없는 놈으로서, 앞뒤를 생각하지 않고 옳고 그름도 모른 채 죄수들에게 돈을 받아 내는 것만 잘하는 일로 여겼습니다. 그의 을러대는 소리는 두억시니보다도 심하였고 위협하는 모습은 잡귀雜鬼나 다름이 없어, 감옥의 죄수들을 학대하여 못하는 짓이 없다가 이 지경까지 이르렀습니다. 《대명률》〈형률·구타毆打〉 '위력으로 사람을 속박한 경우[威力制縛人]'의 조항에 '주도한 사람이 위력으로 사람을 시켜 구타하여 죽게 하거나 상처를 입힌 경우에는 모두 주도하여 시킨 사람을 주범으로 정하고 범행을 실행한 사람을 종범으로 정한다.' 하였습니다. 이번 사건에서 최악재의 죄야말로 이 법률 조문과 합치됩니다. 따라서 최악재를 주범으로 기록하였습니다.

이종봉은 최악재의 위협과 호통에 겁을 먹고서 감히 그의 지시를 따

용하였으나, 그 기간이 지난 다음에 사망하면 살인 혐의를 적용하지 않았다. 따라서 보고기한은 가해자에게 살인죄를 적용할지를 정하는 기준이 되기도 하였다.

르지 않을 수가 없었으나, 동료 죄수를 손수 결박하여 목숨을 잃게 하였습니다. 주범과 종범의 구별이 있기는 하지만, 범행을 거든 죄를 면하기는 어렵습니다. 따라서 이종봉을 종범으로 기록하였습니다."

○ 황해 감영黃海監營의 제사題詞는 다음과 같다.

"1차 검안보고서와 2차 검안보고서에 기록된 사망의 실제 원인이 똑같고 상처를 입은 부위가 급소인 것도 《무원록》의 조문과 부합하니, 살인 사건을 성립시켜 목숨으로 보상하게 하는 것에 대해서는 조금도 의심할 여지가 없다."

○ 황해도에서 다음과 같이 아뢰었다.

"감옥의 옥졸로서 감옥의 죄수를 학대하고, 살인을 저지르고 갇힌 죄수로서 거듭 살인죄를 저질렀으니, 세상에 어찌 이런 일이 있단 말입니까! 죄수에게 의례적으로 받는 돈을 착취한 것이 많게는 5관貫이나 되었고,【5관은 50냥이다.】 학대하는 벌을 새로 만들어 내서 목에 씌운 칼과 두 다리를 한데 묶어 하나의 곱사등이처럼 만들어 끝내는 목숨을 잃게 하였으니, 어찌 이처럼 끔찍하고 악독한 짓을 하였단 말입니까!

이종봉은 본래 살인죄를 저지른 중죄인으로서, 스스로 옥중장무獄中掌務라고 부르면서 같은 처지에 있는 동료 죄수의 고통을 생각하지 않고 최악재의 명령만을 따랐습니다. 그의 본래 살인죄에 대해서는 의문점이 있어서 주상께 보고하기는 하였습니다만, 두 가지 죄를 모두 저질렀는데, 이번 범행이 더욱 흉악하였습니다. 이종봉이 최악재의 지시를 받고서 범행을 실행한 것은 주범의 죄악과 다르기는 하지만, 한 차례 죄를 지은 죄수로서 또 범행을 거들었으니 사형보다 한 등급 낮춘 형률을 면하기는 어렵습니다.

최악재는 《대명률》 〈형률·단옥斷獄〉 '죄수를 능멸하고 학대한 경우[凌

虐罪囚〕'의 조항에서 인용한 '원래 모의한 사람에게는 장형杖刑과 유형流刑에 처한다.'라고 한 조문[41]이 참작하여 적용하기에 합당할 듯합니다. 그러나 이 사건은 본래 국가에서 시행하는 정책과도 관계가 되는 것이므로 '공동으로 모의하고 공동으로 사람을 구타한 경우'가 아니라 '위력으로 사람을 속박한 경우' 조항의 '주도하여 시킨 사람을 주범으로 정한다.'라고 한 조문이 참으로 참조하기에 합당합니다. 그러므로 전처럼 엄중히 형장刑杖을 치며 심문하여 기어코 자백을 받아 내게 하겠습니다."

○ 주상의 판결은 다음과 같다.

"감사의 장계에서는 최악재를 주모자로 정하였고 형조의 계사啓辭에서는 이종봉을 주범으로 정하였으며, 감사의 장계에서는 사람을 속박한 경우의 조항을 참조하였고 형조의 계사에서는 범행을 실행한 사람에게 중점을 두어 직접 판결하였다. 종합적으로 살펴보면 모두 법률 조문에 근거하였으나 세부적으로 따져 보면 본래 층차가 있으니, 둘을 서로 비교해 보면 형조의 계사가 나은 듯하다. 그러나 이 살인 사건에는 살인이라는 범죄 외에도 별도로 해괴한 일이 있으니, 주범과 종범 및 어떤 상처가 더욱 중대한지는 따질 겨를이 없다.

최악재는 쇄장이고 이종봉은 감옥의 죄수이다. 최악재는 자신이 주도적으로 지시하였고 이종봉은 감히 옥중장무라고 부르면서, 새로 들어온

---

41 대명률……조문: 《대명률》 〈형률·단옥〉 '죄수를 능멸하고 학대한 경우〔凌虐罪囚〕'에는 그러한 조문이 나오지 않는다. 다만 《대명률》 〈형률·인명〉의 '싸우며 구타하다가 사람을 죽인 경우 및 고의로 사람을 죽인 경우〔鬪毆及故殺人〕'의 조항에 '만약 공동으로 모의하고 공동으로 사람을 구타하였는데, 그로 인해 피해자가 죽게 된 경우에는 목숨을 잃게 만든 상처를 중대하게 보아, 범행을 실행한 사람은 교형에 처하고, 원래 모의했던 사람은 100대의 형장을 치고 3000리의 유형에 처하며, 나머지 가담한 사람들은 각각 100대의 형장을 친다.〔若同謀共毆人, 因而致死者, 以致命傷爲重, 下手者絞, 原謀者杖一百流三千里, 餘人各杖一百.〕'라고 한 내용이 나온다.

죄수가 있기만 하면 이익을 얻을 수 있는 물건으로 간주하여 '감옥의 문을 넘어올 때 의례적으로 내는 돈'이라는 명목으로 50냥이나 되는 돈을 착취하였다. 게다가 문틈을 통해 공갈하기도 하고 목에 씌우는 칼의 끝부분에까지 결박하기도 하여 박해득을 곱사등이처럼 만들어 넘어져서 부딪치게 하여 온갖 고통을 겪다가 20일을 넘기자마자 목숨을 잃게 하였다.

두 죄수가 저지른 범행은 둘 다 죽여야 할 죄이다. 이러한데도 세밀히 따져서 주범과 종범을 구별하여 둘로 나눈다면, 어떻게 서울과 지방의 옥졸과 감옥의 죄수들에게 징계하고 두려워할 줄을 알게 할 수 있겠는가! 두 죄수는 모두 엄중히 신문하여 기어코 범죄의 내막을 캐내라.

사망의 실제 원인으로 말하면 다음과 같다. 구타를 당해서 죽은 것도 아니고 발에 차여서 죽은 것도 아니라서 문장을 구성하기가 어렵다고 하더라도, 목구멍이 부어올라 부스럼이 생겨서 물과 음식을 넘기지 못하다가 죽었으면 '굶어 죽었다.[餓死]'라고 하면 되고, 넘어지면서 담장에 부딪쳐 목이 손상되어 죽었으면 '넘어져서 죽었다.[跌死]'라고 하면 되며, 피를 여기저기 어지럽게 흘린 데다 창독瘡毒이 침입하여 죽었으면 '창독으로 죽었다.[瘡死]'라고 하면 된다. 이 세 가지 중에서 한 가지를 골라 사망의 실제 원인으로 기록하면 된다. 그리고 굶주리게 된 이유, 넘어지게 된 이유, 창이 생기게 된 이유는 결박을 당한 상태에서 목에 씌운 칼에 의해 상처를 입었기 때문이라고 한다면, 사리가 명백하고 《무원록》에 규정된 취지에도 어긋나지 않는다.

그런데 지금 《무원록》에 실려 있지도 않은 것을 가지고서 사망의 실제 원인이라고 확정하여 '구박을 받다가 목에 씌운 칼에 상처를 입었다.'라거나 '결박을 당한 상태에서 목에 씌운 칼에 의해 상처를 입었다.'라는 등의 말로 기록한 것은 살인 사건을 처리하는 규정으로 헤아려 보면 후일의 폐단과도 관계가 된다. 검안한 해당 두 관원을 모두 의금부로 잡아다가 처리하라.

이참에 서울과 지방의 관리들에게 특별히 타이를 일이 있다. 연전에 중국의 송宋나라 때 감옥의 죄수를 가엾게 여긴 고사故事에 따라 목에 씌우는 칼과 수갑을 세척하게 하고 옷과 약을 헤아려서 지급하게 하였으며, 더욱이 죄수들을 능멸하고 학대하는 옥졸들을 엄중히 타이르는 간곡한 명령문을 게시하기까지 하였다. 그런데 타이르는 명령을 내린 지 얼마 지나지도 않아 곧바로 해이해져서 옥졸과 감옥의 죄수가 한통속이 되어 악행을 저지르다가 이처럼 살인을 저지르는 일이 있게 되었다. 나라에 법과 기강이 있다면 어찌 감히 이와 같이 하겠는가!

가령 감영의 옥졸은 고을의 옥졸과 다르다고 할지라도, 감영의 옥졸들이 악행을 저지르는데도 본 고을의 수령이 팔짱을 낀 채 지켜만 보고 방지할 방도를 생각하지 않을 수 있겠는가! 재작년 10월에 발생한 사건이므로 도신에 대해서는 죄를 묻지 않겠으나, 해당 지방관地方官은 검안 보고서의 일로 의금부에 잡아다 처리하게 한 처벌만 하고 말 수는 없다. 해당 수령을 우선 파직하라. 당일에 죄수를 감독하던 책임자인 형리刑吏와 감고監考 등을 도신이 엄중히 형장을 친 뒤에 정배定配하게 하라. 즉시 고발하지 않은 사람들도 형장을 치며 심문하여 징계하게 하라."

○ 주상의 판결에 대한 다산의 견해: 시체를 검안한 관원이 보기 드문 사건을 맡게 될 때마다 사망의 실제 원인을 무어라고 쓸지 무수히 수정하다가 결국은 잘못을 저지르고 맙니다. 만약 이 주상의 판결문을 꼼꼼히 읽어 본다면 아마도 깨달음이 있을 것입니다.

가령 어떤 사람이 다른 사람을 목에 씌우는 칼에 묶고 또 이어서 칼을 빼어들어 찔러서 즉시 목숨을 잃게 하였다면, 시체를 검안한 관원은 사망의 실제 원인을 '찔려서 죽게 되었다.'라고 쓰지 '목에 씌우는 칼에 묶이고 칼에 찔리는 상처를 입고서 죽게 되었다.'라고 쓰지는 않을 것입니다. 이와 같이 하는 이유는 무엇이겠습니까? 찔리는 것은 항상 있는 일이니, 항상 있는 일이기 때문에 찔렸다고 써도 의심하지 않는 것입니다.

가령 어떤 사람이 다른 사람을 묶어서 대들보에 매달아 놓고 또 이어서 몽둥이를 들어 뒤통수를 쳐서 즉시 목숨을 잃게 하였다면, 시체를 검안한 관원은 사망의 실제 원인을 '구타를 당하여 죽게 되었다.'라고 쓰지 '결박을 당하여 대들보에 매달린 채 몽둥이로 맞아 상처를 입고 죽게 되었다.'라고 쓰지는 않을 것입니다. 이와 같이 하는 이유는 무엇이겠습니까? 구타를 당하는 것은 항상 있는 일이니, 항상 있는 일이기 때문에 구타를 당하였다고 써도 의심하지 않는 것입니다.

가령 어떤 사람이 다른 사람의 두 손을 뒷짐 지워서 묶고 또 버드나무에 묶은 뒤 또 이어서 그의 고환을 걷어차서 죽게 하였다면, 시체를 검안한 관원은 사망의 실제 원인을 '걷어차여서 죽게 되었다.'라고 쓰지 '결박을 당한 채 버드나무에 묶이고 발에 걷어차여 상처를 입고서 죽게 되었다.'라고 쓰지는 않을 것입니다.

밀쳐서 죽게 된 경우, 짓찧어서 죽게 된 경우, 목이 졸려서 죽게 된 경우, 물에 빠뜨려서 죽게 된 경우 등도 모두 다 그렇습니다. 그런데 유독 이 사건에서만 알맹이는 제쳐 두고 껍데기만 언급하였으니, 어찌 잘못한 것이 아니겠습니까! 1차 검안보고서에서 사망의 실제 원인을 '구박을 받다가 목에 씌운 칼에 상처를 입고서 죽게 되었다.'라고 한 것과 2차 검안보고서에서 사망의 실제 원인을 '결박을 당한 상태에서 목에 씌운 칼에 의해 상처를 입고 죽게 되었다.'라고 한 것은 모두 쓸데없는 군더더기 말이고 실제적인 말이 아닙니다. 실제적인 말이 아니면 사망의 실제 원인도 아닌 것입니다.

'찔렸다.'라고 쓰면서도 칼을 언급하지 않고, '구타를 당하였다.'라고 쓰면서도 몽둥이를 언급하지 않으며, '걷어차였다.'라고 쓰면서도 다리를 언급하지 않고, '밀쳐졌다.'라고 쓰면서도 손을 언급하지 않는 것은 참으로 칼·몽둥이·다리·손은 오히려 외부의 물체에 해당하기 때문입니다. 시신의 당사자가 죽게 된 원인은 찔렸기 때문이지 칼 때문에 죽은 것이 아니고, 구타를 당하였기 때문이지 몽둥이 때문에 죽은 것이 아니며, 걷어차였기 때문이지 다리 때문에 죽은 것이 아니고, 밀쳐졌기 때문이지 손 때문에 죽은 것이 아닙니다. 그러므로 사망의 실제 원인을 쓸 때에는 상처 입은 것만 언급하고 어떤 도구에 상처를 입었는지는 언급하지 않습니다. 이것이 시체를 검안하는 중대한 원칙입니다.

만약 찔리는 일이 없었다면 칼이 있더라도 죽지 않고, 만약 구타를 당하는 일이 없었다면 몽둥이가 있더라도 죽지 않으며, 만약 걷어차이는 일이 없었거나 밀쳐지는 일이 없었다면 다리나 손이 있더라도 죽지 않습니다. 그러니 사망의 실제 원인을 지정하는 사람은 이처럼 상처 입은 것을 지정하겠습니까? 아니면 저처럼 상처를 입힌 도구를 지정하겠습니까? 칼·몽둥이·다리·손은 그나마 껍데기라도 됩니다. 하물며 껍데기 외에 또 '결박을 당하였다.'라고 언급하였고, 더욱이 겉껍데기 외에 또 '구박을 당하였다.'라고 추가로 언급하였으니, 어찌 쓸데없지 않겠습니까!

사망의 실제 원인이란 것은 목숨을 끊어지게 한 실질적인 원인을 말한 것이니, 목숨을 끊어지게 한 원인이 아닌 것은 모두 군더더기 말입니다. 이번 사건에서 박해득의 시체에 대해서는 사망의 실제 원인을 '부딪쳐서 죽게 되었다.'라고 써야 하고 한 글자도 덧붙여서는 안 됩니다. 그 이유는 무엇이겠습니까? 박해득은 목에 씌운 칼에 부딪쳐서 죽은 사람입니다. 그러나 칼에 찔려서 죽은 사람의 사망 원인을 말할 때 칼을 언급하지 않는다면, 목에 씌운 칼에 부딪쳐서 죽은 사람도 칼을 언급할 필요가 없는 것이고, 몽둥이로 구타를 당하여 죽은 사람의 사망 원인을 말할 때 몽둥이를 언급하지 않는다면 목에 씌운 칼에 부딪쳐서 죽은 사람도 칼을 언급할 필요가 없는 것입니다. 이에 대해서는 비교한 사례가 아주 똑같으니 의심할 것이 없습니다.

주상의 판결문 중에서 '굶주려 죽은 경우', '넘어져서 죽은 경우', '종기가 나서 죽은 경우'를 하나하나 거론하였던 이유는 이러한 비유를 들어서 법관法官을 깨우쳐 주려고 한 것이지, 이 세 가지가 박해득 사망의 실제 원인이라고 말한 것은 아니었습니다. 지나간 일만 말해 주어도 앞으로 올 일까지 미리 알고 한 가지만 말해 주어도 나머지까지 미루어 아는 것은 뭇 신하들이 힘써야 할 일이 아니겠습니까!

어떤 사람은 '부딪쳐서 죽게 되었다고 하면 주범이 없는 셈이다.'라고 말합니다. 이것도 제대로 이해하지 못하고 한 말입니다. 부딪쳤다는 것은 목에 씌운 칼에 부딪쳤다는 것이고, 목에 씌운 칼에 부딪친 것은 쓰러졌기 때문이며, 쓰러진 것은 목에 씌운 칼을 몸과 함께 묶었기 때문이고, 목에 씌운 칼을 몸과 함께 묶은 사람은 이종봉이며, 이종봉은 최악재의 지시를 받은 사람입니다. 철저하게 파고 들어가서 최악재를 주범으로 정하고 이종봉을 종범으로 정해야 법례가 분명해집니다.

주상의 판결문 중에서 '굶주리게 된 이유, 넘어지게 된 이유, 종기가 나게 된 이유가 결박을 당한 채 목에 씌운 칼에 부딪쳐서 상처를 입었기 때문이다.'라고 하셨던 것도 바로 이러한 뜻에서였습니다. 이를 배우는 사람들은 또한 어찌 주상의 판결문을 익숙히 읽지 않아서야 되겠습니까!

○ 또 신의 견해를 추가하면 이렇습니다. 감옥 안의 일은 높은 사람도 알지 못합니다. 감옥 안에 오래 갇혀 있는 죄수들이 저지르는 악행은 옥졸보다 심합니다. 오래 갇힌 죄수가 많으면 그중에 영좌領座·공원公員·장무掌務의 호칭이 생겨나게 되는데, 새로운 죄수가 들어올 때마다 이들이 5가지의 학대하는 벌을 뒤섞어 시행합니다.

이것을 통해서 보면, 이종봉에 대해서는 최악재의 명령만을 받아서 시행하였을 뿐이라고 말해서는 안 됩니다. 최악재는 감옥 문밖에 서서 틈을 엿보아 이종봉에게 명령하였고, 이종봉은 바깥에 서 있는 최악재의 위세를 빌려 뒤따라 학대하였으니, 흉악한 본심은 꼭 최악재가 깊고 이종봉이 얕다고 할 수만은 없습니다. 만약 이종봉이 조금이라도 관대한 마음을 가지고서 최악재의 마음에 들지 않게 하였더라면, 최악재가 반드시 문을 부수고 곧장 들어와서 대놓고 공갈하였을 것이니, 어찌 문을 반쯤만 열어 놓고서 이야기를 나눈 것과 같았을 뿐이었겠습니까![42] 형조의 계사와 주상의 판결문이 모두 이종봉에게 중점을 두고 말하였던 것은 이 때문이었습니다.

5. 주범과 종범을 구별하다(21)

【종과 주인이 같이 범행을 저질렀는데, 종이 먼저 구타하고 주인이 나중에 몽둥이질을 하였다. 사건의 근본 원인은 홧김에 싸웠기 때문이며, 사망의 실제 원인은 발에 차였기 때문이다.】

○ 인천仁川의 백성 성삼특成三特과 그 주인이 김복놈金福老味을 죽였다.
○ 검안보고서의 기록은 빠졌다.
○ 주상의 판결은 다음과 같다.

---

42 어찌……뿐이었겠습니까: 중국의 춘추시대 노魯나라 공보문백公父文伯의 어머니는 계강자季康子의 종조숙모從祖叔母였는데, 계강자가 찾아가면 침문寢門을 반쯤만 열고서 그와 이야기를 나누고 서로 문턱을 넘지 않았다._《국어國語》 〈노어魯語〉. 여기에서는 감옥 문이 닫혀 있었지만 최악재가 언제라도 열고 들어가서 이종봉을 위협할 수 있었다는 점에서 문을 열고 있는 것이나 마찬가지였다는 의미에서 인용한 것이다.

"인천부仁川府의 살인 죄인인 성삼특의 사건은 다음과 같이 판결한다. 부엌에 들어간 이러한 일 때문에 가까운 마을에 사는 그 사람을 죽였는데, 시장屍帳에 기록된 상처를 보면 거의 여지가 없을 정도로 범행 수법이 끔찍하고 악독하였다. 주막집에 화로를 차려 놓은 것은 손님을 맞아들이기 위한 것인데, 김복놈이 그 불로 담배를 피운 것이 무슨 죽을죄가 된단 말인가! 그런데도 공공연히 주먹질과 발길질을 주고받다가 느닷없이 배꼽과 옆구리에 모두 상처를 입혀 4일째 되는 날에 목숨을 잃게 하였다. 그가 온갖 방법으로 꾸며 대는 말을 하려고 하지만 목숨으로 보상하는 죄를 어떻게 모면할 수 있겠는가!

성삼특의 상전인 박의규朴義揆는 사나운 종을 감싸 주고 힘없는 백성을 구타하였으며, 김복놈을 결박하는 것도 부족하여 몽둥이질까지 하였다가 살인 사건이 성립되던 날에는 집을 비우고 달아났다. 사건을 주도적으로 모의한 것과는 다르지만 원래 모의한 혐의를 면하기는 어렵다. 그러나 6차례 엄중히 형장을 맞았고 더욱이 1000리 먼 곳에 정배定配되었으니, 우선 죄를 묻지 말라.

성삼특이 박의규를 지목하여 고발한 것은 박의규에게 죄를 떠넘기려는 의도가 뚜렷하니, 참으로 풍속의 교화와 관계되는 일이다. 이 한 가지 일에서도 죄 위에 죄를 더 지었다고 할 수 있다. 성삼특을 우선 전처럼 합동으로 조사하게 하라."

○ 주상의 판결에 대한 다산의 의견은 다음과 같다.

"먼저 구타한 사람은 종이고 그 주먹질이 사나웠으며, 나중에 몽둥이질을 한 사람은 주인이고 그로 인한 상처는 가벼웠습니다. 그렇다면 박의규를 원래 모의했던 사람으로 지목할 필요가 없습니다. 아니면 사실이 그렇지 않았기 때문일 수도 있겠습니다."

6. 자살인지 타살인지를 구분하다(1)

【칼로 찔러 죽여 놓고서는 스스로 찔렀다고 거짓말을 하였다. 사건의 근본 원인은 원수를 갚았기 때문이며, 사망의 실제 원인은 칼에 찔렸기 때문이다.】

○ 금천金川의 백성 정선이鄭先伊가 김봉추金奉秋를 죽였다.

○ 조사한 관원의 보고서는 다음과 같다.

"주인을 배반하고 도망한 종은 신고한 사람을 가장 원수로 여깁니다. 그러므로 도망간 종을 찾아다니는 나그네와 도망간 종을 신고한 사람 중에 살해된 사람이 무수히 많지만, 종 무리가 서로 숨겨 주기 때문에 그 사건은 규명하기가 매우 어렵습니다. 이번 사건에서는 수년 동안 숨겨 왔던 정선이의 자녀들이 하루아침에 신고를 당하였으니, 정선이가 김봉추를 원수로 여기고 기어이 보복하려고 하였던 사실은 2차 검안할 때 최검충崔檢忠의 진술 내용을 보면 알 수가 있습니다.

김봉추가 이웃에 왔다는 말을 듣고 정선이가 그를 자기 집으로 급히 불러온 것을 통해서 원수가 외나무다리에서 서로 만났음을 알 수 있고, 김봉추가 측간에 갔다고 하고 같은 친족을 불러온 것은 자기의 죄를 스스로 밝힌 것이라고 하겠습니다. '김봉추가 먼저 나가고 정선이가 뒤따라 나갔다가 잠시 뒤에 도로 들어왔다.'라는 최검충과 양이봉梁二奉의 진술이 한입에서 나온 것처럼 똑같았으니, 많은 사람이 목격하여 비밀스러운 사실이 드러났습니다. 그런데도 엉터리 말로 마구 진술하며 어쩔 줄을 몰라 허둥댔습니다. 이런 사실을 통해서 볼 때 정선이가 김봉추를 찔러 죽인 사실은 이치로 볼 때 분명합니다. 다만 칼로 찌를 때 마침 목격한 사람이 없었기 때문에 정선이가 범행을 저지른 절차를 끝까지 실토하지 않았을 뿐입니다."

○ 주상의 판결은 다음과 같다.

"이 사건의 핵심은 전적으로 김봉추가 스스로 찔렀는지 아니면 정선이에게 찔렸는지에 달려 있다. 그러나 포착한 범죄의 진상이 없는 데다 더욱이 근거할 만한 명확한 증거도 없었다. '정선이가 김봉추를 뒤따라 나갔습니다.'라고 한 최검충의 진술과 '청탁을 하였습니다.'라고 한 김 조이金召史의 말만 가지고서 주범을 단정할 확실한 증거로 삼았다. 그러나 '정선이가 김봉추를 뒤따라 나갔습니다.'라고 한 최검충의 진술은 이미 터무니없는 것으로 판명이 났고, '청탁을 하였습니다.'라고 한 김 조이의 말도 그런 일이 없었던 것으로 결론이 났다.

김봉추는 객지에 온 외톨이이니, 만일 정선이가 시원하게 없애 버리려고 하였다면 몰래 손을 쓰는 것도 불가할 것이 없었다. 그런데 어찌 꼭 그의 집에서 범행을 저지르고 큰 길거리에서 행적을 노출시켜 이처럼 탄로 나기는 쉽고 숨기기는 어려운 행동을 고의로 하였겠는가! 검안보고서에 기록된 상처를 보더라도, 《무원록》 〈조례·도상사刀傷死〉의 '찔린 상처가 시작된 곳은 무겁고 찔린 상처가 끝나는 곳은 가볍다.'라고 한 글과도 서로 합치될 뿐만 아니라 게다가 김봉추의 옷에는 칼날에 스친 흔적이 없고 김봉추의 손에는 상처를 입은 흉터가 없었으니, 스스로 찔렀는지 남에게 찔렸는지는 분별하는 것이 어렵지 않았다.

아무런 이유 없이 독약을 마셨다는 말은 그의 형의 입에서 나왔고, 스스로 화가 나서 칼로 찌른 사실에서는 평소의 성품을 증명할 수가 있다. 사건 기록을 여러 차례 읽어 보고 정상을 세밀히 따져 보니, 분명한 단서가 한둘이 아니었다. 따라서 살려 주어야 한다는 의견은 모두 일리가 있다. 정선이를 참작하여 형장을 치고 풀어 주라. 조사한 관원은 추고하라."

○ 주상의 판결에 대한 다산의 견해: 남에게 찔렸는지 또는 스스로 찔

렸는지를 분별하는 것은 전적으로 찔린 상처가 시작된 곳과 끝나는 곳을 살펴보는 것이 법례法例입니다. 남으로부터 공격을 받으면 손과 발이 머리와 눈을 보호하는 것은 본래 자연스러운 이치입니다. 그러므로 남에게 찔린 사람에게는 반드시 보호하고 막았던 흔적이 남아 있습니다. 이것이 오랫동안 가슴에 담아 두고서 생각하였다가 판결하는 정확한 의의입니다.

7. 자살인지 타살인지를 구분하다(2)

【칼로 찔러 죽여 놓고서는 스스로 찔렀다고 거짓말을 하였다. 사건의 근본 원인은 홧김에 싸웠기 때문이며, 사망의 실제 원인은 칼에 찔렸기 때문이다.】

○ 용강龍岡의 백성 송수은宋壽殷이 송북자宋北者를 죽였다.

○ 2차 검안보고서의 발사跋詞는 다음과 같다.

"복부는 급소인 데다 더욱이 내장마저 드러나 있었으니, 이는 《무원록》 〈조례·도상사〉에서 말한 '단칼에 찔려 곧바로 목숨을 잃은 사람'입니다. 아! 저 흉악한 범인은 감히 송북자가 스스로 찔렀다고 하면서 온갖 말로 변명하여 살아날 셈을 하였지만, 자기 스스로 찌른 것인지 남에게 찔린 것인지는 검안보고서에서 모두 밝혀졌습니다.

이제 송북자의 상처를 보면, 상처의 양쪽 끝이 뾰족하고 작아서 상처의 시작과 끝의 구별이 없었습니다. 그리고 여러 사람의 진술이 하나로 모아져서 모두 '찔린 것입니다.'라고 하였으니, 송수은이 스스로 변명한 말은 모두 거짓으로 귀결되었습니다. 인정으로 헤아려 보더라도, 모욕을 당한 사람이 독기를 부리겠습니까? 남을 모욕한 사람이 스스로 목숨을 끊겠습니까? 서자庶子 삼촌이라고 부르는 말에 화를 내고 대면하였을 때 범행을 저지른 것은 불을 보듯이 분명합니다.

살기를 좋아하고 죽기를 싫어하는 것은 사람들의 일반적인 심정입니다. 그런데 송북자는 이제 겨우 20살이 넘었는데 사소한 일 한 가지 때문에 대뜸 스스로 목숨을 끊었다는 것은 절대 그럴 리가 없습니다. 그러므로 사망의 실제 원인은 '찔려서 죽게 되었다.'라고 기록하였습니다.

송수은은 그의 말을 들어 보고 모습을 살펴보면 결코 온순한 사람이 아닙니다. 그의 어머니가 그를 책망하기를 '하늘은 높이 있어도 낮은 곳에 있는 사람들의 이야기를 모두 들으시니, 너는 아까울 것이 없다. 너의 아내가 가련하다.'라고 하였으니, 이것이 어찌 송북자를 찔러 죽인 실제 증거가 아니겠습니까! 개를 죽이고 인삼을 산 시점이 송북자의 목숨이 끊어지기 전이고, 더욱이 피가 묻어 있는 흉기가 그의 집 안에서 나왔으니, 그가 변명하려고 해도 가능하겠습니까! 송수은을 주범으로 기록하였습니다."

○ 다산의 비평은 다음과 같다.

"'살기를 좋아하고 죽기를 싫어하는 것은 사람들의 일반적인 심정입니다. 그런데 대뜸 자기가 스스로 목숨을 끊었다는 것은 반드시 그럴 리가 없습니다.[好生惡死, 人之常情, 遽然自戕, 必無是理.]'라고 한 이 4구절은 이치에 맞지 않는 말이다. 스스로를 찔러 죽는 사건과 스스로 목을 매어 죽는 사건은 끊임없이 일어나는 일들이므로 큰 사건이라고 논하기만 하면 되는 것인데, 어찌하여 일반적인 심정이라고 말하였는가! 일반적으로 자살인지 타살인지를 구별할 때 이 4구절을 사용하는 것은 법관法官들이 크게 꺼리는 일이다."

○ 주상의 판결은 다음과 같다.

"근래 격쟁擊錚으로 인하여 사건 기록을 조사해 보니 매우 자세하게 갖추어져 있어서 의심을 일으킬 만한 단서가 없는 듯하다. 송수은과 송북자의 관계는 친족으로 말하면 오복五服을 벗어난 먼 친족이고, 인정으로 말하면 몹시 가까운 이웃이었다. 그런데 사소한 일 때문에 갑작스럽게 사건이 발생한 것이었다.

도둑질한 일은 본래 스스로 부끄러워할 일이니, 남이 조롱하는 말이 있더라도 어찌 또 남을 탓하겠는가! 그런데 대낮의 한길 가운데에서 철천지원수를 죽이는 것이나 다름없이 칼을 뽑아 죽였다. 그뿐만 아니라 '나의 며느리가 가련하다.'라는 말에 대해서는 목격한 증인이 있는 데다 '나의 아들이 어디에 갔겠는가!'라는 말에 대해서도 숨기지를 못하였다. 상처에 붙일 물품과 병을 치료할 약을 모두 송수은이 힘써서 마련하였으니, 그의 죄를 그가 스스로 알았던 것이다.

도신의 장계 안에서 '실을 달라고 하여 배의 상처를 꿰매고 개를 죽여서 상처에 붙인 사실에서 환히 드러난 범죄의 정황을 충분히 알 수가 있습니다.'라고 한 말은 모두 실제적인 말이라고 할 수 있다. 이러한데도 해당 형률을 시행하지 않는다면 나라에 법률이 있다고 할 수 있겠는가! 송수은에게는 각별히 엄중하게 형장을 쳐서 기어이 자백을 받아 내라."

8. 자살인지 타살인지를 구분하다(3)

【허위로 고소당할 것에 겁을 먹고서는 스스로 목을 매어 죽었다. 사건의 근본 원인은 묏자리를 다투었기 때문이며, 사망의 실제 원인은 스스로 목을 매어 죽었기 때문이다.】

○ 곡산谷山의 백성 장두필張斗必이 안태기安太己가 죽게 되자 고소를 당하였다.

○ 2차 검안보고서의 발사跋詞는 다음과 같다.

"안태기가 다투었던 묘지는 사위의 무덤이었으나, 장두필이 스스로 그 무덤을 파헤쳐서 이장移葬할 기일이 분명히 정해져 있었습니다. 따라서 본래 애통하고 급박한 사정도 없었고 더욱이 이제는 속이 시원하게 되었는데, 아무런 이유도 없이 자살한 것은 참으로 뜻밖의 일입니다. 아마도 이것은 장두필이 스스로 무덤을 파헤치고서는 안태기가 사적으로 파헤친 것이라고 허위 고소하려고 하자, 안태기가 뜻밖의 재앙에 걸려드는 것에 대해 지레 겁을 먹고 이처럼 목을 매어 죽은 것 같으니, 참으로 이른바 부질없이 죽은 사람이라고 하겠습니다. 또 마음 내키는 대로 무단히 자살했으니 참으로 뜻밖의 일이라 하겠습니다.

'스스로 목을 매어 죽은 경우[自縊死]'는 《무원록》〈조례·늑애사勒縊死〉에 분명한 조항이 있습니다. 오른쪽 귀에 조각조각 살갗이 벗겨진 것은 실제로 목숨을 잃게 한 상처는 아니나, 위아래 턱에 난 상처가 왼쪽 귀 뒤로부터 시작하여 비스듬하게 오른쪽 귀 뒤까지 연결되고 그 색깔이 검붉고 약간 단단한 것, 두 손을 쥐고 있는 것 등의 증상은 모두 '스스로 목을 매어 죽은 경우'의 조항과 합치됩니다. 따라서 사망의 실제 원인을 '스스로 목을 매어 죽게 되었다.'라고 기록하였습니다.

장두필은 스스로 묘지를 파헤치고서는 안태기가 사적으로 파헤쳤다고 허위 고소하려고 하여 안태기가 화를 품고 자살하게 하였으니, 자신 때문에 벌어진 일에 대한 죄를 어찌 면할 수 있겠습니까!"

○ 황해 감영黃海監營의 제사題詞는 다음과 같다.

"유족 세 사람이 모두 진술하기를 '안태기가 연로하고 조급한 성격인데다 장두필이 관아에 신고하려고 하는 것에 겁을 먹었고, 외손자가 뜻밖의 재앙에 걸려드는 것을 두려워하다가 장두필이 자신에게 재앙을 떠넘기려고 하자 자살한 것입니다.' 하였습니다. 저 장두필은 안태기가 머리를 들이받으면서 악을 쓰자 이를 견디지 못하고 스스로 무덤을 파헤쳐서 관棺을 노출시켰습니다. 그러나 남아 있던 분노가 치밀어 안태기가 사적으로 남의 무덤을 파헤쳤다고 관아에 허위로 고소하여 기어이 재앙을 떠넘기려고 하였으니, 그의 심보를 따져 볼 때 대단히 교묘하고 끔찍합니다. 그러나 장두필은 70살이 넘어 형벌을 시행해서는 안 되고 법률을 적용하여 정배할 방도도 없으니, 사건에 관련된 사람들과 함께 즉시 풀어 주겠습니다."

○ 다산의 견해: 《대명률》 〈명례율·노소폐질수속老小癈疾收贖〉에 '70세 이상으로서 유형 이하의 죄를 저지른 경우에는 속전贖錢을 거둔다.'라고 하였다. 이번 사건에서 장두필은 남을 허위로 고소하려고 하였으므로 반좌율反坐律을 적용해야 하니, 도형徒刑이나 유형의 죄에 해당한다. 따라서 법으로는 속전을 거두어야 하는데 아무런 이유도 없이 무죄로 풀어 주고 전혀 속전을 거두지 않았으니, 잘못한 것이다.

9. 자살인지 타살인지를 구분하다(4)

【발에 차인 것 때문에 화가 나서 스스로 목을 매어 죽었다. 사건의 근본 원인은 홧김에 싸웠기 때문이며, 사망의 실제 원인은 스스로 목을 매었기 때문이다.】

○ 해주海州의 백성 이종봉李從奉이 백덕채白德采가 죽게 되자 고소를 당하였다.

○ 조사한 관원의 보고서는 다음과 같다.

"세 차례 검안하고 작성한 문서들을 서로 참고해 보니, 상처는 많았지만 모두 급소에 목숨을 잃을 정도로 입은 상처가 아니었습니다. 위아래 턱의 끈으로 졸린 흔적은 서로 엇갈려서 좌우의 뒷머리가 끝나는 부분까지 나 있었습니다. 이제 사건이 일어난 지 열흘이나 지나서 다른 상처들은 모두 썩었는데, 이곳의 목에 졸린 상처만 피부가 뼈에 붙어 있는 채로 아직도 검푸른색을 띠고 있었습니다. 그러므로 사망의 실제 원인은 어쩔 수 없이 '스스로 목을 매어 죽었다.'라고 기록하였습니다.

그러나 증언으로 헤아려 보면 의문점이 한두 가지가 아닙니다. 사람은 본래 수명이 다하고 넋이 나가면 아무런 이유 없이 스스로 목을 매어 죽는 경우도 있습니다. 이번 사건에서 백덕채는 싸움이 끝나고 사람들이 흩어지고 난 뒤에 사방이 고요한 곳에서 허둥지둥 소나무 가지에 스스로 목을 매었으니, 이것은 도대체 무슨 마음에서 한 것입니까? 사람도 없는 곳에서 손으로 바지의 허리춤을 붙잡고 있던 사람이 어디에서 끈을 찾을 수 있었던 것입니까? 목을 맨 끈이 새끼줄이라고 한다면 현장에는 새끼줄이 남아 있지 않았고, 허리띠라고 한다면 바지가 벗겨지지 않은 상태였습니다. 이것이 첫 번째 의문점입니다.

게다가 백덕채와 함께 갔던 사람인 최진광崔辰光과 임정두任丁斗 및 백덕채의 아내가 진술한 내용을 보더라도, 한창 싸우고 있을 때에 갑자기 허리띠가 떨어졌다면 그걸 주워서 백덕채에게 주는 것이 당연한 이치인데, 어찌하여 그걸 주워서 집으로 돌아온 것입니까? 허리띠를 주워서 돌아왔으면 옷 및 갓과 함께 백덕채의 아내에게 돌려주어야 하는데, 어찌하여 아이를 보내서 돌려달라고 한 뒤에야 돌려준 것입니까? 이것이 두 번째 의문점입니다.

백덕채의 벗겨진 옷과 갓 및 버선을 소의 등에 꽂아 두었다면 그대로 싣고 오면 되는 것인데, 최진광은 도대체 무슨 마음으로 그것들을 소매 안에 넣어 온 것입니까? 소매 안에 넣어 왔다면 즉시 환곡還穀과 같이 전해 주면 되는 것인데, 최진광은 도대체 무슨 마음으로 백덕채의 눈이면 할머니에게 따로 전해 준 것입니까? 이것이 세 번째 의문점입니다.

싸움을 말렸을 때는 아직도 날이 새지 않은 시점이었는데, 캄캄한 길 속에 머리를 풀어헤치고 발가벗은 채 바지만 있고 허리띠도 없는 백덕채는 버려두고 싸움에서 승리한 이종봉의 옷과 갓만을 가지고서 돌아온 것은 또한 무슨 생각이었습니까? 이것이 네 번째 의문점입니다.

이 네 가지 의문점에 대해서는 엄중히 형장을 쳐서 샅샅이 심문하는 것이 사리상 당연합니다. 그런데 최진광과 임정두 등에게 한 차례 의례적인 형장만을 치고 대번에 풀어 주었으니, 경솔한 조치인 듯합니다.

그러나 이종봉은 말 한마디에 격분하여 머리채를 휘어잡고서 목을 조르고 몸 위에 걸터앉아서 발로 찼으니, 마음도 통쾌하였을 것이고 분노도 풀렸을 것입니다. 그런데 어찌 백덕채를 구타하고 다시 목을 졸라 기어이 죽이고야 말려고까지 하였겠습니까! 이것은 결코 그럴 리가 없는 일입니다. 세 차례나 시체를 검안하였으나 사망의 실제 원인은 모두 스스로 목을 매어 죽었다고 하였으니, 그의 죄는 무겁더라도 법으로 목숨으로 보상하게 할 정도는 아닙니다."

○ 다산의 비평은 다음과 같다.

"이미 '조사하는 관원은 시체의 검안을 해서는 안 된다.'라고 하였으니, 검안을 행하지 않았다면 목이 졸린 흉터를 어떻게 본 것이며, 사망의 실제 원인을 어떻게 지정한 것인가? 만약 검안을 행하였다면 '4차 검안한 관원'이라고 부르는 것이지 '조사하는 관원'이라고 부르는 것이 아니다. 게다가 3차 검안이라는 것은 반드시 1차 검안과 2차 검안의 결과 사망의 실제 원인을 서로 다르게 지정하고 상처도 서로 다르게 지정해야 3차 검안을 하는 것이다. 그러나 1차 검안과 2차 검안이 똑같이 상처로는 목이 졸린 흔적이 있다고 하였고 사망의 실제 원인으로는 스스로 목을 매어 죽었다고 하였는데, 또 어찌하여 3차 검안을 한 것인가? 이러한 것들은 모두 알 수가 없는 점이다.

그러나 조사한 관원이 심리한 의견을 보고한 내용은 정확하고 이치에 맞았다. 이 사건은 아마도 최진광과 임정두 등 서너 사람이 백덕채의 허리띠를 빼앗아 함께 목을 졸라서 죽이고 소나무 가지에 목을 매어 죽은 것처럼 가장해 놓은 것인 듯하다. 감사도 처음부터 이러한 점을 의심하였기 때문에 1차 검안과 2차 검안 결과 똑같이 스스로 목을 매어 죽었다고 하였으나 결국 3차 검안을 하고 네 번째 조사까지 하였을 것이다. 다만 목이 졸린 흉터에 끈을 엇갈려서 묶은 흔적이 없었기 때문에 조사한 관원이 사망의 실제 원인을 정하면서 '어쩔 수 없이[不得不]' 3자를 따로 쓰게 되었던 것이다."

○ 다산의 견해: 이종봉은 또 감옥 안에서 사람을 죽이는 죄를 재차 저질렀다. 앞의 '주범과 종범을 구별하다(20)'에 나온다.

10. 자살인지 타살인지를 구분하다(5)

【구타하여 죽이고서는 목을 매어 죽은 것처럼 가장하여 숨겼다. 사건의 근본 원인은 화가 나서 싸웠기 때문이며, 사망의 실제 원인은 구타를 당하였기 때문이다.】

○ 전주全州의 백성 양시돌梁時突이 한설운쇠韓雪云金를 죽였다.

○ 1차 검안보고서의 발사跋詞는 다음과 같다.

"이번 사건에서 한설운쇠의 시체에 난 상처는 다음과 같습니다. 앞면은 머리의 오른쪽에 난 상처가 단단하고 검었으며, 오른쪽 뺨에 난 상처는 크기가 비교적 크고 구멍이 상당히 깊게 나 있었고, 손으로 그곳을 눌러 보니 움푹하고도 단단하였으며 핏물이 아직도 흘러나오고 있었습니다. 뒷면은 목의 오른쪽에도 손상된 흔적이 있었습니다.

홧김에 휘두른 몽둥이가 닿는 곳마다 상처가 여기저기 어지러이 났으니, 범행이 끔찍하고 악독하였다는 것과 목숨이 금방 끊어졌다는 것은 더 이상 말할 필요가 없습니다. 그러므로 사망의 실제 원인은 '구타를 당하여 죽게 되었다.'라고 기록하였습니다.

주범 양시돌은 자신의 범죄에 대해 변명할 길이 없다는 것을 스스로 알고서는 구타하여 죽였다고 자백하였습니다. 그러나 목을 매어 죽었다는 말을 그가 진술할 때 여러 차례 발설하였기 때문에 목과 뒷머리가 끝나는 부분 등을 재삼 살펴보았으나 목을 맨 흉터는 애당초 없었습니다. 목을 맸다는 시렁을 주척周尺으로 재어 보았으나 높이가 6자 2치에 불과하고 애당초 목을 매달았던 흔적도 없었으니, 목을 매어 죽었다는 말은 저절로 터무니없는 것으로 귀결되었습니다.

유족이 진술하기를 '상을 치를 때 사용할 베와 널을 만들 때 사용할 나무를 양시돌에게 내놓으라고 요구했던 것은 범죄의 증거를 잡으려는 목적이고, 못질을 하지 않아 널을 완전히 닫지 않은 것은 검안을 기다렸기 때문입니다.' 하였는데, 일 처리는 앞뒤가 안 맞았지만 말은 조리가 있었습니다. 노랑老郎은 아버지가 다른 양시돌의 아우입니다. 그 형의 살인을 아우에게 물어보는 것은 법률을 위반하는 것이므로 재삼 심문하지는 않았습니다."

○ 다산의 비평은 다음과 같다.

"이 발사에서 '주범은 양시돌로 기록하였습니다.'라고 말하지 않은 것은 도리어 격식을 위반한 것이 아니다. 그 이유는 무엇인가? 이른바 '기록한다.[懸錄]'라는 것은 시장屍帳에 기록한다는 말이다. 이 검안보고서에서 재차 기록한다고 말하는 것은 기록한 이유를 추가로 말한 것이다. 만약 사건의 내막이 명백하고 주범이 뚜렷하여 별달리 정황이나 이치를 언급할 만한 것이 없을 경우에는 곧바로 주범의 죄를 언급하고, 주범을 기록한다고는 언급하지 않더라도 격식을 위반한 것은 아니다. 감사가 이러한 발문을 보게 되면 허물을 잡지 말아야 한다."

○ 전라 감영全羅監營의 제사題詞는 다음과 같다.

"범행에 사용한 소나무 몽둥이가 남아 있고 번복할 수 없는 확실한 증언도 확보되었으니, 그로서도 구타한 것에 대해서는 변명하는 말을 해서는 안 된다. 그런데도 감히 스스로 목을 매어 죽은 것처럼 가장하고 이를 빙자하여 살아남을 생각을 하였다."

○ 주상의 판결은 다음과 같다.

"양시돌의 살인 사건은 다음과 같이 판결한다. 한설운쇠는 반드시 스스로 목을 매어 죽은 것이 아니라 분명히 목을 매어 죽은 것처럼 가장한 것이다. 그뿐만 아니라 방 안으로 시신을 옮겨 놓을 때 양시돌과 노랑이 힘을 합쳐서 옮겼으니, 이 때문에라도 종범인 노랑에게 이에 대해 한 차례 샅샅이 심문해야 한다. 그러나 검안보고서와 조사보고서에서 아예 언급조차 하지 않았던 것은 대단히 허술한 점이다.

형조의 당상이 이 점을 지적하여 말을 한 것은 참으로 일리가 있는 것이다. 전라도에 분부하여 조사한 뒤에 장계로 보고하게 하는 것이 살인 사건을 신중히 처리하는 취지에 참으로 합당하다. 게다가 《무원록》 〈조례·중독사〉에 '죽은 뒤에 목을 매달면 그 색깔이 하얗다.'라고 한 조문이 있다. 애당초 시체를 검안할 때 어찌하여 이 점을 《무원록》에 맞추어 조사하지 않았는가? 이것도 사실대로 조사하여 장계로 보고하게 하라."

11. 자살인지 타살인지를 구분하다(6)

【구타하여 죽이고서는 목을 매어 죽은 것으로 가장하여 시체를 묻었다. 사건의 근본 원인은 간음하였기 때문이며, 사망의 실제 원인은 구타를 당하였기 때문이다.】

○ 해남海南의 백성 정복남鄭卜男이 아무개[43]를 죽였다.

○ 검안보고서의 기록은 빠졌다.

○ 주상의 판결은 다음과 같다.

"정복남의 살인 사건은 다음과 같이 판결한다. 기생집에서 서로 만나 처음에는 손으로 구타하고 발로 걷어찼으며, 집의 뜰에서 다시 싸우게 되자 곧바로 또 결박하여 구타하였다. 모두 급소에 상처를 입었고, 마침내 눈 깜짝할 사이에 목숨을 잃었다. 그러자 목의 둘레에 난 상처를 시장屍帳에 조작하여 살인을 저지른 자신의 행적을 감추었으니, 그의 정상을 따져 보면 너무도 교묘하고 악랄하다.

선박을 몰래 빌려서 도피할 길을 먼저 물색하였고, 머슴을 은밀히 사주하여 시체를 버리려는 짓을 계획하였다. 그러다가 바닷물이 빠져나간 뒤에 갯벌 안에 은밀히 시체를 묻었다. 그가 세운 계획을 스스로 교묘하고 치밀하다고 생각하였겠으나, 하늘의 이치는 몹시 밝은 법이니 어떻게 감추겠는가!

더구나 정귀삼鄭貴三은 가까운 친족인데도 '정복남이 새끼줄로 묶고 범행을 저질렀습니다.' 하였고, 득이得伊는 머슴인데도 '가죽끈으로 목을 졸랐습니다.'라고 스스로 진술하였다. 이 조이李召史[44]는 어머니인데도 오

43 아무개: 《심리록審理錄》에서는 살해된 사람이 박군이朴軍伊라고 하였다.

44 조이: 소사召史의 이두식 표현이다. 소사는 양민의 아내나 과부를 이르는 말이다.

히려 '스스로 목을 맨 상처는 없었습니다. 이 사건은 밤중에 일어난 것이며, 내 아들이 거짓으로 꾸몄습니다.' 하였다. 어머니더러 아들의 죄를 증명하게 하는 것은 법률상 할 수 없는 것이지만, 두 사람의 진술만으로도 그의 간악한 계획을 숨길 수가 없으니, 증언에 대해서는 의심할 것이 없다.

가슴과 등은 피멍이 들고 단단하였으며, 둥글고 넓은 상처들이 두루 나 있었다. 목이 흰색을 띠고 있는 것은 더욱이 《무원록》〈조례·중독사中毒死〉에서 말한 대로 죽은 뒤에 목을 매어 죽은 것처럼 가장하였을 때의 증상과 전혀 차이가 없었으니, 사망의 실제 원인에 대해서도 의심할 만한 점이 없었다. 나라의 법률은 매우 준엄하니 사형을 내린 것을 용서하기 어렵다. 이러한데도 사형을 시행하지 않는다면 나라에 법률이 있다고 할 수 있겠는가! 정복남을 전처럼 신문하여 기어코 자백을 받아 내라."

○ 주상의 판결에 대한 다산의 견해: 이 판결 아래에 간통 현장에 대한 별유別諭가 있는 점으로 보아[45] 이 사건도 간음 때문에 일어난 일인 듯합니다. 범행을 저지른 뒤에 목을 매어 죽은 것처럼 가장하였을 경우에는 그 상처가 반드시 하얗습니다. 성상께서 법률 조문을 분명히 인용하여 말씀하셨으니, 죄인도 변명할 수 없을 것입니다.

12. 자살인지 타살인지를 구분하다(7)

【가짜 차인을 규합하여 구타하고 목을 졸라 죽이고서는 스스로 목을 매어 죽었다고

---

45 이 판결……보아: 이 사건은 《심리록》 제10권 〈전라도〉와 《일성록日省錄》 정조 8년 3월 19일자에 기록되어 있다. 각각 정조의 판결문 끝부분에, 간통 현장에 대한 영조英祖의 수교受敎를 거론하고, 도신道臣들이 장계로 보고할 때 자세히 갖추어서 보고하라고 지시하는 내용이 나온다.

거짓말을 하였다. 사건의 근본 원인은 홧김에 구타하였기 때문이며, 사망의 실제 원인은 목이 졸렸기 때문이다.】

○ 통진通津의 백성 장지홍張志興이 최귀만崔貴萬을 죽였다.

○ 검안보고서의 기록은 빠졌다.

○ 주상의 판결은 다음과 같다.

"최귀만과 장지홍은 원한을 맺은 지도 오래되었다. 저 장지홍이 외롭고 힘없는 처지이기는 하지만 신분은 양반이다. 그런데 '캄캄한 밤중에 담을 넘었다.'라는 말을 들었고, '대낮에 산에 올랐다.'라는 모욕까지 당하였다. 그러자 마침내 온갖 방법으로 해코지하려 마음을 먹었고 한번 분풀이할 생각을 언제나 하였다.

다만 힘없고 가난한 형편으로는 실제로 대적하여 싸울 가망이 없었다. 그러자 가난한 친족을 불러들여 마을 사람들을 위협하였고, 관창串昌 등 여러 사람을 불러내어 관아의 차인差人이라고 거짓말을 하였다. 세력을 빙자하면서 최귀만을 위협하여 문밖으로 나오게 하고, 모략을 꾸며 최귀만을 유인하여 길에 이르자, 장지홍이 힘을 다해 최귀만을 붙잡고 마음껏 구타하였다. 이는 하루아침이나 하룻저녁에 갑자기 생긴 일이 아니었다. 그러나 이 사건 기록에는 의심스러운 꼬투리가 한두 가지가 아니다.

1차 검안에서는 사망의 실제 원인을 '스스로 목을 매어 죽었다.'라고 기록하였고, 2차 검안과 4차 검안에서는 '발에 걷어차여 죽었다.'라고 기록하였으며, 3차 검안에서는 '목이 졸려 죽었다.'라고 기록하였다.

유족의 진술에서도 어떤 사람은 '결박하여 마구 구타하였습니다.' 하고, 어떤 사람은 '때리고 묶어서 숨이 막혔습니다.' 하며, 어떤 사람은 '삼끈으로 목을 묶었는데 중도에 목숨이 끊어졌습니다.' 하였다. 그렇다면 삼끈은 범행에 사용한 도구인 셈이고 목을 묶은 것은 목숨을 잃게 한 근원인 셈인데, 처음에는 분명하게 진술을 받지 않았고 마지막에는 애매모호하게 말을 하였으니, 이것은 무슨 곡절이 있는 것인가? 신문한 지 거의 몇 년이 되어 가고 보고 문서를 올린 지도 여러 차례일 뿐만이 아니지만, 살인 사건을 신중히 처리하는 방도로 볼 때 대번에 판결할 수가 없다. 장지홍을 경기에서 각별히 엄중하게 신문하여 상세히 조사한 뒤에 장계로 보고하게 하라."

○ 주상의 판결에 대한 다산의 견해: 힘없는 선비는 모욕을 당하고 사나운 백성은 서슴없이 악행을 저질렀으니, 한 차례 분풀이를 하려고 한 것은 그래도 용서해 줄 만한 일이고, 몇 년 동안 갇혀 있었던 것도 크게 징계하였다고 할 수가 있습니다. 그러므로 성상께서 대번에 판결하려고 하지 않으셨던 것입니다. 판결문의 내용을 살펴보면 그러한 의도를 알 수 있을 것입니다.

13. 자살인지 타살인지를 구분하다⑻

【추울 때에 꽁꽁 묶여 있었으므로 기절하여 죽은 것으로 의심하였다. 사건의 근본 원인은 여자를 차지하려고 다투었기 때문이며, 사망의 실제 원인은 결박을 당하였기 때문이다.】

○ 홍주洪州의 백성 유성빈劉聖賓이 정용재鄭用才를 죽였다.

○ 충청도에서 다음과 같이 아뢰었다.

"이 정용재가 목숨을 잃은 날은 결박을 당한 다음 날이고, 이른바 상처라고는 결박을 당한 상처만 뚜렷할 뿐이었습니다. 2차 검안의 시장屍帳을 작성할 때가 되어서야 처음으로 '뒤쪽 갈비뼈 부위 한 곳에 약간 단단한 기미가 있었습니다.' 하였고, 3차 검안의 시장에서도 '뒤쪽 갈비뼈 부위 한 곳에 살짝 단단한 기미가 있었습니다.' 하였습니다. 한 곳이라고 한 '일一' 자의 의미에서 그다지 명백하지 않았다는 것을 알 수 있고, '약간[微]' 또는 '살짝[乍]'이라고 한 말에서 단단한 느낌이 있는 것 같기도 하고 없는 것 같기도 하였다는 것을 알 수 있습니다.

그래서 3차례 검안 결과 사망의 실제 원인을 기록하면서도 구타를 당한 것에 대해서는 언급하지 않았고, 동일한 말로 판결하면서 결박을 당한 것에만 중점을 두었습니다. 1차 검안에서 '결박을 당하여 죽게 되었다.'라고 한 것은 본래 소홀히 한 실수가 있었고, 2차 검안에서 '기가 막혔다.[氣窒]'라고 추가하고 3차 검안에서 '기가 다하였다.[氣盡]'라고 단정한 것도 참으로 이치에 맞는 것인지 모르겠습니다. 설사 결박을 당한 초기에는 기가 막히거나 기가 다하였다고 하더라도, 결박을 풀고 난 뒤에는 어루만지고 문지르면 말을 할 수가 있습니다. 게다가 하룻밤을 지나고 나면 막혔던 기는 통하고 다했던 기도 다시 이어지는데, 어찌하여 끝내 목숨을 잃기까지 한 것입니까!

어떤 사람은 말하기를 '한겨울의 추운 날씨에 결박한 채 뜰 안에 두어 추위와 굶주림에 몹시 시달리다가 그대로 목숨을 잃게 된 것입니다.' 하였습니다. 그러나 시장을 보면 '목을 움츠리고 다리를 오므리며, 온몸이 추위로 인해 돌기가 돋고, 살빛이 진한 황색을 띠는 증상'[46]이 없었고, 더욱이 '아랫배가 움푹 들어가 있으며, 온몸이 경직되고 검은색을 띠며 여위어 있는 증상'[47]도 없었으니, 《무원록》 〈조례〉의 '얼어 죽은 경우'와 '굶주려서 죽은 경우' 조항과는 전혀 유사한 증상이 없었습니다.

대체로 정용재가 유 여인[劉女]과 인연이 맺어지기를 한결같이 염원하

46 목을……증상: 《무원록》 〈조례·동사凍死〉에 나오는 내용이다.

47 아랫배가……증상: 《무원록》 〈조례·아사餓死〉에 나오는 내용이다.

였고 온갖 방법으로 차지하려고 시도하였습니다. 설사 간음에 성공하지는 못했더라도 혼인한 아내처럼 여겼습니다. 그러다가 순조롭게 일이 진행되지 않고 자신의 힘으로 헤쳐 나갈 수 없는 상황이 되자, 유 여인은 갑자기 다른 사람의 아내가 되어 버렸고 자신은 마침내 무료한 사람이 되었습니다. 그런 이유로 정용재가 상심하고 낙담하여 잠을 자지도 못하고 밥을 먹지도 못하였습니다. 유 여인이 시집간 집에 방문榜文을 걸어 놓고서 공공연하게 떠들기도 하였고, 유 여인이 거주하는 마을에서 산에 올라가 큰소리로 외치기도 하였으니, 죽고 싶을 정도로 화가 나서 어리석은 사람이나 미친 사람처럼 행동하였습니다. 그러다가 도피하던 중에 갑자기 붙잡혔고 많은 사람들이 지켜보는 가운데 그대로 결박을 당하자, 불같이 화가 치솟고 바퀴에 가슴이 눌린 것처럼 숨을 제대로 쉬지 못하며 몸을 바르르 떨다가 숨이 막혀서 죽게 되었습니다.

유족 박 조이朴召史가 진술하기를 '정용재가 죽을 때에 여러 번 「간장肝腸이 불에 타는 것처럼 아프다.」라고 하였습니다.' 하였습니다. 만약 오로지 결박을 당한 것 때문에 오는 고통이라면 '사지가 마비된 것처럼 아프다.'라고 부르짖어도 되고, '온몸이 쑤시듯이 아프다.'라고 외쳐도 되는데, 어찌 '간장이 불에 타는 것처럼 아프다.'라고 할 필요가 있겠습니까! 변변치 않은 어리석은 신의 소견으로는 옛사람들의 '분에 겨워 죽었다.[恚死]'라는 글이 어쩌면 이에 가까울 듯하고, 검안보고서에서 '결박을 당하여 죽었다.'라고 한 말은 신뢰하지 못하겠습니다.

심지어 감영의 제사題詞에서 유독 뒤쪽 갈비뼈 부위의 약간 단단한 상처만을 지목하여 '만일 손으로 구타한 것이 아니라면 아마도 무릎으로 짓찧었기 때문일 것이다.'라고 한 것도 사망의 원인을 찾을 수 없었기 때문에 한 말이었을 것입니다. '약간 있었다.[微有]'라거나 '살짝 있었다.[乍有]'라고 한 것은 꼭 정말로 단단하지는 않았다는 말이고, '만일 ~이 아니라면[如非]'이라거나 '아마도 ~일 것이다.[必是]'라고 한 것은 모두 의문스럽다는 말입니다. 의문스러운 견해를 가지고서 확신할 수도 없는 사건을 판결한다면, 이것이 어찌 살인 사건을 신중히 심리하는 방도이겠습니까!

이른바 소나무[松木]와 고드랫돌[藁石]에 대한 말도 박 여인의 입에서 처음 나온 것이었으나, 유성빈과 대질시킬 때가 되어서는 상당히 궁색한 듯하였습니다. 소나무로 구타하는 것을 죽은 정용재가 만약 목격하였다면, 죽은 사람의 어머니도 같은 뜰에서 함께 묶여 있었는데 어찌 혼자만 보지 못했겠습니까! 고드랫돌을 유성빈이 참으로 사용하였다면, 그 돌에 부딪친 상처가 반드시 뚜렷하게 나 있어야 하는데 어찌하여 희미한 것입니까! 이것은 유성빈의 비상砒礵에 대한 말과 무엇이 다르겠습니까!

이와 같이 애매모호한 말은 깊이 따져 볼 필요가 없습니다. 다만 상처가 있는지와 사망의 실제 원인이 합당한지만을 가지고서 사리를 참고하여 죽일지 살릴지를 판결해야 합니다. 그러므로 감히 이처럼 이치를 따져 서술하고서 공손히 처분해 주시기를 기다립니다."

○ 다산의 비평은 다음과 같다.

"이 도신이 아뢴 내용은 대단히 명확하고 핵심을 짚었다. 그러나 '간장이 불에 타는 것처럼 아프다.'라는 말을 유성빈의 죄를 벗겨 주는 증거로 볼 필요는 없다. 결박을 당한 채 하룻밤을 지내고 난 뒤 기혈이 막혀 안으로 심장과 폐를 공격할 경우에도 '간장이 불에 타는 것처럼 아프다.'라고 말할 수 있다. 그러니 어찌 유독 결박을 당한 것은 빌미가 아니라고 하겠는가! 의문점이 있기 때문에 가벼운 쪽으로 처벌해야 한다고 할 수는 있겠지만, 이것을 이유로 완전히 석방하는 것은 옳지 않은 듯하다."

상형추의 4

1. 자살인지 타살인지를 구분하다(9)

【구타를 당한 뒤 술에 취하여 돌아갔으므로 넘어져서 물에 빠져 죽은 것으로 의심하였다. 사건의 근본 원인은 술에 취하였기 때문이며, 사망의 실제 원인은 물에 빠졌기 때문이다.】

○ 황주黃州의 백성 김성백金成白이 문정추文廷樞를 구타하였다.

○ 1차 검안보고서의 발사跋詞는 다음과 같다.

"두 사람이 서로 싸울 때의 광경을 빈천룡賓天龍이 목격하였는데, 그가 말하기를 '김성백이 두세 차례 구타하였습니다.' 하였고, 또 '김성백이 손에 낫자루처럼 생긴 작은 몽둥이를 쥐고 있었습니다.' 하였습니다. 안현기安玄己는 말하기를 '싸움을 말리려다가 도리어 발에 차이고 구타를 당해 기절하여 쓰러지기까지 하였으며, 그 뒤에 각자 흩어져 달아났습니다.' 하였고, 또 말하기를 '문정추가 구타를 당하고 땅에 쓰러지면서 「아이고」라고 크게 비명을 질렀으나, 이어서 곧바로 일어났기 때문에 제가 붙들고서 나왔습니다.' 하였습니다. 다른 사람 때문에 생긴 분노를 안현기에게 대신 쏟았으니, 문정추가 한없이 구타를 당하였으리라는 사실은 이를 미루어 보면 알 수 있습니다.

시체의 상처를 조사해 보니, 좌우 정강이의 피부가 벗겨지거나 다쳤는데, 그 둘레를 재어 보니 큰 것은 2치 7푼이고 작은 것은 2치 2푼이었습니다. 그러나 모두 목숨을 잃게 할 정도의 상처는 아니었습니다. 문정추가 물에 빠진 곳을 살펴보니, 녹사촌菉沙村으로 건너다니는 여울물이었으며 물의 깊이는 5자에 불과하였습니다. 구타를 당하였으나 급소 부위에 입은 상처는 없고, 물에 빠졌으나 맑고 얕은 여울물에서 일어난 사고였습니다. 사건의 정황이 이렇다 보니, 더할 나위 없이 헛갈리고 의혹이 생깁니다.

시체를 건져 냈던 문사철文師喆 등에게 시험 삼아 풀로 허수아비를 만들어 물속에 뉘어 놓아 시체를 건질 때의 모습처럼 꾸미게 하였더니, 허리 아래까지는 물속에 완전히 잠겼으나, 허리 위로는 물에 잠긴 부위가 점차 얕아져서 머리 부위는 물가의 얼음덩이 위에 드러나 있었습니다. 문사철이 말하기를 '눈 속에 머리는 파묻힌 채 옷자락만 보였기 때문에 눈을 파헤치고서 건져 냈습니다.' 하였습니다. 지금 살펴본 결과 뒤통수와 뒷머리털이 자라는 경계에는 약간 물기가 있었고, 앞머리와 얼굴은 모두 말라 있었으며, 입과 코는 물에 빠지지 않았고, 배는 부풀어 오르지 않았으니, 이치로 보아 당연한 일입니다.

안현기가 세 번째 진술에서 말하기를 '그날 저물녘에 녹사촌으로 난 길을 바라보기에 제가 누구냐고 물었더니, 「나는 문 풍헌文風憲이다. 이제 집으로 돌아가는 길이다.」라고 대답하였습니다.' 하였습니다. 이 진술을 통해서 보면, 이 당시에는 정신이 아직 혼미하지 않았던 것입니다. 그가 입고 있던 저고리와 바지는 어디로 갔는지 모르겠으나 아마도 멀리 물에 떠내려간 것 같고, 베로 지은 버선 한 짝, 행전行纏 한 짝, 가죽신 한 짝만 하류의 모래와 돌 사이에 걸려 있었습니다. 이렇게 된 이유는 문정추가 바지를 벗고 물을 건너면서 바지와 버선을 손에 쥐고 있다가, 기절하여 쓰러지면서 자신도 모르게 놓아 버렸기 때문일 것입니다.

그날 밤은 눈보라가 치고 몹시 추웠습니다. 문정추는 50살이 넘은 사람으로서, 곗술[契酒]에 잔뜩 취한 데다가 몽둥이까지 한 대 맞고서는 취기와 분한 마음이 한꺼번에 터질듯이 치밀어 오른 상태에서 캄캄한 밤중에 길을 잃고 헤매다가 마침내 전에 건너던 길목을 잊어버리고 잘못하여 상류로 건너게 되었을 것입니다. 물속에 들어서자마자 차가운 기운이 온몸으로 파고들고 술에 잔뜩 취하여 현기증이 나자, 발을 헛디뎌 넘어지면서 물에 엎어지는 바람에 그대로 즉시 죽게 되었을 것입니다.

발톱과 손톱에는 모래와 진흙이 끼어 있고 왼손과 오른손은 앞을 향해 있었으니, 이는 《무원록》 〈조례·익수사溺水死〉 '스스로 물에 빠져서 죽은 경우[自溺死]'의 조문과 합치됩니다. 그러므로 사망의 실제 원인은 '구타를 당하고서 물을 건너다가 술에 잔뜩 취하고 차가운 기운이 온몸으로 파고들자 현기증이 나서 죽게 되었다.'라고 시장屍帳에 기록하였습니다. 김성백은 피고被告로 기록하였습니다.

문정추가 김성백과는 나이 차이가 크게 나는데도 갑자기 하대를 당한 데다가【대화를 하던 중에 김성백이 문정추에게 '~하소.'라고 말한 것 같다.】 더욱이 구타를 당하기까지 하였으니, 술에 취한 데다 분한 마음이 생긴 상태에서 밤에 혼자 돌아가다가 마침내 이러한 지경에 이르렀을 것입니다. 김성백으로 말하면, 문정추가 빈천룡에게 말[馬]이 어디에 있느냐고 물은 것이 그에게 무슨 방해가 된다고 아무런 이유도 없이 화를 내어 이처럼 구타하였단 말입니까! 그의 행위를 따져 보면 대단히 흉악합니다.

시체의 양쪽 정강이에 난 수많은 상처는 검붉은 색깔을 띠고 사방에 피멍이 들어 있었으니, 이는 모두 김성백이 울타리의 나무를 꺾어서 몽둥이를 만들어 혼자 마음껏 구타하여 생긴 것입니다. 가령 한창 혈기가 왕성한 사람이 이처럼 구타를 당하였다고 하더라도 결코 몸을 움직이기가 어려웠을 터인데, 하물며 노인이야 더 말할 것이 있겠습니까! 문정추가 물가에 도달하자, 취기는 오르고 기력은 다한 데다가 추운 기운이 엄습해서 기절하여 쓰러졌던 것입니다. 그 근본 원인을 따져 보면 실제로 구타를 당하였기 때문입니다.

범행에 사용한 흉기는 찾아내지 못하였으므로 흉기의 도형圖形은 없습니다.

2차 검안할 관원은 재령 군수載寧郡守로 정하고 공문을 보내 거행하게 하소서."

○ 다산의 비평은 다음과 같다.

"명백히 밝히지 못한 채 우물우물하고 신속히 결단하지 못한 채 머뭇머뭇하기를 어찌 이렇게까지 하였단 말인가! 사망의 실제 원인을 '구타를 당하고서 물을 건너다가 술에 잔뜩 취하고 차가운 기운이 온몸으로 파고들자 현기증이 나서 죽게 되었다.'라고 하였는데, 이럴 수가 있는가! 구타를 당한 사람이 물을 건널 리가 없고,【죽을 정도로 상처를 심하게 입은 사람은 물을 건널 수가 없다.】 물을 건너는 사람이 술에 잔뜩 취했을 리가 없으며,【술에 잔뜩 취하였으면 애당초 물가에 가지 않는다.】 술에 잔뜩 취한 사람은 차가운 기운이 온몸으로 파고들 리가 없고,【술에 취한 사람은 추위를 겁내지 않는다.】 차가운 기운이 몸에 파고든 사람은 현기증이 날 리가 없다.【추위가 온몸으로 파고들면 정신이 바짝 들게 된다.】

한 차례 논박하면 한 차례 판결을 바꾸는 등 한 걸음 더 나아갈수록 변화가 심해져서, 두 번째 사안이 첫 번째 사안과 모순이 되고, 세 번째 사안이 두 번째 사안과 모순이 되며, 네 번째 사안과 다섯 번째 사안이 하나하나 모순이 되었다. 이러한 상황에서 사건을 판결한다면 사건을 올바르게 판결할 수 있겠는가!

사망의 실제 원인으로 기록한 '물을 건너다가[渡水]' 이하 8자는 문정추가 스스로 만들어 낸 재앙이고, 8자 위의 '구타를 당하고서[被打]' 2자는 김성백이 죽어야 할 죄이다. 사망의 실제 원인을 보면, 김성백의 경우에는 절반은 목숨으로 갚아야 하고 절반은 억울함을 풀어 주어야 한다. 그런데도 '김성백은 피고로 기록하였습니다.'라고 하였으니, 어찌 부당하지 않겠는가! 사망의 실제 원인이 그렇다고 한다면, 김성백은 주범 겸 피고로 기록해야지, 어찌 피고인의 신분으로만 만들 수 있겠는가! 그의 소행을 따져 보면 대단히 흉악하였는데, 어떻게 주범이 아닌 피고가 될 수 있겠는가! 상처가 검붉은 색깔을 띠고 사방에 피멍이 들었는데, 어떻게 주범이 아닌 피고가 될 수 있겠는가! 두 손에 각각 떡을 들고 있는 격이고 두 다리로 양쪽의 말에 걸터앉은 꼴이어서 이러지도 저러지도 못하니, 사건을 어찌 올바르게 판결할 수 있겠는가!

○ 《무원록》 〈조례·익수사〉 '스스로 물에 빠져서 죽은 경우[自溺死]'의 조문을 살펴보면 '싸우면서 구타하고 나서 각자 나뉘어 흩어진 뒤에 강가나 냇가로 갔다가, 방금 서로 구타를 한 뒤라서 아직도 몹시 피곤하거나 술에 잔뜩 취한 탓에 머리가 어지러워서 물에 떨어져 익사하였을 경우에는 그 시체에 구타한 상처가 있더라도 사망의 실제 원인을 「물에 떨어져서 죽게 되었다.」라고만 지정하는 것이 가장 타당하다. 구타를 당하여 급소에 상처를 입었더라도 보고기한 안에 이제 물에 떨어져서 죽은 이상 이는 구타가 아닌 다른 이유로 죽게 된 것이 분명하기 때문이다.' 하였다.

이번 사건에서 문정추의 죽음은 분명히 이 조문과 합치되니, 사망의 실제 원인을 '물에 떨어져서 죽게 되었다.'라고만 하면 되고, 더 이상 한 글자도 덧붙여서는 안 된다. 본 사건의 근본 원인은 별도로 서술해야지, '물에 떨어지게 된 것은 구타를 당하였기 때문이다.'라고 할 필요가 없다. 그 이유는 죽은 사람이 어두운 밤에 혼자 가서 자기 생각에 따라 물을 건넜으니, 그의 상처가 그다지 심하지 않았다는 것을 알 수 있기 때문이다. 그러니 또 어떻게 구타를 당한 것으로 허물을 삼겠는가!

○ 시골에서 저물녘에 돌아가는 사람들이 귀신을 만나는 것은 예사로운 일로, 몸이 물속으로 들어가고 발이 땅에서 떨어지지 않아 마침내 기절하여 쓰러져서 목숨을 잃게 되는 사건은 끊임없이 일어나는 일들이다. 이러한 말이 괴이한 것 같지만 본래 항상 있는 일이다.

이 사건은 귀신이 사람을 노려서 해친 사건은 아니지만, 귀신이 사람을 노려서 해치는 사건에 대해서도 이참에 이야기를 해 볼 수가 있겠다. 물속에서 귀신을 만나 죽은 경우에 대해서는 법률 조문에 나타나 있지는 않지만, 사악한 마귀 때문에 갑자기 죽은 경우에 대해서는 분명히 조문이 있다.【《무원록》〈조례·병환사〉'사악한 마귀 때문에 중풍에 걸려 갑자기 죽은 경우[邪魔中風卒死]'이다.】 따라서 물, 산, 길, 집에서 사악한 마귀에게 걸려 죽게 된 이상 법률 조문에는 없는 일이라고 말해서는 안 된다.

귀신을 만나 길에서 죽은 사람은 그 시체가 부드럽고 뻣뻣하지 않다. 《증수무원록增修無冤錄》〈조례·화소사火燒死〉'늙고 병들어 침상에 누워 있다가 화재가 발생하여 불에 타서 죽은 경우[因老病在牀失火燒死]'의 조항을 살펴보면, '더운 연기에 찌어 죽은 경우에는 그 시체가 부드럽고 상처가 없어, 잠을 자다가 자기도 모르게 악몽을 꾸는 사람과 유사하다.' 하였으니, 귀신 때문에 죽은 사람의 시체가 부드러운 것에 대해서는 분명히 법률 조문에 나와 있다. 다만 《증수무원록》〈조례·병환사〉'사악한 마귀 때문에 중풍에 걸려 갑자기 죽은 경우'의 조항에서는 시체의 증상을 구별해서 설명하면서도 시체가 부드럽다는 말만 없으니, 결점이 있는 법률 조문일 따름이다. 물에서 죽은 사람의 시체를 만날 때면 마귀에게 걸려서 죽은 증거를 살펴보고 시체에 부드러운 증상이 있는지를 증명해 보아야 원통한 사정을 풀어 주는 데 도움이 될 수 있을 것이다."

○ 2차 검안보고서의 발사는 다음과 같다.

"이번 사건의 시신은 구타를 당한 데다가 물에 빠지기까지 하였고, 죽은 지 거의 20일이나 되어 온몸이 모두 뻣뻣하게 얼었습니다. 그러나 정강이를 제외하고는 상처가 전혀 없었으며 배는 부풀어 오르지 않았고 손톱에는 진흙이 끼어 있었습니다. 증인들의 진술을 참고해 보면 구타를 당한 것이 명백하나, 급소에 구타를 당한 것이 아니고 더욱이 목숨을 잃을 정도의 상처를 입은 것도 아니니, 문정추가 이 때문에 죽지는 않았습니다.

만약 물에 몸을 던져 죽은 것이라면, 하류는 물이 깊은데 어찌 물이 얕은 상류에서 굳이 투신하였겠습니까! 이렇게 된 이유는 다음과 같았을 것입니다. 문정추가 처음에 모욕을 당한 데 이어서 구타를 당하기까지 하자, 취기와 분한 마음이 한꺼번에 몰려들면서 그곳으로 올 때 말을 타고 왔었다는 사실을 순간 잊어버렸고 더욱이 평상시 건너던 옛길마저 놓쳤을 것입니다. 냇물의 폭이 넓은 데다가 몸의 기력이 다 소모되어 거의 다 건널 즈음이 되어서는 차가운 기운이 속에 가득 차고 술기운이 치밀어 오르자 머리가 어지러워지면서 기절하여 쓰러지고 다시는 일어나지 못했을 것입니다.

발톱과 손톱에는 모래와 진흙이 끼어 있고 왼손과 오른손은 앞을 향해 있었으니, 이는 《무원록》 〈조례·익수사〉 '스스로 물에 빠져서 죽은 경우[自溺死]'의 조문과 딱 일치합니다. 그러므로 사망의 실제 원인은 '구타를 당하고 물을 건너다가 술에 잔뜩 취하여 머리가 어지러워지면서 죽게 되었다.'라고 기록하였습니다. 김성백은 피고로 기록하였습니다. 김성백이 노인과 젊은이를 구별할 줄도 모르고 모욕하고 구타하여 문정추가 분노를 참지 못하고 어두운 밤에 길을 나섰다가 이처럼 목숨을 잃게 하였습니다."

○ 다산의 비평은 다음과 같다.

"1차 검안과 2차 검안은 피장파장이라고 할 수 있다. 사망의 실제 원인으로 기록한 것에 몇 글자 차이가 있기는 하지만 대체는 서로 일치한다. 그런데 또 어찌하여 3차 검안을 하였단 말인가! 모두 이해할 수가 없다."

○ 3차 검안보고서의 발사는 다음과 같다.

"걸어서 냇가에 이르러서는 익숙히 건너던 여울을 잊어버리고 헤매다가 어두운 밤이 되어서는 갑자기 낯선 물길에 빠지고 말았는데, 왼쪽에는 높은 벼랑이 펼쳐져 있고 앞쪽에는 긴 내가 뻗어 있어, 물을 건너서 빠져나갈 길은 없고 물길을 거슬러서 올라가기에는 도리어 역부족이었습니다. 온몸으로 파고드는 차가운 기운은 배나 심하고 피곤한 가운데 남아 있던 기력은 냇물 속에서 저절로 다하자, 넘어져서 주저앉았다가 마침내 익사하였을 것입니다. 그러므로 사망의 실제 원인은 '술에 취하여 싸우다가 구타를 당한 뒤 물에 들어가자 현기증이 나서 죽게 되었다.'라고 기록하였습니다.

물의 깊이는 3자 3치에 불과하고,【주척周尺을 기준으로 한 것이다.】 항상 건너던 곳과의 거리는 10여 걸음에 불과하였습니다. 문정추의 가죽신은 이 벼랑의 모래밭 가에서 주웠으니, 물을 건너려다가 떨어뜨린 것입니다.【중간을 생략하였다.】 김성백은 피고로 기록하였습니다."

○ 다산의 비평은 다음과 같다.

"물의 깊이는 얕다고 하더라도 물의 너비가 거의 백 걸음이 넘는다면, 기력이 다하여 기절해서 쓰러지는 것은 괴이할 점이 없다. 1차 검안과 3차 검안에서는 모두 물의 깊이를 측량하였으면서도 물의 너비는 측량하지 않았으니, 이것도 허술히 한 일이다. 술이 깨려고 하였으나 날씨는 춥고 물은 차가웠으니, 차가운 기운에 노출되어 졸도하는 것도 일반적인 일이다. 그렇다면 이러한 이치를 서술하는 사람은 그 당시에는 술이 깨었다는 점을 언급하여야 하는데도 세 차례의 검안보고서에서는 모두 문정추가 술에 잔뜩 취하였다고 말을 하였으니, 이것도 생각이 치밀하지 못한 점이다."

○ 황해 감영黃海監營의 제사題詞는 다음과 같다.

"이 살인 사건에서 세 차례나 검안을 한 이유는, 1차와 2차 검안에서 사망의 실제 원인을 한편으로는 '구타를 당하였다.'라고 해 놓고 또 한편으로는 '물을 건너다가 현기증이 났다.'라고 하거나 '물을 건너다가 머리가 어지러워졌다.'라고 하여 애매모호하게 지정해서 문정추가 구타를 당해서 죽은 것인지 아니면 스스로 물에 빠져서 죽은 것인지를 구분할 수 없어서였다.

가슴의 상처가 난 곳은 살이 부드러웠고 정강이에 난 상처는 살갗만 겨우 다쳤을 뿐이니, 결코 이러한 상처 때문에 목숨을 잃게 될 리가 없다. 먼저 죽이고 나서 물에 던졌다고 한다면 살해한 흔적이 어찌하여 이처럼 가벼우며, 스스로 물에 몸을 던졌다고 한다면 어찌하여 이처럼 맑고 얕은 물에 투신하였겠는가? 흔적을 감출 수 있는 저 깊은 곳을 놓아두고서 노출되기 쉬운 이 얕은 여울에다 몸을 던질 리는 없는 것이다.

구타한 사람은 김성백이고 물에 빠진 사람은 문정추로, 물에 빠졌기 때문에 죽은 것이지 구타를 당했기 때문에 죽은 것이 아니라면, 김성백은 무죄가 증명되었다고 할 수 있겠다. 안씨安氏들도 그날 같이 구타를 당하여 일제히 분한 마음을 가지고 있는 사람들인데도 오히려 '문정추가 어두운 밤에 돌아갔습니다.'라는 말을 하였으니, 싸움을 마치고 돌아갔다는 것은 이를 통해서 분명히 알 수 있다.

눈이 감겨 있고 주먹을 쥐고 있는 것은 모두 스스로 물에 빠졌음을 증명해 준다. 그러나 구타한 일에 대해서도 엄중히 조사해야 하니, 현감을 그대로 합동 조사관으로 정하고 형장刑杖을 사용할 수 있는 시기가 될 때까지 기다렸다가 날짜를 약속하여 모여서 조사하라. 이 살인 사건의 핵심은 문정추가 타고 왔던 말의 내력에 달려 있다. 귀동貴同의 진술은 처음부터 끝까지 서로 어긋나고, 국빈國彬의 말은 분명 진실을 숨기고 있으니, 합동 조사할 때에 엄중히 형장을 쳐서 밝혀내라.

이 살인 사건에서 사망의 실제 원인으로 말하면, 《무원록》 〈조례·익수사〉 '스스로 물에 빠져서 죽은 경우[自溺死]'의 조문에 근거할 만한 글이 분명히 있을 뿐만 아니라, 더욱이 많은 글자로 기록하는 것에 대해서는 새로 반포한 금지 명령이 있다. 그런데 이번에 10자도 넘게 견강부회한 글은 예전에 보지 못한 것으로, 신중히 처리해야 한다는 규정을 완전히 망각하였고 의혹을 키우는 단서만 도리어 열어 주었다. 1차, 2차, 3차의 검안한 관원의 형리刑吏를 엄중히 형장을 쳐서 징계하기 위해 형장을 사용할 수 있는 시기를 기다렸다가 목에 칼을 씌워서 감영으로 올려 보내라."

○ 다산의 비평은 다음과 같다.

"정조正祖 말기에 편찬한 《증수무원록》 〈검복檢覆·시장식屍帳式〉의 부주附注에 이르기를 '앞으로는 갖가지 스스로 죽은 경우와 남에게 살해된 경우를 명확히 분별하여 상세히 기록하되, 서로 어긋나는 다른 단서가 있어 사망의 실제 원인을 지정하기가 어려우면 사유를 갖추어서 기록하고 글자 수가 많은 것은 신경 쓰지 말라.' 하였으니, 이것은 수교受教이다.

감영의 제사에서 말한 '새로 반포한 금지 명령'은 이 부주가 있기 전의 규정이었다. 그러나 글자 수가 많다고 한 것도 이른바 '구타를 당한 뒤에 치료를 하였으나 효과가 없어 죽게 되었다.[被打後將養不效致死]'처럼 많게는 6, 7자에 불과하였고, 이른바 '위협을 받아 스스로 목을 매어 죽게 되었다.[威逼自縊致死]'처럼 적게는 4, 5자에 불과하였다. 글자 수가 많다고 하더라도 정황과 이치가 명백하다면, 조정에서도 어찌 금지하겠는가! 조정에서 금지하는 것은 이러한 보고서 따위일 뿐이다.

이번 세 차례의 보고서에서는 모두 사망의 실제 원인을 기록하면서 앞쪽에 '구타를 당하였다[被打]' 2자를 기록하여 신속히 결단하지 못한 채 머뭇머뭇하고 양다리를 걸치는 것처럼 말을 하였으니, 글자 수는 더욱 많아졌고 논리는 더욱 헛갈렸다. 이것이 감영의 제사에서 폄하했던 이유이다. 그러나 이제 감영의 제사를 보면, 감사監司 자신도 올바르게 처리하지는 못한 듯하다. 《무원록》에서 말한 '스스로 물에 투신하여 빠진 경우'란 '죽은 사람이 부끄럽고 분하여 죽고 싶은 마음을 품고서 스스로 물에 빠져서 자기 몸을 죽인 경우'를 말한다. 이번의 경우에는 문정추가 술김에 물에 들어갔다가 현기증이 나서 졸도한 것이니, 스스로 물에 투신하여 빠진 경우와는 그 정황이 엄청나게 다르다. 그러니 어떻게 이것을 바르다고 하겠는가!

만일 감사를 강등하여 검안할 관원으로 삼는다고 하더라도 사망의 실제 원인을 반드시 '스스로 물에 빠져서 죽게 되었다.'라고 기록하게 될 것이다. 그렇다면 실제 원인을 놓쳤다는 점에서는 또 어찌 검안한 세 관원과 비교될 뿐이겠는가! 이러한 경우를 두고 '남을 책망하는 데는 밝다.'[48]라고 하는 것이다."

2. 자살인지 타살인지를 구분하다(10)

【남에게 떠밀려서 추락하여 죽었으나, 넘어져서 물에 빠져 죽은 것이라고 혐의를 떠넘겼다. 사건의 근본 원인은 부역에 차출되었기 때문이며, 사망의 실제 원인은 물에 빠졌기 때문이다.】

---

48 남을……밝다: 중국 송宋나라 때 범순인范純仁이 "사람이 아무리 어리석어도 남을 책망하는 데는 밝고, 아무리 총명하여도 자기를 용서하는 데는 어둡다."라고 한 말을 인용한 것이다.

○ 평산平山의 백성 김연석金延石이 김초동金草同을 죽였다.

○ 황해 감영의 제사는 다음과 같다.

"스스로 물에 빠져 죽은 경우와 남에게 떠밀려 물에 빠져서 죽은 경우는 매우 분별하기가 어려우니 《무원록》 〈조례·병환사〉에 실려 있는 '몸에 상처가 없다.'라거나 '입이 열려 있다.'라는 등의 증상만 가지고서 곧바로 남에게 떠밀려 물에 빠져서 죽은 것으로 귀결시켜서는 안 된다. 김초동으로 말하면, 마을 제방을 쌓는 부역에 나가게 된 것이 김연석이 꾸짖고 모욕하였기 때문이기는 하지만,【우리나라의 말에 제방을 쌓아 물을 막는 것을 동垌이라고 한다.】 김연석이 꾸짖고 모욕한 것이 애당초 죽을 만큼 분하고 한스러운 일은 아니었으니, 그가 스스로 물에 빠져 죽은 것은 의심할 만한 일이 아니다.

김초동이 마을 제방을 쌓는 부역에 나오지 않자, 김연석이 연일 꾸짖고 모욕을 하였다. 오랫동안 분노가 쌓였으나 그 쌓인 분노를 풀지 못하고 있다가 갑자기 김초동을 만났으니, 그 당시의 광경을 상상할 수가 있다. 칼을 잡았다면 칼로 찌르고 몽둥이를 잡았다면 몽둥이로 치는 등 무슨 짓인들 못하였겠는가! 분노가 폭발하여 두 사람의 몸이 한 덩어리로 엉겨서 구르다가 벼랑 위에서 떠밀어, 마침내 물속으로 떨어지게 하였다. 벼랑은 높이 솟아 있고 물속 깊이는 1장丈 남짓이나 되어 아무것도 움켜잡을 수가 없자 기력이 다하여 목숨을 잃었던 것이다. 이처럼 그날의 일이 눈에 선하다.

가령 김초동이 목욕을 하던 끝에 발을 헛디뎌 스스로 추락하였다면, 옆에 있던 사람들이 놀라고 황급한 마음에서라도 건져 내기에 겨를이 없어야만 할 일이다. 어찌 옆에서 팔짱을 낀 채 구경만 하고 예사로운 일처럼 여길 리가 있겠는가! 차씨車氏와 마씨馬氏 등 세 사람은 모두 이웃에 사는 자들이고 게다가 마을 제방을 쌓는 부역에 함께 나갔던 자들로서 김연석이나 김초동이나 모두에게 아무런 친밀감이나 증오심이 없었을 터인데도, '떠밀려 물에 빠져서 죽었다는 말은 본래 김연석이 스스로 실토한 것입니다.'라고 자세하게 진술하였으니, 더 이상 의심할 것이 없다. 그러나 불행하게도 김연석이 지레 죽어서 범죄의 진상이 드러나지 않아 범행을 저지른 내막을 샅샅이 밝힐 수가 없게 되었다.

관련된 사람들은 현재 김연석의 시체를 검안하는 장소에 묶여 있으니, 우선 거론하지는 않겠다. 1차 검안보고서에서는 2차 검안할 관원을 정해 달라고 요청하는 말이 없었으니, 너무도 살피지 못한 일이다. 1차 검안할 때의 형리刑吏는 잘못을 기록해 두었다가 고과考課에 반영하라."

○ 다산의 견해: 이 당시에 김초동의 친족이 김연석을 구타하여 죽였고, 김연석의 시체를 검안한 보고서의 발사跋詞가 복수 살인에 관한 조항에 수록되어 있으니 함께 참고해야 한다.[49]

○ 다산의 비평은 다음과 같다.

"스스로 물에 빠져 죽은 경우와 남에게 떠밀려 물에 빠져서 죽은 경우는 시체에 나타나는 증세가 다르다. 따라서 증거가 갖추어졌더라도 시체에 나타난 증세가 증거와 어긋나는지 또는 합치되는지에 대해 변론을 해야 한다. 이 제사에서는 《무원록》의 조문을 신뢰하지 않았는데, 그렇게 하는 것이 옳은지 모르겠다. 분별하는 법은 《무원록》의 조문에 실려 있는데, 《무원록》의 조문을 우선 배제하고서는 분별하기가 어렵다고 말하는 것이 옳은가!"

49 이……한다: 김초동金草同이 김연석에게 모욕을 당하고 물에 빠져 죽자, 김초동의 형인 김큰놈金大漢이 김연석을 구타하여 2일 만에 죽게 하였다. 이 사건은 《흠흠신서》 제8권 〈상형추의〉 10의 '복수 살인의 정상을 참작하다(3)'에 수록되어 있다.

3. 자살인지 타살인지를 구분하다(11)

【많은 사람을 불러 모아서 선비를 협박하자, 선비가 쫓기다가 물속으로 들어가 빠져 죽었다. 사건의 근본 원인은 홧김에 구타하였기 때문이며, 사망의 실제 원인은 물에 떨어졌기 때문이다.】

○ 순천順川의 백성 조계중趙戒中 등이 이양택李陽宅을 구타하였다.

○ 1차 검안보고서의 발사跋詞는 다음과 같다.

"이양택 시체의 상처는 다음과 같습니다. 앞면에는 상처가 전혀 없었고, 뒷면에는 왼쪽 등 갈비뼈에 군데군데 검붉은 색깔을 띠고 있었는데 손으로 문질러 보니 모두 단단하지는 않았습니다.

애당초 사건의 발단은 조계중의 공손하지 못한 태도에서 시작되었습니다. 과거를 보러 온 선비가 달아나고 난 뒤에는 조계중의 친동생 조도중趙道中과 사촌동생 조이중趙以中이, 조계중이 선비에게 구타를 당한 데 화가 나서 숲속 정자로 쫓아가 김인철金寅哲【또한 과거를 보러 온 선비이다.】 형제를 구타하였습니다. 그러므로 이양택은 스스로 맨 처음 소란을 일으킨 당사자로서, 나머지 해가 자신에게 미칠 것을 두려워하여 마침내 겁을 먹고 달아났습니다.

이 당시에 김세강金世江이란 사람이 다리를 고치기 위해 마을 사람과 함께 냇가에 서 있다가, 같은 동네에 사는 사람이 과거를 보러 온 선비의 무리에게 구타를 당하였다는 말을 갑자기 듣게 되었습니다. 그런데 마침 선비 한 사람이 달아나는 것을 보고서는 혼자 나서서 추격하였습니다. 이양택이 정신없이 날쌔게 달아나던 중에 느닷없이 추격하는 사람을 만나자, 갑절로 두렵고 겁이 나서 죽을지 살지는 따질 겨를도 없이 물속으로 뛰어들었습니다.

이양택을 추격한 일은 김세강이 자백을 하였으나, 이양택을 구타하여 물속으로 떠밀었다는 말은 끝까지 애매하다고 하였습니다. 그날 이 사건과 긴밀한 관계가 있는 범인으로는 김세강 이외에는 없으니, 이양택을 구타하여 물로 떠민 내막은 순순히 말로만 심문해서는 알아낼 수가 없습니다. 사망의 실제 원인은 '추격을 당하다가 물에 빠져 죽게 되었다.'라고 기록하였습니다.

소란이 일어난 것은 애당초 조계중 때문에 시작되었고, 더욱이 조도중과 조이중이 말썽을 일으켰으며, 마지막에는 김세강의 추격 때문에 이처럼 이양택이 물에 빠져 죽는 일이 있게 되었습니다. 그러니 김세강은 이 사건과 긴밀한 관계가 있는 범인이라는 혐의를 면하기 어려우며, 세 조씨趙氏의 범행도 엄중히 처리해야 합니다."

○ 다산의 견해: 이 발사에서는 아무개가 주범이고 아무개가 피고인지를 말하지 않았기 때문에 지금 살필 수가 없다.

○ 2차 검안보고서의 발사는 다음과 같다.

"사망의 실제 원인은 '구타를 당하고 물속으로 뛰어들었다가 빠져서 죽게 되었다.'라고 기록하였습니다. 조계중은 아우들과 함께 떼를 지어서 김인철 형제를 구타하였으니, 구타하던 손길이 유독 이양택에게만 미치지 않았겠습니까! 김세강으로 말하면, 그로서는 이양택과 아무런 감정도 없었으나 이웃에 사는 사람의 도리로 그를 추격하였다가 물속으로 뛰어들어서 목숨을 잃게 하였으니, 그 마음을 헤아리기가 몹시 어렵습니다. 그뿐만 아니라 시체의 상처가 모두 뒷면에 나 있으니 뒤에서 추격하다가 구타하였다는 것은 불을 보듯이 명확합니다.

그들의 범행을 따져 보면, 김세강이 으뜸이고 조계중이 그다음입니다.

그러므로 주범은 김세강으로 기록하고, 종범은 조계중으로 기록하였습니다. 조도중과 조이중은 마을 사람들을 불러 모아서 과거를 보러 온 선비를 마구 구타하여 끝내 목숨을 잃게 하였으니, 이들도 흉악합니다. 다만 조이중은 도망하여 아직 체포하지 못하였습니다."

○ 다산의 비평은 다음과 같다.

"사망의 실제 원인을 '구타를 당하고 그에 더하여 물속으로 뛰어들어 빠져서 죽게 되었다.'라고 하였으면, 김세강은 주범 겸 피고인데도 주범이라고만 하였으니, 또한 원통하지 않겠는가! 게다가 투닉投溺이란 말은 남에게 떠밀려 물에 빠진 것을 말하는데, 지금 이 사건에서는 스스로 물속으로 뛰어든 것을 투닉이라고 하였으니, 이것도 오류이다."

○ 전라 감영全羅監營의 제사題詞는 다음과 같다.

"추격을 당하였건 구타를 당하였건 이양택이 죽게 된 것은 실제로 조계중과 김세강 때문이었다. 김세강이 진술하기를 '큰 소리로 고함을 지르면서 빠르게 추격하자 그 사람이 스스로 물속으로 뛰어들었고 이어서 물에 떠내려갔습니다. 그래서 바라보다가 돌아왔습니다.' 하였다. 아! 이게 무슨 말인가! 사람이 물에 빠진 것을 보면 기어이 건져 내려고 함이 사람들의 일반적인 마음이다. 그런데 지금 김세강이 처음에 이양택을 추격해 놓고서는 건져 주지도 않았으니, 주범의 죄목을 그가 어떻게 감히 피하겠는가!

시체의 등과 좌우 옆구리에 난 상처가 단단하였으니, 이처럼 범행을 저질러 구타한 것이 어찌 조도중과 조이중의 소행이 아니겠는가! 그러나 금방 목숨을 잃을 수도 있는 급박한 상황에서 만약 물속에 빠지지 않았다면 어떻게 이런 지경이 되었겠는가! 이것은 김세강의 죄이다.

조이중은 즉시 추적하여 체포하라. 김세강, 조계중, 조도중은 우선 엄중히 한 차례 형장을 치고 진술을 받아 첩정牒呈으로 보고하라."

○ 다산의 비평은 다음과 같다.

"꿈속에서 꿈을 이야기한 것처럼 허망하기로는 이 사건의 문서보다 심한 것이 없다. 1차 검안보고서가 하나의 꿈 이야기이고, 2차 검안보고서도 하나의 꿈 이야기이며, 감영의 제사도 하나의 큰 꿈 이야기이다.

검안보고서에서 볼 것이라고는 사망의 실제 원인에 대해 기록한 한 구절뿐이다. 사망의 실제 원인이 다른 사람 때문이면 주범이 있고, 사망의 실제 원인이 자기 때문이면 피고가 있다. 이것이 검안보고서를 작성하는 근본적인 원칙이다. 열 사람이 같이 범행을 저질렀더라도 앞장선 자와 뒤따른 자를 구별하여 주범을 정하고, 다른 사람과 내가 같이 살해하였더라도 범행의 정도를 구별하여 조종한 자를 정한다. 이것이 검안보고서를 작성하는 근본적인 원칙이다.

이 세 가지 꿈 이야기와 같은 문서들을 보면, 세 명의 사나운 조가趙哥들은 무당집의 형제마냥 날뛰었고, 한마디 소리를 지른 김가金哥는 놀이마당의 꼭두각시처럼 불쑥 튀어나왔다. 두려움을 느낀 단서가 본래 다른 사람에게서 시작되었더라도 죽게 된 실제 원인은 전적으로 자기 때문이었으니, 누가 주인이고 누가 손님인지는 분별하기가 어렵지 않다.

《무원록》〈조례·익수사〉 '스스로 물에 빠져서 죽은 경우[自溺死]'의 조항을 살펴보면, '싸우던 사람들이 각자 나뉘어 흩어지고 나서 물에 떨어져 익사하였을 경우에는 그 시체에 구타한 상처가 있더라도 더 이상 그 상처를 목숨을 잃게 한 상처로 지정해서는 안 되고, 사망의 실제 원인은 「물에 떨어져서 죽게 되었다.」라고만 지정하는 것이 가장 타당하다. 구타를 당하여 급소에 상처를 입었더라도 보고기한 안에 이제 물에 떨어져서 죽은 이상 이 일은 구타가 아닌 다른 이유로 죽게 된 것이 분명하기 때문이다.' 하였다.

이것을 통해서 보면, 설사 이양택의 시체에 갈비뼈가 부러지고 뒤통수가 깨지는 등 빨리 죽을 수 있는 상처가 있더라도, 그는 목숨이 끊어지기 전에 물에 빠졌으므로 사망의 실제 원인은 '물에 떨어져서 죽게 되었다.[落水致死]'라고만 기록하면 되고, 그 앞에다가 '구타를 당하였다.[被打]'라고 2자를 추가로 기록해서는 안 된다. 하물며 시체에 난 상처라고 하는 것도 좌우 옆구리 부근의 부드럽고 희미한 상처에 불과하니 더 말할 것이 있겠는가!

《무원록》의 조문으로 헤아려 보면, 구타를 당하여 심각한 상처를 입은 사람이 오시午時에 죽었으나 그 전인 사시巳時에 물에 투신하였을 경우에도 사망의 실제 원인은 '스스로 물에 빠져서 죽게 되었다.'라고 기록해야 한다. 그 이유는 무엇인가? 그의 목숨이 끊어진 이유가 실제로 물에 빠졌기 때문이지 구타를 당했기 때문은 아니라서 그렇다. 사망의 실제 원인은 스스로 물에 빠졌기 때문으로 결론지었더라도, 모질게 구타를 당하여 입은 상처가 분명히 반드시 죽게 되는 부위이면, 그의 범죄를 논의하여 죽이거나 정배定配해도 안 될 것이 없다. 그러니 어찌 범인이 죄를 저질렀다는 이유만으로 이 사망의 실제 원인이 다른 사유 때문이라는 것을 외면할 필요가 있겠는가!

더구나 증인으로 말을 하더라도, 조계중은 구타를 당했지 남을 구타한 사람이 아니고, 조도중과 조이중은 김인철 형제를 구타했지 이양택을 구타한 사람이 아니다. 따라서 이 살인 사건에서 세 조씨는 해당 사항이 없는 사람들이다. 김세강으로 말을 하더라도, 이양택을 쫓아가서 등 뒤를 구타하였으면 손찌검을 할 때의 형세로 볼 때 그 상처가 오른쪽 옆구리에 나야 한다. 그런데 이번 사건에서 이양택의 시체에는 왼쪽 옆구리에도 상처가 나 있었으니, 이 상처들이 어찌 모두 김세강의 구타에 의해서 생긴 것이라고 하겠는가! 더욱이 그 옆구리의 상처가 참으로 목숨을 잃게 한 원인이 되었다면 그 자리에서 쓰러지는 것이 당연한 이치인데 도리어 한길로 도망쳤다. 그 상처가 심각하지 않았다는 것을 알 수 있다.

대체로 맨 먼저 조계중을 구타한 사람은 이양택이었다. 그가 심하게 구타하였기 때문에 상당히 겁을 먹었고, 상당히 겁을 먹었기 때문에 재빠르게 달아났던 것이다. 마치 외길로 쫓기는 사슴이 그늘을 가릴 겨를이 없는 것과 같았고, 스스로 품은 의구심과 두려움은 모두 위협적인 상황을 조성하기에 충분하였다. 이러한 때에 김세강까지도 고함을 질러 곧장 이양택을 혼비백산하게 하였으니, 그 당시 상황에서는 불이 있으면 불로 뛰어들고 물이 있으면 물로 뛰어들 수밖에 없었다. 이양택의 본래 의도는 그래도 헤엄을 쳐서 물을 건너려는 것이었지만, 그의 둔한 몸은 결국 물에 빠지고야 말았다. 이것은 참으로 추격을 당하는 사람의 정경이었다.

이것은 또 위협과 핍박을 당한 뒤 슬픔과 원통함이 속에 가득차서 아침부터 밤까지 자신의 몸을 물에 던지려고 생각하던 사람과는 그 정황이 유사하지 않다. 그런데도 지금 만약 위협하여 사람을 죽인 죄를 김세강에게 적용한다면, 이것도 정황에 맞는 판결은 아니다. 길에서 일을 보고 있던 사람이, 앞에는 달아나는 사람이 있고 등 뒤에는 소리치며 붙잡으려는 사람이 있으면, 달아나는 사람을 붙잡아야 법에 맞다. 그 이유는 무엇인가? 잽싸게 달아나는 사람은 도둑이 아니면 간음한 사람이고 간음한 사람이 아니면 살인을 저지른 사람이니, 옳고 그름을 떠나서 가로막고 추격하여 기어이 붙잡아서 넘겨주려고 해야 한다. 이것이 우리들의 일반적인 상식이고 시골 마을의 관습이니, 어찌 의도적으로 위협한 사람과 비교하여 동일시할 수 있겠는가!

물에 빠진 것을 보고도 구원해 주지 않은 것을 김세강의 죄로 삼았으나, 김세강의 생각은 달랐다. '저 이양택이 물에 빠진 것은 나 김세강이 추격했기 때문이고 보면 내가 건져 주려는 진심이 있어도 그의 마음에 신뢰를 주기는 어려울 터이니, 내가 쫓아가면 그의 마음은 더욱 다급해지겠지만 내가 버려두고 돌아가면 그의 마음은 다소 느긋해질 것이다.' 이것이 김세강이 구해 주지 않고 돌아갔던 이유이다. 본래 나의 원수도 아니고 나의 친족도 아닌데, 이러한 상황에서 구해 주려고 하면 도리어 서로 싸워 아수라장이 된 모습만 보여 줄 것이고, 그를 따라 물속으로 들어가면 물에 빠져 죽는 재앙을 면하기 어려울 것이므로, 서글픈 마음으로 벼랑에서 돌아오고 흘러가는 물을 따라 죽지 못했다. 그러니 이것도 용서해 주어야 하는 한 가지 단서이다.

한마디로 말하면 '이 살인 사건은 김세강을 피고로 삼되 김세강에 대해서도 목숨으로 보상하는 법을 적용하지 말아야 한다.'라고 할 수 있다. 그 이유는 무엇인가? 이양택으로서는 김세강에게 붙잡히면 살 수 있는 길이 있지만, 물속으로 뛰어드는 것은 반드시 죽게 되는 상황이었다. 그런데도 그가 이쪽 길을 피하고 저쪽 길을 선택한 것은 김세강이 생각할 수 있는 일이 아니었기 때문이다.

조계중과 조도중에 대해서는 사건과 관련된 증인이라고 하면 맞지만, 종범이라고 하는 것은 맞지 않다. 그러니 감영의 제사는 큰 꿈 이야기가 아니겠는가!"

○ 주상의 판결은 다음과 같다.

"조계중의 살인 사건은 다음과 같이 판결한다. 해가 아홉 차례나 바뀌고 주범과 종범이 네 차례나 변경되었으니, 의문점이 있는 사건이라고 해도 안 될 것이 없다. 그러나 마지막에 행한 조사는 공정했을 뿐만 아니라, 집안의 공범들도 웃어른에 대해서만 처벌하면 된다. 그러니 형조가 아뢰기를 '한 사람이 소란을 일으켜서 세 사람이 목숨을 잃게 되었으니, 대뜸 가볍게 처벌하기는 어렵습니다.' 하였으니, 참으로 타당한 말이기도 하다. 조계중을 우선 전처럼 합동으로 조사하게 하라."

○ 주상의 판결에 대한 다산의 견해: '한 사람이 소란을 일으켜서 세 사람이 목숨을 잃게 되었다.'라고 한 말은 아마도 이양택의 아내와 아들이 자살한 일이 있었기 때문인 것 같습니다. 조계중을 도로 주범으로 정한 것은 아마도 전라 감사가 조사하여 보고한 내용 중에 별도의 단서가 있었기 때문인 듯하나, 지금으로서는 살펴볼 수가 없습니다.

4. 자살인지 타살인지를 구분하다(12)

【구타하여 상처를 입혀 죽게 하였으나, 살해한 흔적을 감추려고 시체를 못에 던졌다. 사건의 근본 원인은 술김에 싸웠기 때문이며, 사망의 실제 원인은 구타를 당하였기 때문이다.】

○ 남포藍浦의 백성 김응종金應宗이 김치옥金致玉을 죽였다.

○ 1차 검안보고서의 발사는 다음과 같다.

"이번 사건에서 시신을 건져 내기까지 5일을 넘기지 않았고 날씨까지도 몹시 추웠기 때문에 시체를 널에 안치하고 빈소殯所를 차리는 동안에 아직 색깔이 변한 일이 없었고 얼굴에 약간 불그스레한 자국이 희미하게 나 있어 마치 반쯤 술에 취한 듯한 모습이었습니다. 시체의 수많은 상처를 살펴보면 모두 생전에 구타를 당해서 생긴 것이었습니다. 콧마루가 희미하게 푸른색을 띤 것, 인중의 수염 속에 피가 말라붙은 것, 왼쪽 빰에 피멍이 든 것, 오른쪽 뺨이 검붉은 색을 띤 것, 항문이 튀어나온 것 등은 분명히 짓눌려서 죽은 증거입니다.

기氣가 위아래로 치받은 흔적이 뚜렷하지만, 코에는 피가 없었고 입에는 침이 없었으며, 두 곳의 구멍에는 대변과 소변을 본 흔적이 없었습니다. 이것은 깊은 못에 시체를 던져 놓아 여러 날 동안 씻겼기 때문이므로 그런 것을 괴이하게 여길 필요가 없습니다. 배는 전혀 부풀어 오르지 않았고, 손톱에는 모두 모래와 진흙이 없었으며, 더욱이 결박한 곳에 피멍의 흔적도 없었으니, 죽고 난 뒤에 시체를 물에 던진 사실은 의심할 것 없이 명백합니다. 그러므로 사망의 실제 원인은 '구타를 당하고 짓눌려서 죽게 되었다.'라고 기록하였습니다.

살해당한 현장에는 부자父子나 형제 등의 친족이 없었고 시체를 못에 던질 때에도 목격한 사람마저 없었습니다. 따라서 주범을 지정하는 것이 헛갈리는 듯합니다. 그러나 김치옥이 살던 토담집은 산 아래에 있고 그 북쪽으로 10여 걸음 떨어진 곳에 김응종의 초가집만 있습니다. 더 이상 다른 사람은 없이 두 집이 서로 나란히 계곡을 사이에 두고 서로 바라보고 있고, 활 세 바탕의 거리에 비로소 마을이 있어 큰 소리로 불러야 서로 들릴 수 있습니다. 남쪽으로 용추龍湫까지는 5리에 불과하며, 경유하는 길가에는 다른 사람의 집이 없습니다. 이른바 용추를 바느질자로 재어 보니, 길이가 141자이고, 너비가 47자이며, 깊이가 5자인데, 산비탈 아래에 있고 그 옆에는 사람 사는 집이 없습니다.

김치옥이 본래 술주정뱅이로서 김응종과 자주 말다툼을 한 사실은 김응종 형제가 진술한 것입니다. 지난 섣달그믐 밤에 김치옥이 술에 잔뜩 취하여 몹시 끔찍하게 술주정을 부리며 모욕을 해 대자, 김응종의 어머니가 그 모욕을 견디지 못하고 심지어 통곡을 하기까지 하였습니다.

그리하여 김응종 형제가 죽음을 각오하고 싸움을 벌여 초저녁부터 시작하여 한밤중까지 서로 고함을 지르면서 밀고 당기며 서로 싸웠습니다. 당시는 사람 소리가 없이 고요하였으므로 계곡을 사이에 두고 떨어져 사는 마을 사람들도 모두 싸우는 소리를 들었습니다. 그러니 김응종 형제가 힘을 합쳐 범행을 저지른 것은 물어보지 않아도 알 수 있습니다.

김치옥의 옷과 갓을 빼앗아 길가에 버려두어 호랑이에게 물려 죽은 것처럼 가장하였으나 제 꾀에 넘어간 꼴이니 어느 누가 그것을 믿겠습니까! 이웃과 동네가 야단이 나서 두루 다니면서 김치옥을 찾았으나, 그들 형제만 누워 있으면서 나오지 않았습니다. 정월 초하루에 사람들은 모두 옷을 잘 차려입고서 묘소를 찾아 성묘하고 친척을 찾아 세배하였으나, 그들 형제만 쿨쿨 낮잠을 자면서 정신을 차리지 못하였으니, 도대체 그들만 무슨 까닭입니까? 한밤중에 범행을 저지르고 5리나 떨어진 용추에 시체를 던지느라 기력이 다하여 잠이 든 것이니, 그 행적을 숨길 수 없습니다. 김응종은 주범으로 정하고 김종갑金宗甲은 종범으로 정하였습니다.

그들이 만약 당당하다면 한집안 세 사람의 진술이 반드시 일치되어야 하는데도 김응종 부부 및 김명갑金明甲의 진술이 각각 다르고 실토할 듯 말 듯 하였습니다. 김응종의 아내 김 조이金召史의 경우에는 아내로서 남편의 죄를 증명하게 하는 것이 온당하지 못하다고는 하지만, 진실을 조사하여 밝히는 것이 급하여 일반적인 관례에 구애받을 수 없었으므로 마지못해 심문하였습니다. 유족 김양재金陽才와 여광옥呂光玉은 끄떡도 않고 태연히 지내면서 즉시 관아에 고소하지 않았습니다. 이는 풍속의 교화와 관계되므로 엄중하게 다스려서 징계해야 합니다."

○ 2차 검안보고서의 발사는 다음과 같다.

"위에서 짓누를 때에 달리 목격한 증인이 없었고 눈과 뺨도 급소이고 보면, 목숨을 잃게 된 근본 원인이 구타를 당했기 때문이라는 것은 환하게 명백합니다. 그러므로 사망의 실제 원인은 '구타를 당하여 죽게 되었다.'라고 기록하였습니다.

몸을 굽혀서 결박하여 마치 돼지를 짊어지고 가는 것처럼 꾸몄고, 옷과 갓을 길가에 버려서 호랑이를 만나 죽은 상황처럼 가장하였습니다. 설날의 대낮에 곤하게 잠이 든 일을 통해 밤새도록 잠을 자지 못했다는 것을 알 수 있으니, 그들이 범행을 저질렀다는 것은 말하지 않아도 알 수 있습니다. 주범은 김응종으로 기록하였고, 종범은 김명갑으로 써넣었습니다. 김응종의 아내 김 조이는 아내로서 남편의 죄를 증명하게 하는 것이 아무래도 온당하지 못한 일일 뿐만 아니라, 엄중히 형장을 치고 샅샅이 묻는 경우가 아니고서는 반드시 자백을 받아 내기가 어렵기 때문에 심문할 수가 없습니다."【나머지는 1차 검안보고서와 같다.】

○ 다산의 비평은 다음과 같다.

"1차 검안보고서에서 '짓눌려서 죽게 되었다.'라고 했던 것은 증명할 물증도 없는 데다가 시체의 증상도 명확하지 않았지만, 그 상처가 모두 심각하지 않았기 때문에 이치로 미루어 '짓눌려서 죽게 되었다.'라고 말했을 뿐이다. 이것은 견강부회한다는 혐의가 있었기 때문에 2차 검안보고서에서는 '짓눌려서[壓塞]'라는 2자를 삭제하였다. 그러나 1차 검안한 관원과 2차 검안한 관원이 서로 검안 결과를 누설하지 못하도록 금지한 법률이 매우 준엄하다. 지금 '짓눌려서'라는 2자에 대해서는 본래 증명할 물증이 없는데도 2차 검안한 관원은 어찌하여 '위에서 짓누를 때 달리 목격한 증인이 없습니다.'라고 말하였는가! 1차 검안보고서를 훔쳐서 보았다는 것이 불을 보듯이 명확하다. 이는 허술한 점이다."

○ 주상의 판결은 다음과 같다.

“옆집에 나란히 거주하는 사람이라고는 김응종뿐이었고, 밤을 틈타 싸운 사람도 김응종뿐이었다. 대낮에 한가로이 잠을 자서 미리 스스로 혐의를 피하려고 하였으나, 모두 이웃과 마을의 의심을 받았고 혐의스러운 행적을 면하지 못하였다. 그러니 이 살인 사건의 주범은 그가 아니면 누구란 말인가! 그러나 김치옥이 평상시 실성한 사람이라는 사실은 그가 익숙히 알고 있었다. 더구나 9촌의 친족으로서 한 구역 안에서 같이 살고 있었으니, 서로 친근하고 정이 두텁기로는 일반 사람과 비교할 바가 아니었을 것이다. 그런데 술 취한 뒤에 한 차례 광란을 벌인 일 때문에 밤중에 살해하기까지 하였으니, 일반적인 상식으로 헤아려 보면 아무래도 이치에 맞지 않는다.

따라서 근거할 만한 공정한 증거와 지적할 만한 범죄의 진상을 반드시 찾아낸 뒤에야 사건의 내막에 대해서 의혹을 품을 우려가 없고 범인으로서도 원통해할 실마리가 없을 것이다. 김응종과 김명갑 등은 감사가 가을에 고을을 순찰할 때 직접 담당하여 상세히 조사해서 진실을 밝혀낸 뒤에 장계로 보고하라.”

5. 자살인지 타살인지를 구분하다(13)

【산비탈에서 쫓기다가 구렁텅이로 미끄러져 떨어졌다. 사건의 근본 원인은 묏자리를 다투었기 때문이며, 사망의 실제 원인은 목이 부러졌기 때문이다.】

○ 고양高陽의 백성 이기종李起宗 등이 이경구李景耉를 죽였다.

○ 2차 검안보고서의 발사跋詞는 다음과 같다.

“이경구의 시체에는 등과 귀밑에 수많은 상처가 나 있었으나, 대부분

자질구레하여 모두 목숨을 잃게 할 정도의 상처는 아니었습니다. 다만 목이 주저앉고 부드러운 것이 가장 이상한 점입니다. 목이 마치 뼈가 없는 것처럼 좌우로 기울었는데, 목을 붙잡아서 일으키고 손으로 흔들어 보니 마치 어금니를 꽉 깨무는 것처럼 은은하게 소리가 났습니다. 이것은 목뼈가 부러지는 상처를 입고 즉시 목숨을 잃었다는 명확한 증거입니다. 그러므로 사망의 실제 원인은 '목이 부러져서 죽게 되었다.'라고 기록하였습니다.

시체가 있던 곳은 산 아래의 평지로, 산 위와의 거리가 90보였습니다. 그 땅의 형세를 가지고서 그 당시의 광경을 상상해 보면 이러하였습니다. 어두운 밤중에 앞에서 도망가는 사람은 구타를 피하여 산비탈을 달려 내려가고, 뒤에 오는 사람은 도망가는 사람을 추격하여 이곳까지 와서 머리채를 휘어잡기도 하고 구타하기도 하여 목이 부러지게 되었을 것입니다.

그런데 범인들의 진술 내용을 보면 오로지 숨기기에만 급급하였고, 피해자 쪽에서 말한 바도 확실하게 지적한 것이 없었으므로, 반복해서 샅샅이 심문하였으나 주범을 지정하기가 어렵습니다. 다만 사리로 미루어 보면, 악랄하게 미쳐 날뛴 이기종이 가장 악행을 저지른 자입니다. 관棺을 내리치면서 옮기려고 하였고 그 자리를 떠났다가 다시 왔으니, 거리끼지 않고 마음껏 살인하였으리라는 것을 여기에서 알 수 있습니다. 그뿐만 아니라 이기종이 이틀 밤이나 분주히 돌아다니며 선동하여 무리를 불러 모은 사실에 대해서는 그 자신이 구두 진술을 통해 명백히 밝혔고, 이기종이 많은 사람 중에서도 떨치고 일어나서 몽둥이를 메고 앞장선 사실에 대해서는 순림舜霖이 상세하게 목격하였습니다.

이경구가 죽게 된 것은 이기종의 땅에다가 묏자리를 쓰려다가 많은 사람들에게 두들겨 맞았기 때문이고, 많은 사람들이 묏자리를 쓰려는 이경구를 두들겨 패서 내쫓았던 것은 실제로 이기종이 앞장서서 선동하였기 때문이니, 주범을 지정하려면 앞장서서 선동하였던 사람을 주범으로 정해야 합니다. 그러므로 주범은 이기종으로 기록하였습니다. 이대성李大成과 이진영李鎭英 이하 12명은 겉으로 드러난 행적으로 볼 때 범행을 저지른 정도의 차이는 있지만, 그 당시 상황으로 볼 때 똑같이 덩달아 참여했던 사람들이므로, 모두 종범으로 기록하였습니다."

○ 경기 감영京畿監營의 관문關文 내용은 다음과 같다.

"이경구의 살인 사건으로 말하면, 한 사람이 목숨을 잃었는데 다섯 명의 죄수를 고문하는 것은 사건을 신중히 심리하고 죄수를 불쌍히 여기는 방도가 참으로 아니다. 그중에서도 이대성, 이진영, 이인벽李仁碧은 반년 동안이나 판결을 받지 못한 채 감옥에 갇혀서 여러 차례 고문을 받았으니, 그것만으로도 그들의 죄를 징계할 만하다. 모두 특별히 풀어 주라."

○ 경기京畿에서 심리하여 다음과 같이 아뢰었다.

"이 살인 사건의 의문점은 사실상 범죄의 진상을 파악하지 못한 채 주범을 억지로 확정한 것에 있습니다. 온 마을 사람들이 일제히 나서고 많은 사람들이 한목소리를 내어 캄캄한 밤중에 다급히 쫓아내면서 몽둥이로 마구 내리쳤으니, 참으로 속담에서 말한 '뭇 장님의 지팡이질'이라고 하겠습니다. 그러니 누가 먼저 범행을 시작하였는지 어떻게 알겠습니까!

유족의 진술을 참고해 보아도 명확한 증거를 제시할 수가 없고, 여러 사람의 진술을 참고해 보아도 실제 범인을 지적할 수가 없습니다. 그러고 보면 뮛자리를 쓰려는 이경구를 우두머리가 되어 두들겨 패서 내쫓은 사람이 이기종이기는 하지만, 앞장서서 선동하였다는 이유만으로 곧장 주범으로 몰아가는 것은 아무래도 억지 판결에 가까우니 신중히 판결하는 취지에 흠이 됩니다.

이번 사건의 검안보고서에 기록되어 있는 '바위 벼랑에서 넘어져 떨어졌습니다.'라고 한 이득종李得宗의 말은 믿을 만한 말은 아니었지만, 의문이 없을 수도 없었습니다. 그래서 신이 고양을 지나가던 길에 이경구가 사망하게 된 곳을 낱낱이 살펴보니, 산비탈은 험하고 높았으며 바위 벼랑은 깎아지른 듯하였는데, 애당초 시신은 그 가운데 쓰러져 있었습니다. 이러한 땅의 형세를 살펴보고 그 당시의 광경을 상상해 보면 이러하였습니다. 이경구가 몽둥이질을 피하려고 탈출하여 달아나느라 구렁텅이와 낭떠러지 계곡을 분명히 구별할 겨를이 없었으니, 반드시 넘어져서 부딪칠 수밖에 없는 상황이었을 것입니다. 당시는 칠흑 같은 밤이라 눈앞도 분별하기 어려웠으므로 자기도 모르는 사이에 넘어져서 바위 벼랑 아래로 추락하는 것은 실제로 이상한 일이 아닙니다.

상처로 말을 하더라도, 옆구리의 다친 흔적과 귓바퀴의 살갗이 벗겨진 것은 모두 즉시 목숨을 잃게 할 상처는 아닙니다. 게다가 목 부위에는 외상의 흔적이 전혀 없고 살빛도 여전하였으니, 이경구의 목이 부러진 이유가 넘어져서 다쳤기 때문이 아니라고 어떻게 확신하겠습니까! 머리채를 휘어잡고서 끌고 다녔다고 하였으나 애당초 명확한 증언이 없었고, 구타를 당한 것으로 귀결시켰으나 확실한 증거도 없었습니다. 그렇다면 이경구가 죽게 된 실제 원인은 목이 부러졌기 때문이라고 하더라도, 목이 부러지게 된 원인은 알 수가 없습니다.

가령 구타를 당하거나 머리채를 휘어잡혔다고 하더라도, 당시에 이경구를 구타하여 내쫓았던 사람이 이기종 한 사람만이 아니었고 보면, 누구의 손에 의해 상처를 입게 되었는지를 어떻게 구별하겠습니까! 일반적으로 살인 사건은 조금이라도 의문점이 있으면 대번에 판결해서는 안 됩니다. 하물며 이러한 사건은 더 말할 것이 있겠습니까! '죄가 의심스러울 경우[罪疑]'[50]라는 2자야말로 이런 경우를 대비하여 말한 것입니다. 신이 문서를 반복해서 살펴보고 밤낮으로 생각해 보았으나, 남의 땅에 묏자리를 쓰려는 사람을 두들겨 패서 내쫓는 데 앞장서서 선동하였다는 이유만으로 살인 사건의 주범으로 귀결시키는 것은 사건을 자세히 심리하는 방도가 아닌 듯합니다."

○ 다산의 의견은 다음과 같다.

"도신道臣이 제기한 의문은 일리가 있는 것 같기는 하지만, 바위 벼랑에서 넘어져 추락하였다고 하였으면 시장屍帳에서 실제 증거를 찾아야 한다. 《증수무원록》〈조례·전사질사攧死跌死〉의 조문에서 다음과 같이 말하였다. '스스로 떨어진 사람은 무게 중심이 하체에 있기 때문에 대부분 넓적다리와 팔에 상처를 입는다. 남에게 떠밀려서 떨어진 사람은 무게 중심이 상체에 있기 때문에 대부분 머리와 두 손회목에 상처를 입는다.' 참으로 스스로 떨어진 사람은 반드시 본능적으로 자신을 보호하기 때문에 하체가 먼저 떨어지고, 남에게 떠밀려서 떨어진 사람은 생각지도 못한 상황에서 발생한 일이기 때문에 상체가 먼저 거꾸러지게 되니, 그럴 수밖에 없는 상황이 그렇게 만드는 것이다.

이 살인 사건의 시장에서 지목한 상처들은 모두 등과 귀밑에 나 있으나, 사망의 실제 원인은 목뼈가 부러졌기 때문이다. 《증수무원록》에서 말한 '넓적다리와 팔'에는 모두 다친 흔적이 없었으니, 이기종이 벼랑에서 떨어졌다고 하더라도 반드시 스스로 떨어진 것은 아니라는 이야기이

50 죄가 의심스러울 경우[罪疑]: 《서경》〈우서虞書·대우모大禹謨〉에서 "죄가 의심스러울 경우에는 가볍게 처벌한다."라고 한 말을 인용한 것이다.

다. 그런데 어찌 가벼운 쪽으로 처벌해야 한다는 의견을 지레 제시할 수 있겠는가! 설사 이경구가 스스로 떨어졌다고 하더라도, 또 자살하려는 의도를 가지고서 자기 몸을 스스로 추락시킨 사람과는 그 정황이 다르다.

그 이유는 무엇인가? 이경구가 등 뒤에서는 고함 소리가 크게 일어나고 다리 아래에는 험하고 가파른 비탈길이 펼쳐져 있었는데, 날아오는 총알처럼 내쫓기고 호랑이를 피하는 것처럼 도망가는 처지에서 불을 만나면 불속으로 뛰어들고 물을 만나면 물속으로 뛰어들 상황이었다. 그리하여 칠흑 같은 어두운 밤에 다급히 달아나다가 마침내 구렁텅이로 떨어지게 되었던 것이다. 이는 이경구가 내쫓겨서 떨어진 것이지 스스로 떨어진 것이 아니었다. 적병賊兵이 내쫓기다가 구렁텅이로 떨어졌다면 주장主將에게 공이 돌아가지만, 양민良民이 내쫓기다가 구렁텅이로 떨어졌다면 앞장서서 선동한 사람에게 죄가 돌아가는 것은 명백하다.

그날 묏자리를 쓰려는 이경구를 두들겨 패서 내쫓은 사람들이 무려 수십 명이나 되었으나, 그들을 지휘한 사람은 이기종이 아니고 누구란 말인가! 몇몇 사람이 어떤 사람을 같이 구타한 경우에는 그래도 범행의 가담 정도에 따라 주범과 종범을 구별할 수가 있다. 그러나 이번 사건은 사람들을 동원하여 대오를 이룬 것이 전쟁이나 마찬가지였으니, 사상자가 발생하였으면 주장에게 책임이 돌아가야 한다. 그러니 이기종에 대해 가벼운 쪽으로 처벌해야 한다는 의견을 대뜸 제시한 것은 이해할 수가 없다. 간혹 살리기를 좋아하는 임금의 덕으로 범행을 저지른 사람에게 차별을 두어 형률을 적용하기도 하는 것은 괜찮지만, 법률을 집행하는 사람의 입장에서 그러한 의견을 제시하는 것은 타당하지 못하다."

6. 자살인지 타살인지를 구분하다(14)

【제방에서 떠밀리자 갑자기 넘어져서 떨어졌다. 사건의 근본 원인은 재물을 다투었기 때문이며, 사망의 실제 원인은 목이 부러졌기 때문이다.】

○ 안의安義의 백성 임석정林碩禎이 임광일林光一을 죽였다.

○ 경상도에서 다음과 같이 아뢰었다.

"임석정은 부유한 백성이고, 임광일은 가난한 사람입니다. 그런데도 임석정이 5년 동안이나 작은 이익을 가지고 다투었고, 30닢의 하찮은 돈까지도 탐욕을 부렸습니다. 임광일이 임석정의 다리를 감싸 안고 말다툼을 벌일 때에 임석정의 화를 돋우었고, 임석정이 임광일의 상투를 붙잡고서 쓰러뜨리고 손으로 치던 중에 임광일의 목숨을 끊어 버렸습니다. 이순삼李順三이 '눈은 떴다 감았다 하였고, 입은 실룩실룩하였으며, 부러진 목을 손으로 더듬어 보았습니다.'라고 진술한 것은 죽은 사람의 다급한 광경을 묘사하였으니, 임광일은 사실상 임석정의 손에 죽게 된 것입니다. 엄중히 신문하여 실정을 밝혀 내는 것이 어떻겠습니까?"

○ 주상의 별유別諭는 다음과 같다.

"안의에서 일어난 임석정의 살인 사건은 다음과 같이 판결한다. 전대纏帶 안에 들어 있던 30닢의 돈 때문에 다툼이 시작되어, 제방 위에 있던 천금 같은 목숨을 갑자기 끊어 버렸으니, 겉면만 얼핏 보면 범죄의 정황이 몹시 분통하다. 그러나 대체로 살인 사건의 내막은 사리를 벗어나지 않는 법이다. 임석정이 임광일을 만나 빚을 갚으라고 요구하자, 임광일이 갑자기 파고들어 임석정의 다리를 감싸 안고서 '차라리 나를 죽여라.'라는 말까지 하고 곧장 발악하는 짓을 하였으니, 임석정이 한 차례 손으로 밀친 것은 그래도 괴이할 바가 없는 일이었다. 그런데 임광일이 갑자기 추락하였으니, 이것은 생각지 못했던 일이었다. 임광일이 추락하고 나서는 그로 인해 목이 부러졌는데, 이것은 더욱더 뜻밖의 일이었다. 추락한 뒤에 이순삼에게 돈을 찾아보라고 한 일을 보면 알 수가 있다. 그렇다면 손으로 밀친 것은 의도 없이 한 행동이었고, 추락한 것은 불행이었다. 그 당시의 광경을 상상해 보면 거의 우연히 죽은 것에 가깝다. 변함없이 지켜야 할 법으로 헤아려 보면 용서해 주는 것을 대번에 의논하기가 어렵지만, 이러한 사건일수록 정상을 참작하여 죄를 정해야 한다. 임석정에 대해서는 형장을 치고 풀어 주라."

○ 주상의 판결에 대한 다산의 견해: 임석정의 죄는 세 단계로 나누어서 살펴야 합니다. 임광일을 밀친 것이 한 단계이고, 임광일이 떠밀려서 제방에서 떨어진 것이 한 단계이며, 제방에서 떨어져 목이 부러진 것이 한 단계입니다. 임광일의 목이 부러질 것을 알고서 그를 떠밀었다면 그 죄는 죽어 마땅하고, 임광일이 제방에서 떨어질 것을 알고서 떠밀었다면 그 죄는 사형보다 한 등급 아래에 해당하며, 떠밀기만 하였을 뿐이었다면 도형徒刑이나 유형流刑에도 해당하지 않습니다. 성상께서는 떠밀기만 하였을 뿐이라고 생각하였으므로 임석정에 대한 처벌을 '형장을 치고 풀어 주라.'라고만 한 것입니다. 이것이 곰곰이 생각해 보아야할 성상의 정확한 뜻입니다.

7. 자살인지 타살인지를 구분하다(15)

【구타하여 상처를 입혀 죽게 하고서는 스스로 떨어져서 죽었다고 속였다. 사건의 근본 원인은 재물을 다투었기 때문이며, 사망의 실제 원인은 구타를 당하였기 때문이다.】

○ 의주義州의 백성 김홍운金興雲이 이 조이李召史를 죽였다.

○ 1차 검안보고서의 발사는 다음과 같다.

"왼쪽 옆구리가 피멍이 들고 단단하였는데, 이곳은 목숨을 잃을 수 있는 급소입니다. 그러므로 사망의 실제 원인은 '구타를 당하여 죽게 되었다.'라고 기록하였습니다. 이 조이가 즉시 숨이 막혀 방안에 쓰러진 사실에 대해서는 목격한 증인의 진술이 있어 의심할 것 없이 명백합니다. 그런데 김홍운이 감히 죽을 상황에서 살아나 보려는 꾀를 내어서는 '이 조이가 스스로 섬돌로 떨어져서 숨이 막혀 죽게 되었습니다.'라고 하였습니다. 그러나 이 여인이 김홍운의 수염을 잡고 뺨을 때릴 때 어찌 순순히 받아들이기만 하고 손을 대지 않았을 리가 있겠습니까! 그러므로 김홍운을 주범으로 기록하였습니다."

○ 주상의 판결은 다음과 같다.

"이 여인의 왼쪽 옆구리에 난 상처는 김홍운이 오른쪽 주먹으로 구타하여 생긴 것이 분명하다. 이 여인이 방안에 몸져누웠다는 말에 대해서는 증언이 있었을 뿐만 아니라, 이 여인이 걸어갔다는 말도 터무니없는 것으로 밝혀졌으니, 사건을 처리하는 규정으로 헤아려 볼 때 더 이상 의심할 만한 점이 없다.

이른바 '이 여인이 공중으로 몸을 솟구쳐서 스스로 섬돌에 떨어졌다.'라는 것은 전부 허위로 꾸며 냈음을 분명히 알 수가 있다. 그러나 여자들은 대부분 성품이 좁고 옥사의 내막은 변화무쌍하니, 김홍운의 방문 앞에 참으로 어떠한 섬돌이 있는지 모르겠고, 이 여인이 스스로 떨어질 때에 별도의 목격한 증인이 있는지도 모르겠다. 사람이 죽고 사는 것은 큰일이기도 하고 살인 사건을 심리하는 규정은 상세히 다 밝히는 것을 소중하게 여기니, 이 한 가지에 대해서도 다시 도신이 조사하는 관원을 엄중히 타일러서 상세히 다 밝히게 하고, 조사한 관원으로부터 보고를 받고 나서 장계로 나에게 보고하도록 하라."

○ 평안도에서 다음과 같이 아뢰었다.

"방 앞의 섬돌은 2자가 채 되지 않았고, 뜰 가운데의 돌은 주먹 하나 크기에 불과하였습니다."

○ 주상의 판결은 다음과 같다.

"섬돌의 그림으로 볼 때 목숨을 잃게 할 곳도 아니다. 전처럼 신문하여 기어이 자백을 받아 내라."

○ 주상의 판결에 대한 다산의 견해: 남에게 구타를 당한 경우에는 그로 인한 상처가 대부분 왼쪽에 생깁니다. 주상의 판결에서도 맨 먼저 상처의 좌우 위치로 판결하셨습니다. 이것이 곰곰이 생각해 보아야 할 성상의 중요한 뜻입니다.

8. 자살인지 타살인지를 구분하다(16)

【머리채를 휘어잡아서 끌어내렸기 때문에 죽었으나, 스스로 떨어져서 죽은 것이라고 혐의를 떠넘겼다. 사건의 근본 원인은 재물을 잃어버렸기 때문이고, 사망의 실제 원인은 목이 부러졌기 때문이다.】

○ 황주黃州의 백성 윤성태尹成太가 옥취정玉就廷을 죽였다.

○ 1차 검안보고서의 발사는 다음과 같다.

"이번 사건에서 시체는 죽은 지 5일이 지났는데, 목이 부어오르고 검푸른 색을 띠고 있었습니다. 손으로 목을 눌러 보니 살갗과 뼈가 서로 떨어졌고 손가락이 움직이는 대로 소리가 났으며, 손으로 목을 흔들어 보니 거의 뼈가 없는 것처럼 왼쪽이나 오른쪽으로 기울어 마치 표주박이 줄기에 매달려 있는 것 같았습니다.

목격한 증인 김덕중金德中은 진술하기를 '윤성태가 옥취정의 상투를 붙잡고서 갑자기 누각 위에서 뜰 안으로 끌어내렸습니다.' 하였고, 주범 윤성태는 진술하기를 '발을 붙잡고 끌어내려서 몇 차례 발로 차고 밟았습니다.' 하였습니다. 이제 이전李荃의 바깥채 누각을 살펴보니 반 칸에 불과하였고, 누각에서 섬돌까지는 주척周尺으로 2자 2치이고, 섬돌에서 뜰까지는 1자 9치이니, 그 높이는 반 장丈이나 되었습니다. 가령 무심코 넘어져서 떨어졌다고 하더라도 뼈가 부러지는 상처를 입는 것이 당연한데, 하물며 홧김에 구타하며 끌어내렸으니 더 말할 것이 있겠습니까!"

○ 다산의 비평은 다음과 같다.

"이 발사에서는 범인의 죄를 성토하면서도 '가령 무심코 넘어져서 떨어졌다고 하더라도 뼈가 부러지는 상처를 입는 것이 당연합니다.'라고 하였으니, 이것은 범인이 죄에서 벗어날 수 있는 길을 열어 주는 것이다. 그러니 어찌 죄를 성토하는 말이라고 하겠는가! 사람이 반 장 높이의 누각 위에서 무심코 넘어져서 떨어지면 반드시 두 손으로 땅을 짚게 될 터이니, 목이 부러질 리는 없을 것이다."

○ 주상의 판결은 다음과 같다.

"남을 대신하여 수군水軍으로 충원된 일 때문에 윤성태가 유감을 품고 있었다가, 남의 신포身布를 자신에게서 대신 징수하는 일 때문에 소란을 일으켰다. 손찌검과 말투가 더욱더 거칠어지고 사나워지다가 반 장

높이의 누각에서 사정없이 끌어내려 거꾸로 끌고 갔으니, 반드시 목이 부러져서 죽게 될 수밖에 없는 상황이었다.

주범이 1차 검안과 2차 검안에서 진술한 내용을 보면, 충분히 자백한 것이라고 할 수 있다. 그러나 겉으로는 사실대로 자백한 듯하면서도 안으로는 사실상 간악한 꾀를 부려 말을 이랬다저랬다 하면서 끝내 실토하지 않았다. 그러다가 시간이 조금 오래되자 감히 전에 자백했던 말들을 온통 뒤집고 발을 헛디뎌서 스스로 떨어졌다고 핑계를 댔으니, 그의 정상을 따져 보면 더욱 교묘하고 악랄하다. 전처럼 합동으로 조사하여 기어코 자백을 받아 내라."

9. 자살인지 타살인지를 구분하다(17)

【상대가 오는 것을 바라보다가 머리로 들이받았으나, 자신이 허공을 떠받고서는 엎어졌다. 사건의 근본 원인은 술에 취하여 싸웠기 때문이며, 사망의 실제 원인은 목이 부러졌기 때문이다.】

○ 연안延安의 백성 주귀접朱貴接이 이동찬李東贊을 죽였다.

○ 조사한 관원의 보고서는 다음과 같다.

"상처가 여기저기 어지러이 나 있었으니 발로 차서 상처를 입힌 증거가 분명하였고, 증인이 갖추어졌는데 모두 죽은 사람의 말을 전하였습니다. 그뿐만 아니라 주귀접도 범행 사실을 완전히 숨기지는 못하고, 처음에는 진술하기를 '벼랑쪽에서 떠밀기는 하였으나, 목을 발로 찼는지는 술에 취하여 기억할 수가 없습니다.' 하였고, 중간에는 진술하기를 '이동찬의 가슴을 주먹으로 쳤고, 젖꼭지 아래 한 곳도 참으로 손으로 때렸습니다.' 하였으며, 마지막에는 진술하기를 '주먹으로 치고 손으로 때렸으며, 또 뒤통수를 때렸습니다.' 하였습니다.

주귀접이 이동찬과 싸웠고 그의 목에 아주 심한 상처를 입혔는데, 어찌 감히 죄를 모면하려고 한단 말입니까! 2차 심문을 하고 난 뒤에 갑자기 또 진술을 변경하였으나, 주귀접이 주범이라는 것은 단연코 의심할 바가 없습니다."

○ 다산의 비평은 다음과 같다.

"목을 발로 찼다면 목에 반드시 상처가 있게 마련인데, 어찌 그에 대해 서술한 내용이 없는가!"

○ 황해도에서 다음과 같이 아뢰었다.

"일반적으로 살인 사건에서는 다친 흔적이 무수히 많더라도 사망의 실제 원인은 한 곳에 불과합니다. 이번 사건에서 이동찬의 실제 사망 원인이 분명히 목이 부러져서 다쳤기 때문이라면, 손으로 구타하고 발로 걷어차서 생긴 상처들은 우선 놓아두고 따지지 않더라도 애당초 목이 부러지게 된 이유를 우선적으로 주목해야 합니다.

공세준孔世俊은 최초의 중요한 증인으로서 죽은 이동찬의 말을 직접 들었는데, 그에 의하면 이동찬이 말하기를 '내가 먼저 머리로 주귀접을 떠받으려다가 미처 떠받지 못하고 땅에 스스로 넘어졌다.' 하였고, 또 말하기를 '머리로 떠받으려다가 허공을 떠받고서 땅에 엎어졌다.' 하였습니다. 주귀접은 벼랑을 향해 오고 있고 이동찬은 벼랑을 등지고 앉아 있다가, 그가 오는 것을 바라보고서는 갑자기 일어서서 처음에는 목을 빼고 떠받는 듯했으나 갑자기 허공을 떠받고서는 스스로 엎어졌던 것입니다. 그의 몸이 높은 곳에서 넘어져 떨어졌으니 온몸의 체중이 실린 채로 땅에 고꾸라질 수밖에 없는 형세였습니다. 목이 부러진 상처는 이때에 생긴 것입니다.

그렇다면 이동찬의 목이 부러진 것은 반드시 주귀접이 저지른 범행은 아닙니다. 다만 그가 땅에 엎어지고 난 뒤에 주먹질과 발길질이 뒤따라 이어져서 여기의 상처와 저기의 부러진 곳이 누구에 의해서 생겼는지 분별할 수가 없게 되었던 것입니다. 게다가 두 사람이 모두 술에 취해 있어서 각각 제정신이 아니었으므로, 죽은 사람만 스스로 알 수 없었던 것이 아니라 범인조차도 감히 스스로 명확히 알지 못하였습니다. 가령 이동찬이 목이 부러지지 않았다고 하더라도 그 밖의 다른 상처만으로도 반드시 살아났으리라고는 보장하기가 어렵습니다.

다만 살인 사건을 판결하는 근본은 사망의 실제 원인을 기준으로 삼을 뿐이므로 사망의 실제 원인에 의문점이 있다면 살인 사건의 처리 규정으로 볼 때 아무래도 완결하기가 어렵다고 생각됩니다. 그러므로 감히 의문점을 끄집어내어 신의 소견을 함부로 진술하였습니다. 그러나 상처가 여기저기 매우 어지러이 나 있는 데다가 증인들의 증언마저도 모두 일치하니, 가볍게 처벌하는 법을 감히 대뜸 청하기가 어렵습니다. 전처럼 가두어 두고 조사하면서 처분해 주시기를 기다리겠습니다."

○ 주상의 판결은 다음과 같다.

"주귀접이 이동찬의 집에 찾아와서 물어본 것이 이 사건의 중요한 정황인데, 유족의 첫 번째 진술 내용 중에 이와 관련된 언급이 전혀 없는 것은 과연 무슨 까닭인가? 이 사람이나 저 사람이나 모두 이기지 못할 정도로 술에 취해 있었고, 주인이나 손님이나 서로 가슴을 쳤으니, 두 사람 사이의 싸움에서 둘 다 얻은 것도 없고 이긴 사람도 없어 피장파장이었다. 주귀접이 발끈하여 몸을 일으킬 때에 이동찬이 이처럼 목을 빼어 떠받았는데, 이동찬을 붙잡으려던 공세준이 손을 놓치고 말았다. 그러자 자기도 모르는 사이에 비탈진 벼랑의 미끄러운 풀밭으로 곤두박질쳤으니, 이동찬의 목이 부러진 것은 주귀접의 범행 때문은 아니다. 그 외의 다른 상처들이 여기저기 매우 어지러이 나 있다고 하더라도, 사망의 실제 원인을 목이 부러졌기 때문이고 보면, 이것을 이유로 주귀접의 목숨으로 보상하게 하는 것은 참으로 소름이 돋는 일이다. 경들이 더욱더 이치를 따져서 대책을 마련하여 보고하라."

○ 형조의 계사啓辭는 빠졌다.

○ 주상의 판결은 다음과 같다.

"주귀접이 곧장 앞으로 달려들자 이동찬이 머리로 치받았는데, 버티고 있던 다리가 굳건하지 못한 데다가 목표물을 조정하던 눈동자마저도 정확하지 못하였으니, 어차피 어떤 식으로든 죽을 수밖에 없었다. 이것이 '처지를 바꾸어 보면 다 똑같다.'라는 것이다. 사건을 자세히 심리하는 조정의 정치로 볼 때 이것 때문에 억지로 주범을 정할 수는 없다. 주귀접에 대해서는 형장을 친 뒤 사형을 감하여 정배하라."

○ 주상의 판결에 대한 다산의 견해: 주귀접이 처음 진술할 때에는 이동찬을 떠밀었다는 말을 하였고, 2차 진술할 때에는 뒤통수를 때렸다는 말까지도 하였습니다. 그러다가 사건이 종료되지 않고 오래 끌게 되자, 허공을 떠받다가 넘어졌다는 말을 꾸며 내어 살아날 셈을 하였으나, 그 말을 신뢰할 수가 없을 듯합니다. 다만 술에 잔뜩 취한 상태에서 벌어진 일이므로 아무런 의도가 없이 저지른 일이라 하여 용서하는 것은 괜찮겠습니다. 그러나 허공을 떠받다가 스스로 엎어져서 목이 부러지게 되었다고 한 것은 신으로서는 이치에 합당한지 모르겠습니다.

10. 자살인지 타살인지를 구분하다(18)

【힘을 다하여 짓찧어 죽이고서는 스스로 치다가 죽었다고 혐의를 떠넘겼다. 사건의 근본 원인은 서로 극렬하게 싸웠기 때문이며, 사망의 실제 원인은 짓찧었기 때문이다.】

○ 신녕新寧의 부녀자 하옥섬河玉暹이 김 조이金召史를 죽였다.

○ 1차 검안보고서의 발사는 다음과 같다.

"이 살인 사건은 본래 한 개의 자기磁器 때문에 점차 두 여자가 싸우게 되었다가, 망령스럽고 괴팍스러운 성질의 여자가 마침내 다른 여자의 목숨을 해친 것입니다. 시누이로서 올케를 죽였으니, 인간 윤리의 큰 변괴입니다. 그런데도 감히 사적으로 합의하려고 즉시 신고하지 않았고, 사건이 종결되지 않고 오래 끌게 되자 간악한 생각을 하여 온갖 속임수가 넘쳐 났습니다.

이 두 여자가 극렬하게 싸운 것은 하루아침에 불쑥 생겨난 일이 아니라, 평소에 서로 화목하지 못하여 독기를 품고 유감을 쌓아 온 지가 아주 오래되었습니다. 그러다가 싸우게 되자 서로가 죽자 사자 마구 손찌검을 하였고, 어느 곳이든 가리지 않고 무릎으로 짓찧고 발로 짓밟았습니다. 한 사람은 넘어지고 한 사람은 자빠졌는데, 저쪽은 강하고 이쪽은 약하였습니다. 여러 차례 짓찧어질 때에 연이어 비명을 질러 댄 데에 대해서는 좌우에서 보던 증인들이 모두 목격하였으니, 하 여인이 주범이라는 것은 의심할 바 없이 매우 확실합니다.

그녀의 남편이 옆구리를 걷어찬 사실에 대해서는【남편은 하용택河用宅이다.】 사람들의 진술에서 많이 나왔고, 양쪽 옆구리에 난 상처도 모두 뚜렷합니다. 이 점이 의문의 실마리가 되기도 합니다. 그런데 하 여인은 마음껏 독기를 부리면서 사나운 기세로 짓찧었으나, 그녀의 남편은 싸움을 말리려는 의도에서 걷어찼으니, 누가 낸 상처가 가볍고 무거울지는 이것만 가지고서도 알 수 있습니다.

싸움이 벌어졌던 현장을 살펴보니, 날카롭고 자잘한 돌들이 군데군데 땅에 깔려 있었습니다. 서로 껴안고서 넘어지고 엎어질 때에 아래로는 날카로운 돌에 부딪치고 위로는 상대의 몸에 짓눌렸으니, 뒤통수와 등에 부딪친 상처가 나고 가슴팍의 살갗이 다친 것은 전적으로 이 때문입니다. 술에 취하여 싸우다가 난 상처는 마침내 내부의 장기를 손상하게 되는 법이니, 입과 코에서 피가 흘러나오고 식도에서 똥이 나오며 혀가 빠져나와 있고 배가 부풀어 올라 있는 것은 모두 《증수무원록》 〈조례·주식취포사酒食醉飽死〉의 조문과 합치됩니다. 은비녀로 시험해 보니 색깔이 변하지는 않았습니다. 그러므로 사망의 실제 원인은 '짓찧어져서 죽게 되었다.'라고 기록하였습니다. 주범은 하 조이로 써넣었습니다.

하용택으로 말하면, 시누이와 올케 사이에서 잘 처신하지 못하였고 두 차례 아내를 발로 걷어찬 사실이 사람들의 진술에서 나왔으니, 종범으로서의 처벌을 면하기 어렵습니다. 김 조이로 말하면, 사람의 심정이 막내딸을 사랑하는 법이기는 하지만 집안의 법도로는 제사를 받드는 맏며느리를 중시해야 합니다. 그런데도 한쪽만 편애하고 한쪽은 미워하여 너무도 지나치게 차별하자, 딸은 자기 어머니의 총애를 믿고서 기세등등하였고 며느리는 시어머니의 분노를 가슴속에 담아 두고서 위축이 되었습니다. 그리하여 약간의 곡식조차도 모두 재앙의 씨앗이 되었고 하찮은 그릇조차도 모두 분쟁의 근본이 되었습니다. 따라서 김 조이도 죄가 없을 수 없습니다.

유족인 김경옥金慶鈺과 박백룡朴白龍으로 말하면, 한 사람은 친오라비이고 한 사람은 가까운 친척으로서, 망령되이 사적으로 합의하려 하였고 보복할 마음이 없었습니다. 그리하여 처음에는 한참 동안이나 시일을 헛되이 보내 버렸고 마지막에는 또 장례를 치르게 해 달라고 빌기까지 하였습니다. 사람의 심정으로 헤아려 볼 때 이들도 엄중히 징계해야 합니다.

2차 검안할 관원으로는 영천 군수永川郡守로 지정해 주시기를 청합니다."

○ 다산의 비평은 다음과 같다.

"요즘 검안보고서의 발사를 보면, 모두 첫머리에다가 다친 흔적을 자세히 서술하여 시장屍帳에 열거되어 있는 상처들이 중요하거나 그렇지 않거나 간에 모두 재차 한 번 서술한다. 심한 경우에는 시장을 모두 과거의 기록으로 치부하여 별도로 두고, 발사만 가지고서 독립적으로 한 편을 만들기도 한다. 이렇게 하는 것은 살인 사건을 처리하는 규정과 어긋날 뿐만 아니라 문장의 논리가 중복되기도 하므로, 능숙한 사람이라면 피해야 할 일이다.

그러나 상처가 많더라도 본래 목숨을 잃게 한 상처가 있게 마련이니, 여러 상처를 통틀어 서술한 다음 목숨을 잃게 만든 중대한 상처를 한 곳으로 귀결시켜야 사망의 실제 원인을 지정할 수가 있고 주범도 지목할 수가 있다. 한 사람이 단독으로 범행을 저질러 옆구리를 구타하고 가슴을 짓찧은 경우라고 하더라도, 옆구리의 상처가 중대하면 그 사망의 실제 원인을 '구타를 당하였다.'라고 기록해야 하고, 가슴의 상처가 중대하면 그 사망의 실제 원인을 '짓찧어졌다.'라고 기록해야 하니, 이것을 분별해야 한다. 두 사람이 같이 범행을 저질러 김모金某는 구타하고 이모李某는 짓찧은 경우에는 구타한 상처가 중대하면 그 사건의 주범을 '김모'라고 기록해야 하고, 짓찧은 상처가 중대하면 그 사건의 주범을 '이모'라고 기록해야 하니, 이것도 분별해야 한다.

이번 검안보고서의 발사에서는 상처에 대한 기록을 온통 소홀히 다루어 세속의 일반적인 풍조를 벗어나려다가 도리어 가장 핵심적인 기록마저도 빼먹었다. 한 여인의 범행에 대해 '무릎으로 짓찧고 발로 짓밟았습니다.'라고만 하였고, 어느 곳을 짓찧고 어느 곳을 짓밟았는지에 대해서는 끝내 서술하지 않았다. 상처의 둘레 및 길이와 너비는 시장에 기록되어 있다고 하더라도, 누이가 짓찧은 부위와 오라버니가 걷어찬 부위가 모두 옆구리에 모여 있고 보면, 그중의 한 곳을 명확히 조사해서 중대한 상처로 지정해야 하는데, 이것도 소홀히 할 수 있는가! 외부의 상처가 분명하다면 내부의 손상에 대해서는 언급할 필요가 없고, 짓찧고 짓밟은 상처가 분명하다면 취하게 마시고 음식을 배불리 먹고 나서 입은 상처에 대해서는 언급할 필요가 없다. 그런데 간단명료하게 서술하지 않고 이곳저곳에서 원인을 찾아 마치 다친 흔적이 명확하지 않아서 드러나지 않은 다른 곳에서 원인을 찾는 것처럼 서술하였으니, 이것도 의혹스럽지 않겠는가!

○ 아내와 누이가 서로 싸우면 어느 한쪽 편을 들기가 곤란하다. 아내가 백 번 옳고 누이가 백 번 그르다고 하더라도, 체면으로 보아서는 아내를 때려서 싸움을 말려야만 한다. 하용택이 한 차례 발로 걷어찬 일은 세속에서 말하는 인사치레로 한 것이고 책임 때우기로 한 것이다. 어찌 세차게 차서 심한 상처를 입히기까지야 하였겠는가! 그런데도 이것 때문에 의문을 가지고서 종범으로 기록하였고 끝내 죄에 대해 서술하기까지 하였다. 이 점도 사람의 심정을 잘 살핀 것인지 모르겠다.

○ 게다가 이른바 '시누이와 올케'를 매사妹姒라고 표현한 것은 옛날에는 이런 말이 없었으니, 매수妹嫂라고 고쳐야 한다."

○ 2차 검안보고서의 발사는 다음과 같다.

"시누이와 올케 사이에 살인 사건이 일어났으니, 강상綱常(인간이 지켜야

할 도리)과 관계되는 변고입니다.【중간을 생략하였다.】

'자기 몸을 스스로 쳤다.'라거나 '날카로운 돌에 다쳤다.'라는 말이 어머니와 딸의 진술에서 나왔지만, 이른바 날카로운 돌이란 자잘한 모래와 자갈에 불과하였고, 자기 몸을 스스로 친 것으로는 반드시 죽지는 않으니, 가슴이 짓찧어져 죽게 된 것이 불을 보듯 명확합니다. 목격한 증인의 진술도 한 입에서 나온 것처럼 일치하였고, 시체를 눌러보고 어루만져 보아서 시험한 결과도 부절符節을 합친 것처럼 들어맞았습니다.

가슴팍의 아래, 오른쪽 젖의 위, 좌우의 옆구리에 피멍이 여기저기 어지러이 나 있고, 혀가 빠져나와 있고 코에서 피가 흘러나와 있는 것은 《증수무원록》〈조례·주식취포사〉의 짓눌린 경우 조문과도 서로 딱 들어맞습니다. 그러므로 사망의 실제 원인은 '짓밟혀서 죽게 되었다.'라고 기록하였습니다. 주범은 하옥섬으로 써넣었습니다.

김 조이의 경우에는 시어머니로서 며느리의 죄를 증명하는 것이 법률의 규정을 벗어난 일인 듯하지만, 이번에 시누이와 올케가 싸운 일은 시어머니와 며느리가 화목하지 못한 데서 시작된 것이기 때문에 어쩔 수 없이 규례대로 진술을 받았습니다."

○ 다산의 비평은 다음과 같다.

"상처가 아무리 많더라도 범인이 한 사람이면 어느 곳이 무거운 상처이고 어느 곳이 가벼운 상처인지를 그다지 자세히 밝히지 않더라도 그런대로 괜찮다.【법례法例에 나온다.】 그런데 이번 살인 사건은 오빠와 누이가 같이 범행을 저지른 사건이니 주범과 종범을 나누어야 하는데, 어찌 이와 같이 두루뭉술하게 할 수 있겠는가! 가슴팍, 젖 위, 좌우 옆구리의 상처를 시장과 같이 열거하고서는 독단적으로 단정하기를 '하옥섬을 주범으로 정하였습니다.'라고 하였으니, 하옥섬이 승복하겠는가!

하용택이 싸움을 말릴 때에 아내를 손으로 때려서 서로 떼어놓고 발로 차서 일어나게 하였다면, 손에 맞은 곳도 있을 것이고 발에 부딪친 곳도 있을 것인데, 어찌 끝내 침묵할 수 있는가! 살인 사건에 대한 심리 의견을 이와 같이 제시한다면, 어떻게 의문이 없겠는가! 아마도 이렇게 한 이유는 시장에 다친 흔적들을 모두 분명하게 기록하지 않았기 때문에 1차 검안보고서와 2차 검안보고서에서도 상처의 둘레 및 길이와 너비에 대해 모두 서술하지 않은 것 같다.

그러나 피멍이 있는데도 피멍만 크기를 잴 수 없단 말인가! 피멍이 단단하면 '단단하였습니다.'라고 기록하고, 부드러우면 '부드러웠습니다.'라고 기록하되, 크기를 재는 것도 그만둘 수가 없다. 만약 피멍이 애매모호하여 크기를 잴 수가 없다면, 사실대로 말하여 '애매모호하여 크기를 잴 수가 없었습니다.'라고 해야 한다. 그렇게 하면 1차 검안보고서에서 '내부의 장기가 다쳤다.'라거나 '술을 취하게 마시고 음식을 배부르게 먹고 나서 다쳤다.'라고 말한 것들이 그야말로 타당한 인용이라고 할 수가 있다. 그런데 이러지도 않고 저러지도 않다가 사망의 실제 원인을 독단적으로 단정하기를 '짓찧어져서 죽게 되었다.'라고 하였으니, 어찌 허술하지 않은가!

○ 게다가 이른바 강상이란 임금·아버지·지아비가 삼강三綱이고, 아버지·어머니·형·아우·아들이 오상五常이니, 시누이와 올케는 강상에 해당되지 않는다."

○ 주상의 판결은 다음과 같다.

"김 여인[金女]이 목숨을 잃게 된 실마리는 '술을 취하게 마시고 음식을 배부르게 먹은 것'과 '짓눌린 것' 두 가지 사이에 있을 뿐이다. 유족과 목격한 증인이 모두 '술을 마셨습니다.'라고 하였으니, 술을 취하게 마시고 음식을 배부르게 먹은 것은 분명하다. 술김에 남을 끌어안고서 체중을 실은 채 스스로 자빠지면 반드시 아래에 깔릴 수밖에 없는 형세이고, 상대도 따라서 넘어지면 반드시 위에서 덮칠 수밖에 없는 형세이다. 이때에 서로 부딪치면 급소를 부딪쳐서 다치는 것은 이치상 그렇게 되기 마련이다.

하옥섬의 진술 중에 '엉겁결에 올케의 배 위로 따라서 넘어졌으나 어느 부위를 부딪쳐서 다치게 했는지는 모르겠습니다.'라고 한 것은 사실대로 말한 것이다. 김 여인을 짓누른 것은 그녀가 자백한 것이기도 하였다. 따라서 이 두 가지 단서를 가지고 정황과 이치를 세밀히 따져 보면, 우연히 죽은 것이지 사실상 고의로 죽인 것이 아니었다. 그런데도 법대로 목숨으로 보상하게 하는 것은 사건을 자세히 심리하는 정치가 너무도 아니다. 게다가 전 도백道伯의 말을 들으니,【전백前伯은 이전 감사監司를 말한다.】 그도 이에 대해 의문을 가졌다고 하였다. 하 여인으로서는 자신 때문에 김 여인이 죽게 된 죄가 있기는 하지만, 가볍게 처벌할 대상으로 분류해야 한다. 하옥섬을 한 차례 형장을 치고 정배하라.

감옥 안에서 임신한 지가 벌써 5개월이 되었으나 흐리멍덩하게 살피지를 못하고 그대로 계속 신문하였으니, 어찌 이와 같은 사건 처리가 있단 말인가! 만일 형장을 맞다가 죽기라도 하였다면, 이것은 한 명의 살인 사건인데 두 사람의 목숨을 잃게 하는 것이니, 나중에 생길 폐단은 우선 놓아두고라도 너무도 잔인한 일이다. 조화로운 기운을 침범하기에 충분한 일이며, 몹시 측은한 정황이기도 하다. 조사한 해당 관원인 전 신녕현감新寧縣監을 의금부로 잡아다가 처리하라."

상형추의 5

1. 자살인지 타살인지를 구분하다(19)

【손으로 구타하고 발로 차서 죽이고서는 간수를 마시고서 죽었다고 속였다. 사건의 근본 원인은 재물을 다투었기 때문이며, 사망의 실제 원인은 구타를 당하였기 때문이다.】

○ 안악安岳의 백성 이진춘李辰春이 유언정柳彦廷을 죽였다.

○ 2차 검안보고서의 발사跋詞는 다음과 같다.

"사망의 실제 원인은 '구타를 당하여 죽게 되었다.'라고 기록하였습니다.

이진춘으로 말하면, 유언정과 서로 싸운 시점은 해 질 녘이고, 유언정이 죽은 시점은 초저녁이었으니, 억지로 변명하는 말을 하더라도 살인의 죄명을 면하기는 어렵습니다. 주범은 이진춘으로 기록하였습니다.

김택손金宅孫으로 말하면, 유언정의 더벅머리 아이는 '아버지가 게를 잡으러 갔었습니다.' 하고, 남편을 잃고 슬퍼하는 유언정의 아내는 '남편이 간수를 마시려는 생각이 있었습니다.' 하는 등의 교묘한 말을 만들어 내어 증명하려고 하였으니, 더욱 통분하고 악랄합니다."

○ 황해도에서 다음과 같이 아뢰었다.

"이 살인 사건은 대체로 이러하였습니다. 사망의 실제 원인으로 말하면, 가슴 위아래가 검붉은 색을 띠면서 단단하였고 등의 오른쪽 부분이 피멍이 들고 단단하였습니다. 이곳이 즉시 목숨을 잃을 수 있는 부위로 지목하기에 가장 적합한 데입니다. 증언으로 말하면 이동련李東連, 이몽장李夢長, 이국형李國亨 등이 '구타를 당하였다는 말이 온 마을에 모두 퍼졌습니다.'라고 하기도 하고, '머리채를 휘어잡고서 끌고 다녔기 때문에 얼굴에 피범벅의 흔적이 있었습니다.'라고 하기도 하며, '등을 밀어서 집으로 돌아왔는데, 머리의 상투가 풀어 헤쳐졌습니다.'라고 하기도 하였습니다. 이것은 모두 그 당시에 목격한 증인들의 말이니, 사망의 실제 원인과 증언이 딱 들어맞으므로 유언정이 구타를 당하여 죽게 된 것에 대해서는 의심할 점이 전혀 없습니다.

더구나 금을 주고서 사적으로 합의하려고 한 사실은 이진춘이 유언정을 죽였다는 더욱 확실한 증거입니다. 만약 저 이진춘이 범행을 저지른 일이 없었다고 한다면, 처음에는 겨우 3문文의 돈을 주지 않은 것 때문에 살인을 저지르기까지 하였는데, 나중에는 어찌 105민緡이나 되는 돈을 미련 없이 주어 자신과 관련도 없는 일을 숨기려고 하였겠습니까! 이진춘이 말하기를 '유족의 「까마귀가 날아가자 배가 떨어진 격이다.」라는 말에 겁을 먹었고, 마을 사람들의 집중된 여론에 떠밀렸습니다.'라고 하였습니다. 그러나 가령 그의 마음이 깨끗하고 아무런 잘못이 없어 이번 사건에 대해 말을 하여 명백히 쉽게 분별할 수가 있다면, 유족은 무슨 일을 핑계로 그에게 뇌물을 요구하였겠으며, 마을 사람들은 무엇 때문에 겁을 먹고서 사적으로 합의하기를 권유하였겠습니까! 이것이 이른바 머리를 감추려다가 손발이 드러난 꼴이니, 그가 거짓으로 꾸며 댄 말들이 어찌 구차하지 않겠습니까!

유언정은 본래 외롭고 힘없는 처지로 이씨李氏들이 모여 사는 마을에 곁들어 살았는데, 술주정을 부리기까지 하는 성품이라서 사람들이 모두 싫어하였습니다. 이진춘은 친족이 많은 사람으로서 마을 안의 권세까지 쥐고 있었으므로, 전후좌우의 주변이 모두 친족이었습니다. 이제 살인 사건의 변고가 발생하자, 유언정을 편드는 사람은 적고 이진춘을 도와주는 사람은 많았습니다. 이웃 친족들이 모두 나서서 정신없이 이리 뛰고 저리 뛰어, 사적으로 합의하기를 권유하여 성사시키고 직접 뇌물을 운반해 주기도 하였고, 부음訃音을 알리는 글을 위조하여 날짜를 늦추어서 정하기도 하였습니다.

사건을 미봉하려는 계책이 더욱 다급할수록 이진춘을 숨겨 주고 보호하려는 자취는 더욱 드러났습니다. 애써 주선한 이유를 '마을이 무사하기를 바라서였습니다.'라는 말로 핑계를 댔지만, 허둥지둥한 행동에서 감출 수 없는 태도를 뚜렷이 보여 주었습니다. 낮으로 하늘을 가리는 것처럼 어림없는 계획은 앞뒤가 맞지 않았고, 방울을 훔치는 것처럼 숨길 수 없는 증거는 저절로 탄로되었습니다. 이러한 사실을 통해 유언정이 실제로 이진춘의 손에 죽게 되었다는 것을 더욱 알 수가 있습니다.

'게를 잡으러 갔다.'라거나 '간수를 마시려고 하였다.'라는 말을 지금 혐의를 벗겨 줄 단서로 삼고 있으나, 이러한 말들은 모두 이성춘李成春 등의 종용에 따라 2차 검안할 때 만들어 낸 진술이었습니다. 그러다가 다시 조사하여 간악한 내막을 숨길 수 없게 되자, '게를 잡으러 갔다.'라는 말은 없던 일로 판명되었고, '간수를 마시려고 하였다.'라는 말은 자연히 사라지게 되었습니다.

그런데도 오히려 악착같이 억울함을 호소한다고 핑계를 대었으니, 죽을 상황에서 살아나 보려는 꾀를 내어 심지어 없는 사실을 날조하기까지 하였다는 것을 알 수 있습니다. 흉악한 범행을 저지른 행적이 저처럼 의심할 것이 없으니, 살려 주어야 한다는 말을 거론해서는 안 됩니다. 전처럼 신문하여 기어코 진실을 알아내는 것은 결단코 그만둘 수 없습니다. 형조에서 주상께 여쭈어 처리하게 하소서.

유족인 어머니와 아들은 유언정이 죽은 지 3일이 되어서야 고소하였으니, 이는 원수의 재물을 탐내어 복수해야 하는 도리를 완전히 망각한 것입니다. 그 죄는 윤리와 기강에 관련되므로 용서하기가 어려우나, 예전에 형장을 쳐서 징계하였으니 다시 거론할 필요는 없겠습니다. 오 조이吳召史는 이처럼 의심할 것이 없는 사건을 가지고서 백성의 억울한 사정을 들어주시려는 성상을 속였으니, 남편을 위해 억울한 사정을 호소하였다는 이유로 그대로 두고 죄를 다스리지 않아서는 안 됩니다. 신의 감영監營에서 무거운 쪽으로 죄를 다스리겠습니다."

○ 다산의 비평은 다음과 같다.

"이 사건에서는 별달리 볼만한 것이 없다. 다만 그 논리가 정연하였기 때문에 특별히 기록하였다."

2. 자살인지 타살인지를 구분하다(20)

【구타하여 죽이고서는 비상 또는 간수를 먹고서 죽었다고 하여 헛갈리게 하였다. 사건의 근본 원인은 물싸움 때문이며, 사망의 실제 원인은 구타를 당하였기 때문이다.】

○ 진천鎭川의 백성 박사회朴師晦가 이처상李處常을 죽였다.

○ 1차 검안보고서의 발사跋詞는 다음과 같다.

"이번 사건에서 시신의 상처로 말하면, 뒷면의 늑골에 난 상처가 몹시 넓은 데다가 부어올라 있기도 하였으며, 살갗과 살이 서로 분리되어 은은하게 소리가 났으니, 《무원록》〈조례·구타사毆打死〉 '구타를 당하여 죽은 경우[被打死]'의 조문과 서로 딱 들어맞습니다. 다만 색깔은 푸른색과 자주색을 띠고 있었으나 멍이 든 흔적이 없었고 증상은 부어올라 있었지만 단단하지는 않았으니, 이것만 가지고서 목숨을 잃게 된 상처라고 지정할 수가 없다고 생각합니다.

김중협金重協이 진술하기를 '박사급朴師伋이 이처상을 손수 안고서 쌀뜨물을 먹였습니다.' 하였으나, 조상옥趙尙玉은 '간수를 마셨습니다.' 하였고, 이처우李處愚는 '비상砒礵을 먹었습니다.' 하였습니다. 이처상이 3일 동안 아무것도 먹지 않다가 참으로 독약을 먹었다고 한다면, 어떻게 기운을 내서 풀을 뽑을 수가 있고 힘을 써서 걸어 다닐 수가 있었겠습니까! 복부가 검푸른 색을 띠지 않고 팽창하지도 않았으며, 입과 눈도 굳게 다물거나 감기고 말라 있었으니, 독약을 먹었다는 말에 대해서는 끝내 명확한 증거가 없었습니다.

이처상은 몹시 가난한 사람으로서, 이러한 춘궁기를 맞아 아침저녁으로 굶기를 밥 먹듯이 하다가, 구타를 당하고 난 뒤에는 분통함을 견디지 못하여 3일이나 밥을 먹지 않아 기력이 쇠진하였습니다. 그러다가 박사회를 다시 보게 되자 더욱 격렬한 분노가 치밀어 올랐는데, 수염을 움켜잡으려고 하다가 갑자기 축 늘어져서 죽은 것입니다. 그러므로 사망의 실제 원인은 '구타를 당한 뒤에 화가 나서 밥을 먹지 않다가 숨이 막혀 죽게 되었다.'라고 기록하였습니다.

이처상이 죽던 날에 그의 첩 방 조이方召史가 보리떡을 먹였는데, 굶주린 창자에 단단한 떡을 먹게 되었으므로 체할 것을 우려하였고 기절한 뒤에는 쌀뜨물을 먹였으니, 사리로 헤아려 보면 괴이할 것도 없는 일입니다. 주범 박사회는 이처상의 목숨이 끊어지는 것을 보고서는 먼저 도망하였습니다. 진영鎭營을 타일러서 기어코 체포하게 해 주소서. 박사회의 아우 세 사람도 모두 도망쳤는데, 둘째 박사맹朴師孟만 겨우 체포해서 엄중히 형장을 치면서 심문하였지만 그 형의 행방을 끝내 정직하게 불지 않았습니다. 유족 이계흥李啓興이 진술하기를 '저희 아버지가 구타를 당할 때 입었던 홑바지에 핏물이 든 흔적이 있습니다.' 하였므로 현장에서 가져다가 보았으나, 몇 개의 황적색黃赤色 점만 있었습니다."

○ 다산의 비평은 다음과 같다.

"이 살인 사건에서 사망의 실제 원인은 의심할 만한 것이 많다. 첫 번째는 '구타를 당하였다.' 하였고, 두 번째는 '간수를 마셨다.' 하였으며,

세 번째는 '비상을 먹었다.' 하였고, 네 번째는 '화가 치밀어 올라 숨이 막혔다.' 하였으며, 다섯 번째는 '굶주리다가 기절하였다.' 하였고, 여섯 번째는 '먹은 것이 체하여 숨이 막혔다.' 하였다. 이 여섯 가지 증상을 모두 열거하더라도, 여섯 가지 중 다섯 가지 증상을 지목해서 조목조목 논리적으로 설명하여 사망의 실제 원인이 아니라는 것을 밝히고, 나머지 한 가지 증상만을 지목해서 사망의 실제 원인으로 지정하는 것이 살인 사건을 판결하는 법이다.

그런데 이번 검안보고서의 발사에서는 여섯 가지의 증상을 나란히 열거하고서는 그중 서너 가지의 증상만을 채택하여 뒤섞어 연결해서 사망의 실제 원인으로 삼았다. 그 나머지 두세 가지의 증상은 채택하여 사망의 실제 원인으로 쓰지도 않고 사망의 실제 원인이 아니라는 것을 논리적으로 설명하지도 않아 반신반의하고 쓸 듯 말 듯 하였으니, 세상에 어찌 이런 발사가 있겠는가!

게다가 이 여섯 가지 증상 중에서 '구타를 당하였다.'라고 한 한 가지만 남이 만들어 낸 재앙이고, 그 나머지 다섯 가지 증상은 모두 죽은 사람이 스스로 만든 재앙이다. 남이 만든 재앙은 주범이 있어야겠지만, 자신이 만든 재앙은 '피고被告'라고 해야 한다. 그런데 지금 사망의 실제 원인은 서너 가지의 증상을 뒤섞어서 정해 놓았으면서 박사회를 주범으로 지목하였으니, 박사회로서는 어찌 원통함이 없겠는가!

간수를 마셨다는 것과 비상을 먹었다는 것은 모두 실제 증거가 없으니, 실제 증거가 없으면 자연히 허위 진술로 귀결되고, 허위 진술이라는 것을 알았으면 간악한 모략을 조사해서 밝혀야 한다. 그런데도 이번에는 허위 진술한 내용만 기록하고 그 간악한 모략은 조사하여 밝히지 않았으니, 살인 사건을 잘 아는 사람이 이와 같이 하겠는가! 현장에서 시체를 검안할 때에는 말을 듣고 모습을 살펴보고서는 반드시 뭇 의문점을 모두 깨부수고 하나의 진짜 사망 원인만을 지정하는 방도가 있어야 한다. 그런데 어찌 이렇게까지 두루뭉술하고 애매모호하단 말인가!"

○ 2차 검안보고서의 발사는 다음과 같다.

"앞면의 가슴, 뒷면의 등 및 좌우 겨드랑이의 살빛이 자주색을 띠었는데 눌러 보면 부드러우며, 손가락으로 짚었다가 떼면 흰빛이 곧바로 나타나니, 이것은 시신의 살색이 변해서입니다. 오른쪽 이마와 뺨의 자주색을 띠는 곳은 눌러 보면 부드럽고, 손가락으로 짚었다가 떼어도 그대로 자주색을 띠고 있으니, 이것은 구타를 당해서 생긴 흔적입니다. 오른쪽 뒤의 늑골에 피멍이 들고 자주색을 띤 곳은 눌러 보면 약간 단단하고, 손가락으로 짚었다가 떼어도 그대로 검붉은 색을 띠고 있으니, 이곳이야말로 상처입니다.

다친 부위에 대해 서술하면 이렇습니다. 이마와 뺨 및 뒤의 늑골은 급소에 해당하기는 하지만, '죽은 사람이 항상 목과 옆구리가 땅기듯이 아프다.'라고 했다는 유족의 진술을 참고하면, 이처상이 박사회에게 머리채를 휘어잡혔을 때에 이마와 뺨을 다쳤고, 내동댕이쳐졌을 때에 뒤의 늑골이 부딪쳐서 상처를 입었습니다. 이마와 뺨은 단단한 기미가 없는데, 뒤의 늑골은 검붉은 색을 띠고 단단하니 이곳이 목숨을 잃게 한 상처입니다. 그러므로 사망의 실제 원인은 '머리채가 휘어잡히고 내동댕이쳐져서 상처를 입고 죽게 되었다.'라고 기록하였습니다.

이처상은 배를 굶주려 기력이 고갈된 사람으로서, 박사회의 사납고 악독한 손찌검을 당하여 한 차례 머리채가 휘어잡히고 내동댕이쳐지자 즉시 기절하였습니다. 이때 부축을 받아 집으로 돌아온 뒤로는 몸져누워서 먹지도 못하다가 결국 3일 안에 목숨을 잃게 되었으니, 박사회가 이런 상황에서 어떻게 빠져나가겠습니까! 이처상이 부축을 받아 집으로 돌아간 날에 박사회가 먼저 도망하였으니, 그가 범행을 저질렀음은 이것으로도 증명이 됩니다. 하물며 급소의 상처가 이와 같이 뚜렷하니 더 말할 것이 있겠습니까! 탐문하여 체포해서 목숨으로 보상하게 하는 것을 단연코 그만둘 수가 없습니다.

간수를 마셨다거나 비상을 먹었다는 말에 대해서는 이처우李處愚 부자父子가 온갖 말로 변명할 뿐만 아니라 은비녀로 시험해 보아도 약간 변하였다가 즉시 사라졌으니, 애당초 의심할 점도 없어 이러니저러니 변론할 것도 없습니다."

○ 다산의 비평은 다음과 같다.

"이 발사를 1차 검안보고서의 발사와 비교해 보면 파죽지세의 기세와 같을 뿐만이 아니다. 살인 사건을 이와 같이 판결하기도 어려운 것이다. 그러나 '졸捽'이란 머리채를 붙잡고서 목을 끄는 것이고, '척擲'이란 몸을 잡아서 땅에 던지는 것이다. 목에 상처가 나 있고 그 상처가 머리채를 휘어잡아서 끌었기 때문에 생긴 것이면, 사망의 실제 원인을 '머리채를 휘어잡혔다.[被捽]'라고 해야 한다. 옆구리에 상처가 나 있고 그 상처가 내동댕이쳐졌기 때문에 생긴 것이면, 사망의 실제 원인을 '내동댕이쳐졌다.[被擲]'라고 해야 한다. 두 가지 중에서 하나를 원인으로 지정해야 하는데도 양손에 떡을 든 것마냥 어쩔 줄을 모르고 '머리채가 휘어잡히고 내동댕이쳐졌다.[被捽擲]'라고 하였으니, 그래서야 되겠는가!

기왕 '졸' 자를 썼으면 목뼈에 부러진 상처가 있는지 없는지에 대해서도 분명하게 말해야 한다. 그런데 이마와 뺨의 상처만을 가지고서 '졸' 자로 같이 표현하였으니, 그래서야 되겠는가! 이 점이 흠이다. 게다가 사망의 실제 원인에 기록한 '상처를 입고[傷損]'라는 2자는 어찌 쓸데없는 글이 아니겠는가! 구타를 당하여 죽은 경우에도 '상처를 입고'라고 말하지 않고, 발에 차여 죽은 경우에도 '상처를 입고'라고 말하지 않는데, 어찌하여 '머리채가 휘어잡히고 내동댕이쳐졌다.'라고 한 이곳에서는 굳이 '상처를 입고'라고 말할 것이 있겠는가! 군더더기이다."

○ 3차 검안보고서의 발사는 다음과 같다.

"무더운 시기에 시체가 10일이나 지나고 보니, 살은 썩어 사라지고 구더기가 들끓었습니다.【이 아래는 떨어져 나간 글이 있는 것 같다.】 바깥 피부가 약간 단단하여 이것이 의심스럽기는 하지만, 뚜렷한 상처가 없어서 가볍게 판결하기가 어렵습니다.

증언으로 말하면 이렇습니다. 구타를 당한 상황에 대해서는 유족도 '보지는 못했습니다. 다만 살아 있을 때에 통증을 호소하였기 때문에 싸우던 곳에서 구타를 당한 줄 알았습니다.' 하였습니다. 김만봉金晩奉을 목격한 증인으로 삼았으나, 김만봉도 이에 대해서는 '보지 못했습니다.' 라고 하면서 줄곧 변명을 하여 뚜렷이 지적할 만한 것이 하나도 없었습니다.

구타를 당한 지 3일 만에 마침내 목숨을 잃었으니 법으로 볼 때 살인사건을 성립시켜야 합니다. 그러나 의문스러운 단서에 대해서도 찬찬히 따져 보아야 합니다. 참으로 먹지를 못하고 통증을 호소하였다면, 어떻게 죽던 날 아침에 몸소 풀을 뽑을 수가 있었으며, 어떻게 박사회가 찾아왔을 때에 곧장 앞으로 달려들어 수염을 잡을 수가 있었겠습니까! 만약 이때에 박사회가 범행을 저질러서 그 자리에서 기절하여 쓰러졌다면, 이처상의 가까운 친족인 이춘각李春覺이 어떻게 그러한 사실이 없었다고 말하였겠습니까! 이처상이 기절해 있을 때에 방 조이가 쌀뜨물을 먹인 것은 또 무슨 뜻이란 말입니까!

이 사건은 이렇게 요약할 수 있습니다. 이처상은 병을 안고 사는 몹시 가난한 사람으로서, 이처럼 춘궁기를 맞아 배를 굶주리고 기력이 쇠진해 있었는데, 약간 손찌검을 당하게 되자 앓고 있던 병에 다른 병까지 겹치게 되었습니다. 그러다가 박사회의 수염을 잡고 다시 힐난을 하다가 기력이 다하고 정신이 어지러워지더니 그대로 목숨을 잃게 되었습니다. 이상은 의심할 것 없이 명백합니다. 그러므로 사망의 실제 원인은 '상처를 입고서 배를 굶주리고 기력이 쇠진하여 죽게 되었다.'라고 기록하였습니다."

○ 다산의 비평은 다음과 같다.

"2차 검안보고서와 4차 검안보고서에서는 시체의 상처를 명백히 밝혔는데, 어찌하여 3차 검안보고서에서만 상처가 전혀 없는가? 시체의 썩은 냄새를 맡고서 코를 돌리고 구더기가 들끓는 것을 보고서 눈을 감아 버리고서는 지레 상처가 없다고 한 것이 분명하다. 이에 대해서는 한마디로 말하자면, '흉악한 범인이 처음 싸운 날에 도망하였으니, 상처가 심각하였다는 것은 이를 미루어 보면 알 수가 있다.'라고 할 수 있다.

다만 이 사건은 이리저리 농간을 부리고 여기저기 속임수를 써서 '간수를 마셨습니다.'라고도 하고, '비상을 먹었습니다.'라고도 하며, '풀을 뽑았습니다.'라고도 하고, '쌀뜨물을 마시게 하였습니다.'라고도 하며, '음식을 끊었습니다.'라고도 하고, '떡을 먹었습니다.'라고도 하여 말들이 모두 모순되고 사건의 정황이 혼란스럽게 되었다. 처음에 유족도 '합의하기로 약속하고 범죄의 흔적을 숨기려고 하였습니다.'라는 진술이 있었기 때문에 이처럼 헛갈리게 된 것이다. 이러한 사건일수록 중대한 증거[大贓]를 잡아서 뭇 의문점을 깨부수어야 한다. 무엇을 중대한 증거라고 하는가? 흉악한 범인이 처음에 싸웠을 때 도망한 것이다.【이처상이 죽은 뒤에 도망하였다면, 그 정황이 다소 가벼워진다.】"

○ 4차 검안보고서의 발사는 다음과 같다.

"무더운 시기에 시체가 보름을 지나고 보니, 살이 썩어 떨어져서 형체가 없어져 백골白骨을 검안하는 것이나 마찬가지였습니다. 시체의 앞면에는 가슴 왼쪽 가까운 곳의 피멍 든 데가 검은색을 띠고 약간 단단하였으며, 명치 위쪽 좌우의 뼈가 검붉은 색을 띠고 약간 단단하였습니다. 시체의 뒷면에는 왼쪽 옆구리의 위아래가 검은색을 띠고 약간 단단하였습니다. 이 네 곳만도 어찌 반드시 죽게 되는 급소의 상처가 아니겠습니까!

시체를 검안하는 방법에 의하면, 시간이 오래 지났더라도 진짜 상처는 으레 썩어 문드러지지도 않고 색깔이 변하지도 않는다고 하였습니다. 그런데 이번 시신은 너무도 썩어 문드러지고 온몸의 위아래가 똑같이 마르고 검은색을 띠고 있어 검안할 길이 없었습니다. 그래서 삼가 《무원록》에 의거하여, 새로 길어 온 물을 많이 가져다가 한나절 동안 물을 뿌리며 씻었습니다. 그랬더니 앞서 마르고 검은색을 띠었던 곳이 모두 흰색이 되어 새로운 시체와 다름 없어졌고 미세한 상처의 흔적도 모두 드러났습니다. 앞에서 서술했던 가슴, 명치, 옆구리 위아래의 상처가 명백해졌고 그 색깔도 뚜렷이 나타나서, 피멍든 곳이 약간 단단할 뿐만 아니라 살색도 검붉은 색이 뚜렷하였습니다. 원통하게 입은 상처는 사라지지 않는 것이 자연의 본래 이치가 아니라면, 온몸의 검은색이 모두 흰색으로 변하였는데 이 몇 군데만 여전히 변하지 않을 리가 있겠습니까!

주범의 진술 내용으로 보더라도, 밭도랑에서 물 대는 일로 다툰 사실에 대해서는 그도 자백을 하였습니다. 그의 모습을 살펴보면 매우 사납고 악랄하였으니, 서로 다툰 이상 어찌 손찌검을 하지 않았겠습니까! 주범은 '구타하지 않았습니다.' 하고, 유족은 '구타를 당하였습니다.' 하였으나, 그 중간에 목격한 증인이 한 사람도 없어 수많은 농간과 허위가 난무하였기 때문에 헛갈리게 된 것입니다.

구타를 당한 지 3일 만에 마침내 목숨을 잃었고, 죽은 지 보름이 되었는데 아직도 상처가 남아 있었습니다. 그뿐만 아니라 목숨을 잃은 날에 즉시 도망한 것은 도대체 무슨 까닭입니까! 설사 독약을 먹었다고 하더라도, 입안의 식도 및 목 아래의 썩은 상처 구멍에 은수저를 꽂아 보았으나 오래 지나도 색깔이 변하지 않았으니, 독약을 먹었다는 말은 자연히 터무니없는 것으로 귀결되었습니다. 네 곳의 상처는 의심할 것 없이 명백하였습니다. 그러므로 사망의 실제 원인은 '구타를 당하여 죽게 되었다.'라고 기록하였습니다."

○ 다산의 비평은 다음과 같다.

"3차 검안을 한 관원은 이 발사를 보면 부끄러운 줄을 알 것이다. 썩어 문드러진 시체를 애당초 물을 뿌리며 씻어 내지도 않고서는 숨어서 드러나지 않은 상처를 지레 '상처가 없습니다.' 하고 굶주려 죽은 것으로 결론을 내렸으니, 또한 원통하지 않겠는가! 다만 2차 검안보고서에서는 '이처상을 부축하여 집으로 돌아간 날에 흉악한 범인이 도망하였습니다.' 하였는데, 이 검안보고서에서는 '이처상이 목숨을 잃은 날에 흉악한 범인이 도망하였습니다.' 하였으니, 누가 옳은지 자세히 모르겠다."

○ 충청도에서 다음과 같이 아뢰었다.

"이 살인 사건은 이러하였습니다. 구타를 당하고 내동댕이쳐져서 죽게 될 때까지의 기간이 3일 이내였고, 급소에 상처를 입은 사실은 4차 검안 이후에 더욱 뚜렷이 나타났습니다. 범인이 처음에는 탈출하여 도망하였고 나중에는 핑계를 대어 혼란스럽게 만들었으나, 가지가지 범죄의 진상이 하나하나 탄로 났습니다. 곤궁한 사람이 원통함을 품고서 죽은 것은 참으로 불쌍합니다만, 사건이 종료되지 않고 오래 끌자 빠져나갈 간악한 꾀를 생각해 낸 것은 더욱 몹시 통분하고 악랄합니다. 현재 엄중히 신문하여 기어코 자백을 받아 내게 하였습니다."

○ 주상의 판결은 다음과 같다.

"박사회의 살인 사건은 여러 차례 상세히 살펴보았으나 의문점이 무수히 많았다. 처음에는 검안할 때 사실을 파악하지 못하였기 때문에 사망의 실제 원인을 여러 차례 바꾸었고, 마지막에는 유족이 범인과 사적으로 합의하였기 때문에 사건의 진상이 갑자기 헛갈렸다. 겉면만 얼핏 보면 의심을 일으킬 만한 단서가 참으로 많으나, 맥락을 세밀히 따져 보면 마음속으로 생각했던 범위를 벗어나지 않았다.

대체로 살기를 좋아하고 죽기를 싫어하는 것은 사람들의 일반적인 마음이니, 독약을 먹고 죽는 것, 스스로 목을 매어 죽는 것, 스스로 찔러 죽는 것 등은 어찌 사람들이 쉽게 감행할 수 있겠는가! 더구나 이처상은 가정이 있고 아무런 문제가 없는 사람으로서 독약을 마시고 자살할 명분이 없으니, 집안에 간수를 보관해 두고 주머니에 비상 가루를 넣어 두었다고 하더라도 애당초 어찌 한 모금이라도 가져다가 마실 리가 있겠는가!

당초에 조상옥趙尙玉과 이춘각 등이 간수니 비상을 탄 물이니 하는 말들로 서로 호응한 것은 결국 이처상이 독약을 마시고 죽었다고 핑계를 댈 조짐을 열어 놓은 일이었지만, 그것을 실제로 증명할 수단이 없었다. 그러자 죽을 상황에서 살아나 보려는 계획으로 방 여인과 부화뇌동하고 방 여인을 종용하였다. 방 여인으로서는 감옥 안에서 음식을 권유한 후의를 외면하기가 어려운 데다 집안에서 아들을 기를 암담한 앞길이 상상되어 그들과 한통속이 되었다.

그러나 그들을 드러내 놓고 감싸 주어 사적으로 합의한 행적을 노출시키고 싶지는 않았기 때문에 한 그릇을 마셨다거나 반 그릇을 마셨다거나 하는 이야기로 불분명하게 말을 하여 반신반의할 사안으로 만들어 놓았다. 그리고 다시 이진섭李震燮 한 사람을 내세워서 자기 남편이 독약을 마신 사실을 증언하게 하였다. 그러다가 이처인李處仁의 진술이 나오게 되자, 그녀가 거짓말을 만들어 낼 수 있었던 발판이 근본적으로 차단되었으니, 그녀의 마음가짐을 따져 보면 하나하나 교묘하고 악랄하였다.

즉시 목숨을 잃을 수 있는 상처가 이와 같이 분명한 데다가 더욱이 거짓을 꾸며 댄 주범의 진술이 저와 같이 어긋나니, 이 살인 사건은 참으로 목숨으로 보상하도록 판결해야지 살려 주는 것으로 결론을 내려서는 안 된다. 그러나 내가 살인 사건을 판결할 때마다 조금이라도 의심스러운 단서를 보게 되면 번번이 다시 조사하게 한 뒤 참작하여 결정하였던 것은 내 자신의 견해만을 옳다고 자신하고 싶지 않았기 때문이다.

이 살인 사건에서 독약을 마셨다는 말은, 그 일이 허위인지 사실인지를 막론하고 또 그 말이 정말인지 거짓말인지를 막론하고 살인 사건이 성립된 지 몇 년이 지나도록 이처럼 갈등을 불러왔으니, 사건이 오래되자 농간이 생겨난 것으로 치부하고 심문하지 않을 수가 없다. 다시 도백道伯을 시켜 강직하고 현명한 관원을 별도로 정해서 상세히 조사하게 하고 조사가 끝나거든 의견을 갖추어서 장계狀啓로 보고하게 하라. 간수를 마셨다고 한 문제는 방 여인 외에도 목격한 다른 사람이 있는지를 반복해서 샅샅이 추궁하여 기어코 결말을 지으라고 함께 분부하라. 도백과 검안한 관원을 추고推考해야 한다고 요청한 일은 형조에서 대책을 마련하여 보고한 대로 시행하라."

○ 충청도에서 다음과 같이 조사하여 아뢰었다.

"이 살인 사건에서 사망의 실제 원인을 서로 어긋나게 기록하기는 하였으나, 구타를 당하여 상처를 입었다는 점만은 대체로 모두 동일하였습니다. 주범이 진술한 내용으로 보더라도 애당초 서로 말싸움을 벌인 것에 대해서는 그도 자백하였습니다. 서로 말싸움을 하다 보면 서로 싸우게 되고, 서로 싸우다 보면 서로 구타하게 되는 것은 반드시 그렇게 될 수밖에 없는 형세이니, 어찌 심문할 필요가 있겠습니까! 이처상을 치고 짓밟은 사실은 유족의 진술에서 나왔고, 더욱이 자신을 구타하고 모욕하였다는 말에 대해서는 김만봉의 증언도 있었으니, 원통하게 죽은 사람은 과연 누구 때문에 죽었겠습니까!

'독약을 먹고서 죽었다.'라고 한다면 '간수와 비상[滷礵]' 2자는 지나가는 말로 한 것이고, '음식을 먹다가 상처를 입고서 죽었다.'라고 한다면 보리떡 한 조각은 대소변을 막히게 할 음식물도 아닙니다. 조상옥과 이처우가 주고받은 말들이 저처럼 허황하였을 뿐만 아니라 더욱이 방 여인의 진술이 이처럼 명백하였으니, 독약이니 떡이니 하는 말들은 재차 거론할 필요도 없습니다.

향청鄕廳에서 약을 마셨다는 말에서는 부화뇌동한 행적을 숨길 수가 없었고, 밭도랑에서 풀을 뽑았다는 말도 잘못 알았던 탓에 불과하였습니다. 이에 대해서는 이진섭의 진술과 이춘각의 진술을 보더라도, 충분히 간파할 수가 있습니다. 게다가 독약을 먹었다는 말은 본래 범인들이 의례적으로 하는 말이지 애당초 피해자 가족이 할 말은 아닙니다. 그런데 이번에 방 여인은 근거도 없는 말을 지어내서 원수가 그 말을 빙자하여 살아나 볼 자료로 삼게 하였습니다. 음식을 주자 흔쾌하게 받아먹었을 뿐만 아니라 아들을 핑계로 부끄러워할 줄도 모르고 태연하였으니, 남편을 배반하고 원수를 잊은 죄에 대해서는 징계해야만 합니다.

주범이 줄곧 거짓을 꾸며 대는 것은 몹시 교묘하고 악랄하니, 정식대로 합동 조사하여 기어코 자백을 받아 내겠습니다. 이진섭이 원수들과 결탁하여 한통속이 된 것은 정상이 악랄하니, 신의 감영에서 무거운 쪽으로 처벌하겠습니다."

○ 주상의 판결은 다음과 같다.

"간수를 마시고서 죽었다는 한 가지가 가장 의심스러운 점에 해당하였다. 그러나 도신이 조사하여 보고한 이 장계를 보니, 남편을 배반한 방여인의 죄는 하나하나 감출 수가 없었고, 사건을 혼란스럽게 한 이진섭의 죄는 일일이 자백하였다. 그 나머지 사람들의 진술도 모두 하나로 모아졌으니, 박사회가 이러한 상황에서 어떻게 해당 형률을 피하겠는가!

다만 사망한 이처상이 구타를 당한 지 3일이 지나서 몸소 이춘각의 집에 가서 손수 담배밭을 김매고 마침내 그날 목숨을 잃은 것은 매우 의심스러운 단서이다. 그런데도 도백과 조사한 관원이 이에 대해 샅샅이 조사했다는 말이 한마디도 없었으니, 살인 사건을 처리하는 규정으로 논할 때 몹시 허술하였다. 도백은 추고하고, 조사한 관원은 무거운 쪽으로 추고하라. 조사한 관원을 타일러서 상세히 심문해서 보고하게 하고 도신이 보고를 받거든 다시 장계로 보고하게 하라. 2차 검안과 3차 검안에 대한 본도의 제사題詞를 하나도 기록하지 않은 것도 살피지 못한 잘못을 면하기 어렵다. 이러한 뜻으로 함께 엄중히 타이르라."

○ 주상의 판결에 대한 다산의 견해: 이러한 정도까지 하였으면 이 살인 사건은 의심할 것이 없습니다. 그런데도 성상께서 차마 대번에 판결하지 못하신 이유는, 이 죽은 사람이 본래 굶주려서 목숨이 간당간당하던 사람으로서 한 차례 가볍게 구타하는 것만으로도 충분히 목숨을 잃을 수 있었기 때문에, 박사회의 범행 자체는 본래 심각하지 않았을 것으로 의심하여 반드시 죽여야 할 상황에서 살려 주려는 이유로 차마 대번에 판결하지 못하신 것입니다. 아! 성대합니다.

3. 자살인지 타살인지를 구분하다(21)

【구타하여 상처를 입혀 죽이고서는 갑자기 독약을 먹고서 죽었다고 하였다. 사건의 근본 원인은 묏자리를 다투었기 때문이며, 사망의 실제 원인은 구타를 당하였기 때문이다.】

○ 안악安岳의 백성 경치광景致光이 황채규黃彩圭를 죽였다.

○ 1차 검안보고서의 발사跋詞는 다음과 같다.

"사망의 실제 원인은 '독약을 먹고서 죽게 되었다.'라고 기록하였습니다. 경치광은 피고인被告人으로 기록하였습니다."【발사에서 이르기를 '몸에는 구타를 당한 흔적이 없었습니다.' 하였고, 또 이르기를 '은비녀를 시험해 보니 색깔이 변하였습니다.' 하였다.】

○ 2차 검안보고서의 발사는 다음과 같다.

"왼쪽 견갑골肩胛骨의 자주색 피멍이 든 곳과 오른쪽 뒤 늑골의 자주색 둥근 자국이 생긴 곳은 분명히 구타를 당해서 생긴 상처입니다. 왼쪽 어깨는 급소가 아니기는 하지만, 뺨 아래로부터 곧장 어깨 위까지 살갗과 살이 이와 같이 부어올랐으니, 이것은 아마도 어깨 위의 독기가 축적되어 위로 향하게 되어 그렇게 되었을 것입니다. 《증수무원록》 〈검복·검식〉에 이르기를 '급소가 아니더라도 심하게 상처를 입으면 죽는다.' 하였습니다. 늙고 쇠약한 사람이 이중에 하나라도 해당이 되면 참으로 목숨을 잃을 수가 있습니다. 하물며 늑골 아래의 상처도 급소에 났으니 더 말할 것이 있겠습니까! 그러므로 사망의 실제 원인은 '구타를 당하여 죽게 되었다.'라고 기록하였습니다.

정수리와 숨구멍에는 붉은 핏빛이 뚜렷하였습니다. 《증수무원록》 〈검복·검식〉에 이르기를 '일반적으로 하체를 다친 사람은 그 흔적이 모두 위에 나타난다.' 하였고, 또 이르기를 '고환이 다쳐서 깨지면 숨구멍에 붉은 핏빛이 난다.' 하였습니다. 이 책은 시체를 검안하는 지침이기 때문에 고환의 여러 부위를 특별히 더 자세하게 살펴보았으나, 별달리 뚜렷이 드러난 상처는 없었습니다. 아마도 뒤 늑골 상처의 독기가 위로 올라가서 숨구멍의 붉은 핏빛이 된 듯합니다.

여러 사람의 진술을 참고해 보면, 황채규는 전적으로 경치광 때문에 죽은 것인데도 경치광은 보지도 못했고 구타하지도 않았다고 감히 줄곧 변명을 해 대고 있습니다. 그러나 들것에 실려 온 황채규를 받아들인 것은 실제로 범행을 저질렀다는 확실한 증거이고, 유족에게 뇌물을 준 것은 경치광이 겁을 먹었다는 본래 증거입니다. 그러니 거짓을 꾸며 대려고 한들 가능하겠습니까! 그러므로 주범은 경치광으로 기록하였습니다.

경태영景太英은 아버지로서 자식의 죄를 증명해야 하기 때문에 진술을 받지 못하였습니다."

○ 다산의 비평은 다음과 같다.

"숨구멍에 붉은 핏빛이 나는 것은 고환의 맥脈이 곧장 독맥督脈[51]을 거쳐서【독督이란 등솔기[裻]이니, 웃옷의 등 가운데 부분을 맞붙여 꿰맨 것을 등솔기라고 한다.】 위로 머리까지 도달하기 때문이다. 불두덩에는 상처가 없더라도 만약 항문의 밑이나 음경陰莖의 뿌리를 발에 차이게 되면, 겉에는 상처가 없지만 위에 반드시 붉은 핏빛이 나게 된다.

이제 '뒤쪽 늑골 상처의 독기가 위로 올라가서 숨구멍의 붉은 핏빛이 된 듯합니다.'라고 하였으니, 이치에 맞지 않는 의문이다. 왼쪽 어깨와 오

51 독맥督脈: 한의학에서 말하는 여덟 가지 맥의 하나로, 인체의 중앙을 관통하여 위아래를 연결하는 맥이다.

른쪽 뒤 늑골 두 곳의 상처를 지목하였으면, 다음과 같이 서술해야 한다. '왼쪽 어깨의 상처는 부위로는 급소가 아니지만 도리어 무거운 상처를 입었고, 오른쪽 등 갈비뼈의 상처는 상처 자체는 가볍지만 본래 급소에 해당합니다. 두 곳 상처의 독기가 합쳐지면 죽음을 피하기가 어렵습니다.' 이와 같이 서술하면 사리가 분명해진다. 이번에 서술한 것은 정확성이 부족한 듯하다."

○ 3차 검안보고서의 발사는 다음과 같다.

"이번 사건에서 시신은 두 차례의 검안을 거치느라 시일이 다소 오래되었습니다. 시체 앞면의 왼쪽 견갑골에 검붉은 색을 띤 곳은 둘레가 7치가 넘었고 누르면 단단하였으니, 분명히 구타를 당하여 난 상처입니다. 시체 뒷면의 오른쪽 옆구리 아래쪽에 검푸른 색을 띤 곳은 물집이 생기지는 않았다고 하더라도 다른 썩은 곳과 비교하면 차이가 있는 듯도 합니다.

피해자 가족이 진술하기를 '황채규가 살아 있을 때에 옆구리가 아프다고 하였습니다.'라고 하였습니다. 그래서 검안할 때 사용하는 물품을 여러 차례 가지고 여러 방면으로 깨끗이 씻어 냈으나, 눌러 보면 부드러웠고 별달리 피멍도 없었으므로 옆구리를 상처라고 지정할 수가 없을 듯합니다. 따라서 목숨을 잃게 한 상처는 왼쪽 어깨 한 곳뿐입니다. 황채규는 평소에 약간 해수咳嗽 증세가 있었고 나이도 60이 넘어 늙고 쇠약한 사람이 되었으므로 가볍게 구타를 당하더라도 충분히 목숨을 잃을 수가 있습니다. 하물며 소나무 몽둥이로 견갑골을 세게 맞았으니 더 말할 것이 있겠습니까! 《무원록》 〈조례·구타사毆打死〉에 '급소가 아니더라도 매우 세게 구타를 당하면 상처가 검붉은 색을 띤다.' 하였습니다. 그러므로 사망의 실제 원인은 '구타를 당하여 죽게 되었다.'라고 기록하였습니다.

경치광은 자신들의 땅에 다른 사람이 몰래 장사를 지내려고 한다는 말을 듣고서는 사람들을 모아 몽둥이를 가지고 산에 올라가 사람을 보는 대로 구타하였으니, 이것도 천한 사람들 사이에 일상적으로 일어나는 일입니다. 게다가 황취삼黃就三의 진술 내용을 살펴보면, 경치광이 먼저 구타하고 황취삼이 그다음으로 구타하였다고 하였는데, 황취삼의 얼굴에 난 상처가 지금까지도 뚜렷합니다. 어두운 밤에 마구 짓밟는 상황에서 사람들은 모두 사방으로 흩어지고 황채규만 혼자 남아 있었으니, 어떻게 노인인 줄을 알아 내버려 둘 수가 있었겠습니까! 그러므로 주범은 경치광으로 기록하였습니다."

○ 다산의 비평은 다음과 같다.

"3차 검안보고서에서는 왼쪽 어깨의 상처 한 가지만을 지정하였으니, 정확성에 감탄한다."

○ 황해 감영黃海監營의 제사題詞는 다음과 같다.

"황채규가 60세가 넘었다고는 하지만, 산 위를 왕래하다가 아무런 이유 없이 목숨을 잃을 리가 있겠는가! 경치광이 애당초 황채규의 얼굴을 보지도 못했다고 자세히 변명을 해 대지만, 자신들의 땅에 남들이 몰래 장사를 지내려 한다는 말을 듣고서는 황급히 산 위로 올라갔으니, 노인이나 젊은이를 막론하고 사람을 보는 대로 기어이 구타하는 것은 자연적인 형세이다. 따라서 경치광이 주범이라는 사실은 불을 보듯 명확하다.

그런데 1차 검안에서는 상처가 없다고 하면서 '독약을 먹고 죽게 되었다.'라고 사망의 실제 원인을 기록하였으니, 어찌 의아하지 않을 수 있겠는가! '독약을 먹었다.[服毒]'라는 2자는 여러 사람의 진술 내용을 살펴보아도 그 근거를 전혀 찾을 수가 없었다. 오히려 상처가 두 곳에 나 있다는 것은 나중의 검안 결과를 살펴보면 모두 숨기기 어려운 증상이 있었다. 그런데도 이와 같이 사실과 어긋났으니 도대체 무슨 사정 때문인가! 해당 형리刑吏를 엄중히 형장을 쳐서 샅샅이 심문하기 위해 급히 잡아서 올려보내라.

2차 검안과 3차 검안에서 사망의 실제 원인을 이처럼 명확하게 '구타를 당하였다.'라고 지정하였으니, 이 살인 사건의 주범에 대해서는 더 이상 의심할 단서가 없다. 그뿐만 아니라 아픈 황채규를 들것에 싣고 와서 맡기자 경치광이 순순히 받고 거부하지 않았으니, 그가 범행을 저질렀다는 것을 알 수가 있다. 황채규의 집으로 돈을 보내어 아무 일 없이 넘어가기를 바랐으니, 그가 범행을 저질렀다는 것을 알 수가 있다. 황채규가 신음하던 소리를 황취삼이 자세하게 들은 이상 황채규가 구타를 당하였다는 것을 알 수가 있다.

이 정도까지 밝혔으면 이 살인 사건의 내막에 대해서는 더 이상 의심할 것이 없다. 2차 검안한 관원과 3차 검안한 관원은 날짜를 잡아 함께 모여 조사하여 샅샅이 추궁해서 자백을 받아 내라. 몰래 뇌물을 받은 황채중黃彩中과 중간에서 서로 화해시킨 장홍엽張紅燁은 징계하지 않을 수가 없다. 모두 한 차례 형장을 치고 풀어 주라.

2차 검안과 3차 검안에서 사망의 실제 원인을 이처럼 명확하게 지정하기는 하였으나, 은비녀를 시험하지 않은 것은 허술히 한 잘못을 면하지 못하였다. 두 차례 검안할 때의 형리도 우선 과실을 기록해 두었다가 고과考課에 반영하라."

○ 황해도에서 다음과 같이 조사하여 아뢰었다.

"이 살인 사건은 사망의 실제 원인으로 말하면 다음과 같습니다. '구타를 당하였다.'라고 하였지만 시체의 온몸에는 다친 흔적이 없었고, 다른 것이 빌미가 되어 죽었는지 의심이 들어 은비녀를 시험해 보자 색깔이 변하였으니, 1차 검안에서 어쩔 수 없이 사망의 실제 원인을 '독약을 먹었다.'라고 기록하였던 이유입니다. 2차 검안에 대해 말하면, 어깨 위에 든 피멍은 원래 빨리 죽을 수 있는 상처가 아니었고, 자주색을 띤 옆구리 아래야말로 목숨을 잃을 수도 있는 급소였습니다. 그런데 3차 검안할 때가 되자, 다소 경미한 상처로 보았던 어깨의 상처는 그대로 남아 있고, 가장 중대한 상처로 보았던 옆구리의 상처는 흔적이 없어졌습니다. 그러니 이른바 사망의 실제 원인으로 지정했던 것들은 명확하다고 할 수가 없었습니다.

증인으로 말하면 다음과 같습니다. 증인 모두가 유족이었으므로 애당초 공정한 증인은 아니었습니다. 황채중과 황취진黃取辰이 1차 검안할 때에는 진술하기를 '왼쪽 옆구리를 구타당하였습니다.' 하였고, 견갑골에 대해서는 언급한 적이 없습니다. 그러다가 2차 검안할 때 오른쪽 옆구리에 자주색을 띤 흔적과 왼쪽 옆구리에 피멍이 든 흔적이 나타나자, 그제야 '구타를 당하고 나서 옆구리가 아프다고 하였고 어깨도 아프다고 하였습니다.' 하였습니다. 한 사람은 황채규의 아우로서, 한 사람은 황채규의 아들로서, 상처가 왼쪽에 났는지 오른쪽에 났는지 분별하지도 못하다가, 2차 검안과 3차 검안을 하고 나자 검안한 관원이 사망의 실제 원인으로 지정한 것을 대뜸 그대로 따르되, 보지 못했던 것이라고 억지를 부리면서 똑같은 말로 진술을 바쳤으니, 이래서야 되겠습니까!

황채규가 구타를 당할 때 목격한 증인은 그의 아우와 조카인데, 아우는 진술하기를 '제가 먼저 구타를 당하였기 때문에 피하느라 보지 못하였습니다.' 하였고, 조카는 진술하기를 '신음하는 소리만 듣고서 구타를 당한 줄로 알았습니다.' 하였습니다. 중태中泰는 '목격한 증인들은 애당초 산에 올라가지도 않았거나 올라갔더라도 먼저 도망하였습니다.'라고 하였으니, 증인들도 명백하다고 할 수가 없습니다.

살인 사건에서 중대한 정황 증거로는 뇌물을 주는 것과 합의하기를 바라는 일보다 확실한 것이 없습니다. 그리고 범인이 합의해 주기를 애걸하는 경우는 간혹 있기도 하지만, 유족이 먼저 요구하는 경우는 듣지 못하였습니다. 그런데 이번 사건에서는 합의하기를 요구한 것이 애당초 경치광의 소행이 아니라 황채중이 먼저 제안하였으니, 이것은 충분히 경치광의 아내가 따질 단서로 삼을 만합니다. 더구나 황채중이 요구한 것은 관棺을 마련하는 값뿐만이 아니었습니다. 자기 형의 시체를 팔아먹고 자기 조카의 눈을 속였으며, 뇌물을 요구하면서 관아에 고소할 생각은 하지도 않았고 주저주저하면서 여러 차례 시일을 끌었으며, 사망 시각을 바꾸어서 은폐하려는 간악한 계획을 이루려고 꾀하였으니, 이러한 것들도 충분히 경가景哥들이 변명할 단서로 삼을 만합니다.

그렇다고 하더라도 이것은 유족들이 인륜을 무시한 탓에 벌어진 일에 불과하니, 어찌 경치광이 혐의를 벗어날 수 있는 증거가 되기에 충분하겠습니까! 경치광은 한창 혈기가 왕성한 나이로, 자기들의 땅에 남들이 몰래 장사를 치르려고 한다는 놀라운 소식을 갑자기 듣고서는 주먹을 불끈 쥐고 서둘러서 고함을 치며 달려왔으니, 홧김에 주먹을 마구 휘두르면서 거침없이 쫓아내고 이리저리 뛰면서 때리고 차는 것은 분명히 순차적으로 벌어진 일입니다.

자기네 무덤의 상황을 보고서도 '어쩔 수가 없는 일이다.'라고만 말했다는 것은 일반적인 이치로 미루어 볼 때 어찌 그럴 리가 있겠습니까! '황취삼만 보았고 황채규는 보지 못하였습니다.'라는 말은 혐의를 벗고 살아나 보려는 계획에서 한 말인 것 같지만, '풍수쟁이인 줄로 잘못 알았습니다.'라는 말이 경태영의 입에서 나왔고, '황채규를 만났습니다.'라는 진술이 또 묘지기의 입에서 나왔으니, 경치광이 '보지도 못했고 구타하지도 않았습니다.'라고 한 말은 분명히 거짓으로 꾸며 댄 것입니다.

황채규를 메고 왔는데 순순히 받았으니 그 마음이 떳떳하지 못했다는 것을 알 수 있으며, 유족이 돈을 요구했는데 거절하지 못하였으니 그 계획이 간절하였다는 것도 알 수 있습니다. 사망의 실제 원인으로 지목한 상처가 목숨을 잃게 할 급소에 난 것은 아니었으나, 황채규의 나이가 매우 많은 데다가 혈기 왕성한 사람의 사나운 손찌검을 갑자기 당하였으니, 《증수무원록》 〈검복·검식〉에서 '급소가 아니더라도 심하게 상처를 입으면 죽는다.'라고 한 것이야말로 이 살인 사건을 말한 것입니다.

사망의 실제 원인이 명확하지는 않았으나 견갑골의 상처가 있는 이상 '구타를 당하였다.'라고 할 수 있습니다. 증언이 일치하지는 않았으나 쫓아낸 일이 있었던 이상 범행을 저질렀다고 할 수 있습니다. 게다가 돈까지 주었던 일은 아무래도 변명하기 어려우니, 살인 사건은 사안이 중대한 만큼 전처럼 신문하는 것이 어떻겠습니까? 형조에서 주상께 여쭈어 처리하게 해 주소서. 경치광은 안악군安岳郡의 감옥에 도로 가두어 두고서 삼가 처분을 기다리겠습니다. 사건과 관련된 사람들은 모두 풀어 주겠습니다."

○ 다산의 비평은 다음과 같다.

"이 장계에서는 강약을 조절하여 변화무쌍하게 잘 서술하였으니, 심리 의견을 보고하는 격식을 깊이 파악한 것이다."

○ 형조에서 다음과 같이 아뢰었다.

"이 살인 사건은 다음과 같습니다. 유족은 '늑골과 등골을 구타당하였습니다.' 하였으나, 검안한 관원은 '어깨와 옆구리에 상처를 입었습니다.' 하였습니다. 그런데 구타를 당한 흔적은 늑골과 등골에 나타났으나 상처는 어깨와 옆구리에 나타났습니다. 이것이 첫 번째 의문점입니다.

1차 검안에서는 '사망의 실제 원인은 독약을 먹고서 죽게 되었다.'라고 기록하였으나, 2차 검안에서는 '사망의 실제 원인은 구타를 당하여 죽게 되었다.'라고 기록하였습니다. 다친 흔적은 그대로 남아 있으나 사망의 실제 원인으로 지정한 것은 서로 반대였습니다. 이것이 두 번째 의심스러운 점입니다.

견갑골과 옆구리의 상처에 대해, 2차 검안에서는 '자주색의 둥근 자국이 생겼습니다.'라고 하였으나, 3차 검안에서는 '검푸른 색을 띠었습니다.' 하였습니다. 자주색의 둥근 자국은 목숨을 잃게 한 상처에 나타나는 것이고, 검푸른 색은 살색이 오래되어 변하였을 때 나타나는 것입니다. 두 차례의 검안 결과의 소견이 이처럼 서로 어긋났습니다. 이것이 세 번째 의문점입니다.

상처가 난 곳에 대해서는 유족이 왼쪽이라고 진술하기도 하고 오른쪽이라고 진술하기도 하였으며, 상처의 색깔에 대해서는 검안한 관원이 자주색이라고 보고하기도 하고 푸른색이라고 보고하기도 하였으니, 어떻게 신뢰하겠습니까! 검안할 때 은비녀를 사용하는 것은 본래 불변하는 법칙이어서, 독약을 먹었다는 말이 없더라도 당연히 거행해야 하는 법을 폐기할 수가 없습니다. 그런데 1차 검안에서 사망의 실제 원인을 '독약을 먹었다.'라고 하였는데도 2차 검안과 3차 검안에서는 은비녀를 시험하지 않았으니, 도대체 무슨 까닭입니까! 검안하는 격식을 소홀히 하였으니, 경고가 없어서는 안 됩니다.

죽은 사람이 몹시 연로하고 쇠약하기는 하였으나, 흉악한 범인의 범행을 감추기는 어려웠습니다. 먼저 뇌물을 주어 사적으로 합의하기를 도모하였으니, 행적을 가지고서 말한다면 어찌 혐의를 명백히 벗겠습니까! 상처의 부위가 서로 어긋나고 검안보고서의 작성 원칙을 위반하였다고

해서 대번에 가벼운 쪽으로 처벌할 것을 의논해서는 안 됩니다. 전처럼 신문하여 기어코 진실을 알아내게 하소서. 2차 검안한 관원과 3차 검안한 관원은 모두 무거운 쪽으로 추고推考하는 것이 어떻겠습니까?"

○ 주상의 판결은 다음과 같다.

"황가黃哥와 경가 양쪽의 말은 본래 있으나마나한 것이고, 방형대邦衡大와 장홍엽 두 사람만 공정한 증언을 한 듯하다. 그러나 방형대는 구타하는 광경을 보지 못했고, 장홍엽은 뇌물을 전달하는 일 한 가지에만 관여하였으니, 또 어떻게 신뢰하겠는가!

대체로 경치광의 앞뒤 진술은 책임을 떠넘기는 말뿐이고 별달리 거짓을 꾸며 댄 단서는 없었다. 그러나 유족의 진술들은 검안할 때마다 바뀌어 속임수가 마구 넘쳐 나니, 상처에 대해서는 왼쪽을 오른쪽이라 하고 사망한 시기는 낮 시간을 밤이라고 바꾸었다. 이것은 사람의 도리라고는 조금도 없는 것이다. 황채중이 진술하기를 '풍수쟁이인 줄로 잘못 알았다는 말을 경태영에게 들었습니다.' 하였는데, 또 어찌하여 황채중을 경태웅景太雄과 대질시켰는가?

병든 사람을 순순히 받아들이고 장례 비용을 마련하여 주었으니, 이것은 범행을 저질렀다는 진짜 증거이다. 그러나 사적으로 합의하자는 요청이 유족에게서 먼저 나왔으니, 그로 인하여 경치광이 모면하기를 도모한 것은 그래도 괴이할 바가 없는 일이다. 게다가 사리로 미루어 보면 몹시 연로하여 거의 죽을 때가 다 된 사람이 한밤중에 사촌 형수의 장례에 어찌 꼭 장지葬地까지 따라가겠는가! 1차 검안을 할 때 유족의 진술에서도 '해수 증세까지 발생하였습니다.'라고 하였으니, 이처럼 목숨이 간당간당한 사람이 어떻게 산에까지 올라갔겠는가!

가령 황채규가 경치광에게 구타를 당하였기 때문에 죽었다고 하더라도, 할아버지의 무덤에 몰래 매장하려고 하는 것을 막기 위해서 구타하는 것은 본래 사람의 일반적인 심정이다. 하물며 구타한 행적이 끝내 충분히 밝혀지지도 않았으니 더 말할 것이 있겠는가! 이러한 사망의 실제 원인과 이러한 증언을 가지고서 추정하여 단정하고 이어서 확실한 증거로 삼는 것은 아무래도 억압하는 혐의가 있다. 그러니 경치광은 참작하여 정배定配하라. 유족 황채중은 죽은 형의 시체를 메고 가서 원수에게 뇌물을 요구하였으니, 그 정상이 통분스럽고 악랄하다. 한 차례 엄중히 형장을 치고 풀어 주라.

검안한 관원으로 말하면, 1차 검안에서 상처를 세밀히 조사하지 않은 점 및 2차 검안과 3차 검안에서 은비녀를 시험하지 않은 점은 너무도 잘못한 것이다. 그 외에도 소홀히 한 것이 한두 가지가 아니다. 명확히 살피지 못하였기 때문에 상세히 가려내지 못하였고, 상세히 가려내지 못하였기 때문에 엄격히 조사하지 못하였으며, 엄격히 조사하지 못하였기 때문에 꿈 이야기를 하는 것처럼 말하였다.

따라서 징계하는 방도로 볼 때 형률대로 엄중히 처벌해야 한다. 그러나 근래에 검안하는 관원들이 검안보고서를 전해 주어 판에 박은 듯이 똑같이 작성하는 것은 참으로 금지해야 할 큰 일이었다. 그러므로 이에 앞서 두 검안 결과가 서로 다르면 번번이 모두 법대로 처리하지 않고 그냥 넘어감으로써 각각 자기의 소견을 다 밝힐 수 있는 길을 열어 주었던 것이다. 이 사건에서는 검안한 관원을 용서해 주기는 어려우나 참작해 주어야 한다. 1차 검안한 관원인 안악 군수安岳郡守 김노영金魯永, 2차 검안한 관원인 문화 현령文化縣令 이영택李英澤, 3차 검안한 관원인 재령 군수載寧郡守 김기후金基厚 등은 모두 파직하라. 도신의 장계에서 조목조목 열거한 것은 소홀히 한 잘못을 면하기 어렵고 검안보고서의 발사가 서로 어긋난 것에 대해 이렇다 저렇다 말도 없었으니, 해당 도신은 추고하라."

4. 자살인지 타살인지를 구분하다(22)

【머리채를 휘어잡혀서 끌려 다니다가 죽었는데, 뜸을 뜨다가 생긴 독기 때문에 죽었다고 혐의를 떠넘겼다. 사건의 근본 원인은 재물을 아꼈기 때문이며, 사망의 근본 원인은 목이 부러졌기 때문이다.】

○ 영동永同의 백성 이차득李次得이 강중행姜中行을 죽였다.

○ 1차 검안보고서의 발사跋詞는 다음과 같다.

"사망의 실제 원인은 '목이 끌려다니다가 죽게 되었다.'라고 기록하였습니다. 이차득은 피고被告로 기록하였습니다."

○ 다산의 비평은 다음과 같다.

"검안보고서의 전체를 보지 못하였으므로 상세히 알 수는 없다. 그러나 목이 부러져서 죽은 경우에는 더러 범인을 피고로 귀결시키는 경우가 있기도 하니, 그 이유는 참으로 스스로 추락하여 목이 부러진 경우도 때때로 있기 때문이다. 지금 이 검안보고서에서는 '목이 끌려다녔다.'라고 한 이상 명확히 목을 끌고 다닌 사람이 있다는 말인데, 어떻게 이차득을 피고인이라고 할 수 있는가! '끌다.[曳]' 1자를 통해서 검안보고서 전체가 허술하다는 것을 알 수 있다."

○ 2차 검안보고서의 발사는 다음과 같다.

"소를 풀어놓아 소가 콩을 뜯어 먹은 일 때문에 소란이 일어났고, 홧김에 주먹을 휘두르고 상투를 잡아당기다가, 마침내 살인까지 하게 되었으니 또한 어긋난 짓이 아니겠습니까! 싸울 때 목격한 증인이 분명히 보았고 병이 들어 누워 있을 때 위문한 사람의 말도 상세하였습니다. 그뿐만 아니라 시장屍帳에 기록한 상처 중 겉으로 뚜렷이 나타난 것으로 말하면, 목과 좌우 뒷머리의 경계에는 쑥뜸을 뜬 흔적이 여기저기 매우 어지러이 나 있었고, 위아래 턱과 좌우의 가슴은 살갗이 쓸린 흔적도 매우 분명하였습니다.

이 몇 가지를 통해서 이차득이 강중행의 머리채를 휘어잡아 끌어서 목숨을 잃게 한 사실은 숨길 수가 없습니다. 상투를 잡아당긴 일에 대해서는 이차득도 정직하게 진술하였고 귀신에게 기도한 일에 대해서는 이차득도 속이지 않았습니다. 상투를 잡아당겼다는 것은 머리채를 휘어잡고서 끌었다는 분명한 증거이고, 귀신에게 기도하였다는 것은 겁먹은 사실을 보여 주는 실제적인 행적입니다. 범인으로 단정할 확실한 증거가 확보되었으므로 더 이상 의심할 단서가 없습니다.

다만 강중행의 목을 뒤쪽을 향해서 흔들면 거의 뼈의 힘이 없었으나, 앞쪽을 향해서 흔들면 다소 굳건한 기미가 있었습니다. 또 실오라기 같은 그의 목숨이 10일까지나 연장되었는데, 만약 참으로 목이 부러졌다면 앞쪽으로 다소 가벼운 상처를 입었다고 해서 10일이 넘게 죽지 않을 리가 있겠습니까! 음식을 삼키려다가 도로 흘리고 말을 뱉으려다가 곧바로 어눌해진 것은 목구멍이 막혔기 때문인 듯했습니다. 그러나 유족인 곽 여인[郭女]이 1차 검안에서는 진술하기를 '물을 마시지도 못하고 말을 하지도 못했습니다.' 하였고, 3차 검안에서는 진술하기를 '토하기도 하고 삼키기도 하였습니다.' 하였습니다. 그 나머지 사람들도 '죽은 사람이 한 말입니다.'라면서 알려 주기도 하였고 '숟가락을 들어서 물을 먹여 주었습니다.'라고 말하기도 하였으니, 목구멍이 막혀서 죽은 것도 아닙니다.

다만 그가 몸져누워 있던 시기에 목은 언제나 하늘을 향해 있었고 머리는 낮게 뒤쪽을 향해 있었다는 것에 대해서는 사건과 관련된 사람들의 진술 및 이웃과 마을 사람들의 말이 똑같이 일치되어 조금도 어긋나지 않았습니다. 그리고 '아직 죽지 않았을 때에는 언제나 목뼈가 어긋났는지 부러졌는지 마음대로 굽히거나 펼 수가 없었기 때문에 찌르는 듯한 고통을 이기지 못하여 여러 차례 쑥뜸을 떴습니다.' 하였습니다. 그러므로 사망의 실제 원인은 '머리채를 휘어잡혀서 끌려다니다가 목뼈가 어긋나서 죽게 되었다.'라고 기록하였습니다. 주범은 이차득으로 기록하였습니다.

강중행은 새로 자녀의 죽음을 당하여 실성한 사람이나 마찬가지였습니다. 그런 상황에서 콩의 싹이 난 지 얼마 되지도 않았고 소가 뜯어 먹은 것도 많지 않았는데, 이차득이 이웃 사이의 정의情誼는 생각하지도 않고 비통한 속을 건드리자 자식을 잃고 슬퍼하던 시기에 목숨을 걸고 싸웠으니, 또한 어긋난 짓이 아니겠습니까! 상투를 잡아당겼다고 한 이상 머리채를 휘어잡고서 끌어당겼다는 사실을 알 수 있습니다. 더구나 그의 손에 뽑힌 머리카락이 반 움큼이나 된다고 하였으니, 이것이 또 머리채를 휘어잡고서 끌어당겼다는 중요한 증거입니다. 그런데도 죽을 때가 되어 쑥뜸을 뜬 사실을 가지고서 하나의 핑곗거리로 삼으면서 머리채를 휘어잡고서 끌어당긴 사실에 대해서는 끝내 정직하게 진술하지 않았습니다. 엄중히 형장刑杖을 치며 샅샅이 심문하여 기어코 진실을 알아내는 것은 그만둘 수가 없을 듯합니다."

○ 다산의 비평은 다음과 같다.

"'목이 부러졌다.'라고 말하지 않고 '뼈가 어긋났다.'라고 바꾸어서 말한 것은 도대체 무슨 뜻에서였는가? 사람의 몸에 있는 뼈들은 무려 100여 개나 되는데, 어긋난 것은 어느 뼈를 말하는가? 목이 부러진 사람은 앞으로도 흔들리고 뒤로도 흔들려서 모두 뼈의 힘이 없는데, 이 시체는 앞은 굳건하고 뒤는 부러졌기 때문에 '뼈가 어긋났다.'라고 바꾸어서 말하였는가? '목[項]'이라는 이름이 본래 뒷목의 뼈에 근거해서 붙여졌다는 것을 몰랐기 때문에, 앞은 '위아래 턱[頷頦]'이라 하고 뒤는 '목[項頸]'이라 하여 《무원록》〈검복·시장식屍帳式〉의 도식圖式에도 분명히 기재되어 있다.

그러나 뒷목의 뼈가 정말로 부러졌다면, 이는 '목이 부러졌다.[折項]'라고 해야지 어찌 '뼈가 어긋났다.[違骨]'라고 말할 수 있는가! '뼈가 어긋났다.'라는 것은 두 뼈가 서로 부딪치는 지점에서 서로 절묘하게 들어맞지 않는 것을 말한다. 이 시체는 머리가 깨져서 뒤로 젖혀지고 전혀 뼈의 힘이 없는데, 어찌 뼈가 어긋난 것이라고 하겠는가! 1차 검안에서는 '목을 끌어당겼다.' 하고, 2차 검안에서는 '뼈가 어긋났다.' 하였다. 모두 앞이 굳건한 데에 목 한 가지에 대해서 의문을 품고서 이처럼 애매모호하게 말하였으니, 어찌 잘못되지 않았겠는가!

게다가 목뼈가 어긋났는지 부러졌는지에 대해서는 다툴 필요가 없다. 구타를 당하고서 아래쪽 갈비뼈가 부러져서 죽은 경우에는 사망의 실제 원인을 '구타를 당하였다.'라고만 기록할 뿐이고, 아래쪽 갈비뼈가 어긋났는지 부러졌는지는 더 이상 따지지 않는다. 발에 차여 등골이 부러져서 죽은 경우에도 사망의 실제 원인을 '발에 차였다.'라고만 기록할 뿐이고 등골이 어긋났는지 부러졌는지는 더 이상 따지지 않는다. 그런데 어찌 머리채를 휘어잡혀서 목이 부러져 죽은 경우에만 사망의 실제 원인에 기어이 그 상처까지도 함께 거론하겠는가! 만약 발사에서 이러한 규례를 공개적으로 밝히고 '머리채를 휘어잡혔다.[被捽]'라는 2자만 사망의 실제 원인으로 삼았다면, 상급 관사에서도 꼭 격식을 위반하였다고 하지는 않았을 것이다. 어찌하여 이렇게 하지 못하였는가!"

○ 충청도에서 다음과 같이 아뢰었다.

"이 살인 사건의 두 차례 검안보고서에서는 '목을 끌어당겼다.'와 '뼈가 어긋났다.'라고 기록하여 사망의 실제 원인이 서로 합치되지 않았고, '피고'와 '주범'이라고 기록하여 이차득에 대한 기록이 각각 달랐습니다. 뺨과 턱의 살갗이 쓸린 것은 목을 끌어당겨서 생긴 상처에 가깝고, 식도의 색깔이 푸른색을 띠는 것은 뼈가 어긋나서 생긴 상처에 가깝습니다. 피고나 주범이나 간에 살해한 사람은 똑같고, 1차 검안의 소견과 2차 검안의 소견도 서로 엇비슷하였습니다. 다만 저 콩을 뜯어 먹은 소가 아욱을 밟은 말보다 심하였으니,[52] 서늘한 곳에서 먹이를 준 일은 옛날 사람들에게나 있었던 미담일 뿐이고, 소의 주인에게 화풀이를 한 것은 천한 백성의 어그러진 풍습이기에 괴이하게 여길 것이 없습니다.

풀을 베던 사람은 신금申金으로 처음에 산 위에서 소가 콩을 뜯어 먹는 것을 보고 소리를 질렀고, 강아지풀을 주워 모은 사람은 정득丁得으로 마지막에 문앞에서 화해시키려고 하는 것을 보았습니다. 사건의 발단은 하찮은 일로 시작되었으니, 어찌 죽이려는 마음이야 있었겠습니까! 이차득이 놀라고 분노했던 것은 콩이 아까웠기 때문이었으니, 기어이 구타하려고 하였던 형세를 알 수 있습니다.

게다가 반 웅큼이나 빠진 머리카락은 특히 마구 끌어당겼음을 보여주는 확실한 증거입니다. 강중행의 머리가 일반 사람과 달랐다는 것은

---

52 저……심하였으니: 중국 춘추시대 노魯나라의 칠실漆室이라는 고을에 사는 여자가 "옛날에 어떤 손님이 정원 안에 말을 매어 놓았는데 말이 달아나서 아욱을 짓밟아 한해 내내 아욱을 먹지 못하게 하였다."라고 하였다. 여기에서는 소나 말이 곡식을 뜯어 먹었다고 나무라는 것을 넘어 사람을 죽이기까지 한 것을 탄식하는 의미에서 인용한 것이다. 정조가 《시경》 〈소아小雅·백구白駒〉의 "새하얀 흰 망아지 채소밭의 곡식 싹을 뜯어 먹네."라는 구절에 대해 다산에게 묻자, 다산이 칠실 고을 여자의 이야기를 인용하면서 "말이 달아나서 아욱을 짓밟았다고 하여 주인이 손님을 탓한다면, 이처럼 현인을 대접해서야 어떻게 환심을 사서 머무르게 할 수 있겠습니까!"라고 대답하였다.

수령 앞에서 한 진술이 있고, 한여름에 쑥뜸의 독기가 발생하였다는 것은 사리에 벗어난 말이기도 합니다. 지렁이를 복용하도록 권유한 것은 참으로 치료하는 방법의 하나이지만, 개를 잡는 일을 꺼렸다는 것은 궁색한 말을 일부러 증명한 것입니다. 전답이 있는 들판을 왕래한 사실에 대해서는 증명할 수가 없고, 마마귀신에게 기도한 일은 실제로 겁을 먹었기 때문입니다.

가령 10일이라는 다소 오랜 시간이 지나서 죽었다는 이유로 '목이 부러져서 목숨을 잃은 것은 아니다.'라고 하더라도, 막 두 아들이 연달아 죽는 비극을 당한 상황에서 어찌 차마 실성한 사람에게 범행을 저지를 수 있단 말입니까! 더구나 정의가 도타운 이웃 사이에서 이처럼 잔인한 변고가 발생하였으니, 강중행이 품고 있는 원통함은 이치상 반드시 갚아 주어야 하고 이차득의 범행은 끝내 숨기기가 어렵습니다. 본 사건은 의도하지 않고 저지른 일이기는 하지만, 살인 사건의 처리 규정으로 볼 때 가볍게 처벌하기가 어렵습니다. 그러나 현재 격식에 따라 합동 조사하여 기어코 자백을 받아 내게 하였습니다."

○ 주상의 판결은 다음과 같다.

"이차득의 살인 사건은 다음과 같이 판결한다. 증인의 증언에서는 단서를 포착한 것이 없고 범인의 행적에서는 드러난 증거도 없으며, 시장의 검안 기록까지도 흉터 자국이 아니면 쑥뜸 자국만 기록되어 있고 애당초 단단하거나 검은색을 띠는 곳 등의 부위가 없었으니, 살인 사건을 성립시키는 문제는 다시 생각해야 할 듯하다.

싸움의 단서는 콩의 싹을 뜯어 먹은 소에서 시작되었으나, 싸움의 상황은 날개를 곧추세우고 대치한 닭처럼 치열하였다. 머리채를 휘어잡혀서 많은 상처를 입은 데다가 목이 끌려다니다가 중대한 부상까지도 당하였으니, 그로 인해 죽게 되는 것은 반드시 그렇게 될 수밖에 없는 상황이었다.

깨끗이 목욕하고 깨끗한 옷을 차려입고서 몸소 제단祭壇에서 기도한 것이 전연팽全連彭의 부추김을 받아서 한 것이라고 하더라도, 그가 만약 범행을 저지르지 않았다면 어찌 무당에게 몸을 구부리고서 애걸하여 살 수 있기를 빌 필요가 있었겠는가! 이차득을 우선 전처럼 신문하게 하라. 그의 말을 들어 보고 그의 얼굴을 살펴본 뒤에 만약 참작하여 용서해 줄 만한 단서가 있으면, 나의 판결에 구애받지 말고 모쪼록 즉시 감영監營에 보고하게 하고, 이어서 감영에서 또 낱낱이 거론하여 장계狀啓로 보고하게 하라."

5. 자살인지 타살인지를 구분하다(23)

【물리고 짓눌려서 죽었으나, 자살하였다는 의문이 제기되었다. 사건의 근본 원인은 간음하였기 때문이며, 사망의 실제 원인은 물렸기 때문이다.】

○ 영동永同의 부녀자 이 조이李召史가 관비官婢 연안대連安代를 죽였다.

○ 1차 검안보고서의 발사跋詞는 다음과 같다.

"이번 사건의 연안대는 남편과 자식이 있으니, 친족이 없다고 할 수 없습니다. 그녀의 남편 김불손金不孫은 노망이 특히 심하였고, 그녀의 아들 김발金發은 사건을 혼란스럽게 만드는 짓만 일삼아, 아버지와 자식이 한마음으로 처음부터 끝까지 애매모호하였습니다. 그러나 이익손李益孫은 진술하기를 '서로 붙잡고 있었습니다.' 하였고, 유 조이劉召史는 진술하기를 '정신을 잃어 사리분별을 못하였습니다.' 하였으며, 김중기金中器와 김발이 서로 주고받은 진술에서도 진실을 엿볼 수가 있습니다.

항문이 튀어나오고 똥이 묻어 있는 것은 《무원록》 〈조례·압색구비사壓塞口鼻死〉에 말한 '숨을 쉬지 못하도록 막아서 목숨이 끊어진 경우'의 조문과 딱 들어맞습니다. 귓바퀴와 귀뿌리에는 깨문 자국이 여기저기 어지러이 나 있었는데, 그중 한 곳은 안팎이 뚫려 있어서 이[齒] 하나가 들어갈 만하였고 그 모양은 종기를 터뜨린 침 놓는 자리 같았습니다. 왼쪽 뺨의 살갗이 문드러진 곳에는 손톱 자국이 뚜렷하였습니다.

이 여인의 음란한 행실을 연안대가 발설하자, 이 때문에 화가 폭발하여 똥물을 입에 발라 머금게 하였는데, 이렇게 할 때에 이 여인이 발로 연안대의 손을 눌렀습니다. 살갗이 문드러진 상처가 2치나 되고 보면, 손으로 사납게 구타하고 이로 독하게 깨물었다는 사실은 이것으로 미루어 알 수가 있습니다.

기도氣道와 명치가 푸른색과 자주색을 띠고 있는 데다가 더욱이 배와 뒷목에 부풀어 오른 곳도 많았으니, 사망하게 된 근본 원인을 따져 보면 숨이 막힌 것과 이로 깨물린 것 두 가지 사이를 벗어나지 않습니다. 항문이 튀어나온 것은 숨이 막혀 죽었을 때 나타난다는 말과 서로 합치되기는 하지만, 여러 가지 시체에 나타난 증상은 《무원록》 〈조례·구치교상사口齒咬傷死〉의 조문과 어긋난 내용이 없었습니다. 그러므로 사망의 실제 원인은 '깨물린 상처를 입고서 죽게 되었다.'라고 기록하였습니다. 주범은 이 조이로 기록하였습니다.

유족인 김불손으로 말하면, 말을 들어 보고 모습을 살펴보니 반드시 하늘이 부여한 본성대로 사는 사람이 아니었습니다. 그의 아들 김발로 말하면, 어머니를 위해 복수할 것은 생각하지 않고 도리어 남의 부추김을 받아서 먼저 고소를 해 놓고 나중에 또 소장을 제출하는 등 범인을 옹호하여 그의 죄를 낮추어 주려고 하였으니, 엄중히 조사해야 합니다. 사건과 관련된 사람인 김중기로 말하면, 자기 형수를 위하여 자기 처족

妻族을 꾀어 아무 일 없이 마무리되기를 도모하려고 한 것은 그래도 괴이할 바가 없으나, 살인 사건의 처리 규정은 매우 엄중하므로 죄가 없을 수는 없습니다."

○ 다산의 비평은 다음과 같다.

"'숨이 막혀 목숨이 끊어졌다.'라는 것은 '겉으로는 상처가 없어서 어쩔 수 없이 사망의 실제 원인이 된 증상을 숨이 막혀 죽은 것으로 지정하는 것'을 말한다. 그러나 이번 연안대의 시체는 급소 부위에 해당하는 귀뿌리가 입과 이로 독하게 깨물리는 상처를 입어 상처 구멍이 빙 둘러나 있고 살갗과 살이 다쳐 문드러졌으니, 《무원록》 〈조례·구치교상사〉의 조문과 서로 합치된다. 따라서 깨물린 것이 사망의 실제 원인이라는 것은 분명하다. 그런데 또 어떻게 숨이 막혀 죽었다는 말을 그 사이에 끼워 넣어 혼란스럽게 하였는가!

만약 '항문이 튀어나오고 배가 부풀어 오른 것을 숨이 막혀 죽었다는 분명한 증거로 삼는다.'라고 한다면, 사망의 실제 원인을 논리적으로 서술하기 위해서는 더욱이 깨물린 상처가 원인이 아니라는 논리를 제시하여 깨물린 독이 심하지 않다는 것을 밝히고, 숨이 막힌 것이 원인이라는 논리를 드러내어 다른 증상은 없다는 사실을 뚜렷이 밝혀서, 숨이 막혀 죽은 것이 사망의 실제 원인이라는 뜻을 정해야 한다. 그런데 어찌하여 이처럼 양다리를 걸친 것처럼 말을 하였는가! 다만 시체에 나타난 증상이 독약을 먹었을 때의 증상과 흡사한데, 은비녀로 시험해 보는 것도 어찌하여 시행하지 않았는가! 허술하였다."

○ 2차 검안보고서의 발사는 다음과 같다.

"앞면의 귓바퀴에 난 구멍과 뒷면의 귀뿌리에 난 상처는 안팎이 서로 관통하였으니, 입과 이로 깨문 상처라는 것이 대단히 명확합니다. 귀뿌리는 빨리 죽을 수 있는 부위인 데다 상처 구멍이 빙 둘러 나 있고 살갗과 살이 다쳐 문드러져 있으니, 《무원록》 〈조례·구치교상사〉의 조문과 서로 딱 합치합니다. 그러므로 사망의 실제 원인은 '깨물려서 죽게 되었다.'라고 기록하였습니다.

이제 사건의 내막을 말하면 이렇습니다. 유족 두 사람이 처음에는 목숨으로 보상하게 해 줄 것을 요청하였으나, 마지막에는 '병이 들어 죽었습니다.'라고 하는 등 진술이 오락가락하여 태도가 종잡을 수가 없었고 변화무쌍하여 신뢰할 수가 없었습니다. 이웃 증인들의 진술도 그와 같았습니다."

○ 다산의 비평은 다음과 같다.

"2차 검안에서는 전적으로 깨물린 것만을 사망의 실제 원인이라고 주장하고 '숨이 막혔다.'라는 말은 없으니, 1차 검안에 비해서 명확하다. 그러나 항문이 튀어나온 것과 배가 부풀어 오른 것에 대해서는 논리적으로 부정하지 못하였으니, 감영監營의 제사題詞에서 이 점을 지적하여 문제 삼는다면 어쩔 셈인가!"

○ 충청도에서 다음과 같이 아뢰었다.

"이 살인 사건은 대단히 사납고 악독하며 몹시 원통하고 잔혹합니다. 대한大寒이던 날에 구타를 당하고 반나절 만에 목숨을 잃었습니다.

몹시 좁은 것이 부녀자의 성품이고, 몹시 추악한 것이 간음하였다는 말입니다. 그런데 좁은 성품의 여자가 간음하였다는 추악한 말을 갑자기 들었으니, 그것이 허위이건 진실이건 간에 즉시 분노하는 것은 필연적인 형세입니다. 이 여인이 연안대의 입에 똥물을 집어넣을 때에 결코 순순히 받아들였을 리가 없었을 것이며, 게다가 가슴 위에 걸터앉았으니 사납게 독기를 부리던 상황을 알 수 있습니다. 이 여인은 젊고 연안대는 늙어서 서로 상대가 되지 않는데 물기도 하고 구타하기도 하는 등 번갈아 공격을 받았습니다. 하지만 연안대를 구해 줄 사람이 아무도 없어 이 여인이 마음껏 유감을 풀었습니다.

귓바퀴가 떨어져 나간 것은 분명히 마구 물어뜯은 흔적이고, 명치가 검은색을 띠는 것은 반드시 무겁게 짓눌렀다는 증거입니다. 게다가 항문이 튀어나온 것과 콧구멍에 피가 흘러나와 있는 것은 모두 '깨물리고 짓눌려서 죽은 경우'의 조문과 합치합니다. 사립문 밖으로 끌려 나간 사실에 대해서는 김불손의 진술이 있었고, 다리 위에 쓰러져서 누워 있었다는 사실도 유 여인[劉女]의 진술에 나옵니다. 그런데도 본성을 상실한 남편과 칠칠치 못한 아들은 복수하려는 생각이 없었으니 윤리와 기강과 관계가 있습니다.

인척姻戚이 화해하기를 권유한 것은 사적으로 뇌물을 받은 자취가 없었으나, 전후로 고소한 것들은 모두 사건을 어수선하게 한 결과가 되었습니다. 그러나 사망의 실제 원인이 분명하고 증인이 갖추어졌으니, 목숨으로 보상하는 것에 대해서는 단연코 정상을 참작해 줄 수가 없습니다. '애당초 범행을 저지르지 않았습니다.'라고 말을 하거나 '변명할 말이 없습니다.'라고 진술을 바치면서 여러 차례 말을 바꾸어 지금까지도 혐의를 부인하고 있으니, 그 정상을 따져 보면 매우 사납고 악랄합니다. 그러므로 지금 격식대로 합동 조사하여 기어코 자백을 받아 내게 하였습니다."

○ 다산의 비평은 다음과 같다.

"이 장계狀啓의 문장은 논리가 정연하여 볼만하다. 다만 '깨물리고 짓눌렸다.[咬壓]'라는 2자는 《무원록》에 본래 그처럼 2자가 이어진 조문은 없고 각각 한 가지씩의 증상에 대한 조문으로 되어 있다.[53] 그런데 지금 '항문이 튀어나온 것과 콧구멍에 피가 흘러나와 있는 것은 모두 「깨물리고 짓눌렸을 경우」의 조문과 합치합니다.'라고 해서야 되겠는가! 그러나 항문이 튀어나온 것과 콧구멍에 피가 흘러나와 있는 것은 본래 《무원록》 〈조례·압색구비사〉의 조문에 나오는 증상이니, 이로 깨문 것과는 관계가 없다. 그런데 지금 독단적으로 아무런 근거도 없이 '깨물리고 짓눌렸다.'라는 조문을 만들어서, 양다리를 걸치는 것처럼 말을 하였던 1차 검안한 관원과 한데 어울려서 똑같은 잘못을 저지르고 말았으니, 아! 안타까운 일이다."

○ 주상의 판결은 다음과 같다.

"김발의 소장은 한문으로 기록한 것과 한글로 기록한 것이 전혀 달랐고, 김불손의 진술은 범인의 혐의를 입증하는 말과 부인하는 말이 현격하게 달랐다. 목격한 사람은 '다리 가에 쓰러져서 누워 있었습니다.'라고만 하였고, 증인은 '길거리에 전하는 말을 들었습니다.'라고 대수롭지 않게 말하였다. 이 외에도 의문점이 하나둘이 아니다. 주범의 변명하는 말에 대해서도 유족은 기꺼운 마음으로 호응하였고, 부녀자가 싸운 변괴에 대해서도 남편은 감싸 주려는 마음이 없었으니, 더욱 대단히 괴이하고 놀랍다.

1차 검안한 관원이 말한 '비록 숨이 막혀 목숨을 잃었다고 하더라도 되겠습니다.'라는 것은 조사하여 알아낸 바가 있어서 제기한 소견일지라도, 의문스러운 생각이 없지 않다. '비록 ~라고 하더라도[雖謂之]' 3자가

53 다만……있다: 《무원록》 〈조례〉에 '입과 이로 물어 상처를 입혀서 죽인 경우'인 〈구치교상사口齒咬傷死〉와 '입과 코를 짓누르고 막아서 죽인 경우'인 〈압색구비사壓塞口鼻死〉로 각각 나누어서 규정이 되어 있고, 둘을 하나로 묶어 놓은 조문은 없다는 뜻이다.

참으로 사건을 판결할 수 있는 확실한 근거가 되기에 충분하겠는가!

대체로 시골의 풍속은 만일 구타를 당하는 일이 있기만 하면 구타한 사람의 집에 구타당한 사람을 떠메다 놓고서 그것을 이유로 악행을 저지르고 먹을 것을 요구하니, 누구의 집에 떠메다 놓았는지를 보면 범인을 알 수가 있다. 김중기는 유족의 입장에서 보면 조카사위이고 주범의 입장에서 보면 시동생이다. 이 여인이 이 사건에서 범행을 저지른 일이 없었다면, 김중기가 어찌 처고모를 위해서 도리어 형수를 해치겠는가! 연안대를 떠메고 와서 옮겨 놓을 때에 처고모의 집에 옮겨 놓지 않고 기어이 형수의 집에다가 옮겨 놓은 것은 범죄의 진상이라고 할 수 있다.

그런데도 신문할 때에 어찌하여 이것을 심문 조항으로 만들어서 진술을 받지 않고 지레 형장을 치고 풀어 주었는가! 간음과 관계된 일이라서 대번에 판결하기가 어려우니, 도백道伯에게 분부하여 의견을 제시하여 상세히 조사한 뒤에 장계로 보고하게 하라."

○ 주상의 판결에 대한 다산의 의견은 다음과 같다.

"악행을 저지르고 먹을 것을 요구하는 것은 《대명률》에 '죄를 뒤집어씌우는 것[圖賴]'을 말합니다. 죄를 뒤집어씌우는 사건은 으레 자살 사건이 많습니다. 《무원록》 〈조례·중독사〉의 조문을 살펴보니 '일반적으로 독약을 먹고 죽은 경우에는 항문이 튀어나오고 배가 푸른색을 띠고 부풀어 오르며 입과 코에서 피가 흘러나와 있다.' 하였습니다. 《무원록》에 열거한 증상들이 연안대의 시체에 나타난 증상과 열 가지 중 일곱 가지가 서로 합치되었으니, 깨물리고 나서 독약을 먹은 일이 반드시 없다고 어떻게 보장하겠습니까!

1차 검안보고서의 발사와 도신이 올린 장계의 글에서는 모두 숨이 막혀 죽은 것에 중점을 두었으나, 사망의 실제 원인만은 깨물려서 다친 것을 지정하였습니다. 이것을 가지고서 볼 때 이 사건은 약을 먹고 죽은 사건이 아니라면 확실히 숨이 막혀서 죽은 사건입니다. 깨물린 흔적만을 지목하여 깨물려서 상처를 입고 죽은 것으로 결론짓는 것은 꼭 올바른 판단이라고 할 수 없을 듯합니다. 유족이 '병이 들어 죽었습니다.'라고 바꾸어 진술한 것【2차 검안보고서에서 그와 같이 말하였다.】도 독약을 먹었기 때문이 아니라고 어떻게 보장하겠습니까!"

상형추의 6

1. 다쳐서 죽었는지 병들어 죽었는지를 분별하다(1)

【구타를 당하고 떠밀린 데다가 바람을 쐬고 추위를 무릅썼다. 사건의 근본 원인은 홧김에 싸웠기 때문이며, 사망의 실제 원인은 바람을 쐬어서 병이 생겼기 때문이다.】

○ 강령康翎의 백성 김윤서金潤西가 장막봉張莫奉을 구타하였다.

○ 1차 검안보고서의 발사跋詞는 다음과 같다.

"이번 사건에서 장막봉의 시체는 앞면과 뒷면에 별달리 다친 상처가 없었습니다. 다만 왼쪽 이마에 살갗이 터진 곳이 한 군데 있었는데, 둘레가 8푼이고 깊이가 1푼이었으며, 눌러 보니 부드러웠습니다. 이마는 다치면 반드시 죽게 되는 부위이지만 살갗만 다친 것은 사실상 목숨을 잃게 할 상처는 아닙니다. 뼈가 부서지지도 않은 데다가 더욱이 뇌가 드러나지도 않았으니, 이 상처 때문에 죽게 될 리는 결코 없습니다.

검안하기 전에 유족 장태수張太壽가 진술하기를【장막봉의 조카이다.】'가슴을 발에 차였고 이마를 손으로 구타당하였습니다.' 하였습니다. 그러나 이번에 검안해 보니 가슴에는 결코 다친 흔적이 없었습니다. 그러자 그가 진술하기를 '이 낯가죽의 터진 상처만으로도 충분히 목숨을 잃을 수 있습니다.' 하였습니다. 피고被告 김윤서가 진술하기를 '장막봉이 술에 잔뜩 취해서 어리석은 말을 많이 내뱉었으므로 발로 밀어서 물러가게 하였는데, 갑자기 달려들어 옷소매를 붙잡고서 서로 싸우려고 하였습니다. 그래서 제가 회피하였는데 그 과정에서 잘못해서 손에 가지고 있던 담뱃대로 그의 이마를 맞혔습니다.' 하였습니다. 목격한 증인 허괴봉許塊奉이 진술하기를 '김윤서의 발이 장막봉의 옆구리를 가격할 때 실제로 목격하였으며, 김윤서가 손에 담뱃대를 가지고서 또 장막봉의 이마를 쳤습니다. 그러나 아주 짧은 시간에 잠깐 보았기 때문에 얼마나 세게 발로 걷어찼는지와 얼마나 세게 담뱃대로 때렸는지는 상세히 볼 수가 없었습니다.' 하였습니다.

6촌 매부인 김윤서가 장막봉에게 평소 원한을 품은 일이 없었는데, 화를 돋우는 말 한마디에 어찌 독하게 때렸을 리가 있겠습니까! 만약에 심한 상처를 입었다면 곧바로 몸져누웠어야 하는데, 서로 싸우고 난 뒤에도 평상시처럼 행동하였고 예전처럼 입직入直하고 술을 찾아 마셨으니, 심하게 구타당하지 않았다는 것은 이를 통해서 알 수가 있습니다.

이 사건은 장막봉이 술에 취해서 김윤서와 실랑이를 벌이다가 기력을 많이 소모하고 나서 밤중에 냉방에서 찬바람을 쐬어 다른 증세가 더 생겨나 그 때문에 죽게 된 것입니다. 그러므로 사망의 실제 원인은 '찬바람을 쐬고 죽게 되었다.'라고 기록하였습니다. 김윤서로 말하자면, 바람을 쐬어 다른 상처가 더 생겨난 것이 장막봉 사망의 근본 원인이 되기는 하였지만, 가슴을 걷어차고 이마를 때린 것에 대해서도 유족의 증언이 있었습니다. 이렇든 저렇든 피고의 혐의를 면하기는 어렵습니다."

○ 다산의 비평은 다음과 같다.

"양쪽 이마는 다치면 반드시 죽게 되는 부위이고, 살갗이 터진 것은 목숨을 잃을 수 있는 상처이니,【《증수무원록》〈검복·검식〉에 나온다.】 이것이 '다치면 반드시 죽게 되는 부위에 목숨을 잃을 수 있는 상처를 입었다.'라는 것이다. 상처의 깊이가 1푼이나 되는 것도 마찰로 인해서 생긴 상처와는 다르니, 피해자 가족이 '이 낯가죽의 터진 상처만으로도 충분히 목숨을 잃을 수 있습니다.'라고 한 말이 어찌 지나치겠는가!

장막봉이 구타를 당한 뒤에 잠시 평상시처럼 행동하였더라도 법률 규정에서 한정한 기한이 본래 10일이니, 어찌 빨리 죽을 수 있는 부위와 똑같이 논할 수 있겠는가! 설사 바람을 쐰 것이 사망의 빌미가 되었다고 하더라도, 사망의 실제 원인은 '구타를 당한 뒤에 바람을 쐬어 죽게 되었다.'라고 해야지, 어찌 '바람을 쐬어 죽게 되었다.'라고만 할 수 있겠는가!

게다가 이른바 피고인을 기록할 때에는 원래 두 가지 경우가 있다. 만약 위협하거나 원통하게 허위로 고소하기는 하였으나 범행을 저지른 행적이 없으면, 피고라고 하더라도 그 죄가 사형에 이르기도 한다. 만약 주먹으로 치고 발로 걷어찼다고 신고하였으나 피고라고 기록하였으면, 이는 명백하게 혐의를 벗어났을 때 붙이는 것이다. 그런데 지금은 '이렇든 저렇든 피고의 혐의를 면하기는 어렵습니다.'라고 하여, 마치 피고라는 명목이 주범에 버금가는 것으로 이 사람을 죄에 빠뜨리는 명목인 것처럼 말하였으니, 어찌 잘못이 아니겠는가! 범인을 피고라고 기록하려면 그에게 죄가 없음을 자세히 언급하고 그가 허위 고소를 당한 사실에 대해 밝혀야 피고인이라고 기록할 수가 있다. 그런데 지금은 속박하여 '피고의 혐의를 면하기는 어렵습니다.'라고 하였으니, 이것이 어찌 꿈에서 깨어난 사람의 말이라고 하겠는가!"

○ 2차 검안보고서의 발사는 다음과 같다.

"이번 사건에서 장막봉의 시체는 시일이 오래 지나 온몸이 썩어 문드러졌으므로 여러 차례 씻어 낸 뒤에 검안해 보니, 왼쪽 이마의 모서리에 한 점의 상처만 나 있었습니다. 눈썹이 난 부위에 살이 터지고 구멍이 나 있었는데, 그 둘레는 9푼이고 깊이는 1푼이었으며, 뼈는 다치지 않았습니다. 피해자 가족들의 진술에서는 가슴을 발에 차였다는 말이 나오기도 하였으나, 여러 차례 검안 도구를 사용해 보아도 끝내 상처가 나타나지 않았습니다.

다친 흔적만 가지고서 따지면 확실하지는 않았지만, 증언을 헤아려보면 사실상 어긋나지 않았습니다. 증인들이 발에 차이는 것을 목격하였고, 유족들도 진술하기를 '구타를 당한 다음 날에 그대로 몸져누워 7일을 넘기지 못하고 마침내 목숨을 잃었습니다.'라고 하였습니다. 만약 심각한 상처가 없었더라면 어찌 이 지경에 이르렀겠습니까! 만약 발로 걷어차고 손으로 구타하지 않았다면, 저 김윤서가 무슨 이유와 무슨 마음으로 연이어 죽을 보내 주고 여러 차례 약물을 썼겠습니까! 그리고 장막봉이 목숨을 잃던 날에 김윤서가 무슨 이유로 겁을 먹고서 스스로 자기 배를 찔렀겠습니까!

그의 말을 들어 보면 일리가 있는 듯도 하니, 살인 사건을 성립시키기도 어렵고 성립시키지 않기도 어렵습니다. 그러나 이른바 다친 흔적은 급소에 난 것이 없었으니, 사형시키는 법으로는 증언이 분명하더라도 주범으로 단정할 수 있는 확실한 증거로 삼기가 어렵습니다. 서로 싸우고 난 뒤에 이처럼 병들어 누워 있으면 죽을 보내 주고 약을 써서 기어이 구출해 주려고 하는 것은 사람들의 일반적인 심정입니다. 장막봉이 목숨을 잃은 날에 살해된 것으로 귀결되었으니, 김윤서가 칼을 가져다가 배를 찔러 차라리 죽으려고 한 것은 겁을 먹었기 때문이었습니다. 무식하고 어리석은 백성이 갑자기 큰 사건에 휘말리자 너무도 놀란 나머지 망령되이 자살하려고 하였으니, 이것을 가지고서 주범으로 단정할 수 있는 확실한 증거로 삼을 수는 없습니다.

게다가 '장막봉이 평소 오래 전부터 앓고 있던 병이 있었습니다.'라고 한 김윤서의 진술을 신뢰할 수는 없겠으나, 목격한 증인들도 모두 진술하기를 '술 때문에 병이 나서 때때로 앓아 눕기도 하였습니다. 심지어 작년 여름에는 그 병이 더욱 심해서 여러 달을 고통에 시달리느라 관청에 일을 나가지도 못하였습니다.' 하였습니다. 유족인 장태수도 이러한 진술을 사실이라고 인정하였으니, 장막봉에게 오래 전부터 앓고 있던 병이 있었던 사실은 이를 통해서 알 수가 있습니다. 병이 잠깐 나았더라도 병의 근본 원인이 몸에 남아 있었던 데다가 더욱이 경계할 줄을 모르고 술에 취하여 소란을 일으켜서 기력을 지나치게 소모하였습니다. 그리고 그대로 냉방에서 잠을 자고 더욱이 냉수까지 마셨으니, 이 때문에 앓고 있던 병에 다른 병까지 겹쳐서 죽게 된 것입니다. 그러므로 사망의 실제 원인은 '앓고 있던 병에 다른 병까지 겹쳐서 죽게 되었다.'라고 기록하였습니다.

김윤서로 말하자면, 그가 발로 걷어찼으므로 장막봉이 죽은 것은 아니지만, 사실상 싸웠기 때문에 병이 더 생겨난 것입니다. 죄가 의심스러울 경우에는 가볍게 처벌하는 법이므로 목숨으로 보상하게 하지는 않더라도, 자신 때문에 장막봉이 죽었으니 형장을 치고 정배하는 벌은 면하기가 어렵습니다. 그러므로 김윤서는 피고인으로 기록하였습니다."

○ 다산의 비평은 다음과 같다.

"1차 검안에서는 '살갗이 터졌다.' 하였고, 2차 검안에서는 '살이 터졌다.' 하였다. 살이 터진 상처가 살갗이 터진 상처보다 심하나, 모두 이른바 목숨을 잃을 수 있는 상처이다. 《증수무원록》 〈검복·검식〉에 이르기를 '다치면 반드시 죽게 될 부위에 목숨을 잃을 정도의 상처를 입는다면, 10일을 넘기지 못한다.'라고 하였다. 이제 참으로 7일 만에 죽었는데, 사망의 실제 원인을 어찌 의심하여 이처럼 대충 짐작으로 정하였는가!

1차 검안보고서에서 이르기를 '그날 서로 싸우고 난 뒤에 평상시처럼 행동하였습니다.' 하였고, 2차 검안보고서에서는 이르기를 '다음 날 병들어 누운 뒤로 마침내 다시 일어나지 못하였습니다.' 하였는데, '행동하였다.'라는 것은 싸웠던 장소에서부터 걸어서 입직하던 방까지 걸어가서 누운 것에 불과하였다. 이것은 아래에 나오는 업상業尙의 일과는 크게 다른 것이다.

죽을 보내 주고 약을 쓴 것은 자기가 본래 심하게 구타한 사실을 스스로 알았기 때문에 한 일이고, 칼을 가져다가 배를 찌른 것은 자기의 죄를 피하기 어려움을 스스로 알았기 때문에 한 일이다. 범죄의 진상이 이와 같고 확실한 증거가 이와 같은데도 오히려 '김윤서는 주범이 아니다.'라고 하였으니, 또한 오류가 아니겠는가!

그러나 주먹질이 아무리 세더라도 본래 살이 터지는 법은 없고, 발길질이 아무리 날쌔더라도 양쪽 이마까지 닿기는 어려우니, 이번에 눈썹 부위에 난 상처는 참으로 담뱃대에 맞아서 생긴 것이다. 범행에 사용한 흉기가 아무리 작더라도 그림으로 그려서 올리는 규정을 준수해야 하는데, 세 차례 검안보고서에서 모두 거론하지 않은 것은 무슨 이유인가?

그것은 아마도 이런 이유에서인 듯하다. 장막봉은 본래 조례皂隷의 무리로서 성품이 본래 사나운 데다가 처지마저 외톨이였으나, 김윤서는 같은 무리이기는 하지만【6촌 매부이다.】 인품이 다소 어질어서 평소 많은 사람들의 마음을 얻었다. 그러다 보니 진鎭의 이례吏隷들이 모두 김윤서를 편들어 살려 주려고 꾀하였고, '장막봉이 죽은 것은 본래 애석할 바가 없으나, 김윤서의 정황은 참으로 용서해 줄 만하다.'라고 여긴 것이다. 그래서 위로 수령을 헷갈리게 하고 사건의 내막을 혼란스럽게 하여 이러한 상황까지 오게 된 것이다.

옛날에 앓던 병이 지금은 나았으니 본래 죽을 이유가 없었다. 그런데 작년 여름에 앓던 병을 가지고서 지금의 사망을 증명하려고 하였으니, 또한 억울하지 않겠는가! 참으로 검안보고서에서 서술한 것과 같다고 한다면, 장막봉이 사망한 실제 원인은 또 '병이 들어 죽게 되었다.'라고 해야 한다. 세상에 어찌 '앓고 있던 병에 다른 병까지 겹쳐서 죽게 되었다.'라고 사망의 실제 원인을 기록하는 경우가 있겠는가! '겹치다.[添]'라는 한 글자를 써서 한편으로는 발에 차이고 손으로 맞은 것과 꿰어 맞추고 한편으로는 냉방에서 잔 것에 억지로 끌어다가 붙였으니, 의견을 서술한 것이 어찌 이렇게까지 구차하고 흐리멍덩하단 말인가!"

○ 3차 검안보고서의 발사는 다음과 같다.

"이번 사건에서 장막봉의 시체는 시일이 오래되어 거의 다 썩고 문드러졌습니다.【중간을 생략하였다.】 왼쪽 눈썹에 난 상처 한 곳은 뼈가 부서지지는 않았으나 살갗이 약간 벗겨져 있었는데, 그 상처는 비스듬한 길이가 7푼이고 너비가 1푼이며 움푹 파인 깊이가 1푼이었습니다.【중간을 생략하였다. ○ 이 아래에 담뱃대로 때렸다는 말과 술을 마셨다는 말이 있다.】 본래 추위로 인한 병을 앓고 있었던 데다가 술에 취한 상태에서 서로 실랑이를 벌인 뒤 냉방에 쓰러져서 자자 본래의 지병이 그 틈을 비집고 발생한 것입니다.【중간을 생략하였다.】 우황牛黃을 갈아 먹였으나 감기 기운이 있어 효과가 발생하지 않았습니다.【중간을 생략하였다.】

시체는 여위어 있어서 병을 앓느라 기력이 빠져나간 모습이었습니다.【중간을 생략하였다.】 시체는 군데군데 자주색을 띠고 있었으며 입과 눈은 열려 있고 입술은 약간 터졌으며 손은 주먹을 쥐고 있지 않았으니, 이것은 모두 《무원록》〈조례·병환사病患死〉 '추위 때문에 몸이 상하여 죽은 경우[傷寒死]'의 조문과 일치합니다. 그러므로 사망의 실제 원인은 '추위 때문에 몸이 상하여 죽게 되었다.'라고 기록하였습니다.【이 아래에 장막봉의 목숨을 구하려고 치료해 주었다는 말과 김윤서가 스스로 배를 찔렀다는 말이 있다.】

목격한 증인과 가까운 이웃 사람 등은 모두 섬 안에 사는 백성으로서, 이곳에서 강령현의 관아까지는 거의 100리에 가까운 거리인데 멀리 강령현의 감옥에 가두어 두기에는 처지가 가련합니다. 그러므로 이제 우선 보증인을 세우고서 본진本鎭에 가두어 두겠습니다. 강령 현감은 이곳에서 관아로 돌아갔습니다."

○ 다산의 비평은 다음과 같다.

"3차 검안보고서의 글은 흠이 더욱 많아서 비난할 거리도 못 되므로 생략하여 기록하였다."

○ 황해 감영黃海監營의 제사題詞는 다음과 같다.

"이 사건에서 3차 검안까지 하게 된 것은 시체의 상처가 중대하지는 않았으나 살갗이 터진 것은 구타에 의한 상처였고, 사망의 실제 원인을 1차 검안에서는 '바람을 쐬었다.'라고 하였으나 2차 검안에서는 '앓고 있던 병에 다른 병까지 겹쳤다.' 하였으므로 의문이 생겨 경솔하게 판결하기가 어려웠기 때문이다. 그러므로 여러 차례 검안하게 하여 서로 참고하려고 하였던 것이다.

담뱃대로 맞은 곳은 살갗이 벗겨지는 상처에 불과하였고 가슴과 옆구리의 발에 걷어차인 곳은 드러난 상처가 없었으니, 어찌 이것 때문에 목숨을 잃을 리가 있겠는가! 약을 쓴 것과 배를 찌른 일을 가지고서 범행의 단서라는 주장을 하기도 하지만, 담뱃대로 이마를 맞아 상처를 입은 것은 우연히 당한 불행이었다. 김윤서가 담뱃대에 맞아 피를 흘리는 장막봉을 보고서는 스스로 술을 권유하였으니, 이것을 통해서 겸연쩍은 마음이 있었다는 것을 알 수가 있다. 당시 그 자리에서 겸연쩍은 마음을 가지고 있던 사람으로서 다음 날 몸져누워 있는 상황을 보고서는 약을 보내 주어 치료하도록 한 것도 일반적으로 있는 일이다. 자기 손에 가지고 있던 담뱃대 때문에 장막봉이 상처를 입었고 유족들이 살해 혐의로 고소하려고 하는 상황이었으니, 지레 겁을 먹고 이처럼 자살을 시도한 것도 이상한 일이 아니다.

장막봉이 싸우고 나서 평상시처럼 행동한 사실에 대해서는 증인들의 진술이 명백하였고, 본래 앓고 있던 지병이 때때로 발작한 사실에 대해서는 유족도 인정하였으니, 하루 종일 술에 잔뜩 취해 있다가 그대로 냉방에서 잠을 자던 중에 오랫동안 앓고 있던 지병이 다시 발작하여 마침내 목숨을 잃게 된 것도 당연하지 않은가! 우황을 복용하도록 권유한 사실을 보면, 몸이 오슬오슬 떨리고 열이 났다는 것도 미루어 알 수가 있다.

게다가 시신에 나타난 여러 증상이 《무원록》 〈조례·병환사〉의 조문과 일치하였는데, '구타를 당하여 죽게 되었다.'라고 하는 것이 옳은가! 따라서 살인 사건을 성립시키는 문제는 거론할 수 있는 일이 아니다. 김윤서를 살해 혐의로 고소한 유족에게는 허위 고소한 죄를 적용해야 하지만, 삼촌과 조카의 심정으로는 그럴 수도 있는 일이니, 참작하여 풀어 주라.

김윤서로 말하면, 검안하던 현장에서 약간의 다친 흔적이 발견되었으니 서로 싸운 죄를 징계하지 않을 수가 없다. 소생하기를 기다렸다가 한 차례 엄중히 형장을 쳐서 징계한 뒤에 풀어 주라.

1차 검안보고서에 사망의 실제 원인을 '바람을 쐬어 죽게 되었다.'라고 기록한 것은 지적할 만한 증상이 없었을 뿐만 아니라 근거할 만한 《무원록》의 조문도 없었으니, 소홀히 한 실수를 징계해야 한다. 해당 형리刑吏에 대해서는 형장을 사용할 수 있는 시기가 되면 엄중히 형장을 치기 위해 과실을 기록해 두라. 사건과 관련된 사람들은 모두 풀어 주라."

○ 다산의 비평은 다음과 같다.

"담뱃대가 아무리 작은 물건이라도 양쪽 끝에 구리로 주조한 쇠붙이가 있으니, 이것으로 이마를 때린다면 어찌 상처가 없겠는가! 피가 나고 살갗이 찢어지고 심지어 살이 터지기까지 하였으며 한번 앓아 누운 뒤로 마침내 다시 일어나지 못하였으니, 담뱃대로 맞은 것 때문에 죽게 되었다는 사실을 이루 다 말할 수가 없다. 그러므로 사망의 실제 원인은

'구타를 당하여 죽게 되었다.'라고 기록해야 하고, 김윤서는 주범이 되어야 한다.

다만 담뱃대로 사람을 구타한 것은 절굿공이나 가랫자루로 사람을 구타한 것과는 그 정황이 다르다. 본래는 약간의 상처만 입히려는 의도였고 목숨을 잃게 되리라고는 꿈에도 생각하지 못했던 것이다. 그러니 그 정상을 참작하고 그 죄를 용서하여 우연히 죽게 된 것으로 귀결시켜 살려 주는 쪽으로 의견을 제시해야 본래 어진 사람의 마음가짐이라고 할 수가 있다. 사망의 실제 원인과 주범을 정하는 것은 조금이라도 사적인 마음으로 융통성을 부려서는 안 된다. 그런데 어찌 이처럼 억지로 확정할 수 있겠는가! 심지어 유족에게 허위 고소한 죄를 적용하려고까지 하였으니, 너무도 잘못한 것이다.

○ 우황을 복용하는 어리석은 백성은 항상 '어혈瘀血을 풀 수가 있다.'라고 하지만, 추위 때문에 몸이 상하여 열을 내릴 때에도 이 우황을 복용한다는 말은 들어 본 적이 없다. 더구나 이 말을 한 사람은 '아마도 추위 때문에 몸이 상하였으므로 땀을 내게 하려 해서일 것이다.'라고 생각하고서 한 말인데, 3차 검안보고서의 발사와 감영의 제사에서는 모두 '몸이 오슬오슬 떨리고 열이 났다.'라고 하였으니, 이것도 잘못이 있는 듯하다.

○ 1차 검안과 2차 검안과 3차 검안 모두 사망의 실제 원인을 잘못 정하였으니, 실수를 하였다는 점에서는 서로 똑같고 어느 쪽도 더 나을 것 없이 피장파장이었다. 그런데 유독 1차 검안할 때의 형리에 대해서만 잘못을 지적하였으니, 아, 이것도 원통한 일이다."

2. 다쳐서 죽었는지 병들어 죽었는지를 분별하다(2)

【구타를 당하고 걷어차였으며 더욱이 바람을 쐬고 추위를 무릅썼다. 사건의 근본 원인은 홧김에 싸웠기 때문이며, 사망의 실제 원인은 구타를 당하였기 때문이다.】

○ 과천果川의 백성 임작은경林少京[54]이 원 조이元召史를 구타하였다.

○ 검안보고서의 기록은 빠졌다.

○ 주상의 판결은 다음과 같다.

"임작은경의 살인 사건은 다음과 같이 판결한다. 사망의 실제 원인을 파악하지 못하였고, 증거도 분명하지 않았다. 세 차례 검안을 행하였으나 각각 자기의 견해만 고집하여 어떤 사람은 '이마가 깨졌습니다.'라고 하였고 어떤 사람은 '발에 걷어차였습니다.'라고 하였으나, 원래 명백한 말이 없었다. 2월은 시체의 상태가 변하는 시기가 아닌데도 양 옆구리의 상처가 있기도 하고 없기도 하였다. 그뿐만 아니라 목격한 증인이라고는 황가黃哥와 김가金哥 두 사람뿐이나 두 사람 모두 목격한 사람이 아니니, 무엇을 근거로 삼을 것인가!

대체로 원 여인[元女]이 서로 싸운 지 5일째 되는 날에 죽었으니, 이마가 깨졌거나 옆구리를 다쳤거나 간에 임작은경이 이 사건의 주범이라는 사실은 더 이야기할 필요가 없다. 따라서 살아나 보려는 꾀를 내어 '간수를 마셨다.', '독약을 먹었다.', '밥을 지어 먹었다.', '스스로 때렸다.'라고 한 수많은 말들은 본래 신뢰할 것이 못 된다. 그러나 사망의 실제 원인이 분명하지 않고 증거가 갖추어지지 않았는데 곧장 목숨으로 보상하는 죄

---

54 임작은경林少京: 《심리록》과 《일성록》에는 임작은경林者斤京으로 기록되어 있다. 정약용이 이름의 의미는 그대로 따르고 글자는 바꾸어 기록한 것으로 보아 원문은 교감하지 않았다.

로 몰아가는 것은 사건을 자세히 살피고 신중히 심리하는 취지가 아닌 듯하다.

형조 참판이 말한 《무원록》 〈조례·구타사毆打死〉의 '상처에 바람이 들어가서 죽게 되었다.'라거나 '치료를 하였으나 효과가 없어 죽게 되었다.'라는 조문도 이 사건에서 '솜으로 뜸을 뜨고 바람을 쐬었다.'라고 한 행적과 비교해 볼 때 참작하여 적용할 단서가 되기에 충분하다. 임작은경을 한 차례 형장을 친 뒤에 풀어 주라."

○ 주상의 판결에 대한 다산의 견해: 1차 검안보고서와 2차 검안보고서를 이제 참고할 수는 없으나, 하나는 '이마가 깨졌다.'라고 하였으니 사망의 실제 원인을 '구타를 당하였다.'라고 기록해야 하고, 하나는 '갈비뼈를 다쳤다.'라고 하였으니 사망의 실제 원인을 '발에 걷어차였다.'라고 해야 합니다. 아마도 두 검안보고서가 이처럼 달랐기 때문에 주상의 판결에서도 의문을 나타내신 것입니다.

3. 다쳐서 죽었는지 병들어 죽었는지를 분별하다(3)

【방금 주먹으로 맞고서는 곧바로 바람을 쐬고 추위를 무릅썼다. 사건의 근본 원인은 재물을 잃어버렸기 때문이며, 사망의 실제 원인은 구타를 당하였기 때문이다.】

○ 금천金川의 백성 채유복蔡有福이 엄세명嚴世明을 죽였다.

○ 1차 검안보고서의 발사跋詞는 다음과 같다.

"이번 사건에서 시체는 왼쪽 귀에 터진 상처가 한 곳 있었는데, 비스듬한 길이가 1자 1치이고, 너비는 4푼이며, 깊이는 4푼이었고, 옆은 검은색을 띠고 있고 부드러웠습니다. 입은 약간 벌어져 있고 이는 악물고 있었으며, 속옷이 오줌으로 더럽혀져 있었습니다. 이러한 증상은 《무원록》 〈조례·구타사〉 '구타를 당하여 죽은 경우[被打死]'의 조항에 기록된 증상과 일치합니다. 그러므로 사망의 실제 원인은 '구타를 당하여 죽게 되었다.'라고 기록하였습니다.

애당초 북창北倉에서 식량을 받던 날 저녁에 채유복과 엄세명이 술에 잔뜩 취한 상태로 같이 길을 가다가 송도松都 대천촌大川村 김여홍金呂興의 집에 도착하여 하룻밤을 묵었습니다. 잠을 자던 중에 채유복이 허리에 차고 있던 돈을 잃어버리자 싸움이 시작되었고, 서로 술주정을 부리면서 모욕하였습니다. 그러다가 채유복이 베고 자던 목침을 들어 엄세명을 치니, 엄세명이 피를 질펀하게 흘리다가 목숨을 잃게 되었습니다. 그러므로 주범은 채유복으로 기록하였습니다.

김채명金采明과 엄시남嚴時男은 죽은 엄세명의 가까운 친척으로서, 엄세명의 상처가 매우 심한 것을 보았으면 즉시 구호하여 솜으로 뜸을 뜨고 이불로 감싸서 찬바람을 쐬지 않게 해야 합니다. 그런데 가게 주인이 곤란해하는 기색만 살펴보고 한밤중의 추위는 생각하지도 않고서, 비바람을 무릅쓰며 눈보라를 헤치고 얼음길을 지나서 수 십 리나 되는 산길을 밤새도록 메고 왔으니, 심한 상처를 입은 사람이 아니라고 하더라도 어떻게 죽지 않을 수가 있었겠습니까!

가게 주인 김여홍도 심한 상처를 입은 사람을 봤으나 밤중에 쫓아냈으니, 인정으로 따져 볼 때 너무도 형편없는 사람입니다. 범행에 사용한 목침은 모양을 그림으로 그려서 감영으로 올려보냅니다. ……"

○ 2차 검안보고서의 발사는 다음과 같다.

"……【1차 검안보고서의 내용과 대체로 같다.】 주범 채유복이 진술하기를 '목침을 던졌다가 우연히 맞게 된 것입니다.' 하였고, 또 진술하기를 '바람을 쐬고 추위를 무릅써서 상처를 덧나게 하여 죽게 된 것입니다.' 하였습니다. 이러한 진술은 죽을 상황에서 살아나 보려고 한 말로 제 꾀에 넘어간 것이라고 할 수 있습니다.

가게 주인 김여홍은 심하게 상처를 입은 사람이 밤중에 떠나는 것을 애당초 만류하지 않았다가 도중에 죽게 하였으니, 그의 소행을 따져 보면 너무도 형편없습니다. 일행이 길을 떠나 송도의 조란촌鳥卵村에 도착하였을 때에 병세가 위급하여 온돌을 빌려 구호하려고 하였으나, 조란촌의 백성도 머무르는 것을 허락하지 않고 계속 나아가게 하였으니, 풍속을 생각해 볼 때 참으로 몹시 통분합니다."

○ 다산의 비평은 다음과 같다.

"이 사건은 아래에 기록된 송화松禾 이송년李松年의 사건과 그 정황이 똑같다. 귀가 터진 부위의 깊이와 너비가 이와 같다고 한다면, 바람을 쐬지 않았다고 하더라도 어떻게 죽지 않을 수가 있겠는가! 목숨이 곧 끊어질 상황이었기 때문에 김여홍이 만류할 수 없었던 것이고, 목숨이 금방 끊어질 상태였기 때문에 조란촌의 백성도 받을 수가 없었던 것이다. 그러니 시체를 검안한 관원이 이 두 백성을 거론한 것은 공평하고 관대한 마음에서 나온 의견이 아니다. 만약 두 백성에게 죄가 있다면, 이 사건은 사망의 실제 원인을 '구타를 당하고 난 뒤에 치료를 하였으나 효과가 없어 죽게 되었다.'라고 기록해야지, '구타를 당하여 죽게 되었다.'라고만 기록해서는 안 된다."

○ 황해 감영黃海監營의 제사題詞는 다음과 같다.

"……【중간을 생략하였다.】 술이 취한 상태에서 술주정을 하면서 모욕한 것은 애당초 격분할 정도로 큰일이 아니었고, 잠을 자다가 돈을 잃어버린 것은 누구의 소행인지를 밝힐 수가 없는 일이었다. 그런데도 어찌하여 이처럼 사람을 죽이는 일까지 발생하게 되었단 말인가! 인중에 난 손톱자국은 서로 싸우다가 난 작은 상처에 불과하지만, 채유복이 탈출하여 달아나서 숨은 것은 더욱 그가 범인이라는 확실한 증거이다.

김여홍은 병세가 심각하다는 것을 알면서도 머무르면서 구호하게 하지 않고서 메고 갈 가마를 마련해 준 뒤에는 메고 갈 사람을 재촉하여 떠나게 하였으며, 김후삼金厚三은 만류하려 하지 않아 결국 도중에 목숨을 잃게 하였으니, 인정으로 헤아려 볼 때 어찌 이럴 수가 있단 말인가! 모두 한 차례 엄중하게 형장을 친 뒤에 첩정牒呈으로 보고하라."

○ 다산의 비평은 다음과 같다.

"시체를 받으면 시체의 검안을 받아야 하고, 시체의 검안을 받으면 집안이 망한다. 그러므로 군자조차도 그러한 경우를 당하면 받지 않는데, 어찌하여 너그럽게 이해하지 못하는가!"

4. 다쳐서 죽었는지 병들어 죽었는지를 분별하다(4)

【실제 몽둥이로 구타를 당하였으나, 바람을 쐬고 추위를 무릅써서 죽었다고 하였다. 사건의 근본 원인은 재물을 빼앗으려고 하였기 때문이며, 사망의 실제 원인은 구타를 당하였기 때문이다.】

○ 송화松禾의 백성 이송년李松年이 오명관吳命官을 죽였다.

○ 2차 검안보고서의 발사跋詞는 다음과 같다.

"《증수무원록》〈검복·검식〉에 이르기를 '살갗과 살이 터지면 이것은 목숨을 잃을 수 있는 상처이다. 목숨을 잃을 수 있는 상처를 빨리 죽을 수 있는 부위에 입으면 3일을 넘기지 못한다.' 하였고, 또 〈조례·구타사〉에 이르기를 '다른 물건으로 치게 되면 그 상처가 비스듬히 길게 난다.' 하였습니다.

이번 사건에서 오명관의 상처는 정수리의 좌우에 비스듬히 길게 나 있고 살갗과 살이 터져 있으니, 이것이 이른바 목숨을 잃을 수 있는 상처가 빨리 죽을 수 있는 부위에 났다는 것입니다. 그리고 오명관이 3일을 넘기지 못하고 죽었습니다. 그러므로 사망의 실제 원인은 '구타를 당하여 죽게 되었다.'라고 기록하였습니다.

이송년이 스스로 변명하는 말은 두 가지입니다. 하나는 '김세은동金世隱同이 담뱃대로 오명관을 때렸습니다.'라는 것이고, 또 하나는 '내가 만약 직접 범행을 저질렀다면 어찌 스스로 와서 붙잡힐 리가 있겠습니까!'라는 것입니다. 이 두 가지의 말로 죽을 상황에서 살아나 보려는 꾀를 내었습니다. 그러나 담뱃대가 머리에 떨어졌다면 그 상처가 움푹 파여야 하는데, 어찌하여 이처럼 상처가 넓고 크단 말입니까! 아내를 거느리고서 온 것도 가게 주인의 유인에 따라서였으니, 그가 온 것도 어찌 스스로 왔다고 말할 수 있겠습니까! 이와 같이 변명하는 말은 재차 거론할 것이 못 됩니다.

이송년이 몽둥이로 오명관을 구타한 정황은 소한小漢이 이미 목격하였고, '내가 구타하였다.'라고 한 이송년의 말을 이백중李百中도 들었습니다. 저 두 사람은 모두 다른 고을의 백성으로, 이송년이나 오명관이나 모두에게 은혜를 입거나 원한을 산 일이 없습니다. 이백중은 이송년과 의형제를 맺은 사이이니 더욱 이송년을 옹호해야 하는데도 이송년을 주범으로 지목하였습니다. 이송년과 대질시켰을 때에 여러 사람의 말은 한입에서 나온 것처럼 일치하였으나, 이송년은 횡설수설하며 허둥지둥하였으니, 그의 행동거지를 살펴보면 죄를 피할 길이 없습니다.

이 세 사람은 모두 영營의 역졸驛卒 출신으로서 모두 난봉꾼이 되었는데, 그중에서도 이송년이 더욱 사납고 용맹스러워서 빼앗기를 좋아하고 싸움질을 잘하였기 때문에 사람들로부터 미움을 받아 온 지가 오래되었습니다. 여러 사람이 제시하는 근거를 자세히 살펴보고 그 당시의 광경을 상상해 보면, 이송년이 범행을 저지른 사실은 단연코 의심할 수가 없습니다. 그러므로 주범은 이송년으로 기록하였습니다.

김세은동은 '담뱃대로 오명관을 때렸다.'라는 이송년의 혐의를 전가하는 말이 있었으니, 경솔하게 풀어 주기가 어렵습니다. 범행에 사용한 흉기는 모양을 그림으로 그려서 감영으로 올려보냅니다. 현령縣令은 이곳에서 고을로 돌아갔습니다."

○ 조사한 관원의 보고서는 다음과 같다.

"이번 살인 사건의 내막에 대해서는 2차 검안보고서의 발사에 모두 밝혀져 있습니다. 정수리 좌우에 구타를 당하여 생긴 상처가 몹시 넓고 컸으며, 살갗과 살이 터져 붉은 피가 새록새록 방울져 나왔으니, 그 상황이 참혹하여 차마 똑바로 볼 수 없을 정도였습니다.

아! 저 이송년도 사람인데, 함께 길을 가던 한 동네의 사람을 한마디 실수한 것 때문에 한 차례 몽둥이질로 때려죽였습니다. 자신이 이러한 큰 변괴를 일으켰고 눈으로 이처럼 참혹한 광경을 목격하였으니, 즉시 놀라고 후회하는 마음을 가지고서 고개를 숙이고 변명하지 말아야 합니다. 그런데도 감히 '김세은동이 담뱃대로 오명관을 때렸다.'라는 말을 지어내서 사형의 처벌을 피하려고 하는 등 완강하게 범행을 부인하면서 구차하게 시간을 끌었습니다. 그뿐만 아니라 이송년은 감옥 안에서 사람들에게 항상 말하기를 '한 사람을 죽이고서 사형을 당하는 것보다는 차라리 여러 사람을 죽이고서 시원하게 죽는 것이 낫다.'라고 하면서 목에 찬 칼을 마구 휘둘러서 사람을 때리는 등 아무런 거리낌이 없이 방자하였습니다. 엄중하게 형장을 쳐서 자백을 받아 낸 뒤에 형률에 따라 처단하는 것을 그만두어서는 안 될 듯합니다."

○ 주상의 판결은 다음과 같다.

"이송년의 살인 사건은 다음과 같이 판결한다. 그가 도망한 역졸로서 남의 물건을 강제로 빼앗는 버릇을 마구 부리다가 마침내 서로 소란을 일으켜 살인 사건으로 발전시켰다. 더욱이 시장屍帳에 기록된 상처를 보면 여기저기 매우 어지러이 나 있었으니, 이 살인 사건으로 이송년을 사형에 처하는 것은 더 이상 의논할 필요도 없다.

그러나 오명관이 구타를 당하고 나서 추위를 무릅쓴 사실은 약간이나마 의문을 품을 만한 단서로 삼을 수가 있었다. 그래서 도신道臣에게 다시 조사를 행하라고 특별히 명하였던 것이다. 이제 도신의 장계 안에서 '만약 이송년이 몽둥이로 구타한 일이 없었다면, 오명관이 바람을 쐬고 추위를 무릅쓰게 된 원인이 어디에서 생겼겠습니까!'라고 한 말은 사실을 지적한 말이라고 할 수 있다. 반복해서 사리를 따져 보았으니, 더 이상 의심할 필요가 없다.

그뿐만 아니라 '이송년과 함께 사는 고을의 백성은 그가 감옥에서 살아 나오게 될까 두려워하고, 이송년과 같이 어울리던 짝들은 술과 고기를 내놓으라는 요구를 감당할 수가 없다.'라는 말이 증언 기록에도 올라 있으니, 그가 얼마나 흉악한지는 이를 통해서도 알 수가 있다. 이송년을 전처럼 신문하여 기어코 자백을 받아 내라."

○ 주상의 판결에 대한 다산의 견해: 상처가 가벼운 사람이 본래 죽을 정도까지는 아니었으나 바람을 쐬었기 때문에 불행히 죽게 되었다면, 바

람을 쐰 것이 죽음의 빌미가 되었다고 거론할 수가 있습니다. 그러나 상처가 본래 무거운 사람의 경우에는 아득히 넓은 들판에 버려두어 회오리바람을 온통 다 쐬었더라도 바람을 쐰 것이 죽음의 빌미라고 말할 수는 없습니다.

5. 다쳐서 죽었는지 병들어 죽었는지를 분별하다(5)

【다친 흔적이 분명하지 않고, 차가운 방에서 누워 자면서 추위를 많이 무릅썼다. 사건의 근본 원인은 술김에 싸웠기 때문이며, 사망의 실제 원인은 내부의 장기가 손상을 입었기 때문이다.】

○ 개천价川의 백성 강만욱康萬郁이 이귀가미李貴加未를 죽였다.

○ 검안보고서의 내용은 빠졌다.

○ 주상의 판결은 다음과 같다.

"소와 말이 오고 가는 좁은 비탈길에서 서로 만났는데, 길을 양보하지 않고 지나간 것 때문에 화가 났다고는 하지만 채찍질을 한 것에 불과하였고, 술에 취하여 황량한 길에 넘어졌다고는 하지만 갓이 부서졌을 뿐이니, 어찌 금방 목숨을 잃을 리가 있겠는가! '채찍이 아무리 길어도 말의 배까지는 닿지 않는다.'[55]라는 말과 '행인이 소를 끌고 간 것은 고을 사람들의 재앙이 된다.'[56]라는 말은 그야말로 이 사건을 위해서 준비해

---

55 채찍이……않는다: 《춘추좌씨전》 선공宣公 15년에 나오는 말이다. 초楚나라의 공격을 받은 송宋나라가 진晉나라에게 구원해 주기를 요청하자, 진나라 제후가 구원해 주려고 하였다. 그러자 진나라의 대부大夫인 백종伯宗이 초나라를 공격해서는 안 된다고 만류하면서 비유적으로 표현한 말이다. 여기에서는 강만욱이 이귀가미를 채찍으로 때리기는 하였지만 죽을 정도까지는 아니었다는 의미에서 인용한 것이다.

56 행인이……된다: 《주역周易》 무망괘無妄卦에 나오는 말이다. 주희朱熹의 해석에 따르면, 행

둔 말이라고 하겠다.

혼례를 치르러 온 사람들이 돌아가자마자 수없이 술을 마셨고, 닭싸움 하듯이 서로 대치하던 상황이 급박하기는 하였으나 흉기라고는 아주 하찮은 것이었다. 사람이 술에 취하면 일반 사람이나 군자나 똑같아지고, 싸움을 일으키는 것은 서로 관계없는 사람끼리도 얼마든지 가능하다. 이러한 상황에서는 누가 살고 누가 죽을지 알 수가 없다. 그러다가 다행한 사람은 살아남고 불행한 사람은 죽게 된다. 불행으로 죽은 사람의 불행 때문에 또 다행으로 살아남은 사람까지 불행하게 하려고 한다면, 둘 다 똑같이 죽게 될 뿐이다. 그렇다면 애당초 다행과 불행이 무슨 차이가 있단 말인가! 더구나 안에서는 술기운이 올라오고 밖에서는 차가운 기운이 엄습하는데, 이쪽으로 넘어지고 저쪽으로 자빠지다가 꽁꽁 언 얼음집에 몸을 맡겼으니, 구타를 당한 일이 아니었더라도 당연히 죽게 되었을 것이다.

그뿐만 아니라 세 차례의 검안을 하는 동안 한 곳의 상처도 없어 '짓찧어져서 죽게 되었다.'라고도 하고 '내부의 장기가 손상되어 죽게 되었다.'라고도 하였다. 그러다가 3차 검안을 하게 된 뒤로부터 두 차례 검안 결과를 억지로 꿰어 맞추어서 단정하기를 '술을 취하게 마시고 음식을 배부르게 먹고 짓찧어져서 내부의 장기가 손상되어 죽게 되었다.'라고 하였으니, 어찌 이와 같이 살인 사건을 처리하는 경우가 있단 말인가! 검안한 해당 관원을 의금부에서 잡아다가 심문하여 처리하게 하라. 강만욱에 대해서는 도신道臣에게 분부하여 엄중하게 형장을 친 뒤에 정배하게 하라."

인이 소를 끌고 갔는데 고을 사람이 도적으로 몰려서 고생하는 것이라고 하였다. 여기에서는 강만욱이 억울하게 살인 혐의를 뒤집어쓰게 되었다는 것을 비유하기 위해서 인용한 것이다.

○ 주상의 판결에 대한 다산의 의견은 다음과 같다.

"이 사건에서는 시체에 다친 흔적이 전혀 없어 사망의 실제 원인을 여러 차례 바꾸었으니, 두 사람이 술주정한 일이 아니었더라도 법으로 볼 때 당연히 살려 주어야 합니다. 그러므로 처분이 이와 같았던 것입니다. 만약에 상처가 분명하고 사망의 실제 원인이 확실하였다면 아마도 두 사람이 술주정을 하였다는 이유로 용서해 주지는 않았을 것입니다. '짓찧어졌다.'라고 하였으나 단단한 흔적이 신체의 바깥쪽에 드러나지 않았으므로, 이를 '내부의 장기가 손상되었다.'라고 한 것이며, '내부의 장기가 손상되었다.'라고 하였으나 시력이 내부의 장기까지 볼 수는 없었으므로, 이를 '술을 취하게 마시고 음식을 배부르게 먹었다.'라고 한 것입니다. 사망의 원인을 이와 같이 더듬더듬 찾아내어 재차 삼차 바꾸었으니, 어떻게 이처럼 처분하지 않을 수 있었겠습니까! 술에 취해서 싸우고 난 뒤 차가운 곳에 몸을 맡겨 두면 길가에서 죽지 않은 사람이 없었으니, 또 어떻게 범인에게만 그 허물을 추궁할 수 있겠습니까!"

6. 다쳐서 죽었는지 병들어 죽었는지를 분별하다(6)

【호되게 구타하지는 않았으나, 한증하는 방법이 잘못되었다. 사건의 근본 원인은 빚을 독촉하였기 때문이며, 사망의 실제 원인은 구타를 당하였기 때문이다.】

○ 신천信川의 백성 최특적崔特赤이 사노私奴 업상業尙을 구타하였다.

○ 2차 검안보고서의 발사跋詞는 다음과 같다.

"이번 살인 사건은 고소를 당한 사람이 끝까지 범행을 인정하지 않았고, 구타를 당할 때에 애당초 목격한 증인도 없었습니다. 그러나 상처가 뚜렷한 이상 범인이 스스로 해명한 말을 수용할 수는 없고, 죽은 사람이 생전에 한 말이 있는 이상 증인을 갖출 필요는 없겠습니다.

코와 뺨 사이의 상처는 둥글고 길지 않으며, 그 자국이 자주색을 띠고 살이 약간 부어올랐으며, 상처의 위치는 왼쪽이었습니다. 이러한 증상은 남에게 주먹으로 맞았을 때 나타나는 증상에 관한 《무원록》의 조항들과 하나하나 부합하였습니다. 그러므로 사망의 실제 원인은 '구타를 당하여 죽게 되었다.'라고 기록하였습니다.

최특적의 말로는 '10월 초하루 이후로는 더 이상 만나 본 적이 없습니다.'라고 하였으나, 업상은 권농勸農의 책임을 맡고 있어서 장날마다 반드시 읍내에 들어갔고, 최특적은 읍내에 살고 있는 사람으로서 서로 만나야 환자還上를 거둘 수가 있었으니, 어찌 만나지 않았을 리가 있겠습니까! 본래 두 사람 사이의 인정과 의리는 서로 가까웠다고 할 수 있겠으나, 사소한 빚 때문에 쟁개비를 빼앗기까지 하였으니, 어찌 구타하지 않았을 리가 있겠습니까!

유족의 진술에서는 '눈과 코를 두 차례 주먹으로 맞았습니다.' 하였고, 목격한 증인의 진술에서는 모두 '죽은 사람이 구타를 당하였다고 스스로 말하였습니다.' 하였습니다. 그뿐만 아니라 최특적의 말로도 '업상이 저희 집에 찾아와서 망쇠望金의 아버지에게 구타를 당하였다고 스스로 말하였습니다.'라고 하였으니, 이것은 자백하는 말이나 마찬가지입니다.

한증에 관한 일로 말하면 이렇습니다. 최특적은 '서로 친근한 사이라서 차마 거절하지 못하였습니다.'라고 말하였으나, 그가 만약 범행을 저지른 일이 없었다면 심하게 상처를 입은 사람을 자기 집에 머무르게 하고서는 죽을 때까지도 옆을 떠나지 않고 몸소 간호하였을 리가 있겠습니까! 코와 뺨 사이는 급소가 아닌 데다가 업상이 상처를 입고 난 뒤에 걸어 다닐 수도 있었으니, 이 점이 의심스럽기는 합니다. 그러나 심하게 상처를 입은 사람이 한증하여 땀을 빼고 나서 외부에서는 바람과 추위가 엄습하고 내부에서는 독기가 공격하여 한증막의 문을 나서자마자 마침내 목숨을 잃게 되었던 것입니다. 만약 구타를 당하지 않았다면 이처럼 한증을 할 일도 없었을 것이고, 만약 한증을 하지 않았다면 이처럼 갑작스럽게 죽을 일도 없었을 것입니다. 그러므로 주범은 최특적으로 기록하였습니다.

유족 김 조이金召史는 앞뒤의 진술이 뒤바뀌었다고는 하지만 늙고 병이 들어 정신이 흐릿하니, 깊이 책망할 것이 못 됩니다. 현령은 여기에서 고을로 돌아갔습니다."

○ 다산의 비평은 다음과 같다.

"서북西北 지역에는 한증하는 풍속이 있다. 땅을 파서 움을 만들고 돌을 깔아 평상을 만들어 일종의 온돌을 만든 뒤에 장작을 뒤섞어서 태우면 마치 쇠를 달군 것처럼 뜨겁게 된다. 구멍 하나도 내지 않고 견고하면서도 촘촘하게 흙집을 짓고 나서 병이 든 사람을 그 안으로 들여보내 땀을 빼내게 하면, 병이 든 사람은 가슴이 답답하고 땀이 흠뻑 난 뒤에야 움집의 문을 나와서 즉시 차가운 물속으로 들어간다. 그러면 정신과 기운이 맑고 상쾌해져서 병이 눈 녹듯이 사라진다. 한증을 하다가 노약자가 죽는 경우도 많지만 원망하지 않는다.

이러한 풍속은 아마도 예맥穢貊의 풍속이 우리나라에 흘러들어 온 것인 듯하다. 구타를 당하지 않았더라도 한증하다가 죽는 사람이 계속 나오는데, 검안한 관원이 그러한 풍속에 익숙하지 않았을 뿐이다. 만약 구타를 당하였기 때문에 땀을 내다가 죽게 되었다면, 사망의 실제 원인은 '구타를 당한 뒤에 치료를 하였으나 효과가 없어 죽게 되었다.'라고 기록해야 한다. 그리고 최특적은 '피고인被告人'이라고 기록해야 한다. 그런데 지금 '구타를 당하여 죽게 되었다.'라고 기록하였으니, 또한 허술하지 않겠는가!"

○ 조사한 관원의 보고서는 다음과 같다.

"애당초 구타한 사실을 부인할 수는 없겠으나, 최특적이라는 인물은 나이가 70에 가까운 가난하고 노쇠한 사람일 뿐이고, 애당초 기세를 부리며 남을 능멸할 사람이 아니었습니다. 코와 뺨의 상처는 급소에 난 것이 아닌 데다가 구타를 당하고 난 뒤에 그다지 고통스러워하지도 않았으며, 환곡還穀의 납부를 독촉하는 직무를 아무런 이상 없이 날마다 수행하였습니다. 그러다가 한증을 하고 난 뒤에 기혈氣血의 통로가 활짝 열린 상태에서 갑자기 바지를 벗자, 외부에서 바람과 차가운 기운이 엄습하여 한증막 안에서 별안간 목숨을 잃게 된 것입니다.

정황과 법률을 참작하고 형률의 조례條例를 널리 참고해 보니, 옛 상처가 낫지 않았기 때문에 한증을 하게 된 것이기는 하지만, 실제로는 치료를 하였으나 효과가 없었기 때문에 죽게 된 것입니다. 《대명률》〈형률刑律·투구鬪毆〉 '별도의 다른 사유로 인해서 사망하게 된 경우'의 조문을 직접 적용하기는 어렵더라도, 《무원록》〈조례·구타사〉 '치료를 하였으나 효과가 없어 죽게 된 경우'의 조항이야말로 참조하여 적용하기에 적합합니다. 이러한 사람에게 목숨으로 보상하게 하는 형률을 곧바로 적용하는 것은 법률을 제정했던 본래의 취지가 아닌 듯합니다."

○ 황해도에서 다음과 같이 아뢰었다.

"코와 뺨 사이는 본래 급소가 아닌 데다가 구타를 당하고 난 뒤에 몸져누워 있지도 않았으며, 집의 방아 찧는 일과 마을의 부역 등 수고로운 일을 마다하지 않고 수행하였습니다. 한겨울의 추위에도 평상시처럼 분주하였으니, 이러한 사실을 통해서 상처가 깊지 않았다는 것을 알 수 있습니다.

그러다가 7일이 넘어서야 독기가 퍼지기 시작하여 살갗이 붓고 파래졌으며 목젖까지 퍼졌습니다. 이것은 바람을 쐰 것이 빌미인데도 몸조리를 잘하지 않고 소의 등에 짐을 싣고서 멀리 다녀오기도 하였습니다. 그런데다가 하루에 두 차례나 한증을 하여 기혈의 통로가 활짝 열린 상태에서 갑자기 겹바지를 벗자, 외부에서 바람과 차가운 기운이 엄습하여 내부의 뜨거운 열기와 서로 부딪치면서 아주 짧은 시간에 기가 막혀 한증막 안에서 목숨이 끊어졌던 것입니다.

애당초 구타를 당한 것이야 남의 탓이라고 할 수 있겠으나, 마지막에 증세를 키운 것은 사실상 자신이 그렇게 한 것입니다. 옛 상처가 낫지 않은 상태에서 죽었다고 하여 '별도의 다른 사유로 인해서 사망하게 된 경우'의 조문을 직접 적용하기는 어렵더라도, 자신이 몸조리를 잘못하여 죽은 점은 '치료를 하였으나 효과가 없어 죽게 된 경우'의 조항을 참작하여 적용할 수도 있습니다. 그러므로 한창 어진 은택을 두루 베풀고 원통한 사정을 모두 풀어 주는 이러한 때에 의문스러운 단서가 있다면 가볍게 처벌하는 법을 적용해야 하겠습니다."

○ 다산의 비평은 다음과 같다.

"코와 뺨 사이의 상처에 종기의 독이 있었다고 하더라도 목젖까지 퍼질 리는 없다. 이것은 착오가 있는 듯하다."

○ 형조에서 대책을 마련하여 보고한 내용은 황해도에서 보고한 것과 대체로 동일하였다.

○ 주상의 판결은 다음과 같다.

"이 살인 사건은 사건이 성립된 지 3년이 되도록 여태 결말을 짓지 못하고 있다. 애당초 싸움의 실마리는 쟁개비를 잠시 빼앗아 간 것 때문이었으나, 마지막 만난 자리에서는 서로 술잔을 권하기까지 하였으니, 어찌 다시 고의로 살해할 생각이 있었겠는가! 설사 대판으로 싸움이 벌어져서 다른 사람에게 모진 주먹을 맞았다고 하더라도, 방아 찧는 일은 죽을 때가 가까운 사람이 자기 힘으로 할 수 있는 일이 아니고, 이장里長은 병든 사람이 억지로 할 수 있는 일이 아니다.

그러다가 한증하는 날이 되어 바지를 벗고 바람을 쐬자, 외부에서는 차가운 기운이 엄습하고 내부에서는 남은 독기가 퍼졌으니, 업상이 죽게 된 것은 전적으로 치료를 하였으나 효과가 없었기 때문이다. 그런데도 10일 전에 구타한 옛일을 가지고서 사망의 실제 원인을 억지로 '구타를 당하여 죽게 되었다.'라고 기록하였으니, 이와 같이 살인 사건을 처리하는 규정이 어디에 있단 말인가! 유족의 진술에서도 '이 동네 저 동네를 두루 돌아다니느라 바람을 쐰 일이 있었습니다.'라고 하였으니, 최특적이 지금까지도 판결을 받지 못한 채 구속되어 있는 것은 사건을 신중히 처리하고 죄수를 불쌍히 여긴다는 취지에 어긋난다. 최특적은 한 차례 형장을 친 뒤에 풀어 주라."

7. 다쳐서 죽었는지 병들어 죽었는지를 분별하다(7)

【짓찧어지고 걷어차여서 죽었으나, 곽란이 원인인지 의심하였다. 사건의 근본 원인은 간음하였기 때문이며, 사망의 실제 원인은 구타를 당하였기 때문이다.】

○ 선산善山의 백성 이삼득李三得이 임개쇠林介金를 죽였다.

○ 경상도에서 다음과 같이 아뢰었다.

"말 한마디로 싸움이 시작되는 소리를 귀재貴才가 들었고, 두어 차례 발로 짓찧는 모습을 수단守丹이 보았습니다. 약을 먹여 병을 치료하였으니 범행을 저지른 행적을 알 수 있고, 갓을 벗고서 의원醫員을 맞이하였으니 겁을 먹었던 사실을 더욱 증명할 수 있습니다.

이삼득과 수단이 간통해 온 지가 오래되었는데, 다른 일로 소란이 일어나자 수단의 남편인 임개쇠를 마음껏 구타하여 하루가 지나기도 전에 죽게 하였으니, 목숨으로 보상하는 처벌을 면하기가 어렵습니다. 엄중하게 신문하여 자백을 받아 내는 것을 단연코 그만두어서는 안 됩니다."

○ 주상의 판결은 다음과 같다.

"이삼득의 살인 사건은 다음과 같이 판결한다. 술에 취해 사나운 중에게 화를 내다가 싸움을 말리던 사람에게 갑자기 화풀이하여 불두덩을 발로 짓찧었으니 손으로 불두덩을 감싸는 고통을 감추기가 어렵다. 하물며 남의 아내를 훔치고 본남편을 미워하던 감정이 기회를 틈타 손찌검할 때를 만났으니 더 말할 것이 있겠는가! 결국 간음하던 범죄의 진상이 더욱 살인 사건의 확실한 증거가 되었으니, 몰래 간통하였는지는 별도로 조사할 필요가 없다. 그러나 살인 사건은 매우 중대하니 신임 도신道臣더러 의견을 내어 사건 기록을 상세히 살펴보고 이치를 따져 장계로 보고하게 한 뒤에 형조에서 나에게 물어 처리하라."

○ 경상도에서 다음과 같이 아뢰었다.

"상처를 입은 급소라고는 머리 부위에 피가 보인 것과 불두덩에 난 약간의 상처에 불과하였습니다. 그러나 피가 보인 것도 뼈까지 손상을 입히지는 않았고 약간의 상처는 살갗을 스친 정도뿐이었으니, 이것 때문에 죽게 될 리는 결코 없습니다. 구타를 당하고 나서는 반드시 울화가 치밀었을 것이고, 술 따위는 먹으면 더러 체하기도 합니다. 손으로 불두덩을 감싼 것은 배를 앓을 때의 모습과 상당히 유사하고, 입으로 거품을 토한 것은 곽란의 증세와 아주 비슷합니다. 이러한 증세 때문에 목숨을 잃는 경우도 더러 있습니다. 사건 문서를 상세히 살펴보고 정황을 세밀히 따져 볼 때 가볍게 처벌할 것을 의논할 수도 없고 반드시 죽여야 할 죄를 적용할 수도 없습니다."

○ 다산의 비평은 다음과 같다.

"관찰사觀察使란 자리는 중국의 이른바 순무巡撫이며 사헌부司憲府의 대간臺諫이다. 한 가지 사건을 아뢸 때마다 죄인을 살려야 할지 죽여야 할지를 분별하여 처분해 주기를 청해야 한다. 그런데 이번에 경상도에서 아뢴 내용의 말미에 '가볍게 처벌할 수도 없고 반드시 죽일 수도 없습니다.'라고 하였으니, 죄수의 처리를 임금에게 떠넘기고 법과 기강을 쥐고서 희롱한 것이다. 이는 신중하고 분명하게 죄를 밝힌다는 취지가 전혀 없으니, 잘못된 것이다."

○ 다산의 의견은 다음과 같다.

"이 사건은 본래 의심할 만한 점이 없었는데도 주상이 도신에게 다시 상세히 조사하라고 판결하였던 까닭은 이삼득의 죄를 분명하게 바로잡으라는 것이었지 살려 줄 길을 따로 찾아보게 한 것이 아니었다. 그런데 이번에 경상도에서 아뢸 때 억지로 의문점을 제기하였으니, 어찌 잘못하지 않았겠는가! 먹은 것이 체하여 곽란이 일어난 것 같다는 말은 추측하는 말에 불과하지만, 손으로 불두덩을 감싸 쥔 사실은 짓찧어졌다는 분명한 증거이다. 그런데 어찌 이처럼 애매모호하게 할 수 있단 말인가! 귀재로서는 누구와 더 가깝거나 누구와 더 먼 처지가 아닌데도 싸우는 소리를 들었다고 증언하였고, 수단으로서는 좋아할 수도 없고 슬퍼할 수도 없는 처지인데도 이삼득이 짓찧고 밟았다는 사실을 숨기지 않았다.

그러니 어찌 증인이 모두 끊어졌다고 할 수 있겠는가!

머리 부위는 매우 중요한 곳으로, 피가 보이지 않았더라도 오히려 머릿속을 흔들리게 할 수는 있고, 불두덩은 매우 중요한 급소로, 살갗을 스치지 않았더라도 오히려 장기臟器를 손상할 수 있다. 그런데 하물며 피가 보였고 살갗을 스치기까지 하였으니 더 말할 것이 있겠는가! 약을 먹이고 의원을 맞이한 행적은 난장판처럼 어수선하였고, 시체를 검안할 때에 몸을 숨긴 행적은 도망가는 원숭이처럼 재빨랐다. 그런데도 도신이 성상의 의도에 영합하여 가볍게 처벌하는 법을 적용하려고 하였으니, 몹시 잘못한 것이다."

○ 형조가 다음과 같이 아뢰었다.

"사건을 처리하는 규정으로 말하면, 서로 싸웠던 상대방이 다음 날 죽었는데 시체를 검안하기 전에 먼저 도피하였으니, 범인의 행적이 저처럼 의심할 것 없이 명백합니다. 사건의 정황으로 말하면, '구타를 당하였다.' 라고 하지만 상처가 확실하지 않고 '서로 싸웠다.'라고 하지만 목격한 증인이 없으니, 사건의 내막이 의심스럽습니다. 도신을 시켜 더욱더 철저히 조사하여 장계로 보고하게 하는 것이 어떻겠습니까?"

○ 다산의 비평은 다음과 같다.

"이 사건에서는 머리 부분에 뼈가 손상된 흔적이 없으니 불두덩에 중점을 두어야 한다. 만약 불두덩이 다친 것을 목숨을 잃게 된 상처로 지적한다면, 사망의 실제 원인은 '짓찧어졌다.'라고 하거나 '발에 걷어차였다.'라고 해야지, 어찌 '구타를 당하였다.'라고 할 수 있겠는가! 검안한 관원이 자세히 조사하지 못한 것은 따지지 않더라도, 짓찧어지거나 걷어차인 것을 항상 '구타를 당하였다.'라고 기록하니, 이것도 법을 집행하는 사람이 살펴야 할 일이다."

○ 경상도에서 다음과 같이 아뢰었다.

"신이 저번에 아뢴 내용 중 '술에 체할 수도 있었고, 담병痰病의 증세를 띠고서 기가 솟구쳤습니다.'라고 하였던 것은 싸우면서 구타를 당하고 나서 분노 때문에 병이 생겼을 것이라고 생각했기 때문이었습니다. 그러나 이제 진술한 내용 중에 '오줌을 누어 바지를 적셨습니다.'라고 한 말이 있으니, 또 장기에 풍독風毒이 생기고 신장의 기운이 끊어진 증세인 것 같습니다. 따라서 임개쇠는 전적으로 구타를 당하였기 때문에 죽은 것만은 아닌 듯합니다. 그러나 이삼득과의 싸움이 아니었다면 임개쇠가 목숨을 잃는 일은 결코 없었을 것입니다."

○ 다산의 비평은 다음과 같다.

"포泡란 두부를 말하는 것으로, 중국의 말로는 숙유菽乳라고 하니, 술을 포주泡酒라고 해서는 안 된다. 술을 처음 거를 때에 거품이 있다고 해서 포주라고 한다면, 밥이 처음 끓어오를 때에도 거품이 있으니, 밥도 포반泡飯이라고 할 것인가! 이치를 철저하게 따져 '장기에 풍독이 생기고 신장의 기운이 끊어진 증세인 것 같습니다.'라고까지 하였으니, 이것도 지나치다."

8. 다쳐서 죽었는지 병들어 죽었는지를 분별하다(8)

【떠밀리고 구타를 당하여 죽었으나, 더위로 인한 곽란이 원인인지 의심하였다. 사건의 근본 원인은 부역에 차출되었기 때문이며, 사망의 실제 원인은 구타를 당하였기 때문이다.】

○ 충청도의 백성 이응천李應天이 김치운金致雲을 구타하였다.

○ 충청도에서 다음과 같이 아뢰었다.

"등은 급소이니, 사망의 실제 원인에 대해서는 의심할 만한 단서가 없습니다. 다만 '약간 단단하였다.[微硬]'라는 2자는 '몹시 단단하였다.[堅硬]'라는 글과는 다르며, 걸어서 100리를 간다는 것은 죽어 가는 사람이 할 수 있는 일이 아니라고 생각됩니다. 그뿐만 아니라 구타를 당하여 입은 상처가 참으로 위급한 상황이었다면, 아내가 같이 길을 가고 있었으니 혼자만 뒤떨어져 남았을 리가 없을 듯합니다. 살내[箭川]에 도착하자 갑자기 더위로 인한 곽란의 증세가 발생하였고 여관 주인 등 여러 사람이 모두 구토하고 설사하는 상황을 보았으니, 이를 통해서 상처는 가벼웠으나 병이 심하였다는 것을 알 수 있습니다.

대체로 이응천은 역참驛站의 차인差人이고 김치운은 역참의 이졸吏卒이니, 한 사람은 강하고 한 사람은 약하여 현격하게 차이가 날 뿐만 아니라 더욱이 체포하러 오는 발걸음이 다급하였습니다. 쫓기는 김치운의 입장은 개나 닭과 다름이 없었고 부부가 갈림길에서 울며 이별하였으니, 저 이응천의 입장에서는 본래 분노할 만하였지만 이 김치운의 처지는 몹시도 가련하였습니다. 그렇지만 목숨으로 보상하는 법은 매우 정밀하고 엄중하여, 반드시 죽은 사람의 목숨이 범인의 손에 의해서 끊어졌어야 범인의 목숨으로 죽은 사람의 목숨을 보상할 수 있습니다. 어찌 이응천은 강하고 분노할 만한 입장이며 김치운은 약하고 가련한 처지라는 것이 그 사이에 조금이라도 영향을 미칠 수 있겠습니까!

처음에는 한나절 동안 무성한 풀 속에 숨어 있었고, 이어서 또 7월의 늦더위에 산을 넘고 물을 건넜습니다. 마음속은 괴롭고 배속은 텅 빈 채로 길을 재촉하는 구박을 받아 심하게 더위를 먹었는데, 길에서 흐르는 샘을 발견하고서 차가운 물을 무수히 마셨습니다. 길을 가던 일반적인 사람도 더위를 먹고 죽는 경우가 많고 보면, 김치운의 죽음을 전적으로 구타를 당하였기 때문이라고만 귀결시킬 수가 없습니다. 게다가 어깨와

팔 등 여러 곳은 똑같이 두 놈이 구타한 것이고 보면, 등에 난 상처 한 곳만 어찌 누구의 손으로 저지른 범행인지를 분별하겠습니까! 사망의 실제 원인은 명확한 것 같기는 하지만 구토와 설사는 더위를 먹었을 때 생기는 증세이고, 주범은 완전히 결정되었으나 주범과 종범을 뒤섞어서 지목했다는 탄식이 있습니다. 그러므로 감히 어리석은 소견을 아뢰고서 처분해 주시기를 기다립니다."

○ 다산의 의견은 다음과 같다.

"도신道臣이 서술한 내용이 핵심을 밝히고 이치에 맞았다. 김치운의 등에 난 상처는 본래 떠미는 손에 의해서 생긴 것으로, 여러 차례 구박을 당하여 자주 넘어지고 자빠졌으니, 등의 상처는 심각하지 않았으나 더위 먹은 증세는 자신의 괴로움 때문에 생긴 것이었다. 가령 죽은 사람이 '이응천이 죽였습니다.'라고 하였더라도, 김치운의 죽음은 이응천이 본래 의도했던 것은 아니었다. 이응천을 참작하여 처리하는 것은 경솔히 의논하기가 어렵겠지만, 목숨으로 보상하게 하는 것도 참으로 의심을 가질 만하다."

9. 다쳐서 죽었는지 병들어 죽었는지를 분별하다(9)

【호미로 때린 것이 분명하였으나, 밥을 먹고 체한 것이 원인인지 의심하였다. 사건의 근본 원인은 벼를 훔쳤기 때문이며, 사망의 실제 원인은 구타를 당하였기 때문이다.】

○ 의주義州의 백성 변채강邊采江이 이덕태李德太를 죽였다.

○ 평안도에서 다음과 같이 아뢰었다.

"이 사건은 다친 흔적이 분명하고 증인이 구비되었으며, 죄인도 변명하지 않고 자백하여 2차 심리를 하게 되었습니다. 신이 시장屍帳에 그려서 보고한 범행에 사용했던 흉기의 그림을 살펴보니, 이른바 소나무 말뚝은 길이가 두어 자이고 크기가 팔뚝만 하였으며, 이른바 호미는 길이가 두어 자이고 쇠로 된 부분이 상당히 무거웠습니다. 만약 유족과 목격한 증인이 진술한 것처럼 참으로 이 흉기를 가지고서 마구 모질게 구타하였다면, 시장에 기록된 상처가 어찌 이처럼 작겠습니까! 네곳의 상처는 크기가 모두 작았으니, '말뚝을 뽑거나 호미를 휘두르는 과정에서 부딪쳤다.'라고 한다면 그래도 말이 되지만 '온 힘을 다해서 범행을 저질렀다.'라고 한다면 참으로 이치에 맞지 않습니다.

그뿐만 아니라 숫구멍과 태양혈太陽穴은 본래 급소이지만, 이제 숫구멍으로부터 2치 반 아래와 태양혈로부터 1치 남짓 아래를 곧바로 급소라고 하였으니, 급소의 한계를 다소 넘어간 것이 아니겠습니까! 가령 상처가 급소와 다소 가까운 곳에 생겼다고 하더라도, 크기가 작은 데다가 색깔마저 희미합니다. 네 곳의 상처 중에서도 귓불 아래에 피가 흘러 있고 부어서 단단한 곳이야말로 가장 심각한 상처인 것 같습니다. 그러나 그 상처도 깊이와 너비가 2푼에 불과하니, 어찌 그 정도의 상처로 오시午時 이후에 구타를 당하고 신시申時에 목숨을 잃기까지야 하겠습니까!

1차 검안보고서에 이르기를 '입으로 토한 밥이 반 숟갈쯤으로, 아직도 입가에 남아 있었습니다.'라고 하였으니, 이것이 어찌 수상한 증거가 아니겠습니까! 《무원록》 〈조례·병환사〉 '더위 먹고 죽은 경우[中暑死]'의 조항에 이르기를 '눈은 감겨 있고 혀와 항문은 모두 빠져나오지 않는다.'라고 하였으니, 이번 시장에 기록된 내용과 서로 합치됩니다. 당시는 6월 보름으로, 새로 점심밥을 배불리 먹고서 곧바로 김을 매러 나갔다가 갑자기 변채강과 한바탕 크게 싸워 잔뜩 화가 나 있었는데 마침내 갑자기 더위를 먹고 체하기까지 하였으니, 이러한 상황에서 반나절 만에 죽는 것은 일어날 수 있는 일입니다.

변채강이 처음부터 지금까지 감히 변명하지 못했던 이유는 다만 손수 범행을 저지르고 나서 마침내 이덕태가 즉시 목숨을 잃었고 귓불에 상처를 낸 혐의도 벗어날 길이 없었기 때문이었습니다. 대체로 살인 사건의 정황에 대해서는 만약 의문점이 있다면 죄인이 자백했다는 이유로 의심할 것이 없다고 말해서는 안 됩니다. 더위를 먹고 죽었다는 의견은 억측에 가깝기는 하지만, 다친 흔적과 흉기가 서로 맞지 않고 게다가 급소에 난 상처도 없고 목숨을 잃을 수 있는 부위도 아닙니다. 따라서 사건을 신중히 처리하고 죄인을 불쌍히 여기는 정치로 볼 때 심리하는 방도가 있어야겠습니다."

○ 다산의 비평은 다음과 같다.

"숫구멍으로부터 2치 반 아래는 어찌 이른바 앞머리[頭顱]가 아니겠는가! 앞머리와 숫구멍은 똑같이 급소 부위에 포함되는데, 다치면 반드시 죽게 되는 부위인가 빨리 죽게 되는 부위인가의 차이가 있을 뿐이다. 《무원록》 〈검복·검식〉에 이르기를 '목숨을 잃을 수 있는 상처가 빨리 죽게 되는 부위에 나면 3일을 넘기지 못하고, 반드시 죽게 되는 부위에 나면 10일을 넘기지 못한다.' 하였다. 이것은 일반적인 경우를 말한 것일 뿐이다. 빨리 죽게 되는 부위에 난 상처로 3일을 넘긴 사람도 있고, 반드시 죽게 되는 부위에 난 상처로 즉시 죽은 사람도 있으니, 어찌 즉시 죽었다는 이유로 마침내 사망의 원인이 따로 있을 것이라고 의심할 수 있겠는가! 소나무 말뚝이 길더라도 앞머리가 둥글고 보면 둥근 곳에 부딪친 상처는 본래 작은 법이다. 어찌 다친 흔적이 크지 않다는 이유로 마침내 진짜 흉기가 아니라고 의심할 수 있겠는가! 다만 살갗이 터지지도 않고 살도 터지지 않았다면, 짧은 시간 안에 즉시 죽을 리는 없다."

○ 형조가 다음과 같이 아뢰었다.

"이번 살인 사건은 사망의 실제 원인이 확실하고 목격한 증인도 명백하였습니다. 그러므로 간교하고 사특한 변채강으로서도 처음에는 서로 멀리 피하는 사이라고 핑계 대는 말을 하였다가 중간에는 또 간수를 마시고서 죽은 것이라고 진술을 바꾸었으나, 많은 사람의 눈을 가리기가 어렵고 말 잘하는 입으로도 변명할 말이 없자 마침내 스스로 범행을 인정하여 2차 심리를 열게 되었습니다.

전前 도신道臣이 살리기를 좋아하시는 주상의 덕을 깨닫고서 이처럼 의문을 제기하는 의견을 올렸으나, 신의 얕은 견해로는 확실한지를 모르겠습니다. 전 도신은 '말뚝과 호미는 모양이 상당히 큰데 숫구멍 아래와 뺨 주변의 상처는 매우 작아서 흉기와 상처가 전혀 서로 들어맞지 않습니다.' 하였습니다. 그러나 말뚝은 뿌리가 크고 끝이 가늘며 호미는 가운데가 넓고 끝이 뾰족한데, 어찌하여 서로 들어맞지 않는다고 하는 것입니까! 두 곳의 다친 흔적이 가장 급소에 난 것일 뿐만 아니라 귓불 아래의 피가 흐르고 부어서 단단한 곳도 이처럼 중요한 부위이고 보면, 어찌 똑같이 생략할 수 있겠습니까!

도신이 아뢴 내용 중에서 또 '말뚝을 뽑거나 호미를 휘두르는 과정에서 부딪쳤다.'라고 하였으나, 말뚝을 뽑거나 호미를 휘두른 것이 본래 모질게 구타하려는 의도에서 한 행위라면, 말뚝을 뽑거나 호미를 휘둘렀으면서도 어떻게 구타하지 않았을 리가 있겠습니까! 주먹으로 구타하였다는 말은 주범이 자백한 것이고 발로 걷어찬 상황은 유족이 증언한 것입니다. 당시 무더운 시기에 힘을 다해 싸웠고 호미와 말뚝 이외에 주먹질과 발길질까지 더해져서 정신이 어지러워지고 기가 막혀서 마침내 즉시 죽게 되었던 것입니다. 그러니 어찌 더위를 먹고 체하기까지 하여서 죽게 된 것이라고 억지로 귀결시킬 수 있겠습니까! 두 눈이 감겨 있었던 사실은 검안보고서에 실려 있는 것이지만, 혀와 항문에 대해서는 애당초 거론한 것이 없었습니다. 그러니 분명한 사망의 실제 원인은 놓아두고서 억측한 증상을 억지로 찾아내는 것은 살인 사건의 처리를 중시하는 방도에도 흠이 되는 일입니다. 전처럼 합동으로 심문하는 것을 단연코 그만둘 수가 없습니다."

○ 주상의 판결은 다음과 같다.

"이 사건은 벼[稻]를 훔친 것으로 의심을 받은 치욕 때문에 분노를 쌓아 두었다가 허수아비를 만들어 저주하는 말에서 소란을 일으켜서, 즉시 흉악한 범행을 저질러 그날로 목숨을 잃게 하였다. 사망의 실제 원인이 명백하고 증인이 구비되었을 뿐만 아니라, 호미를 빼앗아 귀를 다치게 한 사실과 말뚝을 뽑아 머리를 구타한 사실은 2차 심리를 할 때의 진술에서 이미 하나하나 승복하였다. 그런데 감히 독약을 마시고 죽었다는 말로 갑자기 진술을 바꾸어 13년 동안 합동 조사하는 내내 범행을 부인하고 있으니, 그 정상을 따져 보면 너무도 흉악하고 사납다.

연전에 도신이 아뢰면서 상처와 흉기가 서로 들어맞지 않는다고 의문을 제기했던 것도 확실한지를 모르겠다. 사건이 기록된 문서를 자세히 읽어 보았으나 전혀 의심스러울 것이 없었으니, 변채강을 전처럼 합동으로 심문하라."

○ 주상의 판결에 대한 다산의 의견은 다음과 같다.

"앞머리와 양쪽 이마는 중대한 부위이기는 하지만, 살갗과 살이 터지고 상처의 깊이도 깊어야 죽게 될 수가 있습니다. 이제 발사들을 살펴보아도 살갗과 살이 일찍이 터졌는지 아니면 일찍이 터지지 않았는지에 대해 모두 거론한 곳이 없었습니다. 아마도 그 상처가 본래 깊거나 심하지가 않아서 살갗이 스치거나 피멍이 든 것이나 다름이 없었기 때문에 검안한 관원과 도신이 모두 의심하였던 듯합니다.

도신이 아뢴 것은 너무도 논리가 뛰어나지 못하였고 형조가 아뢴 것도 찬찬히 따져 보지 못한 면이 있었습니다. 처음 검안을 행할 때에 상처가 난 부위가 중대한 곳인지 아닌지 및 상처가 얕은지 깊은지를 모두 거론하지 않았기 때문에 시간이 오래 지나자 농간이 생겨나서 마침내 소급해서 조사할 길이 없어져 버린 것이니, 애석합니다!"

10. 다쳐서 죽었는지 병들어 죽었는지를 분별하다(10)

【찔리고 걷어차인 것이 뚜렷하였으나, 굶주리고 병을 앓다가 죽었다고 핑계를 대었다. 사건의 근본 원인은 빚을 독촉하였기 때문이며, 사망의 실제 원인은 걷어차였기 때문이다.】

○ 함흥咸興의 백성 윤협尹浹이 김중집金中集을 죽였다.

○ 2차 검안보고서의 발사跋詞는 다음과 같다.

"이번 사건에서 시신은 온몸이 검푸른 색을 띠고 있어 살빛이 변하였고, 좌우 옆구리의 상처는 뚜렷하여 의심할 것이 없습니다. 이것은 참으로 《무원록》 〈검복·검식〉에서 '급소를 구타당하여 그 상처가 깊고 심하면 즉시 죽게 된다.'라고 한 것과 같습니다. 신일성申一星이 진술하기를 '두 사람이 상투를 잡고서 허리 사이를 발로 걷어찼습니다.' 하였으니, 증언도 분명하였습니다. 그러므로 사망의 실제 원인은 '발에 걷어차여서 죽게 되었다.'라고 기록하였습니다.

윤협이 진술하기를 '죽은 김중집이 본래 병을 앓고 있다가 굶주림 때문에 감기까지 더해졌는데, 빚을 독촉받자 분노하여 몸을 던져 자살하였습니다.' 하였습니다. 그러나 유족은 진술하기를 '연전에 앓던 요통腰痛

과 근래에 앓던 약한 감기는 모두 쾌차하였습니다.' 하였습니다. 시신에 뜸을 떴던 흔적이 있는 이상 병이 전혀 없던 사람은 아니지만, 요통은 본래 아주 위급한 병은 아니니 어찌 갑자기 죽을 리가 있겠습니까! 상처가 명백하고 증언도 하나로 모아졌으니, 현혹하려고 해도 그것이 가능하겠습니까! 주범은 윤협으로 기록하였습니다. 종범은 두 사람이 서로 싸우는 동안 간섭한 사람이 없었기 때문에 '없다.[無乎]'라고 기록하였습니다.【무호無乎는 없다는 말이다.】"

○ 다산의 비평은 다음과 같다.

"살인 사건에 모두 종범이 있어야 할 필요는 없다. 시장屍帳의 목록目錄에는 무無 자를 써넣더라도, 이치를 따져 서술하는 발사에는 어찌 말을 만들어서 서술할 필요까지 있겠는가! 이것은 쓸데없이 덧붙인 글이다."

○ 함경도에서 다음과 같이 아뢰었다.

"이 사건은 애당초 서로 싸우던 상황을 신일성이 진술하였습니다. 김중집의 형과 아내는 싸우던 상황을 목격하지는 않았으나 고소한 내용이 분명한 데다가 상처도 심각하였으니, 살인 사건을 성립시켜서 목숨으로 보상하게 하는 것은 본래 의심할 점이 없습니다. 그런데 처음에는 '구타를 당하였습니다.'라고 하였다가 마지막에는 '걷어차였습니다.'라고 하는 등 사건이 오래되자 농간을 부려 진술을 두세 차례 바꾸었습니다. 이것은 윤협이 유족들과 내통하여 사적으로 합의하였기 때문에 생긴 일로, 세 차례 서찰을 왕복한 사실로 간악한 정상이 모두 드러났습니다.

김중호金中好 등은 아우를 잊고 원수를 비호하여 인간의 도리를 저버리고 진술을 바꾸었으니, 정상이 악랄합니다. 신일성은 엄중한 명령에 겁을 먹고서는 전후로 진술을 바꾸었는데, 어찌할 줄을 몰라 말이 조리가 없었습니다. 위에서 말한 윤협은 더욱더 엄중히 신문하여 법률의 취지를 밝히게 하는 것이 어떻겠습니까?"

○ 주상의 판결은 다음과 같다.

"윤협의 살인 사건은 다음과 같이 판결한다. 사건이 오래되면 농간이 발생하는 경우가 있다고는 하지만, 이 사건처럼 몹시 교묘하고도 치밀한 경우는 없었다. 죽은 사람의 형은 범인을 위해 증언하였고 죽은 사람의 아내는 범인을 가련하게 여겼다. 얼굴을 숨기고서 사사로이 거래한 정황과 감옥 안에서 서찰을 보낸 사실을 통해 그들이 빈틈없이 꼼꼼하게 준비하여 원활하게 대처해 온 정황을 알 수 있다. 가령 범인더러 스스로 변명하게 하더라도 어떻게 이보다 더 잘하겠는가! 최초에 김중집의 편을 들었던 두 놈까지도 똑같은 말로 진술을 바꾸어 깨뜨릴 수 없을 정도로 확고하니, 뇌물을 마구 뿌린 것이 아니라면 어찌 이렇게까지 죽을힘을 다해 변호하는 사람들을 확보할 수 있었겠는가!

이러한 상황인데도 애매모호하게 처리하고 즉시 사건을 성립시키지 않는다면, 앞으로 여러 도의 감옥에 갇혀 있는 죄수 중 다소 부유하다고 하는 자들은 모두 유족과 부화뇌동하여 거짓을 꾸며 내고 진술을 번복하려고 할 것이다. 나라의 형률이 매우 엄중한데, 어찌 이런 일이 있단 말인가! 대체로 두 차례 검안을 하고 난 뒤에 판결을 뒤집는 것은 항상 있는 일은 아니니, 사망의 실제 원인과 증언은 검안보고서를 따라야 한다. 이 죄수는 결코 가볍게 처벌할 것을 갑자기 의논할 수가 없으니, 전처럼 엄중히 신문하여 기어코 자백을 받아 내라.

살인 사건을 조사할 때에는 자세하고 신중히 살피는 것을 중시하니, 심문하는 관원을 특별히 타일러서 별도로 의견을 내어 각별히 상세히 조사하게 하라. 만일 내게 보고할 단서가 있으면 경이 사유를 갖추어 장계로 보고하라. 김중호와 금색今色 등은 인륜을 무시하고 기강을 무너뜨렸으니, 두어 차례 형장을 치며 신문하고 말 수는 없다. 모두 형장을 치고 정배하라. 살인 사건을 기록하는 문서는 매우 자세하고 신중하게 기록해야 한다. 그런데 함경도에서는 2차 검안보고서의 진술 내용을 하나도 기록하지 않았고, 잘못 기록한 곳과 중복해서 기록한 곳이 한두 군데가 아니었는데, 어찌하여 점검하지 못하였는가! 경은 추고推考하겠다."

11. 다쳐서 죽었는지 병들어 죽었는지를 분별하다(11)

【새로 구타당하고 걷어차였으나, 본래 고질병을 앓고 있었다. 사건의 근본 원인은 앙갚음 때문이며, 사망의 실제 원인은 구타를 당하였기 때문이다.】

○ 개천价川의 백성 이정백李正白이 장덕남張德男을 죽였다.

○ 검안보고서의 내용은 빠졌다.

○ 주상의 판결은 다음과 같다.

"살인 사건에서 죄인을 살려 주는 경우는 다음과 같은 이유가 있을 때이다. 첫째는 상처가 부드러워서 사망의 실제 원인이 명확하지 않기 때문이다. 둘째는 증언이 엇갈려서 증거가 충분히 갖추어지지 않았기 때문이다. 셋째는 죄인의 행적으로는 용서해 주기가 어려우나 정상은 참작해 줄 만하기 때문이다. 이 세 가지 중 하나라도 해당이 되어야 살려 줄 것을 의논할 수 있다.

이 사건은 이 세 가지 경우에 해당하지 않는다. 가슴, 옆구리, 늑골 등 세 곳이 모두 피멍이 들고 단단하였으니, 사망의 실제 원인이 명확하지 않다고 말할 수가 없다. 금가琴哥, 정가鄭哥, 윤가尹哥, 유가劉哥 등의 진술도 전혀 차이가 없었으니, 증거가 충분히 갖추어지지 않았다고 말할 수가 없다. 묵은 원한을 풀지도 못한 상황에서 새로운 분노마저 또 치밀어 오르자 마음먹고 범행을 저지른 것이 불을 보듯이 뻔하니, 정상을 참작해 줄 만하다고 말할 수도 없다.

다만 사망한 이 장덕남이 본래 고질병을 앓고 있었다. 더구나 당시는 몹시 무더운 시기로, 이정백과 서로 싸우느라 이리 넘어지고 저리 자빠지다가, 이정백이 힘을 다해 장덕남을 돌무더기 위에 내동댕이쳤다. 그런데도 오히려 장덕남이 참외를 사 먹고 한증막까지 갈 수가 있었으나, 결국에는 끊임없이 구토를 하다가 목숨을 잃게 되었다. 사건의 본말을 상세히 따져 보면 고질병과 더위 먹어서 죽은 것은 아닌지 모르겠다. 다시 도신道臣을 시켜 사건의 정황을 상세히 탐문하고 감옥의 죄수를 엄중히 심문하고 나서 별도의 의견을 내어 이치를 따져 장계로 보고하게 하고, 장계가 올라온 뒤에 형조에서 내게 물어 처리하라."

○ 주상의 판결에 대한 다산의 의견은 다음과 같다.

"장덕남이 고질병이 있었더라도 구타를 당하여 다치지 않았더라면 그가 고질병 때문에 꼭 죽지는 않았을 것이고, 몹시 무더운 시기였더라도 구타를 당하여 다치지 않았더라면 그가 더위 먹은 것 때문에 꼭 죽지는 않았을 것입니다. 몹시 무더운 시기에 고질병이 있는 사람을 구타하였으니, '죽으리라고는 생각하지 못하였다.'라고 말할 수는 없습니다. 넘어지고 자빠진 뒤에 돌무더기 위에 내동댕이쳤으니, '죽으리라고는 생각하지 못하였다.'라고 말할 수는 없습니다.

몹시 괴로워서 참외를 사 먹기는 하였으나 어혈이 위로 치솟아 마침내 구토를 하게 된 것이고, 비틀거리는 걸음으로 한증막까지 가기는 하였으나 독기毒氣가 뻗쳐서 그대로 목숨을 잃게 된 것입니다. 이리저리 생각해 보아도 그가 살아날 길을 찾지 못하겠습니다."

12. 다쳐서 죽었는지 병들어 죽었는지를 분별하다(12)

【구타를 당하고 다쳐서 죽었다고 고소하였으나, 병환이 원인인지 의심하였다. 사건의 근본 원인은 빚을 독촉하였기 때문이며, 사망의 실제 원인은 구타를 당하였기 때문이다.】

○ 옥천沃川의 백성 이계창李戒昌이 박종일朴宗日을 구타하였다.

○ 검안보고서의 내용은 빠졌다.

○ 주상의 판결은 다음과 같다.

"'증거 없는 말을 보고하였고 증명하기 어려운 죄를 폭로하였다.'[57]라는 한漢나라 선비의 말이 있는데, 이는 왕도 정치王道政治를 추구하는 사람이 귀담아 두어야 할 말이다. 나는 이 살인 사건에 대해서도 그렇게 생각한다.

주범인 이계창이 아무리 어리석은 백성이라고 하더라도 인간의 마음은 있을 것이다. 가령 박종일이 이런저런 핑계를 대면서 채무를 갚지 않았다고 하더라도, 그의 한 꾸러미 돈을 찾으려는 생각에서 저 7척尺이나 되는 사람을 가볍게 죽인다는 것은 일반적인 사람의 마음으로 생각해 볼 때 결코 그럴 수는 없는 일이다. 더구나 처음에는 닭싸움을 하는 것처럼 소매를 붙잡고 손을 움켜잡았다고 하더라도, 나중에는 국을 나누어 먹으면서 유감을 풀었는데 차마 국에 독약을 넣었을 리가 있겠는가!

게다가 시장屍帳을 살펴보면 가슴, 옆구리, 늑골 등 여러 군데의 상처는 모두 단단하지 않았다. 그뿐만 아니라 목격한 증인들을 여러 달 동안

57 증거……폭로하였다: 《한서漢書》 권77 〈제갈풍전諸葛豐傳〉에 나오는 원제元帝의 말이다. 제갈풍이 처음에는 주감周堪과 장맹張猛을 칭찬하였다가 나중에는 그들의 죄를 고발하자, 원제가 제갈풍을 나무라면서 이처럼 말하였다. 정조가 이 말을 한나라 선비의 말이라고 한 것은 착오이다.

신문하였으나 전혀 진술을 바꾸지 않았고 '맹세코 다른 것은 없습니다. 차마 남을 허위 고소하지는 못하겠습니다.'라고 하였을 뿐이다. 설사 이계창더러 스스로 해명하는 말을 하게 하더라도 어찌 이보다 더 잘하겠는가! 저 증인들이 박종일과는 무슨 원한이 있어서 편들어 줄 생각을 하지 않고, 이계창과는 무슨 좋은 감정이 있어서 기꺼운 마음으로 편들어 여러 차례 매질의 고통을 당하면서도 살인한 행위를 굳이 숨겨 주겠는가!

더욱이 박필문朴弼文과 같은 사람은 양반이다. 양반이 이 미천한 사람을 위해 형장을 참아 가면서까지 자백하지 않는다는 것은 너무도 사리에 맞지 않는다. 형조의 관원이 이 점을 지적하여 의문을 제기한 것도 정확한 견해라고 할 수 있다.

유족이 진술하기를 '박종일이 병들어 죽은 사실을 다음 날 아침에서야 알았습니다.' 하였고, 또 진술하기를 '박종일이 구타를 당하였다는 말을 그의 아내가 와서 전하였습니다.' 하였으며, 마지막에는 진술하기를 '박종일의 병세에 대해서는 아이들에게 들었습니다.' 하였다. 이처럼 그동안 끌어낸 말들이 각각 서로 크게 차이가 났다.

이 사건은 아마도 유족들이 빚을 갚는 일 때문에 마음속에 분노를 쌓아 두었다가, 박종일이 우연히 병으로 죽게 되자 기어이 이를 빙자하여 이계창에 대한 유감을 풀어 보려고 고소한 일인 듯하다. 그렇다고 하더라도 털구멍에서 피가 흘러나오는 증상 및 눈을 부릅뜨고 기가 막힌 증상 등은 또 어찌 아무런 이유도 없이 나타났겠는가! 이것이 또 이해하기 어려운 점이다.

대체로 죄가 의심스러울 경우에는 오히려 살려 줄 수가 있는 법인데, 연전에 심리할 때에 아예 거론하지도 않았으니, 도신이 자세히 살피지 못한 실수를 저지른 것이다. 이계창에게는 사형 다음의 형벌을 시행해야 합당하니, 충청도에 분부하여 엄중히 형장을 친 뒤에 사형을 감하여 정배하게 하라."

○ 주상의 판결에 대한 다산의 견해: 이 사건은 두 사람이 서로 싸우던 날 저녁에 함께 국을 나누어 먹었고, 박종일이 이때부터 병이 생겨 죽었는데 털구멍에서 피가 나오는 등의 증상이 나타나자, 유족들이 국에 독약을 넣은 것이라고 의심하여 이처럼 고소한 것 같습니다. 그러나 검안보고서를 보지 못하였으므로 상세히 알 수가 없습니다.

13. 다쳐서 죽었는지 병들어 죽었는지를 분별하다(13)

【늙은이가 짓찧어져 숨이 끊어졌으나 다친 흔적은 없었다. 사건의 근본 원인은 간음하였다고 떠들었기 때문이며, 사망의 실제 원인은 짓찧어졌기 때문이다.】

○ 신천信川의 백성 이봉경李奉京이 최태화崔太化를 죽였다.

○ 황해 감영黃海監營의 제사題詞는 다음과 같다.

"사망의 실제 원인이 확실하지 않고 증언도 분명하지 않으니, 의심할 만할 듯하다. 그러나 이치로 미루어 보면, 최태화의 입은 재앙을 불러오기에 충분하였고, 이봉경의 마음은 기어이 모함을 밝히려고 하였을 것이다. 그 당시 두 사람이 서로 싸우던 상황을 상상해 보면, 반드시 살인의 변괴가 일어나고야 말 상황이었다. 증언이나 사망의 실제 원인을 막론하고 병이 없던 사람이 휘둘리고 밀쳐져서 그다음 날 사망하였으니, 어느 누가 최태화의 죽음은 이봉경 때문이 아니라고 하겠는가!

인륜을 무너뜨리는 추악한 말로 망측한 죄라도 지은 것처럼 남을 모함하였으니, 이봉경이 온순한 사람이라고 하더라도 그러한 모함을 순순히 받아들이고 최태화가 노쇠한 데다 병이 있다는 이유로 망령된 말로만 귀결시키고 끝내려 하였겠는가! 두 사람이 한데 뒤엉켜서 실랑이를 벌이며 싸우다가 집을 부수기까지 하였으니, 분노의 기세를 스스로 중지할 수가 없었던 것이다. 머리채를 붙잡고서 끌어당기기도 하였다가 손으로 때리고 발로 짓찧기도 하였으니, 이것은 이치나 형세로 보아 당연한 것이다.

처음에는 똥물을 입 안에 퍼 넣었고 나중에는 또 이틀이나 찾아가서 추악한 소문의 근원지를 캐물었다. 소문의 근원지를 밝히지 못하자 분한 마음이 더욱 격렬해져서 최씨崔氏 과부의 집으로 몰고 갔다가 발길을 돌려 문화文化로 향하였으니, 그사이에 일어난 무수한 협박과 위협은 말을 하지 않더라도 알 수가 있다.

왼쪽과 오른쪽 이마 및 등과 무릎 아래에 나 있는 여러 상처는 사정없이 끌려다녀서 생긴 흔적이 분명하다. 그뿐만 아니라 이봉경의 진술에서도 '손을 잡고서 끌어냈습니다.'라고 하였으니, 그도 감히 완전히 숨기지는 못하였다는 것을 알 수 있다. '연로한 사람은 짓찧어지기만 해도 숨이 끊어지니, 이런 경우는 상처가 없이도 죽는다.'라는 조항이 《무원록》 〈조례·압사壓死〉에 분명히 실려 있으니, 이봉경이 어떻게 주범의 죄를 면할 수 있겠는가!

이 조이李召史는 간음하였다는 추악한 말을 들은 이상 이봉경과 마찬가지로 분노하는 마음이 어찌 없었겠는가! 그리고 이봉경과 같이 최태화를 찾아가서 소란을 일으켰으니 어떻게 싸움을 도와서 함께 구타하지 않을 수 있었겠는가! 그런데도 처음부터 끝까지 발뺌하였으니, 참으로 몹시 교활하고 악랄하다. 검안했던 관원을 그대로 합동 조사관으로 정하였으니, 형장을 사용할 수 있는 시기가 되면 날짜를 잡아 함께 모여서 심문하되, 모두 엄중히 형장을 쳐서 내막을 알아내라.

이동구李東九는 최태화가 넘어지고 자빠진 상황을 목격하였으면서도 '캄캄한 밤이라서 구타하고 짓찧는 것을 분별하지 못하였습니다.'라고 핑계를 댔다. 그리고 최천경崔千京이 자기 아버지를 떠메고 집으로 돌아오자 '어찌하여 이봉경의 집에 계속 놓아두지 않았느냐!'라고 하였으니, 구타를 당한 최태화가 죽게 되리라는 것을 분명히 알고서 그렇게 말했던 것이다. 김춘기金春己는 서로 싸워 죽게 되었다는 말을 이장里長에게 전해 주고도 검안하는 장소에서는 끝까지 숨겼다. 이 두 사람은 모두 정직하지 못한 자들에 해당하니, 모두 엄중히 가두고 진술을 받아 내라. 그 밖의 여러 사람은 별달리 심문할 만한 단서가 없으니 모두 풀어 주라.

이 조이는 이봉경과 같이 가서 함께 싸웠고 소나무 몽둥이로 최태화의 등을 때렸으니, 종범이 되어야 한다. 그런데 1차 검안보고서에는 사건과 관계된 사람으로 기록하였으니, 너무도 잘못을 저지른 것이다. 1차 검안할 때의 형리刑吏를 엄중히 형장을 치기 위해 과실을 기록해 두라."

○ 다산의 견해: 원래의 검안보고서에서 아마도 '짓찧어졌으나 상처가 없습니다.'라고 하였기 때문에 감영의 제사에서 이와 같이 말하였을 것이다. 짓찧어졌으나 상처가 없는 살인 사건이 발생하면 이 사건 기록을 살펴보아야지, 노쇠한 데다 병까지 있었다는 이유로 병들어 죽은 것일 수도 있다고 의심해서는 안 된다.

| 찾아보기 (인명 · 서명 · 관직명 · 용어)

박석무 (朴錫武)

현재 다산연구소 이사장, 우석대 석좌교수로 있으면서 다산학 연구를 계속하고 있다. 1942년 전남 무안에서 출생하여, 전남대 법대와 동대학원을 졸업한 그는 민주화운동에 투신하여 네 차례 옥고를 치른 바 있다. 한중고문연구소장과 제13 · 14대 국회의원, 한국학술진흥재단 이사장, 5 · 18기념재단 이사장, 단국대 이사장, 한국고전번역원장, 단국대 석좌교수, 성균관대 석좌교수 등을 역임했다. 다산학술상 공로상을 수상했다. 〈다산 정약용의 법사상〉 외 다수의 논문이 있으며, 저서로 《다산기행》, 《다산 정약용 유배지에서 만나다》, 《풀어 쓰는 다산 이야기》, 《새벽녘 초당에서 온 편지》, 《조선의 의인들》, 《다산 정약용 평전》, 편역서로 《유배지에서 보낸 편지》, 《다산산문선》, 《다산시정선》, 《다산논설선집》, 《다산문학선집》(공편역), 《다산에게 배운다1,2》 등이 있다.

이강욱 (李康旭)

현재 (사)은대고전문헌연구소 고전문헌번역 자문위원을 맡고 있으며, 조선 시대의 사료와 법전을 번역하고 강의한다. 성균관대 유학대학원에서 석사학위를 받았으며, 한국고전번역원 수석전문위원과 한국승정원일기연구소장을 역임하였다. 역서로 《은대조례》, 《일성록》(공역), 《교점역해 정원고사》(공역), 《홍재전서》(공역) 등이 있고, 논문으로 〈《승정원일기》를 통해 본 草記의 전면적 고찰〉, 〈啓辭에 대한 고찰〉, 〈臺諫 啓辭에 대한 고찰〉, 〈《일성록》 別單의 형식 및 분류〉, 〈書啓에 대한 考察〉, 〈上疏와 箚子의 형식 및 분류〉 등이 있다.

역주 흠흠신서 2

1판 2쇄 발행 | 2021년 6월 30일
1판 1쇄 발행 | 2019년 11월 20일

지은이 | 정약용
역주 | 박석무, 이강욱

디자인 | 씨오디
인쇄 | 다다프린팅
발행처 | 한국인문고전연구소
발행인 | 조옥임
출판등록 2012년 2월 1일(제 406-251002012000027호)
주소 | 경기 파주시 가람로 70, 402-402
전화 | 02-323-3635 팩스 | 02-6442-3634 이메일 | books@huclassic.com

ISBN | 978-89-97970-49-0 94300
978-89-97970-47-6 (set)

* 이 도서의 국립중앙도서관 출판예정도서목록(CIP)은 서지정보유통지원시스템 홈페이지(http://seoji.nl.go.kr)와 국가자료공동목록시스템(http://www.nl.go.kr/kolisnet)에서 이용하실 수 있습니다. (CIP제어번호 : CIP2019042006)